Domê Francis YEO

# CONCESSIONS MINIÈRES ET DROITS FONCIERS COUTUMIERS EN COTE D'IVOIRE (XIXe- XXIe siècles)

Préface de Aline AKA LAMARCHE



L'Harmattan

*À feu papa YÉO Namongo ;*

*À feu maman Coulibaly Aissata ;*

*À feu maman Coulibaly Korotoum ;*

*Veuillez trouver dans ce travail, le fruit des efforts que vous avez consentis à mon éducation.*

*À ma famille biologique ;*

*Je dédie ce modeste travail.*


**5-7, rue de l'École-Polytechnique, 75005 Paris**

http://www.editions-harmattan.fr

ISBN : 978-2-343-22905-8
EAN : 9782343229058

## PRINCIPALES ABRÉVIATIONS

AFOR : Agence du Foncier Rural
ANOM : Archives Nationales d'Outre-Mer
ANS : Archives Nationales du Sénégal
AOF : Afrique-Occidentale Française
APDH-CI : Action pour la Protection des Droits de l'Homme en Côte d'Ivoire
ASA : Analyse Sociétale Africaine
BRICM : Brigade de Répression des Infractions du Code Minier
CDLM : Comité de Développement Local Minier
CEDEAO : Communauté Économique des États de l'Afrique de l'Ouest
CIM : Commission Interministérielle des Mines
CNDJ : Centre National de Documentation juridique
CODESRIA : Conseil pour le Développement de la Recherche en sciences sociales en Afrique
DPDDA : Droit de Propriété et Développement du Diamant Artisanal
EIE : Étude d'Impact Environnemental
EIES : Étude d'Impact Environnemental et Social
FMI Fonds Monétaire International
FNDE : Fond National De l'Environnement
GVC : Groupement à Vocation Cooperative
ICMM : International Council on Mining and Metals
ISO : International Standards Organisation
ITIE : Initiative pour la Transparence dans les Industries Extractives
JOAOF : Journal Officiel de l'Afrique-Occidentale Française
JORCI : Journal Officiel de la République de Côte d'Ivoire
JORF : Journal Officiel de la République Française
LGDJ : Librairie Générale de Droit et de Jurisprudence
NEA : Nouvelles Éditions Africaines
OCDE : Organisation pour la Coopération et le Développement Économique

ORSTORM : Office de la Recherche Scientifique et Technique Outre-Mer
PCAE : Politique Commune d'Amélioration de l'Environnement
PUF : Presses Universitaires de France
RID : Revue Ivoirienne de Droit
RSD : Revue Sénégalaise de Droit
RSE : Responsabilité Sociétale de l'Entreprise
SODEMI : Société pour le Développement Minier de la Côte d'Ivoire
UA : Union Africaine
UE : Union Européenne
UEMOA : Union Économique et Monétaire Ouest Africain
USAID: United States Agency for International Development

## REMERCIEMENTS

*Je tiens d'abord à remercier, Madame la Professeure Aline AKA-LAMARCHE, pour avoir accepté de diriger cette thèse, pour ses conseils, pour le temps consacré à la transmission de la méthode de recherche en droit, pour ses relectures, remarques, observations, ainsi que pour tous les moyens qu'elle a bien voulu mettre à ma disposition dans la conduite de ce travail.*

*Mes remerciements vont ensuite à l'endroit de Monsieur le Professeur Séraphin NÉNÉ BI, Chef de département Histoire du Droit des Institutions et des Idées Politiques de l'UFR-SJAG à l'Université Alassane Ouattara, qui m'a initié à la recherche scientifique et à toujours répondu favorablement à mes sollicitations dans le cadre de mes recherches.*

*Mes remerciements s'adressent enfin à Monsieur le Professeur Nanga SILUÉ, Directeur de l'UFR-SJAG de l'Université Alassane Ouattara pour ses conseils qui m'ont beaucoup aidé dans le cadre de mes travaux.*

*Je vous prie de trouver ici, chers Maîtres, mes sentiments d'admiration et de gratitude.*

**SOMMAIRE**

# PRÉFACE

Saisir véritablement la problématique minière sans prendre en compte la complexité foncière rurale, est-ce possible ?
Certainement pas en Côte d'Ivoire, tant ces deux réalités sont étroitement liées. En effet, pour accéder au tréfonds regorgeant des précieux minerais, il faut d'abord passer par le fond, sur lequel s'exercent, dans l'écrasante majorité des cas, des droits fonciers coutumiers. Ainsi, comme les deux faces de Janus, le droit minier et le droit foncier rural traitent, chacun pour sa part, d'espace soumis à l'exploitation de l'homme. Pourtant ce lien n'apparait guère dans les dispositions légales ; à peine évoqué dans le code minier, il est tout simplement ignoré dans la loi relative au domaine foncier rural. C'est là une carence réelle, qui explique en grande partie les difficultés concrètes rencontrées dans la mise en œuvre des textes régulant le monde rural. Pas assez réalistes, peu en concordance avec les dispositions connexes, ces textes font l'objet depuis quelques années d'une ré visitation salutaire dans laquelle ce travaille s'inscrit.
Faisant le choix d'un « DROIT FONCIER MINIER », l'auteur oriente clairement son étude sur un droit minier qui impliquerait nécessairement un droit foncier. Ainsi, dans une demarche évolutive (De 1899 à 2019), il analyse les contradictions et les faiblesses du régime des concessions minières, tout en pointant de la plume, le traitement qui est fait des droits fonciers coutumiers, ainsi que les incohérences du cadre légal et réglementaire relatif au foncier. C'est donc un travail fouillé et de grande qualité que Dr Francis YEO, enseignant chercheur à l'université Alassane Ouattara de Bouaké Côte d'Ivoire et membre du Laboratoire Juridique du Foncier de l'Université Alassane Ouattara (LAJFO-UAO) et chercheur affilié au Centre Africain d'Histoire du Droit des institutions et des Idées Politiques (CAHDIIP), offre au monde des sciences juridiques. Spécialiste de Droit foncier, Droit minier et d'Histoire du Droit, c'est tout naturellement qu'il a su combiner ces différentes expertises dans le cadre de cet ouvrage d'excellente facture.

**Aline AKA LAMARCHE**

Directrice du Laboratoire Juridique du Foncier de l'Université Alassane Ouattara (LAJFO-UAO).

# INTRODUCTION

**1.** « Les richesses naturelles d'une nation ne se composent pas seulement des fruits du sol. Dans les profondeurs de la terre dorment des substances minérales et fossiles qui sont des éléments considérables de richesses et de prospérité, et qui à ce titre devaient tenter les efforts de l'homme. Aussi l'industrie minérale, dans ses moyens d'action les plus simples et les plus essentiels, est-elle contemporaine de la formation du monde »[1]. Ces propos de Louis-Hyppolite BIOT traduisent sans équivoque la réalité sempiternelle de l'existence de deux espaces, sources inestimables de richesses, non seulement pour l'homme, mais également pour la société dans laquelle il vit au quotidien. Il s'agit d'une part du sol, entendu comme surface de la Terre et dont l'utilité pluridimensionnelle pour l'homme n'est plus à démontrer. Et d'autre part du sous-sol, ainsi que les richesses qu'il regorge dont l'importance, pour l'humanité et les nécessités de la vie en société, n'a cessé de croitre au fil des âges. L'intérêt accordé aux richesses fournies par ces deux espaces les place au centre de multiples enjeux, notamment politiques, économiques et sociaux. Pour ce qui est du fond, donc de la surface, l'usage fait de la terre par les hommes l'érige non seulement en lieu de vie, en moyen d'accès à la ressource ; mais aussi, en critère d'identification. La terre est le support sur lequel les hommes bâtissent leurs habitations, l'espace cultivé qui fournit à celui qui l'exploite ses moyens de subsistance ; et enfin, un lieu qui permet de situer la provenance, la naissance ou la résidence d'un individu, d'un peuple et, à partir de là, de l'identifier[2]. Cette triple importance reconnue à la terre n'est pas l'apanage d'un seul peuple, d'une seule civilisation ou même d'une seule époque. Elle traduit l'universalité des fonctions quel'homme assigne à celle-ci et justifie toutes les convoitises dont elle est l'objet, abstraction faite de la société ou de l'époque à laquelle l'on se situe. Quant aux ressources du sous-sol, leur utilité pour l'homme semble être consubstantielle à son

---

[1] L – H BIOT, *De la propriété des mines et de ses rapports avec la propriété superficiaire*, Paris, Marescqu Ainé Libraire Éditeur, 1875, p1.

[2] B. S. NENE BI et al, *Le droit foncier ivoirien*, Abidjan, CNDJ, 2016, P.6.

existence. En effet, initialement recherchées, surtout pour la fabrication des outils de production agricole, de bijoux et autres parures de beauté, ou encore des ustensiles de cuisine, les richesses du sous-sol sont devenues aujourd'hui, du fait des progrès techniques et scientifiques, des variables indispensables au quotidien de l'homme. Leur utilité s'étend aujourd'hui à tous les secteurs de la vie[3], en l'occurrence la santé, l'électricité, les télécommunications, les industries, la défense et la sécurité, etc.... Bref, « tout se fait par elles et avec elles. Sans leur secours, le génie inventif de l'homme eût été frappé de stérilité, son industrie n'eût pas dépassé celle de l'insulaire océanien »[4].

**2.** Les développements qui précèdent traduisent clairement la valeur que peuvent avoir ces deux espaces pour l'homme, mais surtout ils justifient assez aisément la course au contrôle de ces deux sources de richesses et tout ce qu'elle emporte comme conséquences. S'ils fournissent à l'homme des biens et des richesses qui diffèrent par leur nature ou par leur utilité, ces deux espaces forment un tout : la terre, entendue dans sa double dimension sol et sous-sol. En raison de leur éternelle

---

[3] « Les métaux de base et les minéraux sont nécessaires à la production et fabrication de nombreux produits pour satisfaire les besoins de la vie quotidienne. Par exemple : Les minerai de fer est principalement utilisé en tant que composant dans l'acier, métal entrant dans diverses activités comme la production ou la construction de routes, de voitures, avions, trains, et chemins de fer, ponts, bâtiments, équipements lourds, les gros et les petits appareils ménagers, les produits ménagers, etc. La bauxite peut être transformée en aluminium, qui est utilisé pour la construction de véhicules de transport, fenêtre et portes, emballage et gamme d'articles ménagers. L'or est couramment utilisé dans la fabrication de produits électroniques, bijoux et aussi comme un moyen d'échange ou d'argent. Les diamants sont utilisés comme pierres précieuses pour les bijoux, mais aussi dans l'industrie, le secteur de la santé, pour les lasers, appareils à rayons X etc. L'uranium est utilisé pour alimenter les centrales nucléaires et dans les instruments du secteur militaire » ; *cf.* ABA ROLI, *Guide pratique : mines et communautés*, juin 2015, p.7 ; Voir également sur la question L – H BIOT, *De la propriété des mines et de ses rapports avec la propriété superficiaire*, Paris, Marescqu Ainé Libraire-Éditeur, 1875, p.2.

[4] M. P. O. SENGENSSE, *De la propriété des mines en droit romain et en droit français*, Thèse pour le Doctorat en Droit, Faculté de Droit de Toulouse, 1867, p.5.

superposition, le fond et le tréfonds sont susceptibles de faire l'objet d'une diversité de droits dont la cohabitation ou l'exercice ne se fait pas toujours sans heurts. Lorsque ces deux espaces appartiennent à une seule personne, leur exploitation ne pose pas de problèmes particuliers. Cette dernière dispose de la latitude pour décider des modalités et de l'opportunité de leur exploitation en vue de la production de biens. Toutefois, la complexité se révèle lorsque le fond et le tréfonds sont l'objet de droits reconnus à différentes personnes. Il en est ainsi lorsqu'une personne est propriétaire, usufruitier ou encore titulaire de droits coutumiers sur une parcelle, et qu'une autre personne détient des droits d'exploration, de recherche ou d'exploitation sur les minerais contenus dans le sous-sol de cette même parcelle. L'on dit dans ce cas qu'il y a chevauchement de droits de nature différente sur ces espaces. Il en est également ainsi lorsque dans l'exercice de ses droits, le titulaire de droits miniers perturbe la jouissance ou l'exercice des droits fonciers d'autrui, du fait des conséquences de son exploitation.

**3.** Mener une réflexion sur la cohabitation de ces droits en Côte d'Ivoire, trouve donc tout son sens. Il s'agit de mettre en relief toutes les difficultés et contraintes que les activités minières sont susceptibles de poser aux droits fonciers en général, et aux droits coutumiers en particulier, notamment dans un contexte de pression foncière dont l'ampleur ne cesse de croitre en raison de la multiplicité des acteurs fonciers. Dans le contexte ivoirien, la nécessité d'une telle réflexion est accentuée par le pluralisme juridique caractérisant le régime foncier depuis la période coloniale. À côté des règles étatiques, existent, en dépit des nombreuses tentatives visant à les supprimer, des pratiques et usages hérités des traditions. Contrairement au droit de propriété, présenté comme l'expression, la plus aboutie des droits qu'un individu est susceptible de détenir, les droits fonciers coutumiers, se sont vus nier le caractère de propriété jusqu'en 1998. L'étude de la cohabitation entre les droits miniers et les droits fonciers sous cet aspect implique donc nécessairement de remonter son origine et d'en suivre l'évolution afin de mieux cerner la question dans ces manifestations actuelles. D'où le choix du sujet intitulé : « *concessions minières et droits fonciers coutumiers en Côte d'Ivoire : de 1899 à 2019* ».

**4.** La Côte d'Ivoire est un pays de l'Afrique de l'Ouest peuplé d'environ 16 millions d'habitants et qui s'étend sur une superficie de 322 462 km. Le pays est limité au nord par le Burkina Faso et le Mali, au sud par le golfe de Guinée, à l'est par le Ghana et à l'ouest par la Guinée et le Libéria. Le climat est tropical humide, mais s'assèche progressivement en remontant vers le nord du pays. Officiellement, il y a deux périodes de pluie sur l'année (une grande et une petite) et deux saisons sèches (une grande et une petite). La végétation est dense au sud, quoiqu'elle se raréfie de plus en plus avec le développement des cultures d'exportation, tandis que le nord abrite une savane arborée. La pluviométrie, le relief, ainsi que la végétation sont des atouts essentiels pour la pratique de l'agriculture. Les espèces animales ont considérablement diminué avec la déforestation, ainsi que de nombreuses essences végétales, qui ont cédé la place aux plantations agricoles. Le pays dispose d'un sous-sol très riche. Décrivant cette richesse, Edmond MICHELLET et Jean CLÉMENT affirmaient, à juste titre d'ailleurs, que la Côte d'Ivoire est un pays minier[5]. En 2018, les ressources minières du pays étaient estimées à 2,740 milliards de tonnes de minerais de fer ; 298 millions de tonnes de minerais de nickel ; plus de 10 millions de carats de diamant ; 600 tonnes d'or et 1,214 milliard de tonnes de minerai, de bauxite[6], etc.…

**5.** À l'instar de la plupart des pays africains, le droit foncier en Côte d'Ivoire est marqué par la survivance des droits coutumiers. Dans l'Afrique traditionnelle, les intérêts qui sous-tendaient le foncier étaient innombrables. En effet, réceptacle de la vie, marqueur d'identité, et principale source de productions des moyens de subsistance, l'histoire de la terre se confondait à l'histoire des peuples qui s'y étaient fixés. Elle était celle-là qui

[5] E. MICHELLET J. CLEMENT, *La Côte d'Ivoire, Organisation, Administrative, Financière, Judiciaire Régime Minier, Domanial, Forestier, Foncier,* Paris, Augustin CHALLAMEL Éditeur, 1906, p.159 ; Voir également sur la question, La Côte d'Ivoire, Paris, Moniteur des Colonies, 1903.

[6] MINISTERE DE L'INDUSTRIE ET DES MINES, Potentiel minier de la Côte d'Ivoire, consulté en ligne sur www.industrie.gouv.ci le 06/02/2018 à 12h 59.

les accueillait à la naissance et celle qui leur fournissait la subsistance. À ce titre, pour ces peuples la terre était à l'origine de la vie, mais c'était surtout elle qui perpétuait la vie. La terre était également le moyen pour eux d'entrer en contact avec les ancêtres. Ainsi la terre se présentait comme la passerelle entre le monde visible et le monde invisible. Les liens qui unissaient l'homme à la terre dépassaient les seuls cadres juridique, économique, ou social pour entrer dans le domaine du sacré et du surnaturel. Dès lors, l'on comprend aisément l'attachement de l'autochtone à la terre de ses ancêtres. Cette situation met en exergue l'enjeu des réformes foncières qu'a connu le pays depuis la période coloniale. Pour combattre les droits coutumiers, l'administration coloniale va introduire respectivement à la faveur du décret 20 juillet 1900 et celui du 23 octobre 1904 un régime foncier et un régime domanial en Côte d'Ivoire. À ces deux régimes, l'on peut ajouter celui de la constatation des droits fonciers coutumiers. D'abord pour ce qui est du régime domanial, il faut noter qu'il fait référence au domaine de l'État. Par régime domanial, il faut donc entendre tout ce qui concerne la propriété de l'État, c'est-à-dire les modes d'accession de l'État à la propriété, les modes de gestion et d'utilisation des propriétés par les particuliers. Le régime domanial institué par le colonisateur se référait essentiellement aux terres sans maitre, en vue de leur réaffectation soit pour les besoins de la Colonie, soit au profit de personnes privées aux fins de mise en valeur. Ainsi étaient considérées, comme propriétés de l'État, toutes les terres vacantes et sans maitre[7]. Cependant face à la résistance des détenteurs coutumiers des terres, une réforme en date du 15 novembre 1935 limitera les revendications de l'État aux seules terres inexploitées ou inoccupées depuis plus de dix (10) ans. Ensuite, le régime de la propriété foncière institué par le décret du 20 juillet 1900 tend à transformer les droits fonciers coutumiers en titres fonciers définitifs et inattaquables. Alors que la procédure d'immatriculation instituée par ce texte pour atteindre cet objectif était facultative[8], elle sera obligatoire avec le décret du

[7] Article 10 du décret 24 octobre 1904 portant organisation du domaine en Afrique occidentale française.

[8] Article 7 du décret du 20 juillet 1900 relatif au régime de la propriété foncière à la Côte d'Ivoire.

26 juillet 1932 portant réorganisation du régime de la propriété foncière en Afrique-Occidentale Française (AOF). Ce régime de la propriété foncière devait permettre à terme d'identifier les droits fonciers, c'est-à-dire la détermination de leur(s) titulaire(s), la transmission des biens ou l'inscription des hypothèques. Enfin le troisième est le régime de constatation des droits fonciers coutumiers, dont l'échec a pesé sur les politiques foncières contemporaines. Institué par le décret numéro 55-580 du 20 mai 1955 portant réorganisation domaniale et foncière en Afrique-Occidentale Française (AOF)[9], ce régime avait pour but de faire face aux difficultés posées par la survivance des droits coutumiers. Ce troisième régime, qui se présente comme le complément du régime de la propriété foncière, reconnaitra les droits coutumiers exercés collectivement ou individuellement sur les terres non appropriées selon les règles du Code civil ou du régime de l'immatriculation. Après l'indépendance de la Côte d'Ivoire, divers textes seront pris, pour assurer une bonne gestion des terres. Parmi ces textes, il faut retenir la loi n° 71-338 du 12 juillet 1971, relative à l'exploitation rationnelle des terrains ruraux détenus en pleine propriété[10]. En 1998, la loi du 23 décembre 1998[11] introduit une réforme concernant le domaine foncier rural. Ce texte se caractérise par la reconnaissance partielle des droits fonciers coutumiers après leur négation systématique par les autorités de l'État nouvellement indépendant. Dans la pratique, certains textes coloniaux et les règles édictées après l'indépendance vont permettre d'une part de connaître l'étendue des droits de l'État par rapport à ceux des particuliers, et d'autre part, d'identifier les matières, sur lesquelles ceux-ci s'exercent.

**6.** La Côte d'Ivoire dispose également d'un énorme potentiel minier resté longtemps inexploité ou insuffisamment exploité pour des raisons qui résultent essentiellement de la volonté

---

[9] Décret numéro 55-580 du 20 mai 1955 portant réorganisation domaniale et foncière en Afrique-Occidentale Française (AOF), publié par *Penant*, 1955, page 147 à page 153.

[10] Loi n° 71-338 du 12 juillet 1971, Relative à l'exploitation rationnelle des terrains ruraux détenus en pleine propriété, JORCI n° 34 du 05 août 1971, page 1102.

[11] Loi n° 98-750, Relative au domaine foncier rural, JORCI n° 02 du 14 janvier 1999, page 23.

politique du colonisateur et des autorités de la Côte d'Ivoire nouvellement indépendante. Un tel choix s'explique évidemment. La France, avant l'érection de la Côte d'Ivoire en Colonie à partir de 1893, disposait déjà de Colonies riches en minerais[12] facilement exploitables. Elle a préféré faire de cette jeune Colonie, une Colonie agricole spécialisée dans la culture du café, du cacao, du bois et bien d'autres produits agricoles. Toutefois, les développements qui précèdent ne signifient en aucun cas que la Colonie n'a pas connu l'exploitation minière, mais simplement que la place de l'industrie minière, dans l'économie de la Colonie était très marginale, comparée à celle de l'agriculture ou encore de l'exploitation du bois. D'où l'existence d'une réglementation de l'activité minière. Le premier texte de cette réglementation de l'activité minière applicable à la Colonie de Côte d'Ivoire est le décret du 6 juillet 1899 portant réglementation de la recherche et de l'exploitation des mines dans les Colonies, ou pays de protectorat de l'Afrique continentale autres que l'Algérie et la Tunisie. Ce texte, sera suivi de nombreux autres textes, notamment les décrets du 22 octobre 1924[13], du 23 décembre 1934, du 13 novembre 1954[14] et celui du 24 février 1957[15]. À l'avènement des indépendances, les différents gouvernements ivoiriens ont, à l'instar du pouvoir colonial, structuré le développement économique du pays autour de l'agriculture. En matière foncière, comme le colonisateur, il commence par marginaliser les droits coutumiers[16] dans l'optique de les remplacer par la propriété présentée comme étant plus favorable à la politique de mise en valeur prônée par les autorités d'alors. Dans le domaine minier, l'on assiste à l'adoption de la loi n° 64-249 du 3 juillet 1964 portant Code minier qui pour l'essentiel de ses dispositions, reprend les

[12] En l'occurrence les Antilles, la Guadeloupe, et la Martinique et….

[13] Décret du 22 octobre 1924 portant réglementation de la recherche et de l'exploitation des gîtes de substances minérales en Afrique occidentale française.

[14] Décret 54-1110 du 13 novembre 1954 portant réforme du régime des substances minérales dans les Territoires d'Outre-mer, au Togo et au Cameroun.

[15] Décret 57-242 du 24 février 1957 modifiant et complétant le décret 54-1110 du 13 novembre 1954 portant réforme du régime des substances minérales dans les Territoires d'Outre-mer, au Togo et au Cameroun.

[16] S. NENE BI et Al., *Le droit foncier ivoirien*, Abidjan, CNDJ, 2016, p.47.

grands principes posés par les décrets miniers coloniaux. Cependant, ce système économique fondé sur l'exploitation agricole va très vite s'essouffler en raison notamment de la crise économique des années 1980 résultant de la chute du cours des matières premières agricoles[17]. De plus, la multiplication des problèmes sociaux va contraindre les autorités, à mettre en valeur les ressources minières dont dispose le sous-sol ivoirien, sortant ainsi le secteur minier de la léthargie dans laquelle il est resté durant de longues années. Concrètement, cela se traduit dans un premier temps par la libéralisation de l'exploitation artisanale du diamant et de l'or sur toute l'étendue du territoire national ; puis à la seconde moitié des années 1980, à la généralisation de l'exploitation industrielle des ressources minières et singulièrement celle de l'or à travers notamment l'octroi des permis d'exploitation à la Société des Mines d'Ity (SMI) et à la Société des mines d'Aféma (SOMIAF )[18]. Dans le même élan et sous l'impulsion de la Banque mondiale, le pays adopte à partir de 1995 un Code minier jugé attractif et favorable à l'investissement privé dans le secteur des mines. Toutefois, la décennie de crise politique que le pays traverse, et que certains observateurs n'hésitent pas à imputer, aux problèmes fonciers[19], ne permet pas d'apprécier objectivement les résultats de l'application de ce Code[20]. Depuis le 24 mars

---

[17] A. AKA LAMARCHE, « L'accès à la terre en Côte d'Ivoire : diversité et variabilité des pluralismes », *In La Revue des droits de l'homme*, 16/2019, Centre de recherches et d'études sur les droits fondamentaux, p.9.

[18] G. YAO, « Contestations des projets miniers en Côte d'Ivoire : vers la reconnaissance du droit au développement humain durable des populations et collectivités locales » Contribution, Consulté le 27juillet 2017 à 15h47mn sur http://news.abidjan.net/h/504867.html .

[19] B. S. NENE BI et al, *Le droit foncier ivoirien*, Abidjan, CNDJ, 2016, p.9 ; Voir également sur la question J.-P. CHAUVEAU, « Question foncière et construction nationale en Côte d'Ivoire, les enjeux silencieux d'un coup d'État *», Politique africaine,* n° 78, juin 2000, pp.94-125 ; Comité technique foncier et développement, la loi au développement, la loi foncière en Côte d'Ivoire, Note de synthèse n°8, GRET ( professionnel du développement solidaire), AFD, ministère des affaires étrangères et européennes, 12 juin 2012, pp.3-4.

[20] Notamment en raison de l'embargo qui pesait sur certains produits miniers, ainsi que l'exploitation illégale dont ont fait l'objet les ressources minières dans la partie nord et à l'ouest du pays. Toutefois il est important de souligner que certains titres miniers ont été délivrés sous l'empire de cette

2014, la Côte d'Ivoire s'est dotée d'un nouveau Code minier qui traduit la volonté des nouvelles autorités politiques, de faire de l'exploitation minière une activité économique majeure, à côté de l'agriculture. De manière plus générale, il faut noter que depuis la première moitié des années 2000, l'on assiste à un développement considérable des investissements dans le secteur minier sur le continent. Cet accroissement des investissements est présenté par la doctrine malienne comme étant le fruit des réformes promues par la banque mondiale depuis les années 1980[21]. L'action de la banque mondiale a consisté notamment dans la sensibilisation des États à la privatisation des entreprises publiques, la cession totale ou partielle de leurs actifs à des investissements privés, enfin, à encourager les gouvernements concernés à adopter des Codes miniers attractifs. Ces différentes réformes ont pour effet, de stimuler les investissements privés dans le secteur minier, en témoigne le nombre de plus en plus croissant des permis délivrés par l'État[22]. En outre, la Côte d'Ivoire a subi à la faveur de l'effritement du potentiel minier de

---

loi. Voir sur la question le Décret n°2007-05 du 17 janvier 2007 portant attribution d'un permis d'exploitations minières à la société EQUIGOLD Côte d'Ivoire SA à Bonikro sous-préfecture de Hiré, département de Divo, publié au JORCI n°2007-06 du 08 février 2007, à la page n°92 ; le Décret n°2012-808 du 08/08/2012 portant attributions d'un permis d'exploitation minière à la société occidentale GOLD (Côte d'Ivoire) SARL dans le département de Tengréla, publié au JORCI n°04 ec du 03/11/2012, à la page n°68 ; le Décret n°2013-854 du 19 décembre 2013 portant attributions d'un permis d'exploitation minière à la société LGL RESOURCES COTE D'IVOIRE SA à Dougbafla dans le département d'Oumé, publié au JORCI n°06 du 6 février 2014, à la page n°129, et le Décret n°2013-885 du 19 décembre 2013 portant attributions d'un permis d'exploitation minière à la société LGL RESOURCES COTE D'IVOIRE SA dans la sous-préfecture de Hiré, publié au JORCI n°06 du 6 février 2014, à la page n°130 ; Décret n°2013-825 du 02 décembre 2013 portant attributions d'un permis d'exploitation minière à la société ROCKSTONE GOLD SA à Aféma dans le département d'Aboisso, publié au JORCI n°07 du 13 février 2014, à la page n°142.

[21] A. KEITA, et *al.*, *Communautés locales et manne aurifère : les oubliés de la législation minière malienne,* IIED, Londres, 2008, p.11 ; L'espoir, N°13 septembre-novembre 2014, Édition bilingue, p.8.

[22] En fin 2017, le pays enregistrait 164 permis de recherche minière et 14 permis d'exploitation industrielle en cours de validité. Source discours du Ministre des mines à l'inauguration d'une mine industrielle de bauxite à Benene dans la sous-préfecture de Bongouanou, JT du 16/04/2018 à 20h.

ses voisins, dont le Mali, le Burkina Faso[23], le phénomène de l'orpaillage et tout ce qu'il implique en matière de flux migratoire, mais surtout de pression foncière. Le phénomène de l'orpaillage se développe donc assez rapidement, augmentant au passage le nombre des conflits fonciers déjà très élevé. De plus, en marge du dispositif légal et réglementaire se développent des pratiques clandestines d'extraction minière avec une prépondérance pour l'or.

**7.** La conjoncture politique, économique et sociale en Côte d'Ivoire, place le foncier au centre de tous les enjeux. Les innombrables intérêts qu'il suscite font que le foncier ne laisse personne indifférent. Ces intérêts accordés au foncier sont de plus en plus renforcés en raison de la place grandissante conférée au secteur minier dans l'économie du pays. Ce contexte est marqué par la survivance des droits coutumiers en dépit des nombreuses tentatives des pouvoirs publics visant à les supprimer[24]. Pour preuve, la prégnance de ces droits face au dispositif juridique étatique n'a donné d'autres choix au législateur que celui de feindre de les reconnaitre partiellement et de les consacrer notamment dans les zones rurales à travers la loi n°98-750 du 23 décembre 1998 relative au domaine foncier rural. Longtemps contestés, désormais partiellement admis et consacrés en droit foncier rural, ces droits coutumiers tels que présentés ne restent pas en marge des conséquences multiformes des investissements miniers. La clarification des termes de notre objet d'étude pourra certainement nous permettre de saisir l'ampleur de ces conséquences.

---

[23] L'important potentiel minier des pays d'Afrique de l'ouest ne souffre d'aucunes contestations, cependant contrairement à la Côte d'Ivoire, certains de ses pays ont très vite opté pour l'exploitation industrielle de leur sous-sol. Cette situation a entrainé une ruée des investisseurs étrangers dans ces États et favorisé la concession de vaste territoires miniers. Sur les populations locales qui se livraient à l'exploitation artisanale de certains minerais, cette situation a eu pour conséquence la raréfaction de périmètres miniers. Ces derniers se trouvant désormais dans l'obligation de s'orienter vers des zones plus favorables à leur activité, en l'occurrence la Côte d'Ivoire.

[24] G. J. P. GALE, « Les droits coutumiers à l'épreuve des réformes foncières en Côte d'Ivoire », *In Actualité juridique*, n°77/2013, CIDD, p.97.

**8.** *Lato sensu,* la concession s'appréhende comme « l'action d'accorder un droit, un privilège, un bien »[25]. Ainsi la concession s'entend de l'abandon volontaire du droit de jouir, de bénéficier d'un droit, d'un privilège ou encore d'un bien au profit d'une personne. *Stricto sensu,* le vocabulaire juridique définit la concession comme « un acte juridique bilatéral ou unilatéral en vertu duquel une personne, le concédant, accorde à une autre, le concessionnaire, la jouissance d'un droit ou d'un avantage particulier »[26]. Plus précisément, « En Droit administratif, c'est un terme générique qui désigne des actes juridiques en vertu desquels l'administration confère à une personne des droits et avantages spéciaux sur le domaine »[27]. Telle que définie, la concession peut avoir plusieurs objets. Ainsi peut-elle porter sur la terre, sur la forêt ou encore sur les mines, etc.… Quant au vocable « minière », il renvoie à tout ce qui se rapporte aux mines[28]. Pour ce qui est justement des mines, les Codes miniers[29] successifs que la Côte d'Ivoire a connus, de 1899 à ce jour, les définissent par opposition à la carrière. Sont considérés comme mines les gites de toutes substances minérales qui ne sont pas classées dans les carrières[30]. Concrètement, il s'agit de tout gite de substance concessible, minérale ou fossile renfermée dans le sein de la terre ou existant

---

[25] Dictionnaire HACHETTE, Paris, Éditions Hachettes, 2013, p.335.

[26] G. CORNU, *Vocabulaire juridique*, Paris, PUF, 2011, p.219.

[27] Gérard CIPARISSE (sous la dir.), *Thesaurus multilingue du foncier,* Version Française, Organisation des Nation Unies pour l'Alimentation et l'Agriculture, Rome, 1999, p.18

[28] Dictionnaire le GRAND ROBERT de la langue française version électronique disponible sur CD-ROM.

[29] Décret du 6 juillet 1899 réglementant la recherche et l'exploitation des mines dans les Colonies ou pays du protectorat de l'Afrique continentale, autres que l'Algérie et la Tunisie ; le décret du 22 octobre 1924 modifié par le décret du 31juillet 1927 ; Article 4 de la loi n°64- 249 du 03 juillet 1964 portant Code minier ; Article 8 de la loi n°95-553 du 18 Juillet 1995 portant Code minier ; Article 16 loi n°2014-138 du 24 Mars 2014 portant Code minier.

[30] Les carrières sont constituées des tourbières, les gites de matériaux de construction, de matériaux d'empierrement et de viabilité, de matériaux pour l'industrie céramique, de matériaux d'amendement pour la culture des terres et autres substances analogues à l'exception des phosphates, nitrate, sels alcalins et autres sels associés dans les gisements.

en surface[31]. De ce qui précède, l'on peut déduire que la concession minière est l'acte juridique octroyant le droit d'exploiter une mine. Et en tant que tel, l'acte de concession est le seul document qui permette d'exploiter une substance du sous-sol classé mine par la loi minière. En sus, toujours dans un sens restrictif, la concession minière s'étend également au périmètre à l'intérieur duquel s'exercent les droits du concessionnaire de la mine.

**9.** En ce qui concerne l'expression droits fonciers coutumiers, notons de prime à bord que « d'un point de vue strictement juridique, le droit foncier est l'ensemble des dispositions [étatiques] comprenant les règles relatives à l'accès à la terre et à sa gestion »[32]. Ainsi, le droit foncier serait déterminé par la législation étatique entendue donc lato sensu et par la gestion au jour le jour des enjeux que poursuivent les communautés pour lesquelles elle est édictée. En dehors du dispositif étatique, le foncier en Afrique en général et en Côte d'Ivoire en particulier s'est toujours caractérisé l'existence d'un corps de règle non écrite qui au cours de l'évolution politique et sociale a connu diverses appellations. Pour ce qui est des sociétés africaines précoloniales, ce corps de règles non écrites est désigné par l'expression « droits traditionnels ». Par cette expression, l'on entend les droits en vigueur dans les sociétés africaines avant la colonisation. Dans ses travaux sur l'Afrique centrale précoloniale, Jacques MAQUET pouvait affirmer que « chaque unité sociale traditionnelle ayant une organisation politique indépendante — qu'elle soit un royaume, une chefferie, ou même parfois une communauté plus réduite, comme un village et son terroir — et donc un territoire, avait son propre droit coutumier »[33]. Dans ces conditions, l'expression « droits fonciers traditionnels » renvoie aux droits fonciers africains précoloniaux encore appelés « droits fonciers africains

---

[31] Elle peut être également définie comme la cavité creusée dans le sol pour extraire les minerais.

[32] G. CIPARISSE (sous la Dir.), *op.cit.*, p.24.

[33] J. MAQUET, « Droit coutumier traditionnel et colonial en Afrique centrale. Bibliographie commentée » *In Journal de la Société des Africanistes*, 1965, Tome 35, fascicule 2, p.411.

endogènes »[34] ou « droits fonciers originellement africains »[35]. Il s'agit de l'ensemble des règles définissant l'accès et la gestion de la terre dans les sociétés africaines *ante* coloniales. Reposant sur les coutumes locales indigènes, ces droits « s'organisent autour d'une multitude de rapports qui ne sont pas nécessairement juridiques même si le droit intervient pour en assurer l'ordonnancement et qui constituent à la fois les fondements et la fin. Ces rapports sont de trois ordres : les rapports de l'homme au sacré par la médiation de la terre ; les rapports de l'homme aux différents groupes sociaux dont il est membre et qui définissent son statut juridique social et fonctionnel ; les rapports de l'homme à la terre en tant que moyen de production »[36]. Les droits fonciers traditionnels se présentent ainsi comme un fait social total[37]. À l'avènement de la colonisation, les droits traditionnels vont subir l'action de l'administration coloniale. Celle-ci fait, certes, très tôt le choix du maintien des coutumes des natifs dans l'ordre juridique colonial ; mais ce maintien se fera sous inventaire[38]. Pour Séraphin NÉNÉ BI, certains aspects des coutumes seront rejetés par le législateur colonial, tandis que d'autres aspects seront écartés par endroit et par moment : c'est « le droit traditionnel tamisé », encore appelé « coutumes indigènes tamisées »[39]. Le Doyen DEGNI SEGUI verra dans l'action du législateur

---

[34] H. M. G. OUEDRAOGO, « De la connaissance à la reconnaissance des droits fonciers africains endogènes », *études rurales* [en ligne], 187/2011, URL : http://journals.openedition.org /etudesrurales/9388 ; DOI : 10.4000/etudesrurales.938, consulté le 14/01/2020 à 9h48.

[35]Voir sur la question M. ALLIOT, « La coutume dans les droits originellement africains », *Bulletin de liaison du LAJP*, n° 7-8, 1985, pp. 79-100.

[36] G. A. KOUASSIGAN, « Objet et évolution des droits fonciers coutumiers », *In encyclopédie juridique de l'Afrique*, Tome cinquième, Abidjan, Dakar, Lomé, N.E.A, 1982, p.30.

[37] G. A. KOUASSIGAN, « Objet et évolution des droits fonciers coutumiers », *In encyclopédie juridique de l'Afrique*, Tome cinquième, Abidjan, Dakar, Lomé, N.E.A, 1982, p.30 ; voir également sur la question F. F. N'GANG et al., *Les entraves à la mise en œuvre de la loi de 1998 relative au domaine foncier rural en Côte d'Ivoire : analyses et réflexions prospectives,* INADES-formation, octobre 2015, p.4.

[38] S. NENE BI, *Introduction historique au droit ivoirien*, Abidjan, Les Éditions ABC, 2015, p.181.

[39] *Ibid.*

colonial, la volonté de maintenir « les droits traditionnels comme loi d'exception »[40]. Cette situation à dénaturer profondément la notion de « droits traditionnels ». L'expression la plus aboutie de cette dénaturation constitue, à n'en point douter, le mouvement de codification des droits traditionnels africains endogènes sous le nom de « droits coutumiers ». Il convient de souligner qu'aussi bien les « droits traditionnels tamisés », que les règles coutumières compilées par l'administration coloniale abusivement qualifiée de « droits coutumiers » n'avaient sans doute plus grand-chose à avoir avec les droits originels tels qu'intériorisés et vécus par les populations[41]. Donnant lieu à la résistance des indigènes[42] cette situation a eu pour corollaire la survivance des coutumes locales au dispositif colonial en général et en matière foncière en particulier. Les coutumes indigènes, instituant des pratiques foncières particulières qui s'écartent largement du droit étatique, continuent d'exister en dépit des nombreuses tentatives coloniales visant à les supprimer. De là, « les droits fonciers coutumiers », objet de cette étude. Selon Jean Pierre GALE, la notion de « droits fonciers coutumiers » est l'« expression usitée pour désigner le corps de règles non écrites, d'essence coutumière qui s'applique à un groupe social ; un corps de règles caractérisé par un singularisme, en ce qu'il allie juridisme et sacralité »[43]. Comprise en dehors de tout processus législatif étatique, la notion de droits fonciers coutumiers ne saurait être l'apanage de la seule période coloniale, mais plutôt comme l'ensemble « de principes fondamentaux de régulation des rapports sociaux caractérisés par leur dynamisme et leur flexibilité. Ces principes résultent des expériences heureuses et malheureuses accumulées par la société et transmises de génération en génération ; ils résultent également des compromis négociés par la société pour faire face, au mieux, aux changements auxquels elle a été confrontée »[44]. Emprunté à

---

[40] R. DEGNI SEGUI, *Introduction au droit*, Abidjan, EDUCI, 2009, p.270.

[41] H. M. G. OUEDRAOGO, « De la connaissance à la reconnaissance des droits fonciers africains endogènes », *études rurales*, *op.cit.*, p.80.

[42] R. DEGNI SEGUI, *Introduction au droit*, Abidjan, EDUCI, p.277 et suiv.

[43] J. P. GALE, *op.cit.*, p.98.

[44] H. M. G. OUEDRAOGO, « De la connaissance à la reconnaissance des droits fonciers africains endogènes », *études rurales*, *op.cit.*, p.80.

Hubert OUEDRAOGO, cette définition met en relief la complexité de la notion de « droits fonciers coutumiers ». Pour l'auteur, enracinées dans l'histoire et bénéficiant de l'adhésion populaire, ces droits bénéficient d'une incontestable légitimité et ont démontré une extraordinaire capacité à résister aux tentatives, plus ou moins déguisées, des États coloniaux et post coloniaux, destinées à leur substituer de nouvelles normes dites modernes[45]. Toutefois, la notion de droits coutumiers ainsi présentée n'est pas sans poser quelques difficultés, en raison notamment de la pluralité de groupe ethnique et son corollaire qu'est la diversité de systèmes juridiques coutumiers. En dépit de cette diversité, l'on note en matière foncière une constance ; une communauté de pensée. On peut donc parler de Droit foncier coutumier qui est un droit spontané, naturel, instinctif, informel naissant de la tradition, un Droit essentiellement populaire et paysan, concret oral et spiritualiste.[46]

**10.** La multifonctionnalité reconnue à la terre a eu pour conséquence d'accroitre la pression foncière. Celle-ci s'est accentuée avec l'exploitation des ressources minières, dans la mesure où cette activité nécessite une appropriation plus ou moins importante de la surface de terre. En effet, quelle que soit la technique utilisée, l'on ne saurait exploiter les mines sans avoir accès à la terre. Cela se justifie à deux niveaux. D'abord, il faut dire que l'activité minière peut concerner uniquement le tréfonds, dans ce cas le gisement ne peut être atteint sans que l'on accède au fond. Dans cette hypothèse, l'exploitation des mines se fait de la surface au tréfonds. Ensuite, il y a le cas où cette activité peut aussi s'exercer seulement sur la surface de la Terre ou sur une accumulation de minerais appelés « rejet » ou « remblais », sans que le souterrain soit touché[47]. Enfin, qu'elle se fasse en souterrain ou qu'elle parte du fond au tréfonds, l'activité minière, notamment industrielle ou semi-industrielle, peut causer des dégâts importants aux périmètres voisins du lieu

---

[45] *Ibid.*

[46] R. VERDIER, « le droit de la terre en Afrique (au sud du Sahara) », AISJ, Maisonneuve et Larose, Paris, 1971, p.68

[47] A. BAMBI KABASHI, *Le droit minier congolais à l'épreuve des droits foncier et forestier*, Paris, L'Harmattan, 2012, Quatrième de couverture.

où elle se déroule[48]. Dans toutes ces différentes hypothèses, il est clair que la terre reste le support de l'exploitation minière. Il s'en évince un chevauchement de droits de nature différente sur un même espace, d'une part le droit foncier qui a vocation à s'exercer sur le sol et à régir l'accès et la gestion de ce sol par les hommes. D'autre part, le droit minier qui « est le droit des matières premières minérales, il définit le régime juridique des mines et carrières ainsi que des autres substances minérales, c'est-à-dire l'ensemble des règles qui gouvernent la prospection, la recherche, l'exploitation, la détention, la transformation, la circulation et la commercialisation de ces substances »[49]. Cette coupe horizontale de droits de nature différente et autonome l'un de l'autre ne manque pas de poser des difficultés théoriques et pratiques. La question prend un relief particulier quand on sait que la majorité des projets miniers se développe en zone rurale et que le foncier y est particulièrement « confligène », notamment dans le contexte ivoirien. Cela pourrait s'expliquer par le refus délibéré des autorités étatiques d'envisager la question foncière dans toute sa complexité. Certes, la loi de 1998 apporte quelques solutions, mais celles-ci en plus de n'être que partielles, peinent en termes d'effectivité et donc d'efficacité. En outre, la législation minière héritée de la période coloniale ne tient aucunement compte des spécificités africaines dans les rapports de l'homme avec la terre, a fortiori avec les ressources du sous-sol.

**11.** « Le passage de l'économie agricole à l'économie industrielle, puis post-industrielle s'est évidemment accompagné d'un accroissement du rôle des biens dans la vie des individus. [...] Le développement des richesses et les progrès de la science entraînants, l'apparition de nouveaux biens : les atomes, les ondes, les fluides, les micro-organismes, etc. »[50], ont eu également pour conséquence la valorisation de certains biens en l'occurrence la terre, entendue dans sa double dimension, fond et tréfonds. Depuis la révolution industrielle cette convoitise revêt un relief particulier en occident. Outre la croissance

---

[48] En raison notamment des produits chimiques des techniques utilisé et déchets.

[49] P. WEISS, « Les matières premières minérales », *Encyclopédie juridique de l'Afrique*, Tome cinquième, Abidjan, Dakar, Lomé, N.E.A, 1982, p.341.

[50] F. TERRE, P. SIMLER, *Droit civil, les biens,* Paris, Dalloz, 1998, p.43.

démographique, le développement scientifique et les progrès techniques exigent davantage de matières premières pour le fonctionnement des industries. Face à cette situation, l'on assiste à une course pour le contrôle et l'exploitation des sources de matières premières, dont la terre.

**12.** En Afrique subsaharienne, l'importance de la terre peut se mesurer en trois temps. D'abord pendant la période précoloniale caractérisée par une économie de subsistance, la terre avait la même importance chez tous les peuples avant le contact avec d'autres civilisations. Aussi bien dans les sociétés pastorales, agraires ou encore dans les sociétés de pêcheurs, la terre était perçue comme le réceptacle des activités de la campagne, de la vie paysanne, cynégétique et qui revêt chez les peuples d'Afrique noire des caractères ontologiques[51]. À ce titre, elle a toujours « fonctionné dans les mentalités collectives à la fois comme le connecteur du sacré, si ce n'est le sacré lui-même et la sève nourricière des vivants et des choses avec lesquelles le matériel et l'immatériel ont des relations d'existence. C'est pourquoi, la terre conjuguant la réalité matérielle et immatérielle ne peut s'appréhender qu'à travers une double démarche : la démarche liée au sacré et celle liée à la réalité matérielle »[52]. Considérée non pas comme une chose susceptible d'être appropriée, mais plutôt comme un être vivant, la terre ne saurait être évaluée pécuniairement ni être considérée comme un bien marchand. Par ailleurs, elle doit toujours rester au sein du groupe qui en dépend, s'intégrant ainsi dans une dynamique patrimoniale et non économique[53]. Toutefois, cette conception de la terre va connaître ensuite une évolution résultant du contact des sociétés négro-africaines avec d'autres civilisations. Ainsi, au cours de la période coloniale, animé par une volonté de domination, le colonisateur français va remettre en cause une grande partie de la culture et du système de valeur des sociétés négro-africaines au nom d'une prétendue mission civilisatrice.

---

[51] O. BARRIERE, *Gestion des ressources naturelles renouvelables et conservation des écosystèmes du sahel : le foncier environnement*, Thèse de Doctorat en droit, Université de Paris I, 1996, p.25.

[52] B. S. NENE BI, *La terre et les institutions traditionnelles africaines : le cas des Gouro de Côte d'Ivoire,* Thèse de Doctorat, Université d'Abidjan-Cocody, 2005, p-p. 6-7.

[53] O. BARRIERE, *Op. cit.,* p.25.

Les rapports de l'homme à la terre ne seront pas épargnés dans cette dynamique de négation des coutumes et savoirs africains. Puissant instrument de domination au service du colonisateur[54], la politique foncière coloniale se présente comme la conséquence des transformations structurelles et institutionnelles nécessaires à l'exploitation des populations africaines et de leurs ressources[55]. Elle se résume essentiellement en l'appropriation de l'ensemble des terres par l'administration coloniale et la reconnaissance aux indigènes d'un droit d'occupation précaire, le colonisateur se réservant la possibilité à tout moment de récupérer les terres occupées par ceux-ci[56]. Ainsi, la conception coloniale de la terre calquée sur le modèle de la métropole, dans lequel, le pouvoir de l'exclusivité individuelle est privilégié et où la terre est perçue comme un bien, fait abstraction du rapport traditionnel entre les hommes et semble préférer un rapport économique homme/bien[57]. Enfin, au lendemain des indépendances, les nouveaux États africains convaincus de l'universalité du régime civiliste des biens et de la panacée de la domanialité[58], vont tout logiquement épouser la conception « propriétariste » de la terre introduite par la colonisation sur le continent, dans leur législation. Cette attitude des nouvelles autorités africaines ne sera pas sans conséquence. Ces législations antinomiques avec la conception africaine de la terre seront systématiquement dépourvues d'effectivité dans leurs applications et profondément remises en cause. Dans un contexte plus en plus marqué par l'individualisme, l'on assiste à la coexistence de deux corps de règles en matière foncière : d'un côté, le droit étatique d'inspiration occidentale et de l'autre des

---

[54] E. LE ROY, « Les objectifs de la colonisation française ou belge », *In encyclopédie juridique de l'Afrique*, Abidjan, Dakar, Lomé, N.E.A, 1982, pp.85-88

[55] B. S. NENE BI, Thèse précité, p.289.

[56] Y. TANO, « La précarité des systèmes fonciers en Côte d'Ivoire », *Pouvoirs publiques et développement en Afrique*, Toulouse, SEDUSS, 1992, p.149

[57] O. BARRIERE, *Op. cit.*, p.24.

[58] *Ibid.*, Voir également sur la question A. LEY, *Le régime domanial et foncier et le développement économique de la Côte d'Ivoire*, Paris, LGDJ, 1972, p.26 ; S. BONI, *Le droit de propriété foncière rurale en Côte d'Ivoire de 1893 à 1998,* Thèse de doctorat, Université Félix HOUPHOUËT BOIGNY d'Abidjan-Cocody, 2015, p.162.

droits endogènes dont certains aspects ont été intégrés dans la législation étatique et dénommés " droit coutumier ".

**13.** En ce qui concerne le tréfonds, soulignons que de manière générale, les hommes ont extrait les minéraux de la terre depuis des époques très reculées. Déjà dans l'antiquité « les Babyloniens, les Assyriens et les Byzantins avaient des mines de cuivre et de plomb, il y a des milliers d'années, dans ce qui est aujourd'hui le sud de la Jordanie »[59]. La Rome antique également a connu l'exploitation des richesses souterraines. « Les Romains, nous le savons, ont exploité de nombreuses carrières, fouillé de nombreuses mines; leurs monuments, leurs travaux en font foi, de même qu'ils témoignent de l'énorme quantité de métaux de toutes sortes extraits du sein de la terre »[60]. Même s'il est important, de souligner que le caractère dégradant de l'activité minière dans la mentalité des Romains[61] et l'étroitesse du domaine minier des particuliers[62] n'ont pas favorisé l'émergence d'une législation assez importante en matière de mine contrairement à d'autres domaines du Droit romain[63]. Cette importance des ressources minières et de leur exploitation va s'étendre dans le temps et trouver même un meilleur écho dans les sociétés occidentales modernes. Ainsi, depuis la révolution industrielle l'on assiste à un regain d'intérêt pour les ressources minières. Les industries, pour fonctionner, ont de plus en plus besoin davantage de matières premières. Les minéraux étaient certes déjà importants dans la vie quotidienne,

---

[59] « Les mines plus qu'un bienfait, une malédiction », *In Bulletin n° 71 du WRM,* Juin 2003, p. 20.

[60] F. NAUDIER, *Des mines et des carrières en droit romain* Paris, L. LAROSE, Libraire-éditeur, 1877, p.7.

[61] « Ce travail devait leur paraître déshonorant, si nous nous en tenons aux paroles suivantes de Tacite : « Pour surcroît de honte, les Gothins exploitent le fer. » Nous savons en outre que les esclaves étaient attachés à l'exploitation des mines et que c'était pour eux une aggravation de peine : servi-pœnœ; damnati in metalla; la condamnation aux mines est une cause d'esclavage ». Cf. F. NAUDIER, *Des mines et des carrières en droit romain, Op.cit.,* p.8.

[62] F. NAUDIER, *Des mines et des carrières en droit romain Op.cit.,* p.9.

[63] « [...] ce droit si complet, qui s'occupe avec tant de clarté et de logique de toutes les questions de la vie civile », F. NAUDIER, *Des mines et des carrières en droit romain Op.cit.,* p.7.

mais avec la révolution industrielle, les minéraux sont désormais extraits et utilisés dans des quantités beaucoup plus grandes[64].

**14.** En Afrique précoloniale, les produits du sous-sol étaient également prisés. Nombre d'auteurs s'accordent en effet, pour dire que l'activité minière y était connue[65]. Les produits miniers servaient généralement, à cette époque, aux besoins locaux. En effet, « outre les objets utilitaires tels que les fils, les tiges, la vaisselle, et autres ustensiles, les artisans produisaient également des bijoux et des ornements ainsi que des objets d'art notamment des statues [66]». Dans d'autres sociétés, utilisés tantôt comme marchandises tantôt, comme monnaie, les minerais vont contribuer à l'essor des peuples. Les exemples en la matière sont légion, on peut citer le royaume du Ghana avec pour capital Koumbi Saleh qui a connu une prospérité grâce au commerce de l'or[67]. Toutefois, l'exemple le plus prégnant reste, sans l'ombre d'un doute, la prospérité connue par l'empire du Mali grâce au commerce de l'or. « L'empire atteint son apogée au début du XIVe siècle, sous le règne de KANKOU Moussa. Celui-ci est surtout connu pour les richesses qu'il dépense tout le long de son pèlerinage à la Mecque, qui vont jusqu'à modifier le cours de l'or dans le bassin méditerranéen »[68]. Ce pèlerinage en

---

[64] « Les mines plus qu'un bienfait, une malédiction », *In Bulletin n° 71 du WRM,* Juin 2003, p. 20.

[65] G. YAO, *op.cit.,* p.121 ; Voir également sur la question J. KI ZERBO, Histoire de l'Afrique noire, d'hier à demain Paris, Hatier, 1978, p135 ; G. NIANGORAN BOUAH, « L'idéologie de l'or chez les Akan de Côte d'Ivoire et du Ghana », *Journal des africanistes,* 1978, Tome 48, fascicule 1. L'or dans les sociétés Akan, pp127-140 ; G. JOSEPH, « L'exploitation indigène de l'or en Côte d'Ivoire », *Bulletin et mémoire de la société d'anthropologie de Paris,* VI° série, Tome 4 fascicule 3-4, 1913, pp. 372-375.

[66] Ressources minérales et développement de l'Afrique, Rapport du groupe d'étude international sur les régimes miniers de l'Afrique.

[67] « Le Royaume du Ghana alimente le moyen orient et l'Europe par le commerce transsaharien qui permet d'échanger l'or et les esclaves contre du sel » ; A. DELAFIN « L'or d'Afrique : une richesse liée à l'histoire du continent », *MFI HEBDO : Economie Développement*, 2005, Article de presse consulté en ligne sur http://www1.rfi.fr/fichiers/MFI/EconomieDevelop-pement/ 1614.asp.

[68] « De 700- 1520 les premiers royaumes africains », document non paginé, consulté en ligne sur www.herodote.net/de_700_a_1520-synthese-509.php le 1er novembre 2017 à 10h22mn ; M. DIALLO, *la comptabilité publique des*

grande pompe de KANKOU Moussa est présenté comme l'un des symboles de la prospérité de cet empire à son apogée. Mais ce pèlerinage rend compte surtout de l'existence, et l'ampleur de l'activité d'exploitation minière à une époque où l'Afrique était présumée l'ignorer. Toujours dans l'Afrique précoloniale, l'extraction et le commerce des minerais, notamment de l'or, ont eu une importance capitale dans le développement des royaumes Akan à partir du XIVe siècle[69]. Le puissant royaume Ashanti, construit autour de Kumasi sa capitale, a également connu sa prospérité légendaire grâce à l'or. Il est important de relever que l'or, pour ce royaume, ne se résume pas à une simple richesse matérielle, il a une valeur symbolique et magique. L'histoire du siège d'or miraculeusement descendu du ciel sur les genoux d'Osei Tutu[70], en est une parfaite illustration. C'est en effet ce siège qui donne au nouveau souverain,'' l'*asantehene*'' ou chef des Ashanti, son autorité spirituelle. C'est ce qui résulte des propos de HUET lorsqu'il affirme que le « siège d'or n'est pas un trône : nul ne peut s'y asseoir, pas même le roi. ''*L'asantehene*'' n'est que le gardien de ce qui constitue véritablement le symbole national Ashanti »[71]. La valeur du siège d'or démontre assez pertinemment l'intérêt accordé à ce métal. Elle explique aisément les interdits et autres obligations rituelles liés à ce minerai.

**15.** Dans la Côte d'Ivoire traditionnelle, le système économique, à l'instar de celui des autres peuples du continent, est dominé par l'agriculture. Cependant, on y trouve de petites industries extractives autour des gisements d'or et de fer[72] dans certaines régions.

**16.** De ce qui précède, l'on peut retenir que le continent africain a de tout temps connu l'exploitation minière, même s'il faut souligner que seules quelques substances étaient accessibles eu

---

*Etats Africains francophones, histoire*, Dakar, Nouvelles Editions Africaines du Sénégal, 2015, p.30.

[69] J-C HUET, « Le Ghana, un royaume de l'or », *In Clio*, Document numérique non paginé, juin 2001, Téléchargé en ligne surhttps://www.clio.fr/ BIBLIOTHEQUE/pdf/pdf_leghan a_royaume_de_l_or.pdf.

[70] *Ibid.*

[71] *Ibid.*

[72] H. DAGRI DIABATE (sous la Dir.), *Mémorial de la Côte d'Ivoire*, Tome1, Abidjan, Éditions Ami, 1987, p.245.

égard aux méthodes d'exploitation relativement modestes et des savoirs de l'époque. L'extraction des minerais se faisait essentiellement dans des mines à ciel ouvert ou par dragage[73], au moyen de techniques artisanales[74]. En revanche, l'utilisation restrictive des produits miniers et l'ignorance de l'utilité de certains d'entre eux ont fortement contribué à limiter leur importance dans l'économie des sociétés traditionnelles au profit de l'agriculture. Avec le phénomène de la colonisation, l'importance accordée aux ressources minières va s'accroitre. Dans le contexte ivoirien, la réalité des richesses minières est affirmée par de nombreux auteurs occidentaux notamment Edmond MICHELLET ET Jean CLÉMENT, pour qui « la Côte d'Ivoire est un pays minier … Les ouvrages les plus anciens qui aient été écrits sur cette Colonie signalent tous la présence de l'or dans le pays. Soit sur le littoral, soit à l'intérieur, on trouve partout des indigènes-possesseurs d'or »[75]. Le colonisateur mu par l'intérêt économique[76] va se lancer, outre la conquête de débouchés, dans la course aux matières premières, dont les ressources minières. Cet intérêt pour les ressources du sous-sol africain est la conséquence des progrès techniques et scientifiques issus de la révolution industrielle et leurs implications. Pour réaliser son objectif, le colonisateur se dote d'un arsenal juridique caractérisé par la séparation du sol et du sous-sol, mais surtout par l'accaparement des ressources minières par l'État. Ainsi, seul l'État colonial dispose du droit d'exploiter les ressources du sous-sol qu'il peut octroyer de manière discrétionnaire à des particuliers. Le phénomène colonial introduit donc de profonds bouleversements relativement au droit sur les ressources minières. L'on assiste également à l'introduction de l'exploitation industrielle desdites

---

[73] « Les mines plus qu'un bienfait, une malédiction » *In Bulletin n° 71 du WRM,* Juin 2003, p.11.

[74] L'exploitation de l'or se faisait par filtrage des dépôts alluvionnaires, ainsi que l'extraction en surface ou en profondeur.

[75] E. MICHELLET, J. CLEMENT, *La Côte d'Ivoire, organisation administrative financière, judiciaire, régime minier, domanial, forestier, foncier,* Paris, Augustin Challamel, 1906, p.159.

[76] S. NÉNÉ BI, *Les institutions coloniales de l'Afrique Occidentale Française*, Abidjan, Les Éditions ABC, 2015, p.29.

ressources[77] avec l'utilisation de techniques privilégiant plus les intérêts économiques que les droits des populations. Au lendemain des indépendances, les autorités ivoiriennes, bien que conscientes du potentiel minier du pays, ont décidé de privilégier l'agriculture par rapport à l'exploitation des ressources minières[78]. Ce choix politique va profondément influencer l'économie de la Côte d'Ivoire indépendante et faire d'elle une économie essentiellement agricole. À partir des années 1980, confrontée à une crise économique résultant de la chute du cours des matières premières agricoles, la Côte d'Ivoire va choisir de diversifier son économie en favorisant l'exploitation de ses ressources minières.

**17.** À l'analyse, la terre a toujours été et continue d'être un bien fondamental aux multiples fonctionnalités chez tous les peuples du monde. Dans le contexte africain en général et ivoirien en particulier, le choc des civilisations ainsi que ses implications sur la valeur de ces deux biens sont venus renforcer ce caractère fondamental. En effet, en Afrique noire et partant en Côte d'Ivoire, les moyens d'existence de la plupart des populations dépendent des ressources naturelles. Aussi, un accès sécurisé à la terre est-il fondamental pour leur survie. Pourtant, dans plusieurs zones, un tel accès est fragilisé par une compétition accrue, conséquence de la croissance démographique et d'autres facteurs. En l'occurrence, l'entrée sur la scène foncière d'acteurs externes comme les investisseurs dans le domaine minier accroit la pression sur le foncier. Toutefois, si la question de la pression foncière en Côte d'Ivoire du fait des activités minières se pose aujourd'hui avec acuité, il est important de souligner qu'elle trouve ses origines loin dans le passé, notamment à partir des bouleversements introduits par la colonisation. L'analyse de l'histoire foncière de la Côte d'Ivoire héritée de la colonisation

---

77 À partir de 1947, la SAREMCI va commencer à exploiter de façon industrielle le diamant à Tortiya ; à Séguéla, l'exploitation industrielle du diamant a commencé en 1952 par la SANDRAMINE puis la SODIAMCI dès 1955 ; La colombo-tantalite fait aussi l'objet d'exploitation de type industrielle à partir de 1957 ; Voir sur la question G. YAO, « Contestation des projets miniers en Côte d'Ivoire : vers la reconnaissance du droit au développement humain durable des populations et collectivités locales », Consulté sur http://news.abidjan.net/h/504867.html le 27juillet 2017 à 15h47mn

78 *Ibid.*

s'est caractérisée par une négation quasi constante des droits fonciers coutumiers. D'abord le colonisateur, avant de faire volteface[79], puis les autorités de la Côte d'Ivoire indépendante, vont, à tour de rôle, nier les droits des populations locales détenus sur leurs terres en vertu des traditions. De plus, en raison de l'attachement des populations locales à leurs droits coutumiers, favorisant la résistance de celles-ci au droit moderne, l'on assistera à la coexistence de deux types de règles pour la régulation du domaine foncier rural. Cette situation sera à la base de nombreux conflits fonciers en Côte d'Ivoire, opposant tantôt l'État aux populations autochtones, tantôt ces dernières à des « étrangers »[80]. Jean Pierre CHAUVEAU ne dit pas le contraire lorsqu'il affirme que « les conflits fonciers actuels doivent être replacés dans les vastes mouvements de colonisation agraire qui ont marqué l'histoire rurale ivoirienne depuis la période coloniale et singulièrement depuis l'indépendance du pays [81]». Pour lui, la question foncière contemporaine est ainsi largement redevable de la dynamique passée et présente des institutions agraires[82]. L'histoire foncière de la Côte d'Ivoire, marquée par la remise en cause des mécanismes traditionnels de gestion de la terre, a contribué

---

[79]Après une longue période de négation, des textes seront adoptés par le colonisateur pour reconnaître, d'une manière ou d'une autre, les droits coutumiers. Il s'agit du décret du 8 octobre 1925 instituant un mode de constatation des droits fonciers indigènes en Afrique Occidentale Française et du décret-loi du 20 mai 1955 portant réorganisation foncière et domaniale en Afrique Occidentale Française et Afrique Équatoriale Française.

[80] La notion d'étranger dans contexte ivoirien et dans les État d'Afrique Noire en générale à un contenu plus ou moins extensif selon la cas d'espèce auquel elle s'applique ; voir sur la question A. AKA LAMARCHE, *Nouvelles approches du droit foncier et de l'organisation territoriale ivoirienne dans une perspective de sortie de crise*, Thèse de Doctorat, Université de Paris I Panthéon-Sorbonne, 2005.

[81] J. P. CHAUVEAU, « La question foncière en Côte d'Ivoire et le coup d'État ou comment remettre à zéro le compteur de l'histoire », *In Politique africaine*, 2000, n°78 Spéciale Côte d'Ivoire, question foncière et reconstruction nationale en Côte d'Ivoire les enjeux d'un silencieux coup d'État, p.14 ; voir également Aline AKA LAMARCHE Pour qui la « crise foncière (…) prend ses sources dès l'époque coloniale ». Cf A. AKA LAMARCHE « *Nouvelles approches du droit foncier et de l'organisation territoriale ivoirienne dans une perspective de sortie de crise*, Thèse de Doctorat, Université de Paris I Panthéon-Sorbonne, 2005, p.12.

[82] *Ibid.*

fortement l'émergence d'un pluralisme juridique dans la gestion des ressources naturelles. D'un côté, le droit étatique d'inspiration occidentale, et de l'autre le droit coutumier. Le pluralisme juridique est un concept qui, selon Pierre MERLE, aurait été « initialement introduit par des anthropologues du droit qui étudiaient l'évolution des systèmes juridiques dans des contextes de décolonisation où l'on pouvait observer simultanément plusieurs ordres légaux »[83]. Opposé au centralisme juridique[84], le pluralisme peut s'entendre de l'existence sur un même espace, un même territoire, de différents cadres normatifs autonomes ; et où l'importance des relations sociales et rapports de force présidant à la mise en place et au respect de ces cadres normatifs impose nécessairement de relativiser le rôle de la loi et de l'État. Dans ces conditions, l'activité d'exploitation minière nécessitant l'occupation du sol peut s'avérer difficile à réaliser. En effet, si depuis la colonisation, l'État colonial s'est arrogé la propriété exclusive de toutes les ressources minières et qu'à ce titre aucune personne physique ou morale ne pouvait et ne peut se livrer à une activité de prospection, de recherche encore moins d'exploitation sans son consentement, il en va tout autrement pour ce qui est du sol. Contrairement aux ressources minières moins revendiquées, la terre est, en effet depuis la colonisation, l'objet de droits de natures diverses appréciables tantôt à l'aune du droit positif, d'inspiration occidentale, tantôt en référence aux traditions. Ainsi, outre la propriété ou l'usufruit, le sol en milieu rural peut faire l'objet de droits coutumiers, dont la nature a longtemps divisé la doctrine. Et comme telle, l'occupation de la surface en vue de l'exploitation des mines est à la base de nombreux conflits[85]. Par conflit, il faut entendre, ici, tout litige foncier résultant de la réalisation d'une activité

[83] P. MERLET, « Pluralisme juridique et gestion de la terre et des ressources naturelles », *Réflexion présentée et discutée lors d'une réunion de réflexion interne de l'équipe d'AGTER*, Nogent sur Marne, le 2 décembre 2010, p.1.

[84] « Qui implique que le droit soit uniquement composé de lois de l'État » ; Voir sur la question P. MERLE, « Pluralisme juridique et gestion de la terre et des ressources naturelles », *Op.cit.*, p.1 et suivantes.

[85] Le lundi 24 AVRIL2017, les médias relayaient un conflit opposant les propriétaires terriens et la Société minière « Persus Mining » en charge de l'exploitation de la mine d'or d'Angovia dans la sous-préfecture de Bouaflé. Source : www.koaci.com consulté le 16/05/2018.

minière. Le litige peut être consécutif à l'établissement de la concession minière et son corollaire qu'est l'occupation de la surface par le concessionnaire. En raison de leur attachement au droit coutumier, les communautés rurales se sentent toujours propriétaires du tréfonds situé en dessous de leurs parcelles héritées de leurs ancêtres. En effet, les droits fonciers traditionnels n'admettent aucunement la séparation du sol et du sous-sol, encore moins, celle du sol d'avec les richesses contenues dans le sous-sol. C'est donc tout logiquement qu'elles n'arrivent pas toujours à comprendre l'origine de leur dépossession de ce tréfonds ainsi que de son contenu, au profit de l'État. C'est là l'une des raisons essentielles des mouvements de contestation face à l'installation des projets miniers. Une étude récente dans les zones d'exploitation artisanale du diamant de Séguela et de Tortiya, commandité par l'USAID et l'UE, a révélé que la gestion des terres est « entièrement basée sur des modes coutumiers, la législation étant peu connue et presque pas appliquée»[86] . Dans la zone de Séguéla, l'étude montre qu'en violation du Code minier, les détenteurs de droits fonciers coutumiers procèdent à des concessions de périmètres fonciers en vue de l'exploitation artisanale[87]. Une telle attitude, imputable sans doute à la méconnaissance de la législation minière, met surtout en exergue la concurrence entre coutumes et droit écrit en matière de droits sur les mines. À cela, il faut ajouter que le litige peut résulter de l'exploitation d'une mine par le concessionnaire. C'est l'hypothèse des troubles de voisinage, définis comme « des dommages causés à un voisin qui lorsqu'ils excèdent les inconvénients ordinaires du voisinage sont jugés anormaux et obligent l'auteur du trouble à dédommager la victime quand bien même ce trouble serait inhérent à une activité licite et qu'aucune faute ne pourrait être reprochée à celui qui le cause »[88]. C'est le cas, lorsque dans le cadre de son activité, l'exploitant, porte atteinte aux droits des détenteurs fonciers coutumiers riverains de son site d'exploitation. Il s'agit généralement de la pollution des

---

[86]RAPPORT D'ETUDE, Droit de propriété et développement du diamant II : diagnostic terre et conflits dans les communautés d'exploitation artisanale du diamant de Séguéla et Tortiya, USAID, UE, Mai 2014, p.V.
[87] *Ibid.*, p.41
[88] G. CORNU, *Op. cit.*, p.1035.

parcelles et des cours d'eau, ou encore de la destruction des cultures érigées sur ces parcelles par les déchets issus du site d'exploitation[89]. Ces nombreux conflits fonciers liés à l'exploitation des ressources minières ne sont pas de nature à favoriser le développement de ce secteur. Pire, à l'heure où l'ambition des autorités politiques est d'atteindre le statut de pays émergent en diversifiant l'économie du pays, ces types de contestations se présentent comme de véritables freins au développement local voire à l'économie du pays.

**18.** Aux enjeux politiques, économiques et sociologiques plus qu'actuels, cette étude fournit une grille de lecture de l'évolution des rapports entre les concessions minières et les droits fonciers coutumiers. Cette grille de lecture se fonde essentiellement sur le contexte dans lequel se déroulent les projets de développement minier et la nature de ces projets miniers depuis la période coloniale à nos jours. Ce faisant, Elle vient, surtout dans un contexte mondial de plus en plus marqué par la contestation des projets miniers[90], fournir les spécificités de la contestation en Côte d'Ivoire ainsi que leurs évolutions, permettant par là même d'y trouver des solutions adéquates. En outre, cette étude tente de mettre en relief les incohérences de la législation domaniale, foncière, forestière et minière qui participent à l'entretien des conflits entre les différents acteurs (l'État, les populations et les exploitants), et la nécessité, de leur adaptation aux exigences de l'évolution politique, économique et sociale.

**19.** De plus, d'un point de vue plus théorique, si les études en matière foncière surabondent aussi bien en droit, qu'en sociologie et en anthropologie, l'on note très peu d'écrits dans le domaine des mines en Côte d'Ivoire dans le domaine des sciences sociales. Et celles qui existent n'ont pas forcément pour objet de mettre les mines en rapport avec le foncier. Par conséquent, cette étude se présente comme une modeste

---

[89] P. MANIRAKIZA, « Protection des droits de l'homme à l'ère de l'industrie extractive en Afrique », *Criminologie*, Vol. 49, n°2, 2016, p. 118 et suiv.

[90] G. YAO, l'industrie minière face aux évolutions sociétale *: quels impacts des attentes des populations et des collectivités locales sur le développement des projets miniers*, Thèse de Doctorat, École nationale supérieure des mines de Paris, 2014, p.27.

contribution pour pallier la rareté d'écrit en ''foncier-minier''. Toujours du point de vue scientifique, cette étude se veut le moyen de repenser les rapports hommes/espaces, plus spécifiquement ceux que l'homme entretient avec la terre entendue dans sa double dimension sol et sous-sol. En effet, si la question du fond a donné lieu à de nombreuses contributions sur les spécificités africaines en la matière[91], il en est autrement s'agissant du sous-sol. Le régime minier d'inspiration domanial introduit pendant la colonisation et adopté par les anciens États de l'Afrique-Occidentale Française (AOF), bien que ne prenant nullement en compte les réalités des populations africaines, semble être toléré par la doctrine en dépit des contestations relatives à sa mise en œuvre. Cette étude se présente donc comme un moyen de relancer le débat sur les rapports de l'homme et son espace en Afrique noire et plus particulièrement la question de la propriété des ressources minières en Côte d'Ivoire.

**20.** Concernant justement la Côte d'Ivoire, son choix comme champ spatial de cette étude se justifie à plusieurs niveaux. Premièrement, le pays défraie la chronique depuis 1998. La loi foncière de 1998 est présentée par certains auteurs comme le détonateur de la crise politique et économique qu'a traversé le pays[92] où le foncier est un « exposant » de toutes les contradictions antérieures, en prenant le terme exposant au sens algébrique pour exprimer la puissance à laquelle un conflit peut être élevé[93]. « En effet, le problème de la propriété des sols se révèle être un sujet extrêmement passionnel en Côte d'Ivoire, vu qu'il met en conflit divers intérêts à telle enseigne que la réforme législative de 1998, destinée à mettre de l'ordre et à

---

[91] Aussi bien les juristes positivistes ( P. YAO N'DRE, Hyacinthe SARASSORO ) et des Historiens du droit, (Guy A. KOUASSIGAN, Séraphin NENE BI, Sosthène BONI etc.,), les anthropologues du droit (Etienne LEROY, Aline AKA LAMARCHE,), que les sociologues (Jean pierre CHAUVEAU) sont intervenus pour présenter les spécificités africaines relativement à l'accès et la gestion de la terre, afin de trouver des explications rationnelles à l'échec des politiques foncières qui se sont succédées sur le continent en général et en Côte d'Ivoire en particulier.

[92] B. S. NENE BI, *La terre et les institutions traditionnelles africaines : le cas des Gouro de Côte d'Ivoire*, thèse de Doctorat, université d'Abidjan-cocody, 2005, p.20.

[93] *Ibid.*

gouverner le régime foncier, n'a jamais pu être appliquée»[94]. Cette loi a été révisée le 9 juillet 2004, le 13 septembre 2013 et enfin 2019[95]. Quant au champ temporel, il importe de noter qu'en raison de son passé, « la Côte d'Ivoire, dans ses dimensions territoriales et administratives, est une création de la colonisation française et que, pour cette raison, l'on a toujours fait peser l'entière responsabilité du déséquilibre actuel sur les pratiques de l'exploitation économique de l'époque, mais aussi, et surtout parce que cette période nous a légué des documents écrits pouvant faciliter la reconstitution de la vérité historique dans ce domaine»[96]. C'est donc à juste titre que pour la définition de ces rapports de droit qui peuvent exister entre le sol et les mines en tant que droit réel nous avons choisi de partir de la période coloniale[97] jusqu'en 2019. Le dernier Code minier ivoirien ne datant seulement que de l'année 2014, le choix de débuter cette étude à partir de l'année 1899, année de l'adoption du premier texte minier applicable à la Colonie Côte d'Ivoire, à pour modeste ambition de souligner le poids de l'histoire dans l'interprétation des situations actuelles[98] en matière de foncier-minier. Enfin le choix de cette période à un également un mobile identitaire. En effet, aujourd'hui « L'AFRIQUE a une histoire. Le temps n'est plus où sur des pans entiers de mappemondes ou de portulans, représentant ce continent, alors marginal et serf, la connaissance des savants se résumait dans cette formule lapidaire qui sent un peu son alibi : *"Ibi sunt leones"*, "Par-là, on trouve des lions". Après les lions, on a découvert les mines, si profitables, et par la même occasion, les "tribus indigènes" qui en étaient propriétaires, mais qui furent incorporées elles-mêmes à leurs mines comme propriétés des nations colonisatrices. Puis, après les "tribus indigènes", ce furent des peuples impatients sous le joug et dont le pouls battait déjà au rythme fiévreux des

---

[94] *Ibid.*

[95] Par la loi du 25 juillet 2019.

[96] J. I. GUEHI, « La politique coloniale de protection de la nature en Côte d'Ivoire (1900-1958) », in *Revue française d'histoire d'outre-mer*, Tome 80, N° 298, 1er trimestre 1993, p.84.

[97] Plus précisément de 1899.

[98] S. COULIBALY, Le paysan senoufo, Abidjan-Dakar, NEA, 1978, p7.

luttes de libération »[99]. En partant de si loin cette étude, à l'ambition de restaurer l'histoire du pillage des ressources des communautés rurales, par l'État moderne[100] et les implications subséquentes sur leur mode de vie séculaire.

**21.** La pertinence scientifique et sociale du sujet ainsi que le champ qu'il couvre suscitent les interrogations suivantes : la réalisation des concessions minières en Côte d'Ivoire tient-elle compte, des droits fonciers coutumiers ? Autrement dit l'établissement, l'exploitation et la fin des concessions minières prennent-ils en compte les droits fonciers coutumiers en Côte d'Ivoire ? En cas de réponse négative quelle en est la justification? Si oui, cette prise en compte des droits fonciers coutumiers connaît-elle une trajectoire constante de 1899 à 2019 ?

**22.** Pour répondre à ces différentes interrogations, notre approche du sujet se veut non seulement pluridisciplinaire, mais surtout transdisciplinaire. La pluridisciplinarité ici, est intra-juridique, c'est-à-dire que l'objet de notre étude à savoir « concessions minières et droits fonciers coutumiers en Côte d'Ivoire : de 1899 à 2014 » recoupe plusieurs disciplines juridiques, consistant aussi bien dans des matières de droit privé que des matières de droit public. En effet, elle s'intéresse à l'ensemble des règles qui régissent les relations qu'entretiennent entre eux des groupes et individus en ce qui concerne le statut et l'usage du sol et du sous-sol dans le cadre d'activités socioéconomiques données, notamment en zone rurale. Ces règles concernent l'évolution d'une part les modalités d'accès au sous-sol et d'occupation du sol. L'exploitation du sous-sol imposant l'utilisation la surface, il s'en déduit qu'une telle étude touche aussi bien au droit foncier, qu'au droit minier entendu comme « le droit des matières premières minérales, il définit le régime juridique des mines et carrières ainsi que d' autres substances minérales, c'est-à-dire l'ensemble des règles qui gouvernent la prospection, la recherche, l'exploitation, la

---

[99] J. KI-ZERBO, « Un continent en quête de son passé », *In* Le *courrier de l'UNESCO, l'Afrique et son histoire,* aout-septembre 1979, 32è année, p.7.

[100] L'État moderne c'est d'abord « l'État colonial : la France impériale, colonisatrice ; puis l'État postcolonial issu de la décolonisation le 7 août 1960 » ; B. S. NÉNÉ BI, *La terre et les institutions traditionnelles africaines, Op.cit.*, p.288.

détention, la transformation, la circulation et la commercialisation de ces substances[101] ». Ces deux disciplines juridiques, au cœur de la problématique du foncier-minier, sont si intimement liées qu'elles sont présentées par certains auteurs comme des matières jumelles. Outre le droit foncier et le droit minier, cette pluridisciplinarité s'étend à plusieurs autres disciplines juridiques, à savoir le droit forestier[102], le droit de l'environnement[103] ou encore le droit de l'eau[104]. La prise en compte de ces disciplines juridiques par le droit foncier minier s'explique par le fait que certains de leurs aspects, à tout le moins l'essentiel de leurs aspects sont liés aux questions de la tenure foncière. Cette étude intéresse également du droit des biens[105], mais aussi au droit administratif des biens[106] en ce qu'elle a pour finalité la clarification des droits qui sont susceptibles d'être exercés sur le sol et le sous-sol par différents acteurs[107], ainsi que les rapports qu'ils entretiennent entre eux. Quant à la transdisciplinarité, elle suppose que l'objet d'étude dépasse le seul cadre juridique pour s'accommoder d'autres disciplines scientifiques. D'abord, cette étude touche à l'histoire du droit et des institutions[108]. En effet, si le malaise qu'elle entend résoudre se pose aujourd'hui avec acuité, il est important

---

[101] P. WEISS, « Les matières premières minérales », *In Encyclopédie juridique de l'Afrique*, Tome cinquième, Abidjan, Dakar, Lomé, N.E.A, 1982, p.341.

[102] Le droit forestier : ensemble des dispositions comprenant les règles relatives à l'exploitation, à la protection des forêts ainsi que celles réglementant les pouvoirs de l'Administration dans les forêts soumises au régime forestier.

[103] L'ensemble des règles et des pratiques juridiques régissant les rapports de l'homme à l'environnement.

[104] Le droit l'eau est l'ensemble des règles relatives à la propriété, au contrôle et à l'utilisation de l'eau comme ressource.

[105]« Défini comme l'ensemble des règles qui régissent les rapports entre les personnes et les biens, entre les personnes à l'occasion des biens qui leurs appartiennent ou dont elles se servent, et entre les biens eux-mêmes » P-C KOBO, *Droit Administratif des biens : les domaines des personnes publiques, l'expropriation*, Abidjan, les Éditions ABC, 2004, p.8

[106] « Ensemble des règles de droit public applicables aux meubles et immeubles » Voir P-C KOBO, *Droit Administratif des biens*, *Op.cit.*, p.9

[107] L'État, Détenteurs de droits fonciers coutumiers, exploitants miniers.

[108] Discipline ayant pour objet d'étude le droit et les institutions ainsi que leur évolution.

de relever qu'il trouve ses fondements dans la colonisation avec son lot de bouleversements aussi bien institutionnels que juridiques. Il sera donc question, dans le cadre cette étude, d'en retracer l'évolution et surtout d'en tirer les conséquences. Ensuite, la sociologie juridique[109] parce que, le droit en lui-même est un phénomène social. Et comme tel, il est impératif de cerner les réactions qu'il suscite de la part de la société pour laquelle il a été posé. Enfin, nous avons l'anthropologie juridique[110], en ce que les rapports juridiques qu'entretiennent aujourd'hui les concessions minières et les droits fonciers coutumiers obéissent à des traditions culturelles différentes qu'une telle étude ne saurait occulter, si elle se veut objective.

**23.** La démarche a consisté en l'analyse des textes, c'est-à-dire la législation et la réglementation minière et foncière, mais aussi la jurisprudence aussi bien actuelle que passée. En sus, nous nous sommes intéressés aux sources archivistiques datant de la période coloniale, qui constitue l'élément fondamental pour tout historien du droit s'intéressant à cette période. À cela, il faut ajouter la revue de la littérature sur la question du foncier-minier, qui nous a permis de faire le point des études antérieures sur le sujet abordé, nous permettant ainsi d'approfondir nos connaissances en la matière, mais surtout d'adopter une orientation originale par rapport à celles-ci. À côté de ces sources écrites, nous avons également des sources orales. « La tradition orale apparaît comme le conservatoire et le vecteur du capital de créations socioculturelles accumulé par les peuples réputés sans écriture : un vrai musée vivant. La parole historique constitue un fil d'Ariane bien fragile pour remonter les couloirs obscurs du labyrinthe du temps. Les détenteurs en sont les vétérans »[111]. C'est pourquoi nous avons entrepris des missions de terrain, au cours desquelles, des communautés riveraines des sites miniers, des détenteurs de droit fonciers coutumiers ont été

[109] « Branche de la sociologie qui étudie les pratiques du monde juridique et ses acteurs par rapport à la loi qu'elle applique » www.linternaute.fr consulté le 27 Décembre 2017 à 8h13mn.

[110] « Branche de l'ethnologie juridique qui tente d'expliquer les phénomènes juridiques dans leur globalité, par une approche historique, culturelle géographique, sociale, philosophique, symbolique et technique » consulté en ligne sur www.linternaute.fr consulté le 27 Décembre 2017 à 8h14 mn.

[111] J. KI ZERBO, *Op. cit.*, p.8.

interrogés sur, outre leurs connaissances du dispositif légal en matière foncière et minière, sur les rapports qu'ils entretiennent avec les exploitants miniers ainsi que l'État depuis toujours. Ont été abordées également au cours de ces échanges, les questions liées au contentieux des expropriations, celles relatives à la participation des populations au processus d'octroi des concessions ainsi que l'impact des investissements sur l'environnement et le développement local. Les autres acteurs du secteur, à savoir l'État et les exploitants, ont également été interrogés. Il faut noter à ce stade que les échanges avec les exploitants ne sont pas toujours fructueux. Si pour ce qui est des artisans miniers, il nous a été possible d'administrer nos questionnaires, en ce qui concerne les entreprises minières, nos nombreux courriers sont restés sans suite.

**24.** Toujours dans notre démarche, la recherche d'une bonne méthode d'analyse nous a conduit à la combinaison de deux méthodes, à savoir la méthode historique et la méthode comparative. La première nous invite à aborder cette étude sous l'angle historique. Sans être explicative par elle-même, elle rend possible, l'explication de deux manières. Premièrement, elle nous offre le tableau de leurs conditions d'existence en replaçant les institutions dans le milieu social où elles ont pris naissance, parmi leurs conditions concomitantes. Deuxièmement, elle permet la comparaison entre les différents stades de l'évolution. Pour Madeleine GRAWITZ, la méthode historique qui permet « de combler les lacunes des faits et des évènements en s'appuyant sur un temps, peut être artificiellement reconstruit, mais assurant une continuité, une trame au phénomène »[112]. Il s'agira pour nous, à travers cette méthode, donc de voir dans quel sens ont évolué les rapports entre les concessions minières et les droits fonciers coutumiers, et surtout de faire une analyse des facteurs de cette évolution pour y déceler les logiques qui les sous-tendent. La seconde méthode « tend à systématiser une tendance naturelle de notre esprit. Le mouvement spontané qui nous pousse à comparer ce que nous voyons explique les diverses caractéristiques de la méthode »[113]. Utilisée par toutes

---

[112] M. GRAWITZ, *Méthodes des sciences sociales*, Paris, Dalloz, 1993, p.366.

[113] *Ibid.*, p.364.

les sciences sociales, et à tous les stades de la recherche aussi bien pour des études vastes que pour l'étude d'un secteur particulier, la méthode comparative fait partie de l'observation, mais peut suggérer des hypothèses et parfois les vérifier[114]. Elle peut être utilisée aussi bien pour une simple description, une classification que pour une explication. Cette méthode nous permettra tout le long de cette étude de faire des rapprochements entre la situation de la Côte d'Ivoire et d'autres pays, africains ou non. Cette méthode permettra également de confronter la situation actuelle des rapports entre concessions minières et droits fonciers coutumiers en Côte d'Ivoire avec la situation d'époques antérieures. Lesquels rapports, peuvent être appréciés suivant les différentes phases de la réalisation des concessions minières, à savoir lors de l'établissement de la concession et à l'occasion de sa mise en l'exploitation. Les enjeux politiques, économiques et sociaux liés à chacune de ces phases étant différents, leurs implications en matière de prise en compte des droits coutumiers ne sont pas nécessairement identiques. En ce qui concerne l'établissement des concessions minières, il ressort de l'analyse des sources d'archives, des textes juridiques portant réglementation minière ainsi que les différentes enquêtes de terrain, une négation quasi constante des droits fonciers coutumiers (première partie). Suivant la période couverte par cette étude, la négation des droits fonciers coutumiers lors de l'établissement des concessions minières est longtemps restée le principe du fait notamment de l'introduction par le colonisateur du principe de séparation des régimes foncier et minier et son implication en termes de droits sur les mines. C'est seulement à partir du milieu des années 1990 que l'on va observer des changements tendant à la prise en compte des droits coutumiers. Quant à la phase dite d'exploitation des concessions minières, si elle ne suit pas la même trajectoire que la phase d'établissement, il est à noter qu'elle ne s'en éloigne pas fondamentalement. De 1899 à aujourd'hui, le bilan de la prise en compte des droits fonciers coutumiers en phase d'exploitation est globalement médiocre (deuxième partie). Toutefois, contrairement à la phase d'établissement, la prise en compte des droits fonciers coutumiers dans l'ensemble est suit une évolution normative qui

---

[114] *Ibid.*, p.364.

promet un meilleur traitement de ceux-là, si et seulement si seulement si la pratique ne s'éloignement pas du cadre réglementaire qui se met progressivement en place.

# PREMIÈRE PARTIE : UNE NÉGATION QUASI-CONSTANTE DES DROITS FONCIERS COUTUMIERS À L'ÉTABLISSEMENT DES CONCESSIONS MINIÈRES

**25.** De 1899 à 2014, si la négation systématique des droits coutumiers est restée longtemps le principe en matière d'établissement des concessions minières, il faut noter qu'à partir des années 90 des efforts sont observés dans le sens de l'amélioration, mais restent cependant très insuffisants. Dans les sociétés traditionnelles africaines, il n'y avait pas de séparation entre le régime du sol et celui du sous-sol. La détention de droits fonciers résultait de l'acte fondateur qui consiste en la première prise de contact effectuée par le chef de terre[115]. Cette première prise de contact du chef de terre fait naitre à son profit ainsi qu'à celui de tous les membres de son lignage et tous ses descendants des droits aussi bien sûr la surface du sol que sur son tréfonds[116]. En dépit de la diversité des groupements humains, de la variété des pratiques coutumières et de l'abondance des usages dans tous les domaines des relations sociales, il existe des similitudes, des éléments de convergence entre l'ensemble des systèmes traditionnels que Michel BACHELET constate et évoque dès l'introduction de son article intitulé « titulaires des droits fonciers coutumiers »[117] . Ainsi, dans ces sociétés, l'accès au sol et au sous-sol en vue d'une quelconque exploitation, ne pouvait valablement se faire sans l'autorisation des autorités compétentes. Cette conception du rapport de l'homme à la terre va durer jusqu'au contact avec l'occident à travers notamment la colonisation. La rencontre des sociétés traditionnelles africaines avec l'État moderne s'est produite de façon si violente qu'elle a engendré un choc profond : celui du dépérissement des valeurs traditionnelles[118].

**26.** L'État moderne, du fait de ses prétentions hégémoniques et de sa philosophie développementaliste, va user de diverses techniques pour tenter de mettre en cause les valeurs fondant la société traditionnelle. C'est le cas la monopolisation de nombre

---

[115] « La prise de contact a lieu par la première occupation qui se réalise elle-même par un défrichement et/ou par un parcours de territoire vierge », Voir sur la question B. S. NÉNÉ et al, *le droit foncier ivoirien*, Abidjan, CNDJ, 2016, p.16.

[116] *Ibid.* p19.

[117] M. BACHELET, « Les titulaires des droits fonciers coutumiers », *In encyclopédie juridique d'Afrique*, tome cinquième, Abidjan, Dakar, Lomé, N.E.A, 1982, p.59.

[118] B. S. NÉNÉ BI, *La terre et les institutions traditionnelles africaines : le cas des Gouro de Côte d'Ivoire*, Thèse de Doctorat, *op.cit.*, pp.287.

de la terre et ses implications sur le système foncier et juridique traditionnel dont « la logique … était articulée autour du maintien de l'équilibre social, sur le modèle du sacré par le principe de complémentarité dans la diversité »[119]. Cette attitude ne sera pas sans conséquence sur l'établissement des rapports fonciers miniers. Le colonisateur puis les autorités successives de la Côte d'Ivoire indépendante légifèrent en faveur d'une séparation des régimes fonciers et miniers, et consacrent le droit domanial sur le sous-sol et les richesses qui y sont contenues. Toutefois, pour ce qui est de la surface, c'est d'abord l'État moderne colonial qui s'est manifesté dès le début de la colonisation à travers un accaparement des terres avant de se rétracter à la veille des indépendances. Cela s'est traduit jusqu'en 1925, par la négation absolue et systématique des droits fonciers coutumiers des indigènes et l'affirmation des droits de l'État sur toutes les terres. À partir de 1925 s'amorce une ère de reconnaissance progressive des droits des indigènes qui va connaître son point culminant en 1955 où, en plus de leur reconnaissance, les droits fonciers coutumiers feront l'objet d'une protection par le colonisateur[120]. Contre toute attente, les autorités de la Côte d'Ivoire indépendante vont reproduire l'attitude du colonisateur. Le législateur de la Côte d'Ivoire indépendante se déclare propriétaire des terres et nie les droits coutumiers jusqu'en 1998 ou à la suite d'une réforme foncière il reconnait les droits fonciers coutumiers. Cette attitude de l'État moderne, vis-à-vis des droits fonciers coutumiers, va influencer les règles définissant l'accès aux ressources minières. Désormais, seul l'État propriétaire du sous-sol et des ressources qui y sont contenus peut donner l'autorisation de l'exploiter ou l'exploiter lui-même. À cet effet, l'on assistera de 1899 à 1960 à une négation des droits fonciers coutumiers dans l'établissement des concessions minières (Titre I), puis de 1960 à 2014 à un simulacre de respect des droits fonciers coutumiers (Titre II).

---

119 S MELINA cité par B. S. NÉNÉ BI, Thèse précité, pp.288-289.
120 S. Néné BI et Al., *op.cit.,* pp.42-43

# TITRE I
# DE 1899 A 1964, UNE NEGATION SYSTEMATIQUE DES DROITS FONCIERS COUTUMIERS

**27.** La négation des droits fonciers coutumiers dans l'établissement des concessions minières se traduit surtout par leur exclusion ou encore leur mise à l'écart volontaire dans le processus conduisant à l'octroi des droits sur les ressources du sous-sol. Dans le contexte colonial africain, cette négation est consacrée par une série de textes juridiques se rapportant aussi bien au sol qu'au sous-sol. Le premier texte applicable à la Côte d'Ivoire en matière de mine est le décret du 06 juillet 1899 réglementant la recherche et l'exploitation des mines dans les Colonies ou pays du protectorat de l'Afrique continentale, autres que l'Algérie et la Tunisie. Ce texte fut précédé d'une première tentative de législation minière pour la côte d'Afrique à travers le décret du 14 août 1986[121] dont il hérite des principes[122]. En dehors de l'Algérie et de la Tunisie, ce texte avait vocation à s'appliquer à toutes les Colonies et les pays de protectorat de la France. C'est en cela d'ailleurs que, J. P. VALROGER pouvait affirmer que « c'est la loi minière de l'Afrique tropicale française »[123]. Durant toute la période coloniale, au gré des contingences nées de l'évolution politique, économique et sociale, différents textes relatifs aux mines vont se succéder, tantôt pour compléter ce décret, tantôt pour le modifier. En matière foncière, le Code civil napoléonien, rendu applicable à la Colonie de Côte d'Ivoire par l'arrêté Binger du 10 septembre 1893, apparaît comme le premier texte introduit par le colonisateur. Il sera suivi de plusieurs textes en l'occurrence le décret du 20 juillet 1900, celui du 26 juillet 1932 portant réorganisation du régime de la propriété foncière en AOF, le

---

[121] E. MICHELLET, J.CLEMENT, *La Côte d'Ivoire, organisation administrative, financière, judiciaire, régime minier, domanial, forestier et foncier*, Paris, Augustin CHALLAMEL, Éditeur, 1906, p.160.

[122] Ce décret ne parlait que du Sénégal, et Soudan. Le régime qu'il instituait avait été étendu à la Guinée par un décret du 11 décembre 1897. Il ne prenait donc pas la Côte d'Ivoire en compte.

[123] J. P. VALROGER, *Étude sur la législation des mines française*, appendice, 1900, L. Larose, cité par E. MICHELLET, J. CLEMENT, *La Côte d'Ivoire, organisation administrative, financière, judiciaire, régime minier, domanial, forestier et foncier*, *op.cit.*, p.160.

décret du 15 novembre 1935, ainsi que le décret du 20 mai 1955. Tous ces textes ont en commun d'avoir instauré ou, à un degré moindre, d'avoir consolidé sur le continent un régime foncier, jusque-là méconnu des indigènes. L'ensemble de cet arsenal juridique va déterminer les conditions d'accès au sous-sol et aux ressources qui y sont contenus durant la période coloniale. Il se caractérise surtout par un bouleversement des rapports foncier-minier existant avant la colonisation (chapitre I) et la marginalisation des droits fonciers coutumiers dans le processus d'établissement des concessions (Chapitre II).

## Chapitre I
## Le bouleversement des rapports foncier-minier traditionnels

**28.** Le bouleversement des rapports fonciers miniers traditionnels s'entend de la transformation des relations séculaires qui existaient entre le sol et les ressources minières qui y sont contenues. Parler de bouleversement des rapports foncier minier suppose l'avènement d'un ordre nouveau qui vient rompre avec l'ancien. Dans le cadre de cette étude, l'ordre ancien est constitué des rapports que les sociétés traditionnelles établissaient entre la surface de la Terre et les ressources minières contenues dans son tréfonds. Quant à l'ordre nouveau il renvoie aux rapports institués par le colonisateur entre ces différentes ressources.

**29.** Dans les sociétés traditionnelles africaines, la terre entendue dans sa double dimension sol et sous-sol constitue une réalité unique. Il n'existait pas de règles séparées pour la régulation des deux espaces. Et le principe de la propriété du sous-sol et des ressources qui y sont enfouis en Afrique traditionnelle suivait celui de la surface. Toutefois, l'arsenal de règles importé par le colonisateur dans le but de réaliser son dessein sur le continent noir va remettre profondément en cause non seulement le principe de la propriété foncière en Afrique traditionnelle et ses implications sur le sous-sol et les mines. Concrètement, le bouleversement des rapports fonciers miniers traditionnels s'est traduit par la séparation des régimes foncier et minier (Section I), avec la priorisation constante du régime minier sur le régime foncier (Section II).

### Section I : La séparation des régimes foncier et minier

**30.** Selon Adolphe BAMBI KABASHI « le principe de la séparation et de la distinction du sol et du sous-sol est un vieux principe qui a influencé plusieurs Codes dans le monde entier »[124]. Il a été introduit en Côte d'Ivoire à la faveur de la colonisation par le décret du 6 juillet 1899[125]. Suivant ce

---

[124] A. BAMBI KABASHI, *Le droit minier congolais à l'épreuve des droits foncier et forestier*, Paris, Le harmattan, 2012, p.103.

[125] On retrouve dès les premiers articles du décret la distinction classique entre carrières et mines. Les unes comprennent les matériaux de construction

principe, les ressources du sous-sol et celles du sol sont soumises à un régime juridique différent. Par conséquent, l'accès et la gestion se font différemment selon qu'il s'agit du dessus et/ou du dessous. Dans la même logique, P. Rey, distingue la séparation fictive de la séparation réelle s'agissant de la propriété du sol et du sous-sol. Pour lui, « la séparation fictive des deux propriétés après la concession d'une mine est celle qui laisse au propriétaire de la surface les revenus de la propriété superficielle, au moyen d'un partage horizontal entre le dessus et le dessous de la terre, et la séparation réelle est celle qui fixe la limite des droits du concessionnaire de la mine »[126]. Il importe, pour saisir le sens véritable de cette séparation, d'analyser le régime foncier (paragraphe I) et le régime minier (paragraphe II) posés par le colonisateur.

### Paragraphe I- L'importation d'un régime foncier instable fondée sur la propriété

**31.** Dérogeant aux pratiques locales des rapports de l'homme à la terre, le régime foncier posé par le colonisateur s'inspire du modèle métropolitain. Porté par plusieurs textes, ce régime foncier va connaître une instabilité tout au long de son évolution. De l'aube de la colonisation à son crépuscule, le régime foncier colonial va donc connaître une évolution suivant les prétentions foncières de l'État colonial (A). Cette instabilité du régime foncier va impacter inéluctablement les droits fonciers coutumiers (B).

---

et les amendements pour la culture des terres, à l'exception des nitrates et sels associés et des phosphates. Les autres sont constitués par les gites et toutes les substances minérales, susceptibles d'être utilisées par l'industrie et non classées carrières. Si les premières sont réputés ne pas être séparées de la propriété et de l'exploitation de la surface et en suivent les conditions, les secondes constituent une propriété distincte de celle du sol ; Voir sur la question R. VILLAMUR, L RICHAUD, *Notre Colonie de Cote d'Ivoire*, paris, Augustin Challamel, 1903, p. 295.

[126]P. REY, *De la Propriété des mines et de ses conséquences, d'après les principes de la loi du 21 avril 1810*, Tome second, Paris, Victor DALMONT, Libraire-éditeur, 1857, p.145.

### A- L'instabilité du régime foncier résultant des prétentions de l'État colonial

**32.** L'administration commence par affirmer ses droits domaniaux sur toutes les terres (A). Il s'agit là de la manifestation extrême de la volonté de confiscation des terres des indigènes par le colonisateur. Toutefois, les difficultés théoriques et les obstacles pratiques, à la mise en œuvre des prétentions foncières de l'état, amènent progressivement le législateur colonial d'abord à limiter ses revendications aux seules terres vacantes et sans maître, puis aux seules terres non mises en valeur, depuis plus de dix (10) ans et enfin à toute revendication foncière (B).

#### 1- L'affirmation du droit domanial sur toutes les terres

**33.** Dès les premières heures de sa présence dans les Colonies, le colonisateur s'approprie toutes les terres. Pour cela, il s'appuie sur la théorie du domaine éminent. Suivant cette théorie, l'État colonial se considère comme propriétaire de toutes les terres par succession d'États. « l'argument avancé pour soutenir cette théorie était que la France s'était substituée aux chefs indigènes et, en conséquence, avait hérité de tous leurs droits, notamment du droit de propriété sur les terres conquises pendant les guerres coloniales »[127]. Héritée de l'époque féodale en France, la théorie du domaine éminent est présentée par Albert LEY comme une construction des services administratifs pour servir de fondement à la propriété foncière de l'état colonial. Concrètement, cette construction du droit domanial sur les terres coloniales répond à deux préoccupations. La première répond à la finalité économique de la colonisation, et consiste en la volonté d'établir un régime domanial qui permette à l'État français de mettre en valeur les terres inexploitées soit par ses services soit par des concessionnaires. La seconde est surtout d'ordre politique, elle vise, à terme, l'instauration d'un régime foncier de droit écrit qui prendra progressivement la relève des droits fonciers traditionnels. Toutefois, les critiques formulées à l'encontre de cette théorie poussent le législateur à l'abandonner

[127] B. S. NENE BI et al., *Le droit foncier ivoirien*, *Op.cit.*, p.40

sans pour autant renoncer à ses prétentions. Ainsi poursuivant la recherche de fondements juridiques à son entreprise de spoliation du patrimoine foncier indigène, le colonisateur va s'appuyer sur la théorie des « terres vacantes et sans maître ». Ce concept apparaît pour la première fois dans la législation post révolutionnaire, plus précisément du Code civil de 1804. Aux termes de ce texte, « tous les biens vacants et sans maître, et ceux des personnes qui décèdent sans héritiers, ou dont les successions sont abandonnées appartiennent à la nation »[128]. Cette disposition sera reprise par d'autres textes ultérieurs notamment le décret du 30 août 1900 relatif à la Côte d'Ivoire et celui du 23 octobre 1904 applicable à l'ensemble de l'AOF. Cette théorie à l'instar de la précédente avait des visées de mise en valeur des terres. En effet, l'intégration, en particulier dans le domaine privé, des terres vacantes ou sans maître devait permettre leur réaffectation soit pour les besoins de la Colonie soit au profit de personnes privées aux fins de « mise en valeur »[129]. Se prononçant sur le bien-fondé de cette théorie, Jean Pierre GALE estime, à juste titre d'ailleurs, qu'à « l'analyse, ce concept a l'avantage de permettre à l'administration coloniale [...] d'étendre le domaine public et en conséquence, renforce la mainmise de l'administration sur le foncier rural, mais a l'inconvénient d'entrainer un appauvrissement des populations »[130]. Lesquels inconvénients, ne tarderont pas à susciter nombres de contestations, expressions du paradoxe qui sous-tend la mise en œuvre de la théorie[131]. Les prétentions foncières du colonisateur l'ayant conduit à l'accaparement des terres sur toute l'étendue du territoire auront

---

[128] Article 713 du Code Civil de 1804 rendu applicable à la Colonie de Côte d'Ivoire par l'arrêté Binger précité.

[129] E. LE BRIS, E. LE ROY, P. MATHIEU, *L'appropriation de la terre en Afrique noire*, Paris, Karthala, 1991, p.17.

[130] J. P. G. GALE, « Les droits coutumiers à l'épreuve des réformes foncières en Côte d'Ivoire », *Actualités juridiques*, N°77/2013, Centre International pour le Développement du Droit, p.99.

[131] Utiliser pour justifier les expropriations des terres indigènes, le principe des terres vacantes sans et maître non seulement méconnaissait les engagements antérieurs du colonisateur, mais ignorait également les études menées dans le cadre de l'élaboration des coutumiers. Notamment celles faisant état de l'inexistence de terres susceptibles d'être qualifiées vacantes et sans maîtres.

pour conséquence de faire, du gouverneur de la Colonie, la seule autorité à l'intérieur de la Colonie, habilitée à délivrer des concessions sur les terres en milieu rural.

**34.** Face à cette violation flagrante de ses engagements initiaux, de respecter les coutumes indigènes, le colonisateur se trouvait dans l'obligation de légitimer son action. Ainsi, le discours officiel change très rapidement pour s'accommoder des idées développementalistes. Désormais pour le colonisateur, ce n'est pas seulement la nécessité de l'ordre public qui justifie la négation des coutumes indigènes, mais également toute initiative visant le progrès économique. C'est ce qui ressort des propos, du Gouverneur ClOZEL, rapporté par LE BRIS et autres, pour qui l'entreprise coloniale ne saurait « davantage tolérer le maintien à l'abri de toute autorité, de certaines coutumes contraires à nos principes d'humanité et au développement naturel. Notre ferme intention de respecter les coutumes, ne saurait créer l'obligation de les soustraire à l'action du progrès »[132].

**35.** Les nombreuses difficultés, litiges permanents entre l'administration, les chefs indigènes et les détenteurs de droits fonciers coutumiers vont conduire l'administration coloniale à revoir ses revendications à la baisse, puis à y renoncer totalement.

2- De la renonciation progressive des prétentions de l'État à l'absence de toute revendication

**36.** C'est avec le décret du 15 novembre 1935 portant réglementation des terres domaniales en AOF, que s'amorce la renonciation de l'État à ses prétentions foncières. Ce mouvement va se solder à la veille de l'indépendance de la Côte d'Ivoire par l'abandon de toutes prétentions foncières de l'État à travers notamment le décret du 20 mai 1955. Analysons successivement ces deux réformes ainsi que leurs implications. Les raisons de la renonciation de l'État à ses revendications foncières sont plurielles. Elles tiennent d'une part au concept

---

[132] Le gouverneur CLOZEL cité par E. LE BRIS, E. LE ROY, P. MATHIEU, *L'appropriation de la terre en Afrique noire*, paris, Karthala, 1991, p.16.

de « terres vacantes et sans maître » ainsi qu'aux difficultés de sa mise en œuvre et d'autre part aux réactions des communautés indigènes et de certaines élites métropolitaines.

**37.** Le décret du 15 novembre 1935 consacre la revendication par le colonisateur des seules terres non mises en valeur depuis plus de 10 ans. Outre la reprise de la disposition équivoque sur les « terres vacantes et sans maître », ce texte intégrait dans le domaine de l'État, les seules terres non mises en valeur depuis une période de plus de 10 ans. Ainsi, la définition des terres, propriétés de l'État, tenait moins compte de l'existence ou pas d'un maître que de la mise en valeur des terres. Autrement dit, le critère de la mise en valeur dans la définition des terres du domaine de l'État primait désormais la vacance ou de l'absence de maître. Au vu de cela, l'on s'interroge si ce texte n'était pas plus contraignant à l'égard les détenteurs coutumiers, que le précédent. Cette interrogation se retrouve également sous la plume d'Albert LEY. Ce dernier voit dans la survivance du concept de « terres vacantes et sans maître » dans le nouveau décret non une nouvelle revendication comme l'ont affirmé certains auteurs, mais plutôt une nouvelle définition de la vacance et de l'absence de maître[133]. Toutefois la mise en œuvre de ce nouveau texte ne se fait pas sans heurts. En effet, « si la vacance est facile à déterminer puisqu'il s'agit d'un fait objectif, l'absence d'occupation ou de mise en valeur d'un terrain, l'absence de maître d'une terre non mise en valeur est toute autre. Il s'agit d'un droit défini par une revendication. Il vaut ce que valent les fondements de cette revendication »[134]. Dans cette logique, elle ne rencontre pas forcément l'assentiment des indigènes. Pire, dans sa mise en œuvre, ce texte faisait peser la charge de la preuve sur le détenteur de droit coutumier en vertu d'un décret du 1er octobre 1897[135], violant par la même un principe fondamental du droit commun en vertu duquel la charge de la preuve incombe au demandeur[136]. Dans

---

[133] A. LEY, *Le régime domanial et foncier et le développement économique de la Côte d'Ivoire, op.cit.,* p15

[134] A. LEY, *Le régime domanial et foncier et le développement économique de la Côte d'Ivoire, op.cit.,* p.14.

[135] *Ibid.p.18*

[136] Article 1315 du Code Civil de 1804 rendu applicable à la Colonie de Côte d'Ivoire par l'arrêté Binger précité.

ce contexte généralisé de violation des droits fondamentaux des indigènes, les mouvements de contestations se multiplient et aboutissent à une réforme de la réglementation. Jean Pierre GALE dira à cet effet, que cette situation est à la base des réformes opérées par le décret-loi n° 55-580 du 20 mai 1955 portant réorganisation foncière et domaniale en Afrique-Occidentale Française et en Afrique Équatoriale Française[137]. Ce texte abroge la présomption de propriété des « terres vacantes et sans maître ». Il prescrit en son article 1er que l'État n'est propriétaire que des immeubles pour lesquels ils disposent d'un titre[138]. Contrairement, à l'apparence ce texte n'innove pas réellement, son originalité réside surtout dans ses sous-entendus. Sans le formuler *expressis verbis*, le nouveau texte opère un renversement de la charge de la preuve. En effet, le texte ne reconnaît à l'État que les seuls droits immobiliers pour lesquels, il existe un titre conforme aux dispositions légales en vigueur. Ce faisant le décret-loi vient rompre avec une pratique ancienne.

**38.** On le voit, la trajectoire des prétentions foncières de l'État n'est pas restée constante durant la colonisation. Au gré de l'évolution de la société et des exigences politique, économique et sociale, ces prétentions sont passées du maximum au strict minimum. Toutefois dans leur inconstance et leur instabilité, le régime foncier, dont elles ont accouché n'a jamais reconnu le caractère et la nature de propriété aux droits fonciers des indigènes.

### B- Un régime foncier niant le caractère de propriété aux droits fonciers coutumiers

**39.** « Le mot propriété est d'origine romaine […]. Dans la conception romaine du pouvoir de l'homme sur les choses, la propriété confond la chose et la maitrise de la chose »[139]. Aux termes du Code civil de 1804, c'est le droit d'user, jouir et disposer d'une chose de manière exclusive et absolue sous les

---

137 J. P. G. GALE, *op.cit.*, p.99

138 *Ibid.*

139 A. M. PATAULT, *Introduction historique au droit des biens*, Paris, PUF, 1989, p.17

restrictions établies par la loi[140]. La reconnaissance aux droits fonciers des indigènes, des caractères de la propriété ainsi définie, fait l'objet d'une importante controverse (1) qui dans le contexte colonial, a vu triompher les tenants de la théorie des droits d'usage (2).

### *1- La controverse autour de la nature des droits fonciers des indigènes*

**40.** La question de la nature des droits fonciers des indigènes a toujours suscité de vives réactions au sein de la communauté scientifique[141]. Il est classique d'étudier la nature de ces droits en distinguant d'une part les droits collectifs détenus sur la terre des droits détenus par un individu. Cependant, nous nous bornerons dans le cadre de cette étude à étudier la nature des droits fonciers collectifs des indigènes. Cela se justifie par le fait que dans les systèmes négro-Africains, les groupements familiaux et les collectivités sont les supports originels des droits portant sur la terre[142]. Tout droit individuel n'est qu'un droit dérivé. Une maitrise des droits collectifs devrait nous permettre d'entrevoir plus aisément la nature des droits individuels sur la terre dans ces systèmes.

**41.** Plusieurs thèses ont été avancées, pour décrire la nature des droits fonciers tels qu'ils existaient dans les systèmes juridiques traditionnels africains. Les unes font appel à la notion de propriété dans leur tentative de définition de ces droits, les autres non. S'agissant des premières thèses, c'est-à-dire celles qui tentent de définir les droits fonciers indigènes à partir du

---

[140] Article 544 et Suiv. du Code civil de 1804 rendu applicable à la Colonie de Côte d'Ivoire par l'arrêté Binger 10 septembre 1893.

[141] En témoigne les interminables controverses doctrinales sur la nature des droits fonciers indigènes. Voir sur la question S. NÉNÉ BI, et Al., *Le droit foncier ivoirien, op.cit.,* p.21 et suiv ; voir également G. A. KOUASSIGAN, « La nature juridique des droit fonciers coutumiers », *In Encyclopédie juridique de l'Afrique*, Tome cinquième, Abidjan, Dakar, Lomé, N.E.A, 1982, pp.49-58 ; E. LE ROY, « Caractères des droits fonciers coutumiers », *Encyclopédie juridique de l'Afrique*, Tome cinquième, Abidjan, Dakar, Lomé, N.E.A, 1982, pp.39-47.

[142] G.A. KOUASSIGAN, *L'homme et la terre : droits fonciers coutumiers et droit de propriété en Afrique occidentale,* Paris, Édition BERGER LEVRAULT /ORTORM, 1966, p.103.

droit de propriété, entendu au sens civiliste du terme, il convient de distinguer la thèse de l'absence de propriété de celle qui voit en ces droits, des droits de propriété. Pour ce qui est de la thèse de l'inexistence de la propriété, elle trouve appui auprès de nombreux auteurs notamment H LABOURET, R. DOUBLIER ET M. BACHELET[143]. Se fondant sur la conception indigène de la terre et le régime juridique qui en découlent, les tenants de cette thèse ont nié le caractère de propriété aux indigènes. Leur thèse est également partagée par les coutumiers juridiques de l'AOF[144]. Quant à la seconde thèse, contrairement à la précédente, milite en faveur de la reconnaissance du caractère de propriété et les attributs qui y sont rattachés aux droits fonciers des indigènes sur leurs terres. Au nombre des tenants de cette thèse, l'on peut citer des auteurs tels MALENGREAU, G. KOUASSIGAN, et plus récemment KOFFIGOH[145]. Pour eux, l'inaliénabilité de la terre, principe fondamental caractérisant les droits fonciers coutumiers, ne saurait les priver du caractère et de la nature de droit de propriété. G. MALENGREAU dira même que : « Les indigènes ont sur les terres […] tous les droits. La libre circulation, la construction de leurs cases, la cueillette des fruits, la récolte des produits, la chasse, la pêche, la culture, le pacage de leur bétail leur sont permis. En fait, étant donnée leur activité économique réduite, ils ne vont pas au-delà de ces utilisations du sol, parce que ce sont les seules qu'ils connaissent. Mais cette énumération n'est pas limitative ; s'ils découvrent — le cas se présente — une utilisation nouvelle, ils estimeront avoir le droit d'en profiter. En d'autres mots, ils ont la propriété de leur domaine »[146]. Son raisonnement n'est pas

---

143 Voir sur la question NÉNÉ BI, Thèse précité, p.156.

144 *« Les droits sur la terre ne sont pas constitutifs de propriété telle que nous (Européens) l'entendons », et encore, « parce que la terre est considérée comme une divinité, parce que s'appartenant à elle-même et par conséquent n'appartenant à personne, (...) nul individu, ... nulle collectivité, ne peut exercer ni acquérir sur elle un droit de propriété »*, Coutumier juridique AOF, volume II, cité par S. NENE BI, Thèses précitée, p. 157.

145 K. KOFFIGOH, « la réforme agro foncière au Togo », *in* E. LE BRIS, E. LE ROY et F. LEIMDORFER, *Enjeu foncier en Afrique Noire*, Paris, ORSTOM/Karthala, 1982, p.241.

146 G. MALENGREAU, *Les droits fonciers coutumiers chez les indigènes du Congo,* Essai d'interprétation juridique, I.R.C.B. Bruxelles, Section des Sciences morales et politiques, dans 8° tome XV, fac. 2, p.69.

très différent de celui de G. KOUASSIGAN, qui faisant un rapprochement entre les droits fonciers existant dans les systèmes juridiques négro-Africains et le droit de propriété conclut qu'il s'agit dans les deux cas de droits réels conférant au bénéficiaire des pouvoirs très étendus qui pour des raisons d'intérêt social font l'objet d'une réglementation. S'il admet que cette réglementation varie suivant le temps et les lieux, s'agissant des droits fonciers indigènes, l'auteur se presse de souligner qu'elle n'altère en rien les caractères et attributs propres au droit de propriété[147].

**42.** La thèse de la propriété ainsi présentée, a le mérite de ne pas restreindre la conception et par ricochet la nature des droits fonciers coutumiers, toutefois, elle ne rend pas compte de la réalité que couvre ces droits. C'est pourquoi d'autres auteurs lui ont préféré une conception qui se passe de la propriété pour essayer de les appréhender. Premièrement, on trouve la thèse des droits dits *sui generis*. Selon les tenants de cette thèse notamment V. GELDERS, la terre « formait l'assiette des sociétés (traditionnelles). Aucune taxe n'était perçue pour la terre, pas plus pour l'eau ou l'air. Il est difficile de comprendre et d'exprimer les droits sur la terre avec nos idées et dans notre langage. Les collectivités ont les droits exclusifs et absolus. Il n'y a pas de terre sans maître... Il y a là une appropriation entière, manifestée par le fait et l'intention. Les droits appartiennent à la collectivité et non au chef qui la représente. Ce sont des droits sui generis »[148]. Plus récemment, l'on trouve également la thèse de Séraphin NÉNÉ BI, que nous partageons entièrement. En effet, seule une approche pluridisciplinaire pourrait permettre de combler les lacunes des précédentes thèses, et de mieux rendre compte de la nature des droits fonciers dans les systèmes juridiques négro-Africains. Dans son approche, qui se veut en plus d'être juridique, philosophique et idéologique, l'auteur affirme que : « l'essence du droit à la terre est fondée sur un contrat religieux passé entre le premier occupant et les puissances chtoniennes des lieux. Ce contrat n'autorise l'utilisation du sol que pour assurer la vie et la

---

[147] G. A. KOUASSIGAN, *L'homme et la terre : droits fonciers coutumiers et droit de propriété en Afrique occidentale,* Paris, Édition BERGER LEVRAULT /ORTORM, 1966, p.104.

[148] V. GELDERS, cité par NENE BI, Thèse précitée, p.157.

postérité du groupe. Il s'établit entre le premier occupant et le lieu où il s'installe un lien qui n'est pas un droit de propriété « mais de médiation biologique »[149].

**43.** Confronté à la détermination de la nature des droits fonciers des indigènes pour se doter d'un régime et foncier et domanial, le colonisateur à fait le choix de la thèse répondait mieux aux exigences de sa politique coloniale.

*2- La consécration des droits d'usage*

**44.** Face à la diversité des thèses de la nature des droits fonciers dans les systèmes négro-Africains, le colonisateur va choisir, celle qui considère que les indigènes n'ont sur la terre, qu'un droit d'usage. Et c'est cette conception qui va servir de fondement aux expropriations massives dont seront victimes les populations indigènes. Ce choix du colonisateur peut s'expliquer par le fait que dans son entreprise, il prend comme base de référence la société occidentale notamment la France et par conséquent se fonde sur des règles juridiques métropolitaines pour éclairer ses décisions. La transposition du Code civil de 1804 à la Colonie de Côte d'Ivoire, par l'arrêté BINGER du 10 septembre 1893, en est une illustration prégnante. Par ce texte, le Code civil français, et partant les dispositions relatives aux biens applicables à la métropole était applicable à la Colonie de Côte d'Ivoire. En référence à ce droit issu du droit romain, l'on retient « trois types de catégories de choses : la chose appropriée (*res propriae*), la chose commune (*res communis*) ou la chose sans maître (*res nullius*). Le critère de l'appropriation, tiré de la théorie générale des biens, repose sur la qualification de la chose comme bien. En effet, il faut une possibilité d'appropriation pour faire un bien d'une chose. Le bien est donc une chose appropriable »[150]. Sans tenir compte de l'existence d'une telle classification chez les peuples indigènes d'Afrique noire en général et de Côte d'Ivoire en particulier, le colonisateur, à partir des conclusions d'études scientifiques et des pratiques indigènes, a abouti à la conclusion que les droits des indigènes sur les terres qu'ils occupaient n'étaient que de simples droits

---

[149] NENE BI, Thèse précitée, p.159.
[150] O. BARIERRE, Thèse précité, p. 21.

d'usage. Il convient de noter qu'il ne s'agit guère d'une construction juridique spécifique aux systèmes juridiques africains. Plus restrictif que le droit de propriété, le droit d'usage ou *usus* est un d'un droit réel en vertu duquel une personne a le pouvoir d'utiliser une chose, de jouir de ses fruits sans avoir pour autant la possibilité d'en disposer. Ces conclusions du colonisateur seront, bien entendu, entérinées par une série de textes portant sur divers domaines. Par exemple, l'on pourra citer les décrets miniers du 6 juillet 1899 réglementant la recherche et l'exploitation des mines dans les Colonies ou pays du protectorat de l'Afrique continentale, autres que l'Algérie et la Tunisie, et du 22 octobre portant réglementation de la recherche et de l'exploitation des gites de substances minérales en AOF et du 15 novembre 1935 portant réglementation des terres domaniales en AOF ; ainsi que les législations foncières et domaniales de toute la période coloniale. Dans ces différents textes, le colonisateur va, en effet, utiliser l'expression « droits d'usage » pour désigner les droits détenus par les populations indigènes sur leurs terres en vertu des traditions. Pourtant les modes de subsistance diffèrent d'un peuple à l'autre. En plus d'être spécifiques à la géographie de chaque territoire, ils sont fonction de l'histoire de chaque peuple. Dans les sociétés d'Afrique noire précoloniale, suivant le postulat ci-dessus décrit, la terre constituait le principal moyen de subsistance, car servant de support aux principales activités économiques, notamment l'agriculture ou encore l'élevage. Cette situation conférait à la terre une importance vitale en telle manière que « dans une communauté qui vit de l'agriculture, le droit à la terre est à la fois une nécessité et une évidence : exclure un paysan de la terre, c'est le condamner à mort »[151]. Aussi, tous ceux qui pouvaient bénéficier de ses fruits entretenaient avec elle une relation particulière qui est comparable à celle, que pourraient avoir des enfants à l'égard de leur mère. C'est sans doute cette spécificité des rapports de l'homme à la terre dans les sociétés traditionnelles d'Afrique noire, qui a fait dire à Guy KOUASSIGAN que « toutes les choses ne sont pas des biens et

---

[151] E. LEBRIS, E. LE ROY et F. LEIMDORFER, *Enjeu foncier en Afrique Noire*, Paris, ORSTOM/Karthala, 1982, p. 67.

tous les biens ne sont pas nécessairement des choses »[152]. Outre, l'atténuation de la classification romano-germanique des biens, cette idée remet en cause l'universalité des catégories juridiques proposée par le droit moderne, mais aussi, elle réaffirme la relativité du droit. En d'autres termes, une catégorie juridique déterminée dans une société donnée peut ne pas l'être dans une autre société. Dans les sociétés traditionnelles africaines, « l'essentiel est donc de cultiver la terre, et non de la "posséder". D'ailleurs, la terre, base et source de la vie, est sacrée : c'est une entité, présente, souveraine et donnée comme telle, ni appropriable, ni aliénable. On comprend dès lors la difficulté — et peut-être même l'impossibilité — de transposer dans une telle société le concept d'appropriation privée comme concept premier de rapport à la terre »[153]. À cela, il est intéressant d'ajouter que la vénération et la déférence dont faisaient montre les indigènes dans leurs rapports à la terre avaient des implications à l'égard des tiers auxdits rapports. En effet, ces derniers ne pouvaient en principe y contrevenir.

**45.** En plus, d'être inconstant dans sa réglementation foncière, le colonisateur, va adopter un régime minier minimisant les droits fonciers coutumiers.

Paragraphe II : Un régime minier minorant les droits coutumiers

**46.** L'avènement de la colonisation ayant introduit la séparation du sol et du sous-sol, la nécessité d'adopter une conception de la propriété des mines a conduit le colonisateur à faire le choix d'un système dérogeant à celui que les Africains connaissaient jusque-là (A). Ce système attribuant la propriété des mines à l'état colonial ne reconnaissait que des droits miniers résiduels aux indigènes (B).

---

[152] G. A. KOUASSIGAN, « propriété foncière et développement tendances générale et option négro africaine », *In Le village piégé : urbanisation et agro-industrie sucrière en CI*, paris PUF, cahier de l'institut universitaire d'étude du développement, Genève, 1978, p.258.

[153] E. LE BRIS, E. LE ROY et F. LEIMDORFER, *Enjeu foncier en Afrique Noire*, Paris, ORSTOM/Karthala, 1982, p. 67.

### A- Le choix d'une conception de la propriété des mines étrangère aux indigènes

**47.** Face à la diversité des conceptions de la propriété des mines qui s'offrait à lui (1), le législateur colonial a fait le choix curieux du système domanial, un système étranger aux indigènes (2).

#### *1- Les conceptions diverses du principe de la propriété sur les mines*

**48.** « Les mines restent longtemps ignorées ; elles ne sont découvertes qu'après la constitution de la propriété foncière : il faut donc décider à qui elles appartiendront, c'est-à-dire poser le principe de la propriété minérale »[154]. Sur la question, plusieurs conceptions existent, il convient de les passer en revue.

**49.** La première conception est le système de l'accession. Ce système considère la propriété de la mine comme un accessoire de la propriété du sol, la propriété dessus, emportant celle du dessous. Dans cette conception, le propriétaire du sol est *ipso facto* propriétaire du sous-sol et des substances qui y sont contenues. « Dès lors point d'autorisation à demander pour leur ouverture, point de règles pour leur mode d'exploitation »[155]. En outre, et tout logiquement, nul ne peut sans sa permission en entreprendre l'exploitation. Ce système est encore appelé système primitif. C'est celui du très ancien droit romain[156], et qui bien qu'abandonné depuis longtemps par les législations des pays de droit romano-germanique en matière de mine[157], reste en vigueur dans de nombreux pays anglo-saxons[158]. Le système

---

[154] L – H BIOT, *De la propriété des mines et de ses rapports avec la propriété superficiaire*, Paris, Marescqu Ainé Libraire Éditeur, 1875, p.3

[155] NAUDIER F., *Des mines et des carrières en droit romain* Paris, L. LAROSE, Libraire-éditeur, 1877, p.8.

[156] H. DITTE, *De la propriété des mines*, Paris, F. PICHON imprimeur-libraire, 1875, p.29 et suiv.

[157] Il est toutefois en vigueur dans de nombreuses législations relatives aux carrières. C'est le cas notamment en France et Côte d'Ivoire depuis la colonisation.

[158] Ce système est en vigueur notamment en Grande Bretagne, en Australie, au États Unis ; voir sur la question P. WEISS, « Les matières premières

d'accession défendu par les physiocrates avec à leur tête QUESNAY n'est pas différent de celui qu'ont connu les sociétés traditionnelles africaines. Selon le vocabulaire juridique, l'accession se définit comme un mode légal d'acquisition de la propriété par extension du droit du propriétaire d'une chose aux produits de cette chose, à tout ce qui s'unit ou s'incorpore[159]. Elle est donc à juste titre présentée par la doctrine comme une manifestation, une conséquence du droit de propriété et non comme un mode autonome d'acquisition de la propriété[160]. L'accession se fonde toujours sur une propriété antérieure ou propriété principale pour donner naissance à une nouvelle propriété. Acquérir une chose par accession signifie que cette chose vient s'incorporer à la nôtre de façon à se confondre avec elle. De ce qui précède, le système de la propriété des mines par accession implique nécessairement l'incorporation de celles-ci à une propriété principale, en l'occurrence celle de la surface[161]. En conséquence, dans ce système la propriété principale et la propriété accessoire ont pour origine ou fondement la première occupation[162]. Le système de de l'accession ainsi étudiée a fait l'objet de nombreuses remises en cause tenant les unes au droit naturel[163] les autres à l'économie politique[164].

---

minérales », *In encyclopédie juridique de l'Afrique*, tome cinquième, Abidjan, Dakar, Lomé, N.E.A, 1982, p.341.

[159] G. CORNU, *Op.cit.*, p.10.

[160] L – H BIOT, *De la propriété des mines et de ses rapports avec la propriété superficiaire*, Paris, Marescqu Ainé Libraire Éditeur, 1875, p.5.

[161] L – H BIOT, *De la propriété des mines et de ses rapports avec la propriété superficiaire*, Paris, Marescqu Ainé Libraire Éditeur, 1875, p.7.

[162] *Ibid.*7.

[163] H. DITTE, *De la propriété des mines*, Paris, F. PICHON imprimeur-libraire, 1875, p.10 ; Voir également L – H BIOT, *De la propriété des mines et de ses rapports avec la propriété superficiaire*, *Op.cit.* p.7;

[164] Du point de vue de l'économie politique, l'on reproche au système de l'accession de de ne pas favoriser une exploitation optimale des mines en raison du morcellement du gisement qu'il implique. Pour les détracteurs de ce système en effet, l'exploitation minière exige d'énormes moyens financiers que de simples particuliers n'arrivent pas toujours à mobiliser. Leurs ressources financières ne leur permettent généralement que d'accéder et d'exploiter la partie superficielle du gisement ou du filon. En outre, la taille et la direction du filon ne se prêtent pas forcement à une exploitation morcelée. La dimension assez étendue du gisement et la direction oblique qu'elle emprunte la placent généralement en dessous de plusieurs propriétés foncières.

**50.** La seconde conception est le système de l'inventeur ou de l'occupant. Opposée à la précédente, cette conception fait de la mine une propriété distincte de celle de la surface, et considère le sous-sol est un *res nullius*. L'exploitation du gisement est attribuée à son inventeur, c'est-à-dire celui qui en a fait la découverte. Concrètement, le système de l'inventeur suppose que chaque propriétaire aurait « le droit d'ouvrir une exploitation minérale sur son terrain, puis de pousser les fouilles et les travaux dans les héritages limitrophes, devenant ainsi propriétaire par occupation du tréfonds minéral qu'il a attaqué chez lui et chez son voisin, sans l'assentiment de ce dernier »[165]. C'est le système prussien de 1865, inventé par TURGOT, il s'inspire profondément du système de l'appropriation de la superficie par le premier occupant par l'importance qu'il accorde au travail[166]. Le système de l'inventeur a le mérite de stimuler la prospection et la recherche minière. Aussi bien les propriétaires fonciers que de simples détenteurs de droit d'usage, assurés de devenir propriétaires des mines en cas d'une éventuelle découverte, sont plus motivés à se lancer dans des activités de fouilles dont l'ampleur reste fonction des moyens dont ils disposent. Toutefois, ne garantissant en aucune manière une exploitation techniquement rationnelle et financièrement sûre des matières premières minérales[167], ce sytème présente l'inconvénient d'être doublement confligène[168] .

**51.** La troisième conception est le système régalien : dans cette conception qui admet également la séparation du sol et du sous-sol. Les mines ou les gisements contenus dans le sous-sol sont considérés comme « *res nullius* ». C'est dire ainsi que dans ce système les mines qu'elles aient fait l'objet de découverte ou non, n'appartiennent en principe à personne pas même à l'État. Et comme telle, leur exploitation doit profiter à toute la nation et non à un groupe de personnes ou à un seul individu. Cette

---

[165] M. P. O. SENGENSSE, *De la propriété des mines en droit romain et en droit français*, *Op.cit.*, p.154

[166] L. H. BIOT, *Op.cit.*, p.11.

[167] P. WEISS, « Les matières premières minérales », *In Encyclopédie juridique de l'Afrique*, Tome cinquième, Abidjan, Dakar, Lomé, N.E.A, 1982, p.341.

[168] I. GUASCO, *De la propriété du sous-sol et des mines en droit romain et en droit français*, Thèse de doctorat faculté de droit de Dijon, 1867, p.48.

conception implique nécessairement l'existence d'un tuteur de la richesse publique, en l'occurrence les ressources minières, à qui il appartiendra de designer eu égard à certains critères[169], le plus capable de tirer de la mine tout le parti possible[170]. Pour les défenseurs de cette thèse, notamment Henri DITTE, seul l'État, protecteur de l'intérêt général, peut jouer ce rôle de tuteur des mines. Cette conception, fait des mines un domaine régalien de l'état au même titre qu'élaborer la loi, ou encore battre monnaie. C'est donc l'État qui attribue des droits et un délai d'usage et qui fixe les conditions d'exploitation[171]. C'est cette conception de la propriété des mines qui a été consacrée par le législateur français dans la loi du 21 avril 1810[172] et qui sera confirmée par la loi du 9 septembre 1919[173].

**52.** Enfin une quatrième conception qui est le système domanial. Dans ce système, la mine est incorporée au domaine de l'État. Le domaine s'entend de « l'ensemble des biens et des droits immobiliers ou mobiliers, appartenant aux personnes publiques »[174]. Contrairement au système de l'accession, le système domanial attribue la propriété du sous-sol et des mines à l'État, au motif qu'ils doivent être considérés comme appartenant au domaine de l'État[175]. Le système domanial n'est

---

169 Aptitudes spéciales, ressources financières

170 H. DITTE, *op.cit.*, p.28.

171 P. WEISS, « Les matières premières minérales », *In Encyclopédie juridique de l'Afrique*, Tome cinquième, Abidjan, Dakar, Lomé, N.E.A, 1982, p.343

172 H. DITTE, *Op.cit.*, p.28

173 P. WEISS, *Op. cit.*, p.343

174 G. CORNU, *Vocabulaire juridique, Op.cit.*, p.362.

175 À cet effet, il s'appuie essentiellement sur deux raisons. La première réside dans l'article 713 du Code civil napoléonien qui fait de l'État propriétaire exclusif des choses sans maître ; se fondant sur le travail comme étant rationnellement l'origine de toute propriété primitive , les tenants de cette thèse considèrent les mines comme des choses sans maître en ce qu'elles n'ont pas encore fait l'objet d'appropriation privée par le travail. Pour eux, les mines doivent donc être dans le domaine au même titre que toutes les choses non appropriées par les particuliers. Pour eux cela permet également d'éviter les injustices résultant de l'attribution de la propriété des mines à un particulier en lieu et place d'un autre. Cf. H. DITTE, *De la propriété des mines, Op.cit.*, p.5 ; Voir également sur la question L. H. BIOT, *De la propriété des mines et de ses rapports avec la propriété superficiaire, Op.cit.*, p.15

pas si différent du précédent, du moins dans ses conséquences. En effet, il favorise non seulement, une exploitation qui profite à l'intérêt général, mais aussi et surtout permet à l'État « de maitriser l'exploitation des ressources en choisissant le concessionnaire»[176], et en se réservant un droit de contrôle sur l'activité de ce dernier.

**53.** Amené à doter ses possessions en Afrique d'un régime minier susceptible de favoriser au mieux la recherche et l'exploitation des mines, le législateur colonial s'est vu confronté à cette diversité de conception de la propriété des mines, parmi lesquels il ne devait faire qu'un choix.

*2- La consécration du droit domanial sur le tréfonds et les mines*

**54.** C'est avec la colonisation que la notion de domaine au sens moderne du terme à fait son apparition sur le continent[177]. La législation coloniale, notamment le Code minier du 6 juillet 1899 ne consacrait pas expressément le droit domanial sur le tréfonds. La domanialité du tréfonds résulte plutôt de certaines dispositions éparses qui y sont contenues. En effet, à la lecture du décret précité en date du 6 juillet 1899, certaines dispositions laissent entendre, que le sous-sol fait partie du domaine de l'État. C'est le cas par exemple de l'article 7 instituant des régions ouvertes et des régions non ouvertes à l'exploitation et attribuant le pouvoir de les déterminer au gouverneur par arrêté pris en conseil d'administration ou en conseil privé. Le caractère arbitraire de cette institution, traduisait sans équivoque l'idée de l'appartenance du sous-sol et des richesses minières à l'État colonial. En outre, le droit domanial sur les mines était également attesté par la classification des gites naturelles de substances minérales par le décret et l'attribution du contentieux de la contestation de cette classification au ministre des Colonies. En effet, d'autorité et dans la continuité de son entreprise de maîtrise des richesses des territoires colonisés, le

---

[176] P. WEISS, *op. cit.*, p.343

[177] S. A. SARR, *La domanialité des biens de l'Administration publique à l'épreuve des régimes fonciers traditionnels : ''le cas du Mali'*, Thèse de doctorat en droit, Université de Grenoble, 2012, document non paginé, https://tel.archives-ouvertes.fr/tel-00866401 .

législateur colonial fit la distinction entre les carrières et les mines en soumettant chacune des substances à un régime juridique spécifique, avec tout le lot de restrictions que cela pouvait comporter. Cette prétention de l'État sur les ressources souterraines transparaissait plus clairement de l'article 8 du décret précité de 1899[178], subordonnant l'exercice de toute activité minière à l'obtention d'une autorisation personnelle en ces termes : « nulle personne, nulle société, ne peut entreprendre ou poursuivre en son nom des explorations, des recherches ou une exploitation sans être munie d'une autorisation personnelle délivrée par le gouverneur […] ». Il ressort de cette disposition que toute entreprise minière intervenant en dehors de l'autorisation du gouverneur était non seulement empêchée, mais surtout perçue comme une infraction donc punie conformément aux dispositions pénales prévues au titre V du même décret. À l'analyse l'exigence de l'autorisation avait pour finalité d'identifier, de contrôler et de sanctionner, le cas échéant, la personne désireuse de se livrer à une activité minière. Par ailleurs il est important de relever que l'article 8 instituant l'exigence d'une autorisation personnelle préalable à toute activité minière, ne fait aucune distinction entre nationaux et étrangers. En cela, la législation coloniale se démarque de la législation américaine d'alors. En effet, la loi fédérale du 10 Mai 1872 les terres minérales ne pouvaient être demandées que par des citoyens américains ou par des étrangers ayant déclaré leur intention de devenir citoyen américain[179]. Ces dispositions, ci-dessus décrites, assez univoques sur l'accaparement des richesses minières par la métropole seront reprises successivement par le décret du 22 octobre 1924, du 23 décembre 1934 ainsi que celui de 1954, portant réglementation minière en AOF. Le maintien de la consécration implicite du système domanial de la propriété des mines par ces décrets postérieurs à celui du 06 juillet 1899 traduit de manière pertinente la constance de la position du colonisateur dans son rapport aux richesses minières.

---

[178] L'exigence d'autorisation instituée par cette disposition sera reprise successivement par le décret du 22 octobre 1924 en son article 14 et celui du 23 Décembre 1934 en son article 14

[179] E. DURAND, *Sur la législation minière aux États Unis*, Paris, Imprimerie de Mme V$^{e}$ Bouchard-Huzard, 1883, p.3.

### B- La reconnaissance de droits miniers limités aux indigènes

**55.** Dès son arrivée, le colonisateur s'est arrogé la propriété de toutes les ressources du sous-sol, ne reconnaissant aux indigènes que des droits miniers résiduels (1) d'une portée limitée (2).

#### *1- L'attribution de droits miniers résiduels aux indigènes*

**56.** L'exigence de détention d'une autorisation posée par le législateur colonial n'était pas absolue et comportait une réserve faite en faveur des indigènes. L'article 9, alinéa 1 et 2 du décret du 6 juillet 1899 prévoyait en effet que « les indigènes conservent leur droit coutumier d'exploiter les gîtes superficiels d'or et de sel jusqu'à la profondeur à laquelle ils peuvent atteindre suivant les conditions de chaque gisement avec leurs procédés actuels. Nul permis d'exploration, de recherche ou d'exploitation ne peut donner droit d'entraver ces travaux ». Par cette disposition, le législateur reconnaissait expressément des droits miniers aux populations autochtones des Colonies d'Afrique continentale en dehors de l'Algérie et la Tunisie. Cette reconnaissance ne concernait toutefois que des substances bien déterminées et devait surtout répondre à certaines conditions. Pour ce qui concerne les substances visées par cette reconnaissance, l'article 9 précité n'autorise les indigènes à exploiter que les gites superficiels d'or et de sel. En dehors de ces deux (2) substances, les indigènes étaient obligés de se prémunir d'une autorisation délivrée par le gouverneur conformément à la législation en vigueur pour se livrer à l'exploitation minière. Ce choix, plutôt curieux du législateur était motivé par de nombreuses raisons. Relativement à l'or, notons c'était donc un métal connu, très convoité et surtout très respecté par les noirs africains même avant la période coloniale. « Durant les millénaires qui ont précédé le colonialisme, les régions occidentale et australe de l'Afrique étaient de grandes exportatrices d'or vers le reste du monde. [Et]… que l'on a retrouvé plus de 4 000 sites antiques de production d'or dans la seule région de l'Afrique australe »[180]. L'exploitation de ce métal précieux se faisait par filtrage des dépôts alluvionnaires, ainsi que l'extraction en surface ou en profondeur. Dans tout le continent, l'exploitation artisanale de l'or, dans une large mesure, s'est poursuivie en maintenant les techniques précoloniales. Quant au sel, c'est une substance qui ne jouissait certes pas du même prestige que l'or, mais avait une importance et une utilité tout aussi remarquable dans le quotidien des Africains. « Le sel était le principal produit d'échange dans certaines parties de l'Afrique précoloniale. Le commerce de ce produit constituait la principale activité régionale dans plusieurs régions [...] »[181]. C'est dire que le sel constituait un bien très précieux pour les indigènes. Par ailleurs tout comme l'or, le sel se prêtait à une exploitation par des procédés accessibles aux indigènes.

**57.** La réserve faite aux indigènes relativement à l'or et le sel était en outre étroitement liée à la culture de nombreux peuples indigènes. Edmond MICHELLET et Jean CLÉMENT affirment que « les indigènes exploitent depuis les temps les plus reculés, les gites superficiels d'or et de sel, c'est là un droit de tradition un droit coutumier. Le législateur ne pouvait pas ne pas le respecter »[182]. Leur en retirer le droit d'exploitation pourrait entrainer des révoltes au sein des peuples colonisés. En plus de limiter les réserves faites en faveur des indigènes à seulement deux substances, le colonisateur les subordonnait à d'autres conditions. En effet, les réserves prévues par le colonisateur n'étaient valables que pour les gites superficiels et seulement pour des exploitations qui existaient déjà au moment de l'entrée en vigueur du décret du 6 juillet 1899[183]. *A contrario*, les

---

180 *Les ressources minérales et le développement de l'Afrique*, Rapport du groupe d'étude international sur les régimes miniers de l'Afrique, Commission Économique pour l'Afrique (NU), p.11.

181 *Les ressources minérales et le développement de l'Afrique*, Rapport du groupe d'étude international sur les régimes miniers de l'Afrique, Commission Économique pour l'Afrique (NU), p.11.

182 E. MICHELLET, J. CLEMENT, *La Côte d'Ivoire, organisation administrative..., op.cit.*, p.165.

183 Cette dernière condition n'est certes pas expressément formulée dans l'article 9 du décret du 6 juillet précité, toutefois, elle peut être déduite de la logique et surtout de la formulation de l'article 17 du décret du 24 octobre 1924 précité.

indigènes ne pouvaient se prévaloir de leurs droits coutumiers pour prétendre à des mines que leurs procédés traditionnels et rudimentaires ne pouvaient pas permettre d'exploiter. Cette réserve relative aux droits d'exploitation des indigènes sera reconduite avec certaines modifications par des textes ultérieurs, notamment le décret du 22 octobre 1924 applicable seulement aux Colonies françaises d'Afrique occidentale. Au terme de ce texte, « les indigènes conservent, dans l'étendue des régions ou périmètres exploités traditionnellement par eux, leur droit coutumier d'exploiter les gîtes d'or et autres substances minérales »[184]. Ces régions et ces substances devaient être déterminées par arrêtés des lieutenant-gouverneurs pour chaque Colonie. Le nouveau texte apporte plus de précision et de clarté à la réserve faite en faveur des indigènes. Deux innovations majeures sont à relever. La première est relative à la détermination à l'avance des périmètres réservés par des arrêtés locaux. Ce qui permettait la prise en compte des spécificités de chaque Colonie et l'évitement des risques d'arbitraire que le décret antérieur entretenait. La seconde concerne l'élargissement du nombre des substances concernées par la réserve. Dorénavant, les indigènes pouvaient dans l'étendue des périmètres qui leur étaient réservés s'adonner à l'exploitation de tous types de substances minérales. Toutefois, les indigènes bénéficiant des réserves prévues par cette disposition sont ceux originaires des périmètres miniers visés.

**58.** À ce stade de notre analyse, l'on pourrait penser, à juste titre d'ailleurs, qu'à travers ces dispositions, le législateur colonial se souciait de l'intérêt des indigènes. Qu'en était-il réellement ?

*2- La portée limitée des droits miniers des indigènes*

**59.** L'article 9 alinéa 2 du décret du 6 juillet 1899 posait le principe de la préséance des droits coutumiers sur tous les titres miniers, relativement aux périmètres faisant l'objet de réserves en faveur des indigènes, en ces termes : « Nul permis d'exploration, de recherche ou d'exploitation ne peut donner le droit d'entraver ces travaux [indigènes]». En vertu de cette

[184] Article 17 du décret 22 octobre 1924.

disposition, aucun titre minier ne pouvait en principe porter sur les périmètres sur lesquels les indigènes exploitaient, à partir de procédés sommaires, des ressources minérales. Mais même lorsque cette situation se produisait, les titres miniers ainsi délivrés n'impactaient aucunement les exploitations indigènes, et ne pouvaient en tout état de cause conduire à l'interruption des travaux des indigènes. Pour garantir le respect de cette disposition à l'instar de l'ensemble de la législation minière, le colonisateur l'a assortie de sanctions. Par conséquent, tout contrevenant à cette disposition s'exposait outre à des sanctions pécuniaires et administratives, à une peine privative de liberté[185]. Toutefois, ce principe connaissait un tempérament, en ce sens que l'exploitant minier ou le titulaire d'un titre minier pouvait passer outre, soit par l'assentiment des exploitants indigènes soit par l'obtention d'une autorisation de l'administration. C'est ce que dit l'alinéa 3 de l'article 9 précité au terme duquel « […], des puits peuvent être foncés à travers les gisements superficiels pour l'exploration, la recherche ou l'exploitation des gisements profonds après entente avec les exploitants indigènes, ou, à défaut d'entente, moyennant une autorisation de l'administration […] ». L'autorisation exigée ici permet au titulaire d'un titre minier de s'affranchir des droits des indigènes sur les périmètres réservés. Elle doit se distinguer de l'autorisation prescrite par l'article 8 du même décret. En outre, le décret soumettait l'occupation des périmètres réservés à l'exploitation indigène au « […] payement d'une indemnité en faveur des ayants droit, égal au double de la valeur du préjudice causé »[186]. *A priori*, cette disposition garantirait une protection des droits coutumiers d'exploitation accordés aux indigènes, cependant il n'en était rien. En effet, la mise en œuvre de cette disposition n'était pas sans soulever quelques difficultés au détriment des indigènes. L'une des difficultés est relative à la charge de la preuve. Face au silence du décret, la charge de la preuve du préjudice subi devait incomber à l'indigène exploitant. Si l'on s'en tient au contexte colonial, il était impossible pour l'indigène de faire une évaluation des

---

[185] Article 42 et suiv. du décret du 06 juillet 1899 Portant réglementation sur la recherche et l'exploitation des mines dans les Colonies, ou pays de protectorat de l'Afrique continentale autres que l'Algérie et la Tunisie.

[186] Alinéa 3 de l'article 9 du décret du 6 juillet 1899 précité.

préjudices par lui subis qui soit proche de la réalité dans la mesure où les moyens sommaires qu'il utilisait ne lui permettaient qu'une exploitation minimale. Basée sur les résultats de son exploitation, son évaluation était nécessairement erronée puisqu'ignorant la réalité des pertes qu'entrainerait une éventuelle occupation de ses périmètres. De plus, l'objectif du colonisateur étant moins de protéger les intérêts des indigènes que celui de parvenir à une exploitation optimale des ressources minières des territoires colonisés, ses décisions consistant à autoriser un exploitant à s'affranchir des droits coutumiers d'un indigène sur un périmètre réservé, devait sans doute répondre à cette même finalité. Pour finir, l'article 9 *in fine* décret du 6 juillet 1899 donne compétence aux autorités locales pour connaître en premier ressort des éventuels différends relatifs aux droits des indigènes d'exploiter les périmètres réservés ; et cela en méconnaissance des coutumes indigènes qui en la matière attribuaient la compétence au chef de terre[187].

**60.** Dans tous les cas de figure, retenons à ce stade de notre propos que le régime industriel institué les autorités coloniales en matière minière, a anéanti l'entreprise africaine, même là où les conditions étaient favorables aux petits producteurs et où la tradition et l'expérience africaine étaient considérables[188]. Cette situation est aggravée par la consécration de la préséance d'un espace sur l'autre en cas de concurrence, surtout quand on sait l'importance des différents usages auxquels se prêtent chacun de ces espaces dans les sociétés traditionnelles africaines.

### *Section II : La prééminence du sous-sol sur le sol*

**61.** L'on entend par sol, la surface de la terre. Aussi loin que remonte l'existence du monde les hommes s'en sont servi et continuent de s'en servir pour mener des activités de natures diverses. Quant au sous-sol, il est constitué par « couches de l'écorce terrestre qui se trouvent au-dessous du sol, des parties

---

[187] B. BRIDIER « La répartition des terres entre unités d'exploitation Quelques classifications de la recherche-développement », *In L'appropriation de la terre en Afrique noire*, Paris, Karthala, 1991, p.60.

[188] *Les ressources minérales et le développement de l'Afrique*, Rapport du groupe d'étude international sur les régimes miniers de l'Afrique, Commission Économique pour l'Afrique (NU), p.13

les plus superficielles »[189]. Cette partie de la terre encore appelée tréfonds peut renfermer par moment des richesses minières. Il est clair que l'atteinte du sous-sol en vue d'accéder à ses richesses suppose nécessairement l'utilisation du sol. Cette situation, aussi anodine soit-elle, ne manque pas de susciter certaines interrogations et quelques difficultés pratiques dont celle de savoir lequel de ces espaces doit prévaloir sur l'autre en cas de concurrence ? À cette question, la réponse du législateur colonial est sans équivoque. Depuis le décret du 6 juillet 1899, ce dernier a fait clairement le choix de la prééminence du sous-sol sur le sol, en consacrant notamment le droit pour le titulaire d'un titre minier, d'occuper la surfaces des périmètres visés par son permis et celle de tous les périmètres nécessaires à la l'exercice de son activité. L'analyse des raisons d'un tel choix (paragraphe I) nous permettra de mieux entrevoir ses manifestations concrètes (paragraphe II).

### Paragraphe I : Une préséance justifiée par diverses raisons

**62.** Parler des raisons du choix de la primauté du sous-sol, c'est en réalité analyser tous les éléments susceptibles de rendre intelligible, compréhensible le choix de la prédominance du tréfonds sur le fond en cas de confrontation. Ainsi défini, notons que les raisons susceptibles d'expliquer la préséance du sous-sol minier sur le sol pouvaient se regrouper en deux. D'une part les raisons économiques (A) et d'autre part les raisons politiques et stratégiques (B).

#### A- Les raisons économiques

**63.** L'accroissement de la valeur des mines (1) et la volonté de minimisation des coûts d'exploitation (2) sont les principales raisons économiques qui expliquaient le choix d'une législation consacrant la prééminence du sous-sol sur le sol en cas de découverte de ressources minières dans un périmètre déterminé.

---

189 Dictionnaire le GRAND ROBERT de la langue française, *op.cit.*

### *1- L'accroissement de la valeur des mines*

**64.** La première raison réside dans la valeur économique respective des produits du sol et du sous-sol, c'est-à-dire les mines. Il s'agit plus précisément de l'accroissement de l'utilité des minerais du fait de la révolution industrielle intervenue en Europe en général et en France en particulier ainsi que ses implications.

**65.** L'importance de la terre est consubstantielle à l'existence de l'homme. La terre accompagne l'individu tout au long de son existence, lui procurant la nourriture, servant de support pour son habitat et à ses différents mouvements. La terre est également dans la majorité des sociétés, celle qui accueille l'homme à la fin de son existence. Ajoutons à cela que c'est encore elle qui fournit à l'homme même les ressources minières qu'il convoite tant. Comme tel, l'importance de la terre ne fait l'objet d'aucune contestation. Celui qui la possède à la principale source de richesse et la garantie d'une existence paisible. Son utilité et sa valeur ne sont donc pas tributaires d'une époque ni l'apanage d'un seul peuple, mais elles sont non seulement atemporelles, mais surtout universellement admises. Cependant, il n'en est tout autrement pour les ressources minières. En effet, leur importance dans l'histoire est fonction de l'époque dans laquelle l'on se situe et fortement tributaire des progrès de la science. Ainsi, si de nombreuses ressources minières étaient déjà connues et exploitées depuis l'antiquité, leur utilité va s'accroitre au fur et à mesure de l'évolution des sociétés. C'est dire que la valeur d'un minerai est appréciée différemment selon que l'on se situe dans l'antiquité, au moyen-âge ou à l'époque contemporaine. Par ailleurs, il faut souligner que l'analyse des sociétés modernes consacrent certes le caractère indispensable des mines, toutefois, cela remonte réellement au XVIII$^{e}$ siècle. « C'est dans cette période que les chemins de fer ont été construit, que les bateaux à vapeur ont remplacé les navires à voiles, que l'outillage économique et militaire de tous les peuples a été agrandi et dans les proportions que l'on sait »[190]. Et les progrès scientifiques ininterrompus, ayant aboutis à une reconstruction des conditions de vie de

---

[190] *La Côte d'Ivoire*, Paris, Le moniteur des Colonies, 1903, p.

l'humanité, nous ont fait passer d'un monde naturel à un monde artificiel[191]. Lequel monde place les ressources du sous-sol au cœur du quotidien de l'homme. Par conséquent, celui qui possède un sous-sol riche en minerai est économiquement puissant. De ce qui précède l'on retient qu'aussi bien la terre et les ressources minières sont au centre de nombreux enjeux. Cependant si tout État dispose d'un territoire, par conséquent de terres[192] pour la satisfaction des besoins primaires de sa population et la production de richesses, tous les États ne disposent pas nécessairement ou suffisamment d'un sous-sol riche en minerais pour répondre aux exigences de l'industrialisation et de la modernité. D'où la course effrénée pour l'acquisition de ces biens. L'on comprend alors assez aisément le choix pour le colonisateur d'une législation faisant la part belle à l'exploitant minier au détriment du détenteur de droit foncier. Ce choix n'a effet qu'une finalité, amasser le maximum de minerais pour les besoins de la métropole ; et il s'inscrit dans le cadre d'une politique globale, l'exploitation à outrance des ressources de la Colonie. D'ailleurs l'antériorité des législations minière et foncière aux législations de nombreux autres domaines plus sensibles tels la condition des personnes, la famille, etc., est une illustration pertinente des objectifs de l'entreprise coloniale.

*2- La volonté de minimisation des coûts d'exploitation*

**66.** Une autre raison économique réside dans la volonté de minimiser les coûts d'exploitation. L'activité d'exploitation minière, on le sait, comme toute industrie implique aussi bien des recettes que des dépenses. Et l'objectif de tout opérateur économique est de faire plus de recettes que de dépenses. Ce postulat conditionne par conséquent ses choix d'investissement. Il sera par exemple plus enclin à investir lorsqu'il est sûr que les conditions d'exercice de son activité lui garantissent le maximum de profit, c'est-à-dire de recette. *A contrario* il sera plus hésitant, voir réticent à s'engager dans une activité ou il

---

[191] R. RICHTA, « Révolution scientifique et technique et transformations sociales », *In L'Homme et la société*, n°3, 1967, p.83.

[192] Même s'il faut se presser de relativiser tant la taille des territoires et les caractéristiques des sols diffèrent.

sera amené à supporter trop de coûts sans l'assurance de profits plus élevés. L'opérateur économique dans le secteur de l'exploitation des mines n'échappe pas à ce postulat. Ses investissements sont guidés par la recherche du maximum de profits et plus le minerai est dans les profondeurs du sol, plus il est difficile à atteindre et son traitement plus laborieux et par conséquent nécessairement très couteux[193]. Le mouvement de colonisation des territoires d'Afrique noire en général et de la Côte d'Ivoire en particulier, intervient dans un contexte généralisé de valorisation des ressources du sol et du sous-sol, imputable en grande partie aux progrès techniques et scientifiques réalisés à partir du siècle des lumières. Les objectifs alors assignés à ces nouveaux territoires n'étaient autres que la production abondante de matières premières pour l'alimentation des industries en occident ainsi que de proposer de nouveaux débouchés pour l'écoulement des produits issus de ces industries. Ces débouchés, pour emprunter les termes de GIRAULT, devaient « donner à l'industrie une impulsion nouvelle et puissante »[194]. La législation minière coloniale devait par conséquent se révéler très incitatrice pour les investisseurs miniers afin d'espérer répondre aux attentes du colonisateur. On peut donc affirmer, contrairement au discours erroné sur la volonté d'apporter la civilisation aux peuples à coloniser, que l'entreprise coloniale en générale et plus spécifiquement la législation minière en AOF répondait surtout à une nécessité économique qu'à un quelconque altruisme de la part des occidentaux. Le modèle industriel étant exigeant et gourmand, sa pérennité exige toujours plus de matières premières. D'où la nécessité pour les Etats de contrôler les sources de matières premières[195]. La prévalence du sous-sol sur le sol en cas de découverte de minerais devait permettre de minimiser les coûts d'acquisition de ces matières premières

---

[193] *La Côte d'Ivoire*, *Le moniteur des Colonies*, Paris 1903, p.86

[194] A. GIRAULT, *Principe de colonisation et de législation coloniale*, Tome I, Paris, Librairie de la société du recueil général des lois et des arrêts, 1904, p.28.

[195] M. B. BENINGA, « Répartition terrestre des végétaux : cas de quelques plantes utile et guerre des hommes pour s'en approprier », *In Dieu, la terre, la guerre, Actes du colloque international conjoint*, Abidjan, Les Presses de la FATEAC, 2016, p. 184.

devenues indispensables à l'homme. En d'autres termes la législation des mines devait offrir l'opportunité d'acquisitions des ressources minières en quantité et à bon marché[196]. Qu'en est-il des raisons stratégiques ?

## B- Les raisons stratégiques

**67.** La présence du colonisateur sur le sol africain ne résulte pas du hasard. Au contraire, elle est surtout le fruit des contingences économiques, politiques et sociales de l'époque ayant précédées cette période. Comme analysé sous le titre précédent, la révolution industrielle dans les pays occidentaux a fourni les raisons économiques, de l'intérêt à accorder aux territoires africains à l'instar de ceux d'Asie et d'Amérique latine, mais surtout à l'impératif de faire prévaloir les ressources du sous-sol sur le sol en cas de concurrence d'utilité.

### *1- Une stratégie de législation*

**68.** Le premier élément à développer sous cet intitulé est d'ordre technique. Les activités minières ont pour spécificité d'impliquer nécessairement, l'utilisation et/ou l'occupation de certains périmètres en surface. En décidant donc de permettre au détenteur d'un titre minier, le législateur ne fait rien d'autre que se conformer aux exigences de la nature. Par ailleurs, « l'écrasante majorité des acteurs de la politique coloniale de la France qu'ils soient conseillers du pouvoir, professionnels du droit, législateurs ou ministres, considère donc là que des dispositions particulières doivent être élaborées et appliquées dans les territoires de l'empire pour tenir compte de l'infériorité des « indigènes », de leur singularité et des contrées dans lesquelles ils vivent sans oublier les intérêts supérieurs du pays et les impératifs de l'ordre public métropolitain »[197]. Ces propos traduisent le rejet par le colonisateur de l'universalisme des droits, consacré par la Déclaration des droits de l'homme et du citoyen. Pire, ils expriment sans équivoque l'image plutôt

---

[196] A. GIRAULT, *op. cit.*, p.28

[197] O. L. C. GRANDMAISON, « L'exception et la règle : sur le droit colonial français », *Diogène*, 2005/4, n°212, pp.43-44.

dégradante qu'il se fait de l'indigène, mais surtout, ils nous donnent les raisons avancées par le colonisateur français pour appliquer à ses territoires colonisés une législation distincte de celle qui était en vigueur dans la métropole. Ainsi comme l'on a pu le constater, « dès que surgissent des interrogations sur les règles susceptibles d'être appliquées dans les Colonies, les caractéristiques des indigènes sont de façon presque systématique mises en avant pour justifier l'impossible extension de droits tenus pour fondamentaux chez « les races civilisées »[198] ». L'exemple de l'application du Code civil et l'adoption de textes spécifiques aux mines et au foncier en est une illustration prégnante. Pour le colonisateur en effet, « les races inférieures et les races supérieures doivent être soumises à des régimes juridiques et politiques que tout oppose »[199]. Une telle idéologie répondait surtout à la finalité de la colonisation. Il s'agissait plus de trouver un instrument de domination et d'affirmation de la puissance de l'État dans la Colonie[200] qu'une véritable législation au service des peuples colonisés. C'est justement ce que dit GRANDMAISON, lorsque, se prononçant sur le droit colonial, il affirme que : « aux peuples « arriérés » ou « mal » civilisés d'Afrique, d'Asie ou d'Océanie, il faut imposer d'autres institutions […] débarrassées des subtilités»[201]. Cette imposition de nouvelles institutions ne se fera toutefois qu'avec la désagrégation du système institutionnel propre aux indigènes, leur rappelant par là même la suprématie du colonisateur. Il s'agissait à terme de convaincre l'indigène de croire en la médiocrité de ses institutions et de ses savoirs, mais surtout de l'emmener à voir dans l'ordre nouveau imposé par le colonisateur l'unique aubaine pour sortir de l'arriération dans laquelle il s'est plongé par ignorance. Les secteurs minier et foncier dans les différentes Colonies ne vont pas déroger à cette vision qui prévalait à l'époque au sein de la majorité de l'élite

---

[198] *Ibid.*, p.45.

[199] O. L. C. GRANDMAISON, « L'exception et la règle : sur le droit colonial français », *Diogène*, 2005/4, n°212, p.46.

[200] M. BADJI, « Dire le droit en AOF aux 19e et 20e siècles : entre idéal de justice et stratégie coloniale », In *RSD*, n°11, Presses de l'Université Toulouse 1 Capitole, 2013, p.11.

[201] O. L. C. GRANDMAISON, « L'exception et la règle : sur le droit colonial français », *Diogène*, 2005/4, n°212, p.47.

métropolitaine. C'est ce que dit GRANDMAISON, rapportant les propos de MATTER procureur général à la cour, « il n'est pas une branche du droit qui, transplantée aux Colonies, ne subisse des transformations plus ou moins profondes ». De tout ce qui précède, il s'évince que le bouleversement des rapports foncier minier par la prépotence du tréfonds sur le fond s'inscrit dans le cadre d'une stratégie globale de colonisation.

### *2- Une tentative de contournement des prétentions foncières des indigènes*

**69.** « Le caractère essentiel de l'industrie extractive a souvent influé sur l'évolution de l'État colonial qui a pris soin de mettre en place les conditions politiques et juridiques nécessaires pour protéger l'investissement dans l'industrie extractive »[202]. Sur cette base, l'on pourrait affirmer qu'en optant pour la consécration de la préséance du tréfonds sur le fond, le législateur faisait le choix de la prévention des contentieux susceptibles de naître de la cohabitation entre le détenteur foncier et l'exploitant. En effet, dans un contexte colonial où la concurrence des règles coutumières et des règles modernes[203], rend difficile la détermination du régime juridique des terres, le choix du législateur a le mérite de réduire, voire même contourner les éventuels obstacles qui pourraient se dégager d'une superposition[204] ou d'une juxtaposition[205] des droits

---

[202] *Les ressources minérales et le développement de l'Afrique*, Rapport du groupe d'étude international sur les régimes miniers de l'Afrique, Commission Économique pour l'Afrique (NU), p.13.

[203] J. P CHAUVEAU., P. LAVIGNE DELVILLE, « Quelles politiques foncières intermédiaires en Afrique rurale francophone ? », *In Comment réduire pauvreté et inégalité : pour une méthodologie des politiques publiques,* Paris (FRA), IRD, Karthala, 2002, p.211.

[204] La superposition, c'est le fait de superposer, c'est-à-dire de mettre, poser au-dessus, par-dessus ; disposer l'un au-dessus de l'autre. La superposition du droit minier au droit foncier serait donc la disposition du droit minier au-dessus du droit foncier.

[205] La juxtaposition, c'est le fait de juxtaposer, c'est-à-dire de poser, de mettre (une ou plusieurs choses) à côté, près d'une autre ou de plusieurs autres et sans liaison. La juxtaposition du droit foncier et du droit minier signifierait tout simplement l'existence du droit foncier à côté du droit minier. Il y a lieu de comprendre ici que les mines et le sol font partie d'un tout physiquement, ils sont cependant séparés par la volonté du législateur.

fonciers, quelle que fût leur nature ou leur fondement, et de droits miniers. Par exemple le propriétaire de la surface peut, dans certains cas, se trouver lésé par des travaux d'exploitation ou de recherches ; et inversement, il peut dans la jouissance de ses droits, porter atteinte aux droits détenus par l'exploitant minier. Chacune des parties en vertu de la nature et de l'étendue de ses droits devait pouvoir exiger de l'autre, la réparation du préjudice à lui causé avant la poursuite de ses travaux. Une telle situation aussi anodine soit-elle n'était pas de nature à favoriser la réalisation des objectifs de la colonisation, c'est-à-dire l'exploitation des ressources de la Colonie. Et constitue un frein à l'essor des entreprises minières[206]. Pour prévenir de telles situations le législateur a prévu au profit du détenteur d'un titre minier, le droit d'occuper le fonds de son périmètre minier. Le droit d'occupation de la surface par le détenteur de droits miniers, consacrant la prééminence du tréfonds sur le fonds en cas de concurrence des deux types de droit devait permettre de réduire les risques de contestation inhérentes à la nature même de l'activité minière et à l'incertitude qui caractérisait le régime foncier sous la période coloniale. La base légale de cette occupation permettait d'atténuer les risques de contestation. Se présentant comme l'exercice par l'administration coloniale d'une prérogative exorbitante de droit commun, elle s'inscrit dans la volonté initiale de l'administration coloniale de s'accaparer de toutes les terres de la Colonie, en telle manière qu'elle seule aurait la compétence d'en faire des concessions. Par ce principe d'occupation de la surface par le titulaire de droit minier, le législateur colonial réaffirmait ses velléités d'accaparement foncier.

### Paragraphe II- Une primauté traduite par l'occupation de la surface par l'exploitant

**70.** Dans le cadre de cette étude, le vocable occupation renvoie à l'action de s'établir, s'installer sur un espace ou une terre appartenant à autrui. Le principe de l'occupation par l'exploitant

---

[206] J. MAILLARD, « Propriétaires contre concessionnaires dans les mines de charbon du Layon au XVIIIe siècle », *In Annales de Bretagne et des pays de l'Ouest*, Tome 104, numéro 3, 1997, Mines, carrières et sociétés dans l'histoire de l'Ouest de la France, Textes réunis par Jean-Luc Marais. P.55.

minier des périmètres nécessaires date de la période coloniale, notamment l'article 11 du décret du 06 juillet 1899[207]. Cette disposition consacre le principe en déterminant les conditions de l'occupation (A) et en décrivant les modalités de l'occupation (B).

## A- Les conditions de l'occupation

**71.** Le législateur colonial autorisait tout détenteur d'un titre minier à occuper les périmètres domaniaux nécessaires à la réalisation de son activité minière (1). Toutefois lorsque ces périmètres nécessaires étaient en dehors des terrains domaniaux, à défaut de l'accord des éventuels détenteurs de droits sur lesdites parcelles, il subordonnait leur occupation à l'autorisation de l'administrateur du cercle ou de la circonscription et moyennant une indemnité[208] (2).

### *1- La détention d'un titre minier*

**72.** L'article 11 du décret du 6 juillet 1899 portant réglementation de l'exploitation des mines dans les Colonies, ou pays de protectorat de l'Afrique continentale autres que l'Algérie et la Tunisie, institue trois types de titre miner qui ouvraient droit à l'occupation de la surface par l'exploitant. Il s'agit du permis d'exploration, du permis de recherche et du permis d'exploitation. Cependant, une réforme de la législation intervient avec le décret du 22 octobre 1924 portant réglementation et de l'exploitation des gites naturels de substance minérales en Afrique occidentale, vint les modifier en instituant un nouveau titre minier qu'est la concession. Il s'agira pour nous d'analyser d'une part les titres ouvrant droit à la possibilité d'exécuter des travaux préliminaires à l'exploitation (a) et d'autres parts ceux qui autorisent l'exploitation proprement dite (b).

---

[207] Cette disposition sera reprise par le texte ultérieur notamment celui du 22 octobre 1924 et celui de 1934 toutefois avec quelques petites médications.

[208] Art 11 al.2 du décret du 06 juillet 1899 précité ; article 64 du décret du 22 octobre 1924 ; quid de celui de et 1934)

a- Les titres miniers relatifs aux travaux préliminaires

**73.** Il s'agit du permis d'exploration et du permis de recherche.

- Le permis d'exploration :

**74.** C'est le titre minier qui donnait le droit d'effectuer tous les travaux de fouilles, de sondages et de reconnaissance de toutes mines dans l'étendue de la région à laquelle il s'appliquait. Il apparaissait comme une innovation au regard des titres miniers ayant existés, jusque-là, dans les Colonies françaises, qui ne prévoyaient que les permis de recherche et d'exploitation. Le permis d'exploration à la différence de ces derniers, porte sur les régions non ouvertes à l'exploitation. En effet, l'article 7 du décret du 06 juillet 1899, instituait deux sortes de régions minières en ces termes : « dans les régions ouvertes à l'exploitation en vertu d'arrêtés du gouverneur pris en conseil d'administration ou en conseil privé, il ne peut être acquis que des droits de recherche ou d'exploitation en vertu des titres III et IV ci-après. Dans les autres régions, il ne peut être procédé qu'à des explorations en conformité du titre II ». Il s'évince de cette disposition que seules les premières régions évoquées, c'est-à-dire celles ouvertes à l'exploitation, pouvaient faire l'objet d'un permis de recherche ou d'un permis d'exploitation. Il s'agit de « celles dont les richesses minières ont déjà été étudiées, qui sont par suite les plus voisines de la côte, dont la géographie et la géologie sont suffisamment connues »[209]. Quant aux secondes, en l'occurrence les régions non ouvertes à l'exploitation, elles ne pouvaient donner lieu qu'à la délivrance d'un permis d'exploration. Ces dernières étaient constituées essentiellement des régions « encore inconnues ou peu connues, peu prospectées et pour lesquelles il y a intérêt à ne pas délivrer des permis de recherche ou d'exploitation à cause du trop d'insécurité ou du peu de certitude dans les résultats à prévoir »[210]. En Côte d'Ivoire, le premier arrêté réglementant la matière, c'est-à-dire déterminant les régions ouvertes ou non à

---

[209] E. MICHELLET, J. CLEMENT, *La Côte d'Ivoire, organisation administrative, financière, judiciaire, régime minier, domanial, forestier, foncier,* Paris, Augustin Challamel, 1906, p.161

[210] *Ibid.*

l'exploitation, est celui du 15 février 1901[211]. Il sera modifications notamment par l'arrêté du 12 janvier 1903, et celui du 11 février 1907[212] ainsi que celui du 6 novembre 1907[213]. L'institution de région ouverte ou non à l'exploitation ne sera pas sans conséquences sur les droits fonciers coutumiers. C'est donc en raison de son caractère spécial, que le permis d'exploration n'était obtenu que moyennant un permis spécial, délivré par le gouverneur, sur la demande qui devait en être présentée par l'intéressé[214]. Toutefois dans l'ensemble, les conditions d'obtention de ce titre, prévues à l'article 14 du décret du 6 juillet 1899 précité, apparaissaient moins rigoureuses que les autres. Elle se résumait en effet, à la production d'une demande à l'appui duquel le requérant devait fournir un croquis ou une carte, qui précise les limites ou l'étendue de la région sollicitée ; ainsi qu'une somme d'argent qui s'élevait à 5 centimes par hectare de ladite étendue. Cette souplesse des conditions d'obtention du permis d'exploration se justifiait sans doute par la volonté du colonisateur d'inciter les investisseurs à se lancer dans une entreprise dont l'issue était certes incertaine, mais qui pouvait à terme aboutir à l'obtention de données géologiques complètes pour tout le territoire.

[211] Cet arrêté institue quatre zones d'exploration ou d'exploitation : « *Zone A, à l'est de la Comoë est ouverte à l'exploitation. Zone B, provisoirement réservée pour le passage du prochain chemin de fer : constituée par une étendue de terrain comprise entre la Comoë et une ligne passant à vingt-cinq kilomètres à l'ouest de Bingerville et de Kodioukofi. Zone C et D, Ces deux zones ne sont ouvertes qu'à l'exploration. La première est comprise entre la ligne brisée qui passe à l'ouest de Kong, Kodioukofi et Bingerville, et le Bandama rouge. Une réserve est apportée pour cette zone, au droit d'exploration : les permis d'exploration ne peuvent être accordés à un même demandeur que pour moins de 10.000 hectares. Cette restriction n'existe pas pour la zone D qui s'étend à l'ouest du Bandama jusqu'à la frontière du Libéria : les permis d'exploration y sont accordés dans les conditions du décret de 1899 ; par arrêté local, jusqu'à 50.000 hectares ; au-dessus, par arrêté local également, mais avec l'approbation du ministre des Colonies* ».

[212] Suivant cet arrêté « *à partir du 1er octobre 1907, le Comoé passe tout entier au régime de l'exploitation, et toute la partie comprise entre la rive droite de ce fleuve et la frontière libérienne est ouverte à l'exploration* », *Cf.* ANS, 2G7-13, Gouvernement général de l'AOF, Côte d'Ivoire rapport d'ensemble situation générale de la Côte d'Ivoire en 1907, p.63.

[213] ANS, 2G7-13, Gouvernement général de l'AOF, Côte d'Ivoire rapport d'ensemble situation générale de la Côte d'Ivoire en 1907, p.64.

[214] Article 13 du décret du 6 juillet 1899 précité.

**75.** Une fois la demande introduite, le pouvoir de statuer revenait au gouverneur qui jugeait des motifs ou considérations devant faire donner la préférence à l'un quelconque des concurrents[215], sauf dans les cas où le permis demandé portait sur un périmètre de plus de 50 000 hectares, qui nécessitaient l'approbation du ministre des Colonies avant l'octroi du permis. Le permis obtenu donnait le droit d'effectuer tous travaux de fouilles, de sondages et de reconnaissance de toutes mines dans l'étendue de la région à laquelle il s'appliquait pour une durée de deux ans sans possibilité de prorogation. Les portions de territoire dans lesquelles étaient compris les périmètres définis par ces permis étaient, par le fait même de la délivrance du permis, considérées comme ouvertes à l'exploitation, sans préjudice de la décision à prendre ultérieurement, le cas échéant, pour le reste de la région. Par ailleurs, le permissionnaire disposait d'un droit de préférence à tous autres pour l'obtention, dans l'étendue de son permis d'exploration, des permis de recherche ou d'exploitation prévus aux titres III et IV du même décret, sous conditions stipulées par ces mêmes titres. Il devait, en outre, avant l'expiration de son permis, sous peine de déchéance des droits de préférence à lui conférés, faire connaître, avec carte ou croquis à l'appui, les résultats détaillés de ses recherches et produire les demandes de permis de recherche ou d'exploitation dont il entend bénéficier. Toutefois en marge de tous ces droits reconnus au permissionnaire, il est important de souligner que ce dernier était soumis à certaines restrictions, à savoir qu'il ne pouvait disposer du produit des recherches qu'avec une autorisation spéciale du gouverneur. Pour Edmond MICHELET et Jean CLÉMENT, « Il eût peut-être été dangereux de lui accorder toute latitude à cet égard. Il ne faut pas, en effet, oublier que ces permis d'exploration sont accordés sur de grandes étendues, et que, loin de tout centre administratif, il n'y aura guère de surveillance administrative efficace sur les fouilles »[216]. Soulignons pour finir que le détenteur de ce type de permis ne pouvait le céder.

---

[215] L'article 17 du même décret imposait que la délivrance du permis intervienne dans les six mois qui suivait l'introduction de la demande.
[216] E. MICHELET, J. CLEMENT, *op.cit.,* p.169.

**76.** Disposant, d'un droit de préférence, le permissionnaire à la possibilité de demander, avant la déchéance de celui-ci, un permis de recherche ou d'exploitation qui étaient des titres miniers pouvant être délivrés pour les régions ouvertes à l'exploitation.

➢ Le permis de recherche

**77.** En référence, à l'article 19 du décret précité de 06 juillet 1899, le permis de recherche était le titre minier délivré par le gouverneur à la priorité de la demande, et qui donnait le « droit exclusif de faire, dans tous les terrains non grevés de droits antérieurs de recherche ou d'exploitation, tous travaux de fouilles, de sondages et de reconnaissances dans l'étendue d'un cercle de 5 kilomètres de rayon au plus ». Il s'agit donc d'un acte émanant de l'administrateur colonial qui autorise la réalisation sur un périmètre déterminé de tous les travaux de prospection. C'est-à-dire des travaux de mise en évidence des gisements exploitables et à supputer les résultats qu'il parait possible d'obtenir. Tel que présenté, l'octroi du permis de recherche apparaît comme la première phase de la procédure de concession de mines. Cet octroi était soumis à la satisfaction de conditions de divers ordres, plus rigoureuses que celles exigées pour l'obtention d'un permis d'exploration. Le requérant devait produire en plus de sa demande adresser au gouverneur un croquis décrivant avec précision le périmètre visé, ainsi qu'une somme d'argent dont le calcul du montant était fonction de la superficie du périmètre visé[217].

**78.** Une fois introduite la demande de permis de recherche était inscrite sur un registre spécial avant d'être publiée. L'inscription au registre comportait outre les informations relatives au demandeur et au périmètre visé ainsi qu'à la date et à l'heure d'introduction de la demande. Il en était délivré récépissé. Selon Pierre DAREST, cette inscription répondait au souci d'assurer les droits résultant de la priorité. Les registres spéciaux sur lesquels devaient être consignées les demandes ou déclarations pouvaient être consultés par tous intéressés[218]. La publicité

[217] Article 20 de la loi de 1899 précité.
[218] P. DAREST, *Traité de droit colonial*, Tome 2 op.cit., p.767.

consistait en l'affichage de la demande par les soins de l'administration à la porte de ses bureaux. Elle avait pour objectif de porter la demande à la connaissance de toute personne intéressée et de recueillir d'éventuelles oppositions. Pour être valables, ces dernières devaient intervenir dans les trois mois à partir de l'affichage. À l'expiration de ce délai, si aucune opposition n'intervient, le permis était délivré par le gouverneur puis inscrit sur un registre spécial. En cas d'opposition, il était statué par le Conseil du contentieux administratif, et l'opposant dont la réclamation avait été reconnue fondée devait dans les trois mois de la décision, à peine de déchéance, introduire une demande régulière. Les sommes versées par le demandeur dont la demande avait fait l'objet d'un rejet lui étaient restituées.

**79.** Valable pour une période de deux ans renouvelables une seule fois, dans les conditions prévues à l'article 23 du décret du 6 juillet 1899 précité, le permis de recherche conférait de nombreux droits à son titulaire. D'abord, il donnait à son titulaire le droit de disposer librement des produits concessibles provenant de ses travaux de fouille, moyennant le paiement des droits de circulation, de sortie ou autres, sous la condition pour lui d'en faire la déclaration. Il faut cependant, se garder de voir dans cette permission, un moyen de muer les travaux de recherches en travaux d'exploitation, sous peine d'interdiction, ou même, le cas échéant, de peines correctionnelles. Ensuite, à la différence du permis d'exploration, le permis de recherche pouvait également être cédé ou transmis. Toutefois, le bénéficiaire ou nouvel acquéreur, fut-il personne physique ou personne morale, devait disposer de l'autorisation personnelle délivrée par le gouverneur et que la cession ou la transmission ait fait l'objet d'enregistrement. Enfin et conformément à l'article 26 du décret précité, le détenteur d'un permis de recherches non périmé au droit d'obtenir de préférence[219] à tous autres un permis d'exploitation dont le périmètre doit être compris dans son cercle de recherches. L'obtention d'un permis

---

[219] « *La faculté légale ou conventionnelle grâce à laquelle une personne peut acquérir, par préférence aux autres candidats acquéreurs, un bien mis en vente par son propriétaire aux prix et aux conditions proposées par celui-ci* », S. GUINCHARD, T. DEBARD, (Sous la direction de), *Lexique des termes juridiques*, Paris, Dalloz, 2014, P.356.

d'exploitation sur le périmètre couvert par le permis de recherche a pour conséquence d'annuler ce dernier. Analysons à présent les titres miniers autorisant l'exploitation.

b- Les titres miniers autorisant l'exploitation

**80.** Les titres miniers autorisant l'exploitation sont : le permis d'exploitation et la concession.

➢ Le permis d'exploitation.

**81.** On entend par permis d'exploitation, le titre minier qui donne le droit à son détenteur « le droit de faire, au fond et au jour, tous travaux et tous établissements nécessaires à l'exploitation de la mine et au traitement de ses produits dans un périmètre de forme rectangulaire d'une étendue de 24 hectares au moins et de 800 hectares au plus pour l'or et les gemmes, et de 2.500 hectares pour toutes autres substances, le petit côté du rectangle n'étant pas inférieur au quart du grand »[220]. Sous l'empire du décret du 06 juillet 1899 précité, c'était l'unique acte juridique par lequel l'administration coloniale, et plus spécifiquement le gouverneur, consentait à une concession des ressources minières au profit des particuliers[221]. Des auteurs français de l'époque ont même estimé que les pouvoirs reconnus au gouverneur s'analysaient en une compétence discrétionnaire[222]. Le permis d'exploitation s'obtenait dans les mêmes conditions et procédures que celles requises pour le permis de recherche. Ainsi, le candidat à l'exploitation minière devait introduit une demande auprès de l'administration des mines, laquelle demande devait être accompagnée d'un croquis indiquant l'orientation et la position du périmètre demandé par rapport à un point géographique défini d'une façon précise[223]. Toutefois, à l'inverse du permis de recherche, la forme exigée pour le périmètre d'exploitation est la forme rectangulaire. Aussi

[220] Article 29 du décret précité du 06 juillet 1899 précité.
[221] Article 28 du décret précité du 06 juillet 1899 précité.
[222] E. MICHELLET, J. CLEMENT, *La Côte d'Ivoire organisation administrative, financière, judiciaire, régime minier, domanial, foncier, forestier, Op.cit.*, p.177.
[223] Article 30 du décret précité du 06 juillet 1899 précité.

anodin que cela puisse paraître, cette forme était perçue comme plus favorable à l'exploitation, mais surtout la plus économique[224]. À cela, le requérant devait verser une somme d'argent calculée à raison de 2 francs par hectare de terrains compris dans le périmètre pour les permis d'or et de gemmes, et de 1 franc pour les permis de toutes autres substances[225]. Une telle distinction en fonction de la nature des substances, traduisait surtout l'importance que le législateur colonial conférait à certaines substances au détriment des autres.

**82.** Le permis d'exploitation était accordé pour vingt-cinq ans. Il pouvait être renouvelé dans les mêmes formes et pour la même durée, à condition que la demande soit faite avant l'expiration du délai de vingt-cinq ans. Régulièrement obtenu, le permis d'exploitation conférait de nombreuses prérogatives à son détenteur et le soumettait à certaines obligations. Pour ce qui était des obligations, le décret mettait à la charge du permissionnaire l'obligation de borner le périmètre à lui octroyé dans les six (06) mois de l'institution du permis et l'obligation de déposer un plan du bornage aux bureaux de l'administration. Il était par ailleurs obligé de tenir sur place un registre d'extraction et un registre de vente, qui devaient être communiqués à toute réquisition des représentants de l'administration et visé par eux. Il lui était également imposé des obligations pécuniaires dont l'exécution profitait surtout à l'État au détriment des détenteurs de droits fonciers. C'est le cas de l'obligation payer, à peine de déchéance, une taxe[226] à l'avance et par année, dès la troisième année de l'institution du permis ; ainsi qu'une redevance sur la valeur au lieu d'extraction du minerai, dont le taux est déterminé chaque année en fonction de la nature des substances[227]. Quant aux prérogatives conférées par la réglementation au permissionnaire, l'on note d'abord qu'il avait la possibilité de faire tous les travaux et tous les établissements nécessaires à l'exploitation de la mine et au

[224] E. MICHELLET, J. CLEMENT, *La Côte d'Ivoire organisation administrative...*, *op.cit.*, p .178.

[225] Article 31 du décret précité du 06 juillet 1899 précité.

[226] Conformément à l'article 36 elle est de « *1 franc par hectare compris dans son périmètre pour l'exploitation de l'or et des gemmes et de 50 centimes pour l'exploitation de toutes autres substances* ».

[227] Article 38 du décret du 06 juillet 1899 précité.

traitement des produits dans l'étendue du périmètre visé par son permis. Ensuite, tout comme pour le permis de recherches, il peut également céder à toute personne ou société munie de l'autorisation prévue par l'article 8. Enfin, l'article 40 du décret donne la possibilité au permissionnaire de demander, à toute époque, à renoncer à son permis.

- La concession

**83.** La concession est le titre minier éponyme de l'acte d'octroi par l'administration du droit d'exploitation des ressources minières à un particulier. Si la concession n'a fait son apparition dans la législation minière de l'AOF qu'assez tardivement[228], il faut cependant souligner qu'elle existait déjà dans les législations minières de plusieurs territoires coloniaux français[229]. La définition de ce titre minier est déduite de l'article 4 du décret du 22 juillet 1883 sur le régime des mines en Nouvelle-Calédonie au terme duquel : « la propriété des mines distincte de la propriété de la surface constitue une propriété perpétuelle, immobilière, disponible et transmissible comme tous les autres biens immeubles ». Reprise par la plupart des textes miniers cette disposition sera adaptée aux spécificités locales et en fonction des objectifs poursuivis par les administrations des territoires coloniaux. Dans le contexte ivoirien, c'est l'article 39 du décret du 22 octobre 1924 portant réglementation minière en Afrique Occidentale Française, imitant en cela le décret de Madagascar du 19 juillet 1923, qui institue la concession. Toutefois contrairement au décret de la Nouvelle-Calédonie sus évoqué, le législateur de 1924 conférait à la concession, tout comme pour le permis d'exploitation, un caractère temporaire. En effet, au terme de l'article 39 précité, la

---

[228] Notamment à la faveur du décret du 22 octobre 1924 portant réglementation de la recherche et de l'exploitation des gites de substances minérales en AOF.

[229] Décret du 25 février 1897 (Tonkin) — Décret du 20 juillet 1897 (Madagascar) — Décrets du 10 mars 1906 (Guyane et Nouvelle-Calédonie) —- Décret du 26 janvier 1912 (Indochine) — Décret du 28 janvier 1913 (Nouvelle-Calédonie) — Décret du 16 octobre 1917 (Guyane) — Décret du 17 octobre 1917 (Océanie) ; Voir sur la question P. DAREST, *Traité de droit colonial*, *op.cit.*, p. 769.

concession était valable pour une période de 50 ans renouvelable deux fois pour 25 ans. Ainsi la législation des mines en Madagascar et en AOF se démarquait de la définition originelle de la concession qui elle consacrait plutôt le caractère perpétuel. Quid des conditions d'obtention de ce titre ainsi que les droits et obligations qu'elle engendrait ?

**84.** Pour son obtention la concession répondait à des conditions plus strictes que les titres miniers précédemment étudiés. Certaines de ces conditions sont identiques à celles exigées pour l'obtention du permis d'exploitation. Il en était de la compétence exclusive du gouverneur en matière de délivrance de la concession, de l'introduction d'une demande accompagnée d'un croquis déterminant avec précision le périmètre demandé, de l'application du droit de préférence résultant de la détention d'un permis de recherche non périmé, la forme rectangulaire du périmètre à concéder et le paiement d'une somme calculée en fonction de la superficie du périmètre a concédé. D'autres par contre suivaient les conditions relatives à l'obtention de la propriété foncière. Il s'agissait essentiellement de conditions d'ordre procédural, qui consistant en « une instruction, une enquête, et une publicité par affiches et extraits dans le journal officiel local »[230]. Cependant, contrairement au permis de recherche, la satisfaction de toutes ces conditions, ne donnait droit qu'à un titre provisoire. Le titre définitif, n'étant obtenu qu'à la suite d'une constatation effectuée, par une commission composée de trois agents désignés à cet effet par le gouverneur, au moins trois ans après la concession provisoire. La concession étant un titre de propriété[231], elle était soumise aux règles qui gouvernent la propriété foncière[232]. À cela, il faut ajouter que le concessionnaire disposait des produits de son exploitation sous réserve de faire parvenir le chiffre de sa production à toute réquisition du service des Mines.

**85.** De cette analyse, l'on retient que le titre minier, quel qu'il soit, conférait d'importantes prérogatives à son détenteur, notamment le droit d'occuper la surface du périmètre visé par son titre minier pour les besoins de ses travaux. Toutefois dans

[230] P. DAREST, *Traité de droit colonial*, Tome II, *Op.cit.*, p.770.
[231] Bien que provisoire.
[232] Article 12 du Décret du 22 octobre 1924 précité.

l'hypothèse où les périmètres concernés étaient en dehors du domaine de la Colonie, à des particuliers, le législateur soumettait leur occupation au consentement préalable du détenteur de droit foncier ou à défaut à l'autorisation de l'administration.

*2- L'accord du détenteur de droit foncier ou de l'autorisation de l'administrateur*

**86.** Lorsque le périmètre visé par le titre minier correspondait à des terrains domaniaux situés en dehors des périmètres faisant l'objet d'une concession de jouissance temporaire, l'occupation se faisait librement. Toutefois, il en était autrement lorsque le périmètre visé par le titre coïncidait avec des terrains faisant l'objet de droits de natures diverses par des particuliers. Leur occupation devait en effet, répondre à l'exigence du consentement préalable de ces derniers. C'est l'article 11 alinéa 2 du décret du 06 juillet 1899 précité qui pose le principe du consentement préalable des détenteurs de droits coutumiers pour l'occupation de leur terrain par le titulaire d'un titre minier en ces termes : « […] dans le cas des terrains de propriété privée ou de terrains mis en culture, l'occupation des terrains nécessaires aux travaux d'exploration, de recherche ou d'exploitation ne peut avoir lieu, à défaut de consentement du concessionnaire, du propriétaire ou du possesseur desdits terrains, que par une autorisation de l'administrateur du cercle ou de la circonscription, et à charge d'une préalable indemnité; l'autorisation fixe les limites du périmètre à occuper; l'indemnité sera réglée comme il est dit à l'article suivant ». À travers cette disposition, la législation subordonnait l'occupation de certains terrains à des fins d'activités minières, à la satisfaction de l'exigence du consentement des personnes susceptibles d'y détenir des droits fonciers, ou à défaut par l'autorisation de l'administration. Vu la pluralité de droits fonciers susceptibles d'être exercés sur ces périmètres, il n'est pas fortuit de s'interroger sur la nature du consentement requis et la valeur de ce consentement.

**87.** En ce qui concerne la nature du consentement requis, notons que le législateur donne une liste bien détaillée des consentements nécessaires à l'occupation des terrains situés en dehors des périmètres miniers. Il s'agit selon le cas de celui du concessionnaire, du propriétaire, ou encore du possesseur. D'abord le concessionnaire est le bénéficiaire d'une concession. La concession foncière ne doit toutefois pas se confondre avec la concession de mine précédemment étudiée. La concession foncière se présente comme le mode principal de mise à la disposition du domaine privé de l'État à des particuliers. Elle peut se définir comme le contrat par lequel la puissance publique cède temporairement ou définitivement, à titre onéreux ou gratuit[233] une portion de son domaine privé. Selon Séraphin NÉNÉ BI, « durant la période coloniale, le système de la concession, singulièrement des terres « vacantes et sans maîtres » avait pour but de mettre en valeur des terres jusqu'alors inexploitées, d'implanter en Afrique une agriculture moderne qui donne l'exemple du progrès aux indigènes. C'est la raison pour laquelle les terres concédées l'étaient tout d'abord aux européens »[234]. Ensuite on a le consentement du propriétaire foncier, le titulaire du droit de propriété foncière. Le droit de propriété est le droit réel principal conférant à son titulaire, le propriétaire, toutes les prérogatives sur le bien, objet de son droit, à savoir l'usus, l'abusus et le fructus[235]. Dans le cadre de cette étude, le propriétaire tel que désigné par le décret du 06 juillet 1899, renvoyait à la personne titulaire de tous les démembrements du droit de propriété en vertu des règles de droit civil ou ayant accompli les différentes formalités relatives à l'immatriculation. Enfin, le législateur prévoit également le consentement du possesseur. La possession doit s'entendre de la « détention ou jouissance d'une chose ou d'un droit que nous tenons ou que nous exerçons par nous-mêmes, ou par un autre qui la tient ou qui l'exerce en notre nom. [...) Elle s'oppose à la détention précaire, laquelle implique la reconnaissance du droit d'autrui »[236]. Sous la colonisation les prétentions foncières de l'État colonial l'ont amené à nier le caractère de propriété aux droits détenus par les indigènes sur leurs terres. Et comme tel, il

---

[233] Article 2 arrêté local n°2164 AG du 9 juillet 1936, réglementant l'aliénation des terrains domaniaux.

[234] S. NÉNÉ BI, Thèse précité, pp312-313.

[235] S. GUINCHARD, T. DEBARD (Sous la dir. de), *Lexique des termes juridiques*, Paris, Dalloz, 2017, version numérique.

[236] *Ibid.*

ne considérait ces droits que comme de simple droits d'usage qui permettaient aux indigènes de pratiquer, sur les terres objets de leurs droits, des cultures et d'en jouir des fruits, d'ériger des constructions pour leurs habitations. En l'absence d'une définition légale du possesseur, l'on peut valablement affirmer qu'en prévoyant le consentement du simple possesseur, le législateur faisait allusion aux droits détenus par les indigènes qui dérogeaient aux mécanismes modernes d'acquisition du droit de propriété. *A priori*, l'on est tenté de croire que législateur par cette disposition avait le souci de protéger les droits fonciers des particuliers en général, et plus spécifiquement ceux des indigènes. C'est le cas notamment si l'on se réfère à l'exigence du consentement du concessionnaire, du propriétaire, du possesseur pour l'occupation des terrains sur lesquels ils exercent leurs droits respectifs. La conclusion logique d'une telle exigence serait, en effet, de croire que ces derniers pouvaient refuser de donner leur consentement, s'opposant ainsi à l'occupation des parcelles objet de leurs droits fonciers par le titulaire du titre minier. Cependant, et contrairement à ce qui semblerait être la logique, leur refus n'entravait aucunement l'occupation desdites parcelles, dans la mesure où le consentement pouvait être contourné par l'obtention d'une autorisation spéciale de l'administrateur du cercle ou de la circonscription où se situe les périmètres visés par le titre minier. Cette autorisation distincte de celle exigée par l'article 8 du décret du 6 juillet 1899 devait par la même occasion fixer les limites du périmètre à occuper. Toutefois l'occupation ne pouvait se faire sans le paiement d'une indemnité aux détenteurs de droits fonciers.

### B- Les modalités de l'occupation

**88.** L'occupation de la surface par le titulaire d'un titre minier, pouvait concerner aussi bien les périmètres expressément visés par le titre minier que tous les périmètres nécessaires pour réaliser ses activités (1). Toutefois cette occupation n'était pas sans conséquences sur le mode de vie des populations indigènes obligées de se déplacer et abandonner leurs terres (2).

### *1- Les terrains à occuper*

**89.** Qu'elle résulte du consentement des détenteurs de droits fonciers ou de l'autorisation de l'administrateur du cercle ou de la circonscription concernée, l'occupation porte principalement sur les terrains déterminés par le titre minier et accessoirement sur tous les espaces utiles à la mise en œuvre de son activité. Les demandes de permis d'exploration, de recherche et d'exploitation étaient appuyées d'un croquis qui devait décrire le périmètre visé. Une fois le permis obtenu, il est techniquement impossible pour le titulaire du titre d'en jouir sans occuper la surface des périmètres pour lesquels son titre a été délivré. C'est donc pour faire face aux difficultés techniques que les différentes législations coloniales et même postcoloniales autorisent les titulaires de ces titres à occuper la surface des périmètres qu'ils visent sous réserve de la satisfaction de certaines conditions supplémentaires. Le titulaire de titre minier pour la réalisation de son activité, pouvait aller au-delà des droits qui lui étaient reconnues et conférées par son titre ; et occuper des terrains non, expressément visés par ledit titre. C'est l'article 11 in fine du décret du 06 juillet 1899 portant réglementation sur la recherche et l'exploitation des mines dans les Colonies, ou pays de protectorat de l'Afrique continentale autres que l'Algérie et la Tunisie, qui le prévoit en ces termes : « le permissionnaire peut occuper, en dehors de son périmètre, dans les conditions du présent article, les terrains destinés à l'établissement des pistes, sentiers ou chemins nécessaires pour aborder son périmètre ou en sortir les produits ». Ainsi, cette disposition traduit la volonté du législateur de soutenir l'activité d'exploitation minière, surtout industrielle. Elle visait immédiatement à inciter les industriels en les rassurant quant aux commodités des conditions d'exploitation ; et à terme à favoriser une exploitation optimale des ressources minières. Se faisant en plusieurs étapes, l'exploitation minière est une activité qui nécessite d'importants équipements notamment industriels dont l'utilité conditionne la réussite de chaque étape. Face donc à la diversité des équipements pouvant, le cas échéant, occasionner l'occupation de terrain, le législateur est très clair. Seule l'érection de voies de communications, notamment des routes nécessaires à l'accès au périmètre visé par le titre, la circulation des exploitants et ouvriers ainsi que l'acheminement des produits et autres matériels indispensables à la réalisation de l'activité minière d'exploration, de recherche, ou encore d'exploitation. Cependant, au-delà de sa clarté et de la finalité, le caractère vague et imprécis de la formule emporte le risque d'une interprétation extensive et abusive. En effet, le législateur se borne à parler de « terrains nécessaires », sans définir ce qu'il faut entendre par cela. Dès lors, il n'est pas à exclure que la notion de terrains nécessaires varie d'un exploitant minier à un autre. Pire que certains d'entre eux occupent les terrains, initialement prévus pour réaliser des voies de communication, à d'autres fins.

*2- Le déplacement des détenteurs de droits fonciers coutumiers de la superficie*

**90.** L'occupation des terrains n'est pas sans conséquences sur les populations en particuliers, les indigènes. Au nombre de celles-ci, notons le déplacement des populations et ses implications en termes de destruction et perte des moyens de subsistance, d'abandon d'habitat, du patrimoine culturel et des valeurs ancestrales[237]. Toutes ces considérations invitent nécessairement à s'interroger non seulement sur la légitimité de ces déplacements, mais également sur leur encadrement par le colonisateur. En principe « le déplacement des populations autochtones ne doit être autorisé que lorsque, à la suite d'un processus de consultation, la communauté a donné son consentement préalable libre et éclairé à une proposition de projet et aux bénéfices qu'elle compte en tirer […] »[238]. Il est par ailleurs important de souligner que déplacement ne concerne pas exclusivement les populations dont les terres sont annexées par le projet minier, mais il s'étend également à celles dont les terres jouxtaient le site minier. Dans le contexte colonial, et en considérant l'attachement des indigènes à leurs terres, il est clair

---

[237] Abandon de forêts sacrées, de fétiches et autres instruments d'adorations, de cimetières.

[238] M. MAZALTO, *Gouvernance du secteur minier et enjeux de développement en république démocratique du Congo*, Thèse doctorat en sociologie, Université du Québec à Montréal, Février 2010, p.429.

que les déplacements des indigènes ne pouvaient se faire sans heurts. Ces heurts étaient essentiellement le fait des réactions des populations indigènes par rapport à l'exigence de leur déplacement. Il faut distinguer selon que le déplacement soit volontaire ou involontaire. On parle de déplacement volontaire, lorsque le consentement à l'occupation est donné par des détenteurs de droits fonciers. *A contrario*, il est dit involontaire dans le cas où l'occupation à l'origine du déplacement résulte d'une autorisation de l'administration. Dans cette dernière hypothèse, le consentement des détenteurs de droits fonciers est présumé absent. Cette situation se trouvait particulièrement aggravée par le silence du législateur colonial sur la relocalisation des populations à déplacer ou déplacées. Il s'en déduit que les populations dont les terres étaient sous l'emprise du projet minier, étaient simplement contraints de se déplacer sans pour autant avoir l'assurance d'une réinstallation sur un autre site. C'est dire que le titulaire du titre minier avait le droit d'occuper les terres des populations, sans qu'il soit prévu à sa charge où à la charge de l'État une obligation de réinstallation des populations déplacées.

# Chapitre II
# La marginalisation des droits fonciers coutumiers dans l'octroi des concessions minières

**91.** Le recours au droit en matière d'exploitation des ressources, loin de constituer une singularité de la colonisation en Afrique, s'inscrivait dans le cadre général de la politique coloniale française. E. SAADA disait à cet effet que « la discipline juridique, et plus encore ses grands concepts, seront au moins jusque dans les années 1930 au cœur de la façon dont on pense la colonisation. Cet état de fait est évidemment lié à ce que le droit est un instrument privilégié du gouvernement des populations en situation coloniale »[239]. En Afrique occidentale française en général et à la Colonie de Côte d'Ivoire en particulier, le droit va servir comme instrument de marginalisation des droits fonciers tels qu'ils existaient dans les systèmes juridiques des sociétés négro-Africaines. Mais que faut-il entendre par marginalisation des droits fonciers coutumiers ? La notion de marginalisation renvoie à l'action de marginaliser, d'exclure quelqu'un ou quelque chose ; elle peut renvoyer également au résultat de cette action[240]. Sous la colonisation, cette marginalisation s'est traduite concrètement par l'adoption d'un certain nombre de textes destinés à l'encadrement de l'activité d'exploitation minière, foncière, domaniale et forestière. Si la liberté, l'égalité et la sacralité et l'inviolabilité de la propriété individuelle étaient les idéaux promus par la métropole[241], les premiers textes applicables à la Colonie de Côte d'Ivoire s'en écartaient largement. En plus de la méconnaissance des principes fondamentaux du droit métropolitain, ces textes se caractérisaient surtout par leur dérogation aux principes gouvernant le vaste mouvement de législations dans le reste de l'empire colonial pour des raisons

[239] E. SAADA, « Penser le fait colonial à travers le droit en 1900 », *Mil neuf cent. Revue d'histoire intellectuelle* 2009/1 (n° 27), p.103.

[240] A. REY, J. REY-DEBOVE (Sous la Dir.), Le petit Robert, Dictionnaire alphabétique et analogique de la langue française, Paris, Edition le Robert, 2020, p.1537.

[241] Déclaration des droits de l'homme et du citoyen de 1789.

que GIRAULT impute aux spécificités de chaque Colonie[242]. Dans cette logique, les lois minières que le législateur appliquait à la Colonie de Côte d'Ivoire, étaient très réductrices de la valeur des droits fonciers coutumiers (Section I). De plus, la primauté de l'État sur les détenteurs coutumiers dans la procédure d'attribution du droit d'exploitation, a contribué énormément à accentuer cette marginalisation (section 2).

### *Section I - Des lois minières minorant les droits fonciers coutumiers*

**92.** La notion de lois minières utilisée ici doit s'entendre *lato sensu,* c'est-à-dire comme l'ensemble des règles encadrant l'accès, l'exploitation et la circulation des ressources minérales sur le territoire de la Colonie de Côte d'Ivoire. À cette époque, la législation minière dans tous territoires coloniaux français était faite de décrets. Pour Pierre DAREST, il en était ainsi parce que la question minière « [...] touche de trop près à la propriété, au droit civil et pénal et à l'organisation judiciaire pour qu'il soit permis aux autorités locales de statuer autrement que par délégation du gouvernement métropolitain »[243]. Dire, par conséquent, que les lois minières minoraient les droits fonciers coutumiers, c'est dire que l'ensemble des décrets miniers et leurs textes d'application diminuaient l'importance de ces dernières, ou encore qu'ils leur accordaient une valeur moindre que leur valeur réelle[244]. La minoration des droits fonciers coutumiers par les textes miniers, se manifestait à travers la terminologie utilisée par le colonisateur dans ces textes (Paragraphe I), ainsi que dans le cadre du traitement des indemnisations induites par les atteintes aux droits fonciers des particuliers (Paragraphe II).

---

[242] A GIRAULT, *Principes de colonisation et de législation coloniale*, Tome I, Paris, Librairie de la Société du Recueil Gal des Lois & des Arrêts, 1904, p.46.

[243] P. DAREST, *Traité de droit colonial*, op.cit., pp.750-751.

[244] Consulté en ligne sur https://www.larousse.fr/dictionnaires/francais/minorer/51661 .

### Paragraphe I- Une terminologie juridique minimisant les droits fonciers coutumiers

**93.** La législation minière, entendue *lato sensu,* se présentait pour le colonisateur comme « un outil au service d'une politique industrielle de valorisation du sous-sol. Il permet à cet égard d'accéder aux ressources du sous-sol jugées d'intérêt général et de les exploiter dans des conditions techniquement et économiquement rentables, sans que les propriétaires de la surface puissent s'y opposer »[245]. Dans ces conditions, l'on comprend assez aisément le choix de la transposition par cette législation minière, de termes et concepts d'inspiration largement occidentale (A), en dépit des difficultés pratiques que posait la distinction entre propriété et droits fonciers coutumiers (B).

#### A- Une transposition malaisée de termes étrangers dans les textes miniers coloniaux

**94.** Dans sa politique coloniale, le colonisateur « pense l'exercice de la domination à travers le prisme de concepts juridico-administratifs »[246]. En matière de mine, ces derniers se caractérisaient, outre leur complexité (1), par la difficile intelligibilité des classifications qu'ils proposaient (2).

##### *1- La complexité des termes*

**95.** La politique de mise en valeur des Colonies françaises en Afrique occidentale a surtout concerné les domaines de l'agriculture et des mines. Pour le colonisateur, la mise en valeur s'entendait de l'application, à l'agriculture et aux mines dans les territoires colonisés, des principes scientifiques et des techniques dites modernes avec l'appui des concepteurs exogènes[247]. Aussi, la mise en valeur a-t-elle donné lieu à

---

[245] R. GALIN J.-F. MORAS, D. GUILLON, A. LIGER, *Législation et réglementation minière*, Collection « La mine en France ». Tome 2, 2017, p.17.

[246] E. SAADA, *Op. cit.,* p.105

[247] B. CAMARA, « Les conventions et les contrats coloniaux en Afrique Occidentale Française : le cas de la concession rurale de Diré au soudan

l'adoption de nombreux textes fortement inspirés du droit métropolitain sans pour autant le reproduire. Concrètement, ces différents textes s'inscrivaient dans la droite ligne de la législation française en reprenant certains principes et concepts hérités du droit romain. En revanche, ne prenant pas en compte les spécificités locales, ces principes et concepts se révélaient très complexes, en raison notamment de leur inaccessibilité pour les indigènes, mais aussi, pour leur inadéquation aux différentes situations qui pouvaient se présenter. Ce fut le cas en matière minière, domaniale, forestière et foncière où le législateur colonial utilise de nombreux vocables et expressions, étrangers aux droits coutumiers indigènes, et qui à l'analyse, étaient très réducteurs de ces derniers. Loin de prétendre à une quelconque exhaustivité nous proposons d'analyser certaines d'entre elles de manière succincte, afin de mettre en relief leur utilité à la politique coloniale. Au nombre des notions et expressions complexes introduites par le colonisateur dans l'encadrement juridique de l'activité minière dans les Colonies d'Afrique de l'Ouest, figure en premier lieu la notion de propriété, et ses corollaires que sont les notions de « droits d'usage » et de « terrains domaniaux ».

**96.** Héritée du Droit romain, la propriété en occident, a fait l'objet de vives discussions tenant les unes à ses origines les autres à ses fondements[248], et à un degré moindre à sa forme. En France, le concept fut consacré par la Déclaration des droits de l'homme et du citoyen de 1789, notamment en ses articles 2 et 17. Le droit de propriété y est présenté comme un droit naturel et imprescriptible de l'Homme, et comme un droit inviolable et sacré. Mais, c'est l'article 544 du Code civil qui définit réellement la notion en ces termes : « la propriété est le droit de jouir et de disposer des choses de la manière la plus absolue, pourvu qu'on n'en fasse pas un usage prohibé par les lois ou par les règlements ». Et si l'on part de l'hypothèse selon laquelle, les institutions juridiques sont la résultante du régime

---

français (1919-1939) », *Les nouvelles Annales de l'UCAD,* CREDILA, Dakar, Sénégal, n°2, 2011, p.1, [en ligne] le 11/09/2018 à 07h37 mn sur http://www.academia.edu/5245731/ Les_contrats_et_les_conventions coloniales_cas_de_la_concession_rurale_de_Diré_1919-1925

[248] E. TARBOURIECH, *Essai sur la propriété*, Paris V. GIARD et E BRIERE Libraire-éditeur, 1904, P.51.

économique[249], l'on peut arguer que la consécration de la propriété en France est la conséquence de l'évolution de la société française et subséquemment de son modèle économique. Cependant, ces évolutions et les bienfaits qui en résultaient, suffisaient-elles à transposer le concept de propriété aux Colonies ? Le concept de propriété tel qu'adopté et défini dans la législation métropolitaine a été introduit, voire imposer, dans différentes législations coloniales concernant des domaines distincts[250] alors même qu'il demeurait étranger aux indigènes. C'est dire que, outre le fait qu'il leur était jusque-là inconnu, le concept de propriété n'avait aucunement été accepté par les indigènes. D'ailleurs, dans l'entendement de ces derniers, la propriété dans son acception civiliste ne pouvait valablement s'appliquer à certaines choses (notamment la terre, les cours d'eau, les mines, etc.), en raison du sens et du caractère ontologique à eux reconnus[251]. L'introduction de la notion de propriété visait donc purement et simplement la désagrégation du système juridique indigène, à travers un bouleversement de la réglementation des modes de production. C'est certainement dans cette logique et pour la réalisation de ce dessein, que le colonisateur utilisait les expressions, « droits coutumiers »[252] ou encore « droits d'usage »[253] pour décrire les droits détenus par les indigènes sur leurs terres. Pourtant ces notions, au contenu et aux contours plutôt variables et élastiques[254], se sont révélées

---

[249] *Ibid.*

[250] Droit des biens notamment à travers le Code civil de 1804 rendu applicable à la Colonie de Côte d'Ivoire par l'arrêté Binger précité, droit foncier, droit forestier, le droit minier etc…

[251] Pour ce qui est de la terre, voir sur la question S. NENE BI thèse précité, p. 159 ; En matière de mines voir G. NIANGORAN BOUAH, « L'idéologie de l'or chez les akans de Côte d'Ivoire », *op.cit.,* p.127 et suiv. ; En matière de l'eau cf., R. L. ALISSOUTIN « la négation du savoir local dans les politiques de l'eau en Afrique », Document non paginé, téléchargé en ligne sur http://www.inter-reseaux.org/IMG/ pdf/allissoutin _eau.pdf le 10/09/2018 à n16h38.

[252] Art.9 du décret du 26 juillet 1899 précité ; Art.17 du décret du 22 octobre 1924.

[253] Art.23 du décret du 20 juillet 1900 relatif au régime forestier.

[254] En ce qu'elles varient selon le domaine dans lequel l'on se situe. Au terme de l'article 20 relatif au régime forestier, la notion de « droits d'usage » renvoie au « *marronnage, affouage, pâturage, chasse, etc. dont les indigènes jouissent actuellement* » ; Au terme de l'article 63 du décret de

très réductrices de la réalité des droits des indigènes sur leur terre. Comme conséquence de l'admission de la propriété, l'on note l'introduction de la notion de « terrains domaniaux »[255] dans la législation coloniale. S'il est peut-être admis que les indigènes connaissaient déjà la forme collective de la propriété, allusion faite ici aux droits collectifs en matière foncière ; le sens que recouvre la notion de domaine s'éloigne carrément de leur conception de droit collectif. Le collectivisme en matière de bien, notamment foncier, pratiqué par les indigènes n'est que le corollaire du communautarisme qui caractérise leur organisation sociale[256], mais également leur droit[257]. N'ayant de droits que parce qu'ils appartiennent à un lignage, un clan ou une tribu, le collectivisme en matière foncière, suppose que les individus n'ont de droits fonciers que parce qu'ils appartiennent au groupe. La terre est un patrimoine commun dont la gérance appartient au chef du groupe[258]. Quant à la notion de « terrains domaniaux », elle répondait surtout aux velléités de spoliation du patrimoine foncier des indigènes.

**97.** Par ailleurs, le législateur ignorait les règles coutumières indigènes, relatives à la circulation des biens, notamment de la terre. Il use, en effet, de termes tels que « cession »[259] ou « hypothèque »[260], etc., dans les différents textes, alors qu'ils sont clairement incompatibles avec des principes fondamentaux

---

1924 précité, elle renvoie au droit en vertu duquel les indigènes louent ou occupent des terrains domaniaux.

[255] Entendu comme l'ensemble des terres appartenant à la Colonie, en tant que personne morale.

[256] P. OGO SECK, *Le "Tound" au Sénégal : entre pratique culturelle et droit foncier moderne*, Édition Librairie juridique Africaine, p.12.

[257] S. NÉNÉ BI, *Histoire du droit et des institutions méditerranéennes et africaines. Des origines au début du XVIIIe siècle*, Abidjan, Les Éditions ABC, 2018, p.106.

[258] G. KOUASSIGAN, *L'homme et la terre, op.cit.*, p.54 et suiv.

[259] « L'acte par lequel une personne renonce à un droit de propriété ou autre droit réel au profit d'une autre personne déterminée », G. CORNU, *Vocabulaire juridique, op.cit.*, p.159.

[260] « Droit réel destiné à garantir le paiement d'une créance sans déposséder le propriétaire du bien grevé. Il permet au créancier, s'il n'est pas payé de faire vendre le bien à l'échéance en quelque mains que ce trouve le bien et d'être payé sur le prix de la vente les autres créanciers. L'hypothèque porte en principe sur les immeubles… », G. CORNU, *Vocabulaire juridique, op.cit.*, p.511.

du régime juridique de la terre tel que prévu par les droits coutumiers[261]. Toujours au mépris des coutumes indigènes, le législateur minier soumettait l'occupation des périmètres situés en dehors des terrains domaniaux à une « entente amiable » avec les détenteurs de droits fonciers. La notion même d'« entente amiable » ici utilisée par le législateur n'est pas sans emporter quelques ambiguïtés. En l'absence d'une définition légale, celle-ci restait très équivoque, donc susceptible d'interprétations diverses. Devait-elle s'entendre au sens d'une convention[262], avec tous les effets juridiques que cela peut comporter ? Ou encore s'agissait-il de simples convenances dépourvues de toutes obligations juridiques ? Quelle que soit l'interprétation adoptée, elle ne tenait pas compte de la spécificité des droits coutumiers. La formule en apparence anodine, soulève de nombreuses interrogations, à savoir la personne qualifiée pour représenter les détenteurs de droits fonciers coutumiers dans le cadre de cette entente amiable, mais également la forme que pourrait revêtir cette « entente amiable ». S'agissant de la première difficulté, le silence coupable, du législateur sur l'autorité habilitée à donner le consentement des détenteurs de droits fonciers coutumiers, pourrait laisser croire que tout membre du lignage, ou du village dont le territoire est visé par le titre minier pouvait négocier de l'occupation avec le concessionnaire. Cependant, il n'en était rien dans la mesure où dans les sociétés négro-Africaines, seul le chef de terre était compétent pour tous les actes de gestion de la terre y compris ceux qui intéressaient la circulation de la terre. Par conséquent, il était le seul habilité à prendre part à un éventuel processus d'« entente amiable », ayant pour objet la Terre.

**98.** Pour finir, en subordonnant, l'exercice de toute activité minière à l'autorisation délivrée par l'administrateur de la Colonie, les différents textes instituaient une autorité qui serait

---

[261] Notamment les principes d'inaliénabilité de la terre, d'imprescriptibilité de la terre, et de la sacralité de la terre.

[262] « Une convention constitue un accord de volonté destiné à produire un effet de droit quelconque. En droit civil, le contrat constitue une convention qui fait naître une ou plusieurs obligations ou bien créant ou transférant un droit réel ». B. CAMARA, « Les conventions et les contrats coloniaux en Afrique occidentale française : le cas de la concession rurale de Diré au soudan français (1919-1939) », *Op.cit.*, p.2.

au-dessus du chef de terre, et qui aurait des pouvoirs plus étendus que ce dernier. Ce qui était contraire aux pratiques indigènes, où seul le chef de terre disposait du pouvoir d'administration des terres reçues des ancêtres. Et en vertu de l'unicité du régime du sol et sous-sol, et au regard des coutumes et traditions indigènes, seul le chef de terre était habilité à délivrer une telle autorisation aussi bien sur le fond que sur le tréfonds[263]. À la complexité des concepts exogènes aux systèmes juridiques négro-Africains, il faut ajouter la difficulté pour les populations indigènes à comprendre les nouvelles typologies imposées par le colonisateur.

*2- La difficile intelligibilité des classifications inspirées du droit métropolitain*

**99.** Dans le nouveau droit qu'il impose aux indigènes, le colonisateur fournit un arsenal de concepts pour penser les phénomènes de pouvoir[264], pour comprendre les situations juridiques, distinguer certaines de celles qui leur sont semblables, mais avec lesquelles elles ne se confondent pas, afin de déterminer les règles qui leur seront applicables. Pour ce faire le colonisateur introduit de nouvelles catégories juridiques à travers des classifications qui étaient jusqu' alors méconnues des populations indigènes d'Afrique noire. Au nombre de ces classifications, on peut noter celle qui oppose les régions ouvertes à l'exploitation aux régions non ouvertes à l'exploitation. Ici, la distinction répondait au souci de contrôler et de rationaliser l'exploitation des ressources afin d'éviter une certaine anarchie dans le secteur. Par contre, les indigènes qui dans leurs pratiques traditionnelles ne faisaient à aucun moment une telle distinction, pouvaient s'interroger sur son opportunité ou encore son utilité. Le Législateur reste muet sur l'application de la distinction de zone ouverte ou non à l'exploitation aux indigènes. Cette situation pouvait soulever des difficultés dans la mesure où certaines exploitations traditionnelles antérieures à l'entrée en vigueur pouvaient se trouver dans une zone fermée à

---

[263] G. MALENGREAU, *Op.cit.,* p.67 ; Voir également sur la question, M. BACHELET, « Les titulaires de droits fonciers coutumiers », *In* E*ncyclopédie juridique d'Afrique*, op.cit., p.59.
[264] E. SAADA, *Op.cit.* p.114.

l'exploitation. Ou encore que ces derniers à la suite de la découverte de gisements miniers dans l'une de ces zones, décident de commencer à l'exploiter. Ces difficultés auxquelles les textes n'apportaient aucune réponse rendaient difficile leur mise en œuvre. Cette première classification avait par ailleurs un lien étroit avec la distinction opérée entre les différentes phases de l'activité minière. Concrètement chacune des zones instituées était, selon le cas, ouverte à une ou des étapes déterminées par le législateur. La législation minière coloniale faisait en effet une typologie des étapes de l'activité minière. Contrairement aux coutumes et traditions dans les systèmes juridiques négro-Africains, elle différenciait la phase de l'exploration[265] de celle de la recherche[266] ainsi que celle de l'exploitation[267] proprement dite.

**100.**Par ailleurs, le législateur colonial a apporté avec lui également une classification des substances minérales. Outre la distinction entre les mines et les carrières étudiées précédemment, l'article 6 du décret du 6 juillet 1899 faisait la distinction entre les substances d'or et de gemme et les autres substances. L'intérêt de cette distinction résidait dans la différence des conditions exigées pour l'exploitation de chaque catégorie de substance. Ainsi contrairement à la seconde catégorie, l'obtention de droits d'exploitation portant première

---

265 « L'exploration est l'étape préalable à tout projet d'exploitation. Elle vise à mettre en évidence l'existence d'un gisement de minerais métalliques ou de minéraux industriels qui soit exploitable tant sur les plans technique et économique que sur le plan de la préservation de l'environnement », définition consultée en ligne le 11/09/2018 sur www.mineralinfo.fr/page/exploration-miniere.

266 « L'ensemble des travaux exécutés en surface, en profondeur et aéroportés pour établir la continuité d'indices de substances minérales, d'en étudier les conditions d'exploitation et d'utilisation industrielle, de déterminer l'existence ou non d'un gisement et de déposer une étude de faisabilité auprès de l'Administration des Mines », cf. article 1er de la loi n°95-553 du 17 juillet 1995 portant Code minier de la République de Côte d'Ivoire.

267 « L'opération qui consiste à extraire de gîtes naturels de substances minérales pour en disposer à des fins utilitaires et comprenant, à la fois, les travaux préparatoires, l'exploitation proprement dite et éventuellement l'installation et l'utilisation des facilités destinées à l'écoulement de la production ». cf. article 1er de la loi n°95-553 du 17 juillet 1995 portant Code minier de la République de Côte d'Ivoire.

catégorie de substance, constituée de l'or et des gemmes, était soumise aux conditions plus strictes en telle manière qu'elle a fait l'objet d'une réglementation spéciale[268] en plus des règles générales posées par les décrets miniers. La classification des substances minérales va connaitre une évolution à la faveur du décret minier de 1924. L'article 6 de ce décret disposait en effet que « les gîtes de substances concessibles sont classés en trois " catégories : Première catégorie - Métaux précieux et pierres précieuses. Deuxième catégorie - Hydrocarbures liquides ou gazeux, bitumes, asphaltes et schistes bitumineux. Troisième catégorie - Toutes autres substances minérales soumises au régime des mines ».

**101.**On le voit, qu'il s'agisse de la typologie instituée par le décret de 1899 ou de la classification opérée par celui de 1924, les distinctions successives faites par le colonisateur entre les différentes substances minérales n'entrent pas dans des catégories déjà connues des indigènes. Ces dernières établissaient plutôt de nouvelles catégories jusque-là ignorées par les systèmes juridiques négro-Africains. De plus, le même article 6 du décret précité de 1924, faisait usage de la notion de « substances concessibles » pour désigner l'ensemble des substances pour lesquelles un particulier pouvait demander et obtenir un droit d'exploitation. Ce qui pourrait logiquement laisser entendre qu'il y avait des substances non concessibles. Alors que le texte était muet sur l'existence d'éventuelles substances insusceptibles de faire l'objet d'une concession, c'est-à-dire sur lesquelles pouvait être accordé un droit d'exploitation[269]. Pour finir, on peut également évoquer l'introduction de la distinction entre droit mobilier et droit immobilier, par le décret de 1924[270], relativement à la nature juridique des droits conférés par les différents titres miniers. Le législateur minier de 1924, par cette distinction, conférait des

---

[268] Décret du 4 août 1901 Portant réglementation sur la recherche et l'exploitation de l'or et des métaux précieux dans les Colonies et pays de protectorat de l'Afrique autres que l'Algérie et la Tunisie.

[269] L'article 5 du décret de 1924 dispose que : « le droit d'exploiter une mine ne peut être acquis qu'en vertu d'une concession accordée dans les formes prévues au titre III du présent décret et après institution d'un permis de recherche délivré conformément au titre II ».

[270] Cf. Art 10 alinéa 1 et 2 du décret du 22 octobre 1924 précité.

droits réels immobiliers au titulaire d'une concession, contrairement au permissionnaire de recherche ou d'exploitation qui se voit seulement reconnaitre un droit réel mobilier.

### B- Une distinction inconvenante entre propriété du sol et droits fonciers coutumiers dans les législations foncière et minière

**102.** En opposant la propriété aux droits fonciers coutumiers, le colonisateur a occulté non seulement le fait qu'il s'agit de concepts résultant de différentes conceptions des rapports de l'homme à la terre (1), mais aussi et surtout que ces deux concepts juridiques n'assignent pas la même finalité à la terre (2).

#### *1- Des notions résultant de conceptions différentes des rapports de l'homme à la terre*

**103.** La distinction entre la propriété et les droits fonciers coutumiers introduit dans différents textes coloniaux, ne tient pas compte des spécificités et des implications liées à chacun des concepts. En effet, et à titre illustratif, on peut arguer de ce que le rapport de l'homme à la terre en droit traditionnel négro africain est plus fort, plus profond que le rapport de l'homme à la terre dans l'ancien droit coutumier romain et dans le droit ancien germanique. Pour ces derniers, « le bien essentiel, celui qui ne pouvait appartenir qu'aux hommes libres, qui conférait la puissance économique et politique qui est la source de la richesse et de la souveraineté qui traduisait une union presque mystique entre l'homme et la nature, c'était la terre parce qu'elle était destinée aux descendants et devait être conservées dans la famille. C'était un bien impérissable, au caractère prononcé et on pouvait en disposer qu'à des conditions très strictes ; en outre elle était pratiquement insaisissable ». Une telle conception confère nécessairement une valeur marchande à la terre. Ce qui la rend plus apte, et plus adéquate pour répondre aux implications du droit de propriété, notamment en ce qui concerne le droit de disposition. Autrement dit, cette conception la terre peut être soumise à la propriété, parce qu'il y est admis que la terre puisse faire l'objet d'aliénation. *A contrario* la conception de la terre dans les sociétés négro-Africaines ne saurait admettre la propriété, en ce qu'elle s'oppose à toute forme d'aliénation de la terre en raison de son caractère sacré et divin. Comme telle, la terre n'est pas et ne saurait être un bien économique[271] et pour les africains en général, et les indigènes de la Colonie de Côte d'Ivoire en particulier, la terre ainsi pensée « se prête, mais, ne se soumet pas aux hommes »[272]. La terre est un être vivant à part entière, avec le statut de divinité. C'est cette image qui préside aux relations entre les communautés indigènes et la terre qui les porte. L'on comprend alors que celles-ci dépassent largement le cadre économique[273], pour s'étendre au cadre politique et religieux[274]. Michel BACHELET décrivant justement les rapports de l'homme à la terre dans les sociétés négro-Africaines, dira à ce propos que « les liens entre l'homme et la terre forme un faisceau de relations complexes dont les implications sont aussi bien d'ordre religieux et politique que social et économique »[275]. À cette dernière conception de la terre, correspondent mieux les droits fonciers coutumiers, parce que plus adaptés aux paradigmes qui sous-tendent les sociétés négro-africaines. De ce qui précède, et en référence à Guy KOUASSIGAN pour qui « en réalité l'existence du droit de propriété dépend de la nature des objets sur lesquels il porte et celle des relations qui s'établissent entre l'homme et sa chose »[276], l'on s'aperçoit déjà que la distinction droit de propriété et droits fonciers coutumiers, instituée dans les textes relatifs aux régimes foncier et minier engendrerait des difficultés d'application. Cette différence de conception de la terre, a pour corollaire, une différence de finalité reconnue à la

---

[271] « Si le bien est défini comme ce qui est utile, apte à satisfaire des besoins humains, un bien économique doit en plus être rare et produit par une activité humaine », consultation www.universalis.fr/encyclopedie/bien-economique.

[272] B. S. NENE BI, et *al, Le droit foncier ivoirien, Op.cit.,* p.24.

[273] G. KOUASSIGAN, *L'homme et la terre, Op.cit.,* p.104

[274] D. DESJEUX, « L'augmentation des projets de développement agricole en Afrique noire et à Madagascar. Projets de développement et développement des grandes organisations », *In Le Mois en Afrique*, n°249-250, 22e année, octobre-Novembre, 1986, p.49.

[275] M. BACHELET, « Les titulaires de droits fonciers coutumiers », *In Encyclopédie juridique d'Afrique, Op.cit.*, p.59.

[276] G. KOUASSIGAN, *L'homme et la terre, Op.cit.,* p.107.

terre. Contrairement aux sociétés occidentales, dans les systèmes juridiques négro-Africains la terre est plus une source de vie qu'une source de richesse. À cet effet, la « fonction essentielle des sols : perpétuer et entretenir la vie »[277]. C'est dire que pour l'indigène c'est la terre qui non seulement donne la vie, mais c'est elle qui participe au renouvellement de la vie. Elle le fait en fournissant à l'homme et à la communauté dans laquelle il vit, l'ensemble des éléments nécessaires à l'existence.

**104.** En somme, l'on retient que les notions de « propriété » et de « droits fonciers coutumiers » analysés dans le cadre de cette étude trouvent leur origine et leur fondement dans des conceptions du rapport de l'homme à la terre. Par conséquent, une distinction entre ces deux notions dans les mêmes textes est, à bien des égards, réductrice de la réalité effective couverte par les droits fonciers tels qu'ils se présentent dans les systèmes juridiques négro-Africains.

*2- Une distinction réductrice de la réalité des droits coutumiers aux profits de la propriété*

**105.** Dans la distinction qu'il opère entre propriété et droits fonciers coutumiers, le colonisateur envisage la propriété comme un droit conférant à son titulaire diverses prérogatives, notamment le droit d'usage, le droit de jouir de la chose et de ses fruits, mais surtout le droit de disposer de la chose. D'abord pour ce qui est du droit d'usage, encore appelé *usus* ou *jus utendi*, c'est le droit consistant pour une personne, physique ou morale, de se servir d'une chose. Ensuite, le droit de jouir des fruits de la chose, encore appelé *fructus* ou *jus fruendi*, est le terme désignant le droit ou la possibilité pour une personne physique ou morale de profiter des fruits ou des revenus d'un bien, soit par des actes matériels soit par des actes juridiques. Ainsi la personne recevant les loyers d'une terre, a sur celle-ci un *fructus*. Tout comme l'*usus*, le *fructus* est l'un des éléments composant le droit de propriété dans son ensemble. Enfin le droit de disposer de la chose encore appelé *abusus* ou *jus abutendi*, est le droit qui consiste pour une personne, physique

---

[277] M. BACHELET, « Les titulaires de droits fonciers coutumiers », *In Encyclopédie juridique d'Afrique*, *Op.cit.*, p.59.

ou morale, en vertu de son droit de propriété, soit d'aliéner[278], soit de la consommer, ou encore de la détruire ou abandonner le bien objet de ce droit. Par conséquent, avoir la propriété sur la terre, c'est avoir l'ensemble de ces trois prérogatives que sont l'*usus*, le *fructus* et l'*abusus*. En opérant alors cette distinction, le législateur colonial voyait dans les droits fonciers coutumiers, que de simples droits d'usage sur les terres. Pourtant, une telle compréhension était complètement erronée et très loin de la réalité que recouvre les droits fonciers coutumiers tels qu'étudiés jusqu'à présent. Les réactions à celle-ci ne vont donc pas tarder à se faire entendre. Dans ce sens, de nombreuses études ont abouti à la conclusion que les prérogatives conférées par les droits fonciers coutumiers à leurs détenteurs, vont au-delà du simple droit d'usage. On peut citer, dans cette optique Guy KOUASSIGAN pour qui « les seuls attributs objectifs du droit de propriété sont incapables de rendre compte de la nature des liens qui unissent les collectivités négro-Africaines à leurs terres »[279]. Le fait que ces droits ne répondent pas aux canevas de la propriété civiliste, plus précisément le fait qu'on n'y retrouve pas, l'*abusus* n'est pas un argument solide pour refuser le caractère de propriété à ces droits. Pour lui propriété et inaliénabilité ne sont pas antinomiques[280]. Dans le même sens et longtemps avant lui, MALENGREAU, décrivant la nature des droits des indigènes du Congo Belge sur leur sol, disait ceci : « les indigènes ont sur les terres de leur groupement, en tant qu'ils appartiennent à ce groupe, tous les droits. La libre circulation, la construction de leurs cases, la cueillette des fruits la récolte des produits la chasse, la pêche, la culture, le pacage de leur bétail leur sont permis. En fait, étant donné leur activité économique réduite, ils ne vont pas au-delà de ces utilisations du sol parce que ce sont les seules qu'ils connaissent. Mais cette énumération n'est pas limitative. S'ils découvrent [...] une utilisation nouvelle, ils s'estimeront avoir le droit d'en profiter. En d'autre mots ils ont la propriété de leur domaine »[281]. Des

---

[278] L'aliénation consiste à transmettre volontairement à autrui, à titre onéreux ou à titre gratuit, un droit de propriété, mais cela ne peut consister qu'en un acte d'administration.

[279] G. KOUASSIGAN, *L'homme et la terre*, op.cit., 108

[280] *Ibid.*, p.107

[281] G. MALENGREAU, *Op.cit.* p.69.

propos de l'auteur, l'on retient que, dans la mesure où en références à leurs droits fonciers coutumiers, les indigènes ont le droit de tirer de la terre toutes les utilités qu'elle est susceptible de leur fournir et que leur niveau de développement à l'arrivée du colonisateur n'exigeant pas de mécanisme juridique tel que le droit de propriété au sens romain du terme, l'on ne saurait valablement leur refuser un tel droit. Par conséquent, c'est l'évolution de leur société et des contraintes économiques que cela comporte, qui devraient permettre aux indigènes de découvrir les éventuelles utilisations auxquelles la terre se prêtait. À l'analyse, les droits fonciers coutumiers, tels que décris par ces deux auteurs recouvre en réalité un contenu plus large et plus étendu que les droits de propriété.

**106.**La distinction de la propriété et des droits fonciers coutumiers ainsi biaisée ne sera pas sans conséquences sur l'indemnisation en cas d'occupation des terres objet, de ces droits.

Paragraphe II – Un régime d'indemnisation biaisé

**107.**Selon le vocabulaire juridique, l'indemnisation est une « opération consistant à rendre indemne la victime d'un dommage en réparant celui-ci de la manière la plus adéquate, soit en nature, soit en argent »[282]. Dans le cadre de cette étude la notion de victime désigne le titulaire de droit foncier en général, et de droits fonciers coutumiers en particulier, dont les terres doivent faire l'objet d'occupation pour l'établissement d'un projet minier[283]. Le régime d'indemnisation peut se définir alors comme l'ensemble des règles juridiques encadrant cette opération visant à rendre idem la victime d'un dommage. Sous la période coloniale ce régime d'indemnisation était prévu par les différents décrets miniers qui se sont succédés. De l'analyse de ces textes, il résulte une procédure d'indemnisation arbitraire (A) qui se faisait suivant des mécanismes dérogeant aux coutumes indigènes (B).

---

[282] G. CORNU, *Vocabulaire juridique, Op.cit.*, p.533.

[283]Soit parce qu'elles se trouvent dans l'emprise d'un périmètre visé par un titre minier, soit parce qu'elles sont nécessaires à la mise en œuvre du projet minier.

A- Une procédure d'indemnisation arbitraire

**108.** Il ressort des différents décrets miniers coloniaux que la détermination des modalités de l'indemnisation devait résulter en principe d'une entente amiable (1). Toutefois, en cas d'échec seuls des organes résultant de l'ordre métropolitain pouvaient connaître de l'action en indemnité à l'exclusion de toute autorité indigène (2).

*1- Le déséquilibre induit par l'exigence d'une entente amiable*

**109.** Le décret du 26 juillet 1899 en son article 11 al.2 disposait, que « [...] l'occupation des terrains nécessaires aux travaux d'exploration, de recherche ou d'exploitation ne peut avoir lieu, [...] à charge d'une préalable indemnité ; l'indemnité sera réglée comme il est dit à l'article suivant ». L'article 12, alinéa 1er du même texte précisait que « tout dommage causé à une propriété immobilière privée ou des champs de culture par des travaux d'exploration, de recherche ou d'exploitation donne lieu, de la part de celui qui a exécuté les travaux et en faveur de celui qui a subi le préjudice, à une indemnité d'une valeur double dudit préjudice ». Si elles ne l'affirment pas expressément, ces deux dispositions posent implicitement l'entente amiable comme le principe pour la détermination des modalités d'indemnisation. Contrairement au décret de 1899, les décrets de 1924 et de 1934 seront plus précis sur la question. Ils disposaient tout deux que : « [...] le permissionnaire ou concessionnaire peut, [...], occuper les terrains qui lui sont nécessaires moyennant une indemnité annuelle. [...] À défaut d'entente amiable avec les indigènes l'indemnité annuelle [...] seront fixées par le Lieutenant-Gouverneur, en conseil d'administration ou privé sur le rapport de trois experts, nommés deux par chacun des intéressés et le troisième par le Lieutenant-Gouverneur »[284]. Il avait certes le mérite d'être inclusif et par conséquent de répondre aux caractères participatif et démocratique que requiert un projet minier, cependant le principe de l'entente amiable dans le

---

[284] Article 63 alinéa 1er et alinéa 3 du décret du 22 octobre 1924 ; article 91 du décret de 1934

contexte colonial avait pour effet d'introduire un certain déséquilibre entre le titulaire du titre minier et les détenteurs de droits coutumiers. Résultant en partie de la différence du niveau d'instruction en défaveur des indigènes et partant d'une dissemblance logique des informations susceptibles d'influencer les décisions de part et d'autre. En effet, contrairement à des occidentaux éventuels détenteurs de droits fonciers, qui étaient conscient de l'étendue et de la portée de leurs droits et des implications de l'occupation de leurs terres, les indigènes n'avaient pas une longue tradition de transactions portant sur la terre, quelle qu`elle fut. Respectueux de leur tradition et des coutumes de leurs ancêtres, ces derniers étaient moins enclins à exiger une quelconque compensation en échange de l'abandon de leurs parcelles au profit de l'activité minière. Les détenteurs de droits fonciers coutumiers devaient donc voir dans les éventuelles indemnisations qui leur seraient, le cas échéant, accordées, des présents ou des cadeaux. Toute interprétation autre que celle-là, était en profonde contradiction avec les paradigmes sous-tendant les droits fonciers tels qu'ils existaient dans les sociétés négro-Africaines.

**110.**Par ailleurs, dans les rares hypothèses où ils se prêteraient au cadre juridique défini par la colonisation, les outils et méthodes d'évaluation du préjudice en vue d'une juste indemnisation étaient, sinon totalement, à tout le moins majoritairement ignorés les détenteurs de droits fonciers coutumiers. Cette situation était aggravée par l'absence d'un encadrement des négociations par l'administration. Au terme des différents textes miniers étudiés, aucune disposition ne montre que l'administration participait à la phase de négociation précédant l'accord entre les parties, si bien que les indigènes détenteurs de droits fonciers coutumiers se trouvaient exposées à d'éventuels abus de la part des permissionnaires ou concessionnaires. C'est justement pour faire face à ces éventuels abus que le législateur de 1899 avait institué un barème qui exigeait que l'indemnisation résultant de l'occupation soit égale au double du préjudice subi[285]. Cependant, en pratique, cette tentative de protection des détenteurs de droits fonciers dans la procédure d'indemnisation au niveau de la phase amiable se

[285] Article 12 alinéa 1 *in fine*.

heurtait aux difficultés liées à l'évaluation même du préjudice. D'ailleurs, les décrets de 1924, 1934, vont purement et simplement supprimer ce barème d'indemnisation. Désormais le montant de l'indemnisation devait être fixé d'un commun accord entre le permissionnaire ou le concessionnaire et le détenteur de droit foncier. Toutefois en cas de mésentente, les différents textes offraient la possibilité aux parties de saisir l'administration coloniale. La notion d'« entente amiable » va disparaître de la législation minière en matière d'indemnisation, à la faveur du décret de 1954. En revanche le nouveau texte va conserver la formule de l'indemnité annuelle qui avait cours sous l'empire des décrets antérieurs en dehors de celui du 6 juillet 1899. Son article 33 alinéa 2 disposait en effet que : « en dehors des terrains libres du domaine, les occupations de terrain visées [...] peuvent être autorisées moyennant le paiement aux propriétaires, locataires ou usagers, d'une indemnité annuelle calculée au double du produit net [...] ». L'on s'interroge par conséquent, de savoir comment se faisait la fixation du montant de l'indemnité. Le nouveau texte n'y apportait aucune réponse expresse et s'en remettait plutôt à des décrets pris en conseil d'État qui fixeraient entre autres « les modalités des relations des permissionnaires et concessionnaires entre eux et avec les propriétaires du sol, usagers du sol et exploitants forestiers »[286]. Ces décrets n'étant cependant pas intervenus en raison de dysfonctionnement d'ordre institutionnel, et en référence au dernier alinéa de l'article 44 du décret du 13 novembre 1954, les règlements antérieurs, en l'occurrence les décrets de 1924 et de 1934, demeuraient en vigueur aussi longtemps que n'étaient pas intervenus un certain nombre de décrets en Conseil d'État.

**111.**La notion d' « entente amiable », comme principe présidant à la fixation du montant de l'indemnité d'occupation des terres, sera toutefois réintroduite à la faveur du décret n° 57-242 du 24 février 1957 relatif au régime des substances minérales dans les territoires d'outre-mer. Ce texte prévoyait à défaut d'entente amiable, l'intervention de l'administration dans la procédure de fixation de l'indemnité.

---

[286] Article 43 du décret de 1954.

### *2- Des organes de recours relevant exclusivement de l'ordre métropolitain*

**112.** À défaut d'une fixation de l'indemnité dans un cadre consensuel, le décret du 6 juillet 1899 renvoyait les parties devant les organes relevant de l'ordre métropolitain en ces termes : « l'action en indemnité est portée devant l'administrateur du cercle ou de la circonscription qui en connaît en dernier ressort si la valeur du litige ne dépasse pas 150 Fr., et au-delà, à charge d'appel dans les six mois devant le tribunal de 1ère instance ou de la justice de paix à compétence étendue de la région ». De cette disposition, il ressort que la compétence pour connaître de tout litige relatif à l'indemnité, résultant de l'occupation des parcelles situées en dehors des terrains domaniaux pour l'installation d'un projet minier, était attribuée en principe à l'administrateur du cercle ou de la circonscription. Ce dernier avait une compétence contentieuse et connaissait des litiges en premier et dernier ressort lorsque leur valeur n'excédait pas 150 Fr. Toutefois, pour tout litige dont la valeur dépassait ce montant, ses décisions étaient susceptibles de recours, sous certaines conditions, devant le tribunal de 1ère instance[287] ou de la justice de paix à compétence étendue de la

---

[287] Les tribunaux de première instance siégeaient à Dakar, Saint-Louis, Conakry, Bingerville et Cotonou. L'étendue de leur ressort était déterminée par arrêté du gouverneur général, pris sur la proposition du lieutenant-gouverneur de chaque Colonie, après avis du procureur général, et soumis à l'approbation du ministre des Colonies.
Ces tribunaux se composaient d'un juge président, d'un lieutenant de juge, d'un juge suppléant, d'un procureur de la République, d'un greffier et de commis greffiers dont le nombre est déterminé par un arrêté pris par le gouverneur général, sur la proposition du procureur général. Ils connaissaient de toutes les actions civiles et commerciales en premier et dernier ressort, jusqu'à la valeur de 1.500 Fr. en principal ou de 100 Fr. de revenus, soit en rentes, soit par prix de bail : en premier ressort seulement, et à charge d'appel devant la cour, de toutes les actions s'élevant au-dessus de ces sommes. En matière correctionnelle et de simple police, ils connaissaient de tous les délits, et de toutes les contraventions ; Voir sur la question, les articles 9, 10, 11, 12, 13 du décret du 10 novembre 1903, Portant réorganisation du service de la justice dans les Colonies relevant du gouvernement général de l'Afrique occidentale.

région[288]. La première condition résidait en l'obligation de faire appel à la charge de la partie intéressée. Quant à la seconde elle est relative au délai du recours qui était de six mois suivant la décision de l'administrateur. Avec les décrets de 1924 et de 1934, on enregistre une évolution de la compétence pour connaître des recours en matière de litiges relatifs à l'indemnisation. Les deux textes disposaient que : « à défaut d'entente amiable avec les indigènes l'indemnité annuelle [...] fixées par le Lieutenant-Gouverneur, en conseil d'administration ou privé sur le rapport de trois experts, nommés deux par chacun des intéressés et le troisième par le Lieutenant-Gouverneur »[289]. Avec cette disposition, c'était au lieutenant-gouverneur qu'il revenait de connaître de la fixation du montant de l'indemnisation du fait d'une occupation de terrain pour l'établissement des projets miniers. Ainsi, les législations de 1924 et de 1934 rompaient avec celle de 1899 non seulement quant à l'autorité administrative chargée de la fixation de l'indemnisation, mais surtout au niveau de la nature des compétences à lui attribuée. Celle-ci est passée d'une compétence contentieuse à une simple compétence administrative. Ces textes, loin de réduire les inégalités entre les

---

[288] Au terme du décret les justices de paix à compétence étendue devait être institués, sous certaines conditions, par arrêté du gouverneur général, pris sur la proposition du chef de la Colonie, après avis du procureur général, dans les territoires non compris dans les ressorts des tribunaux de première instance et de la justice de paix de Kayes.
Le décret prévoyait que les fonctions de juge de paix seraient remplies par l'administrateur du cercle et celles du ministère public par un fonctionnaire ou un agent civil ou militaire désigné, dans les mêmes formes que ci-dessus, par le gouverneur général. Quant aux fonctions de greffier et d'huissier, le même texte prévoyait qu'elles seraient remplies par des agents civils ou militaires désignés par le juge de paix qui recevait leur serment.
Enfin pour ce qui était de la compétence de ces justices de paix à compétence étendue, le décret disposait qu'en toute matière, la compétence de ces justices de paix était celle des tribunaux de première instance.
Les juges remplissaient, en outre, dans l'étendue de leur circonscription, les fonctions de juge d'instruction dans les conditions bien déterminées ; Voir sur la question les articles 17, 18, et 19 du décret du 10 novembre 1903, Portant réorganisation du service de la justice dans les Colonies relevant du gouvernement général de l'Afrique occidentale.

[289] Article 63 du décret du 22 octobre 1924 ; Article 91 du décret précité de 1934.

parties, les aggravaient, notamment dans la composition du comité d'expert chargé d'établir le rapport auquel devait se référer le lieutenant-gouverneur pour fixer le montant de l'indemnité annuelle. Un décret de novembre 1954 abrogeant celui de 1934, remplace cette disposition par une autre formulée dans des termes plus vagues en telle manière qu'elle ne donnait aucune précision sur une éventuelle intervention de l'administration dans la procédure de fixation de l'indemnité d'occupation, se limitant à un renvoi à des décrets pris en conseil qui ne verront finalement pas le jour. Dans le cadre des réformes institutionnelles proposées, en application de la loi du 23 juin 1956[290], une refonte du décret du 13 novembre 1954 s'imposait afin de permettre aux conseils de gouvernement et aux assemblées compétentes d'exercer les nouvelles attributions qui leur avaient été conférées en matière de mise en valeur des richesses du sous-sol des territoires. C'est ainsi que le Décret n° 57-242 du 24 février 1957 relatif au régime des substances minérales dans les territoires d'outre-mer, prenant en compte les difficultés soulevées par la mise en œuvre du décret de 1954, en définissant les modalités d'occupation des terres par le permissionnaire ou le concessionnaire, va déterminer implicitement les personnes intervenant dans la fixation du montant de l'indemnité, lorsque ces terres sont situées en dehors des terrains domaniaux. Ainsi, dans le cadre d'une occupation résultant d'une entente amiable, l'indemnité est en principe fixée d'un commun accord entre les parties. À défaut, d'entente amiable, la fixation de l'indemnité, tout comme l'autorisation d'occuper, se faisait par arrêté du chef de territoire en Conseil de Gouvernement sous certaines conditions bien déterminées[291].

**113.** En se fondant sur les travaux du Doyen DEGNI SEGUI, l'on peut affirmer que, l'exclusion des autorités de la compétence pour connaitre des litiges liés de l'occupation des terres par le concessionnaire de droits miniers avait pour conséquence logique une faible saisine des organes de recours par les indigènes. Selon lui, l'introduction du droit colonial dans

[290] Loi n° 56-619 autorisant le gouvernement à mettre en œuvre les réformes et à prendre les mesures propres à assurer l'évolution des territoires relevant du ministère de la France d'outre-mer.

[291] Voir sur la question l'article 14 du décret de 1957 remplaçant la disposition de l'article 33 du décret de 1954 par les dispositions 33 a et 33 b

les milieux coutumiers s'est trouvée confrontée à la résistance des droits traditionnels[292] dont l'une des manifestations était la répugnance des indigènes à l'égard des institutions étatiques[293].

**114.**Outre les difficultés soulevées par la procédure d'indemnisation, les mécanismes d'indemnisation également dérogeaient aux coutumes indigènes.

### B- Des mécanismes d'indemnisation dérogeant aux coutumes indigènes

**115.**Les mécanismes d'indemnisation issus des différents textes, dans leur ensemble conduisaient à une évaluation à minima du préjudice résultant de l'occupation des terres indigènes (B), en raison de ce que ces derniers faisaient une confusion entre les différentes victimes de l'occupation (A).

#### *1- Un traitement sinueux des victimes de l'occupation préjudiciable aux détenteurs de droits fonciers coutumiers*

**116.**Sur toute la durée de la période coloniale, les mécanismes d'indemnisation ne sont pas restés constants dans le traitement des victimes de l'occupation des terres situées en dehors des périmètres domaniaux. En effet, si le décret du 26 juillet 1899 faisait une confusion des victimes, cette confusion sera abandonnée sous l'empire des décrets de 1924 et de 1934. Elle refera surface à la faveur du décret de 1954. En ce qui concerne la première période, la confusion résultait de la formulation de l'article 12 du décret du 26 juillet 1899 au terme duquel « Tout dommage causé à une propriété immobilière privée ou des champs de culture par des travaux d'exploration, de recherche ou d'exploitation donne lieu, de la part de celui qui a exécuté les travaux et en faveur de celui qui a subi le préjudice, à une indemnité d'une valeur double dudit préjudice. L'action en indemnité est portée devant l'administrateur du cercle ou de la circonscription [...] ». Cette disposition, contrairement à l'article 11, du même texte relatif aux modalités d'occupation des terres, ne fait aucune distinction entre les éventuelles

---

[292] R. DEGNI SEGUI, *Introduction au droit*, Abidjan, EDUCI, 2009, p.277.

[293] *Ibid.*, pp.279-280.

victimes du préjudice subi du fait de l'occupation. Ainsi sous l'empire de ce décret, le calcul de l'indemnité se faisait d'une manière identique aussi bien pour les victimes propriétaires, que pour celles détentrices de droits fonciers coutumiers, ou encore celles qui étaient des locataires ou concessionnaires en vertu soit des règles coutumières soit des règles de droit commun. Il en était également ainsi pour l'action en indemnité mise à la disposition des différentes parties par la même disposition. Une telle confusion était forcément préjudiciable aux détenteurs de droits fonciers coutumiers dans la mesure où elle ne tenait aucunement compte des spécificités de ces dernières. C'est donc à juste titre que le décret du 22 octobre 1924 a opéré un changement en distinguant l'indemnisation des indigènes détenteurs de droits fonciers coutumiers de celle des propriétaires, à travers deux articles différents. Pour les premiers, c'est l'article 63 alinéa 3 du décret qui prévoyait le mécanisme de leur éventuelle indemnisation en ces termes : « à défaut d'entente amiable avec les indigènes l'indemnité annuelle ou l'indemnité de rachat prévues par les deux paragraphes précédents seront fixées par le Lieutenant-Gouverneur, en conseil d'administration ou privé sur le rapport de trois experts, nommés deux par chacun des intéressés et le troisième par le Lieutenant-Gouverneur ». Quant aux second, c'est-à-dire les propriétaires, les modalités de leur indemnisation résultaient de l'article 64 alinéa 2 du même texte qui disposait que « le propriétaire du sol a droit à une indemnité qui à défaut l'entente amiable, sera réglée, après expertise par les tribunaux dans les conditions suivantes : Si les travaux entrepris par le permissionnaire ou le concessionnaire ne sont que passagers, l'indemnité est réglée à une somme double du produit net du terrain endommagé […] ». Ainsi, le législateur de 1924, suivi en cela par celui de 1934, traitait séparément, les victimes de l'occupation, procédant par la même à une mise en conformité de la législation minière avec l'esprit et la lettre du décret du dont l'article 2 du décret 29 juillet 1900 qui disposait que « les biens appartenant aux indigènes sont régis selon les coutumes et usages locaux pour tout ce qui concerne leur acquisition, leur conservation, et leur transmission ». La législation minière de 1924 rompait doublement avec sa devancière de 1899. Elle instituait une différence de traitement des victimes de l'occupation non seulement en fonction de leur statut, mais également en vertu de la nature des droits qu'ils détenaient sur les terres à occuper. C'est dire que le texte de 1924 ainsi que celui de 1934 devaient permettre une meilleure indemnisation des indigènes détenteurs de droits fonciers coutumiers. Cependant il n'en était rien, la distinction ainsi opérée, au lieu de constituer le lieu d'une prise en compte des spécificités indigènes dans l'établissement des mécanismes et modalités d'indemnisation a, au contraire, servi de moyen de domination et de discrimination, mais surtout de spoliation des indigènes. La rupture ainsi opérée n'était que purement formelle puisque dans le fond, aucune référence aux singularités revêtues par les droits fonciers coutumiers, n'était prévue par la procédure et les modalités d'indemnisation les concernant. C'est donc sans surprise que le décret de 1954 est venu consacrer le retour à la situation de confusion des victimes de l'occupation qui prévalait sous l'empire du décret de 1899. Au terme de l'article 33 alinéa 2 de ce texte, en effet, dispose « en dehors des terrains libres du domaine, les occupations de terrain, visées ci-dessus peuvent être autorisées moyennant le paiement aux propriétaires, locataires ou usagers, d'une indemnité annuelle calculée au double du produit net, […] ». Désormais la même disposition déterminait les modalités d'indemnisation des victimes de l'occupation, quelles qu'elles fussent, c'est-à-dire sans distinction de leur statut, encore moins de la nature de leurs droits sur les terres visées par l'occupation.

**117.**Le traitement des victimes outre, sa discontinuité avait pour corollaire une évaluation à minima du préjudice subi par les indigènes détenteurs de droits fonciers coutumiers.

### *2- Une évaluation limitée du préjudice résultant de l'occupation des terres indigènes*

**118.**Lorsque les terres à occuper par le projet minier faisaient l'objet de droit de propriété, cette occupation était nécessairement précédée d'une indemnisation. Il en était ainsi pour deux raisons. La première réside en ce que le droit de propriété était perçu comme un droit fondamental inviolable et sacré en vertu notamment de la Déclaration des Droits de l'Homme et du Citoyen. La seconde c'est que la plus grande partie des terres faisant l'objet de droits de propriété appartenaient surtout à des Occidentaux et plus particulièrement aux Français qui ont été éduqués et formés aux valeurs chères à la République française. Si les propriétaires étaient indemnisés en raison de leurs droits de propriété, il en était autrement pour ce qui était des indigènes. Ces derniers étaient surtout indemnisés pour le préjudice qu'ils subissaient du fait de la destruction de leurs cultures, leurs villages[294], ou encore l'impossibilité d'user des terres[295]. Comme tel, seul le préjudice matériel qu'ils avaient subi était pris en compte dans l'évaluation des préjudices résultant de l'occupation de leurs terres. Lequel préjudice matériel s'entend de l'atteinte à un droit patrimonial. C'est dire ainsi que le droit à l'indemnité des indigènes détenteurs de droits fonciers coutumiers, contrairement à celui des propriétaires, n'était pas lié à la terre, mais au travail qu'ils avaient réalisé ou étaient susceptibles de réaliser sur cette terre. Ce faisant, l'évaluation du préjudice éventuel qu'ils auraient à subir s'effectuait à l'aune des pertes réellement subies ou à venir. Elle ne tenait nullement compte du droit que ces derniers détenaient sur la terre entendue dans sa double dimension, c'est-à-dire fond et tréfonds. Par ailleurs, l'évaluation qui était faite méconnaissait, sinon occultait donc le préjudice moral subi par les populations indigènes du fait de l'occupation. « Le préjudice moral est le dommage atteignant les intérêts extra patrimoniaux et non économiques de la personne, en lésant ce qu'on appelle les droits de la personnalité »[296]. En référence au caractère social et religieux des liens qui unissaient les indigènes à leurs terres, l'occupation de celles-ci par une ou plusieurs personnes, ne pouvait se faire que suivant les formes et une procédure prévues par les règles coutumières. Par conséquent, toute occupation intervenant en violation ou en méconnaissance de ces règles engendrait au détriment des indigènes concernés, un préjudice qui va au-delà du matériel, au regard des enjeux qu'il sous-tend. En effet, non seulement elle

---

[294] Voir article 12 du décret de 1899 ; article 63 du décret de 1924, article 91 du décret de 1934 ;

[295] Article 63 du décret 1924, Article 91 du décret précité de 1934.

[296] M. TORRE-SCHAUB, « le préjudice moral », téléchargé en ligne le 06/09/2018 à 14h30 sur https://serdeaut.univ-paris1.fr/fileadmin/cerdeau/Marta_Torre-Schaub_Préjudice_moral.pdf.

affectait les indigènes dans les relations qu'ils entretenaient avec la terre en tant que divinité[297], mais aussi en tant qu'être vivant[298]. L'occupation portait également atteinte à l'identité même du groupe parce que la terre en Afrique traditionnelle était avant tout un marqueur d'identité et élément de rattachement d'un individu au groupe auquel il s'identifiait. À cet effet, Séraphin NÉNÉ BI soulignait les conséquences d'une éventuelle perte de celle-ci en ces termes : « pour ces communautés, quiconque perd la terre, perd la double existence »[299]. L'occupation des terres n'était semble-t-il pas systématiquement synonyme de perte des terres, mais elle était très préjudiciable aux indigènes. Aucune disposition des différents textes miniers ne faisait allusion ni implicitement, encore moins expressément à cette multitude de dommages subis par les indigènes du fait de l'occupation de leurs terres en vue de l'établissement d'un projet minier. Le caractère limité de l'évaluation pouvait en outre se percevoir à travers le mépris du communautarisme qui caractérisait l'organisation sociale des indigènes. Les mécanismes d'indemnisation ne tenaient pas compte de ce que le préjudice résultant de l'occupation des terres affectait outre, chacune des composantes du groupe qui exerçait directement des droits sur les terres à travers notamment l'érection de culture ou d'habitation ; mais aussi il touchait l'ensemble de la collectivité ou du groupement dont ces derniers avaient la charge.

**119.**En plus de la minoration des droits fonciers coutumiers ci-dessus analysée, la réglementation minière posée par le colonisateur consacrait la primauté de l'État sur les détenteurs coutumiers dans procédure d'attribution des droits miniers.

### *Section II- La primauté de l'État sur les détenteurs coutumiers dans procédure d'attribution des droits miniers*

**120.**La procédure d'attribution des droits miniers est largement dominée par l'administration coloniale à travers ses agents et ses

---

[297] La terre était en effet perçue comme une divinité, ce qui lui valait toute l'adoration et le culte dont elle faisait l'objet.

[298] Ce explique la vénération et la déférence qui caractérisaient les différents contacts des indigènes avec elles.

[299] S. NENE BI, Thèse précité, p.7.

services techniques. L'action concertée de ces derniers conférait à l'administration coloniale un rôle décisif dans la procédure conduisant à la délivrance à un particulier d'un droit quelconque sur les mines (paragraphe I). En revanche, les indigènes n'intervenant que subsidiairement et en fin de procédure avaient un rôle plutôt négligeable suivant les règles imposées par le colonisateur (paragraphe II).

### Paragraphe I- le rôle décisif de l'administration minière colonial

**121.**Instrument essentiel et fondamental de la politique coloniale, l'administration va jouer un rôle déterminant dans la négation des droits fonciers des indigènes lors de l'établissement des concessions minières. Ce rôle majeur de l'appareil administratif pouvait être perçu à travers non seulement, la reproduction, à des exceptions près, par le colonisateur, du modèle d'administration territoriale en matière de mines (A) ; mais également par l'octroi de pouvoirs assez étendus à l'administration en matière de mines au détriment des indigènes (B).

#### A- Une administration minière fortement inspirée de l'administration territoriale

**122.**L'administration coloniale en matière de mines s'inspirait fortement des principes présidant à l'organisation de l'administration générale de la Colonie. Ainsi à l'image de cette dernière, l'administration minière se révélait très hiérarchisée avec une centralisation des pouvoirs de décisions (1). Cette organisation dans son action était appuyée tant au niveau central, régional que local par des services techniques (2).

##### *1- Une administration hiérarchisée centralisant les pouvoirs de décisions*

**123.**Le régime administratif de la Côte d'Ivoire en matière de mine n'était pas un régime *sui generis.* Il s'inscrivait dans le cadre d'une politique administrative plus globale établie par le colonisateur pour la réalisation de son entreprise. Ainsi, au gré des évolutions de celle-ci, et des exigences politique, économique et sociale, le régime administratif colonial va s'accommoder afin de permettre une maitrise absolue du territoire et de ses habitants, mais aussi pour favoriser une exploitation optimale des ressources. L'appareil administratif ne sera donc pas en marge de la politique d'exploitation des ressources minières de la Colonie. Son caractère très centralisé[300] va présider aux différentes législations minières et foncières. Et la participation de l'administration en matière minière s'est opérée, selon le cas, par l'intervention de diverses autorités administratives[301], à des étapes différentes du processus d'établissement des concessions minières, ou par l'action des services techniques. S'agissant des premiers, leur degré de participation au processus est fonction de leur position hiérarchique dans l'administration, mais également de l'importance ou du caractère fondamental de l'acte à délivrer ou encore de la portée de l'action à accomplir. Ainsi, la compétence revenait au ministre des Colonies pour toutes les questions fondamentales. Représentant l'administration centrale à Paris, ce dernier agissait au nom du Président de la République. Il exerçait pratiquement l'intégralité des pouvoirs dans les Colonies, aussi bien dans le domaine législatif que dans le domaine exécutif[302]. À la suite du ministre des Colonies, on retrouvait à un échelon plus bas un administrateur régional, en la personne du gouverneur général de l'AOF, basé à Dakar[303]. Il a le monopole de la correspondance avec le ministre des Colonies.

---

[300] La centralisation est un système d'administration dans lequel la prise de décision, tous les actes d'administration s'ordonnent autour d'un seul et même centre de pouvoir. Elle est soit directe (dans ce cas, l'administration n'a pas de relais ; elle gère tout elle-même. C'est une hypothèse d'école, ou correspondant à de très petits États) soit indirecte (dans ce cas, le pouvoir central dispose de relais qui recueillent la demande, la transmettent au pouvoir central, en reçoivent des instructions ; les relais appliquent les décisions du centre).

[301] Les différents textes miniers font intervenir aussi bien des autorités relevant de l'administration centrale que celles de l'administration régionale ou locale.

[302] S. NENE BI, Thèse précité, p.352.

[303] Jusqu'en 1958, la Côte d'Ivoire a fait partie d'un ensemble de huit Colonies, l'AOF créée en 1895. Cet ensemble est dirigé par un gouverneur général résident à Dakar au Sénégal et, est dépositaire des pouvoirs de la République. Voir sur la question S. NENE BI, Thèse précité, p.353.

C'est lui qui promulguait les lois et les décrets. Il organisait les services par arrêté et assurait le recrutement des cadres. Comme tel, et conformément à l'article 4 du décret du 5 août 1910, le gouverneur général était seul compétent pour constituer par arrêté les cadres locaux des services techniques des travaux publics et des mines. Dans le même sens, il disposait du pouvoir de contrôle sur les gouverneurs des Colonies de l'AOF, même s'il faut souligner que dans la pratique la mise œuvre était sinon laborieuse quasiment impossible. Le gouverneur général de l'AOF était enfin investi de pouvoirs spécifiques en vertu des décrets de 1902 et de 1904[304]. Enfin au niveau local, la Colonie est administrée par un gouverneur (appelé lieutenant-gouverneur) de la Colonie. Il est le détenteur véritable de la souveraineté française dans la Colonie[305]. L'éloignement de l'Administration centrale et régionale, et le manque de contrôle qui en résulte, font du gouverneur un personnage important, disposant de pouvoirs considérables. Son autorité s'étend sur toutes les administrations ou services de la Colonie. Analysant les pouvoirs à lui conférés par les décrets de 1902 et 1904 Edmond MICHELLET et Jean CLEMENT affirmaient dans le même ordre d'idée que « le lieutenant-gouverneur dispose [...] de tous les pouvoirs prévus par l'ordonnance de 1840, sauf de ceux dont l'application serait contraire à l'exercice des droits que le gouverneur général s'est expressément réservés »[306]. On peut alors en déduire que c'est en vertu de tous ces pouvoirs, qu'il disposait de compétences très étendues en matière minière, allant de la délivrance des autorisations et titres miniers à la compétence pour connaître de certains litiges, en premier ou en dernier ressort selon le cas.

**124.** Cependant, dans l'exercice de ses fonctions, le lieutenant-gouverneur était en pratique confronté à plusieurs problèmes dont celui du déplacement. En plus d'être insuffisantes, les voies de communication étaient impraticables à certaines périodes de l'année. Aussi va-t-il y avoir un aménagement interne dans l'administration de la Colonie. Le territoire de la Colonie sera

---

304 E. MICHELLET, J. CLEMENT, *La Côte d'Ivoire, organisation ...*, *Op.cit.*, p.25 et Suiv.

305 *Ibid.*, p.353.

306 E. MICHELLET, J. CLEMENT, *La Côte d'Ivoire, organisation...*, *Op.cit.*, p.25.

divisé en plusieurs circonscriptions administratives de nature et d'étendue différente, dirigée chacune par une autorité administrative agissant sous l'autorité du gouverneur de la Colonie. À partir de 1915, l'organisation administrative de la Colonie de Côte d'Ivoire sera fixée définitivement à cinq niveaux : Cercles, subdivisions, cantons, tribus, village. À ce niveau, soulignons que même si les textes miniers ne faisaient référence qu'aux administrateurs de cercles pour l'exercice de certaines compétences, les administrateurs des niveaux inférieurs étaient tout aussi importants chacun à son niveau pour le respect de la réglementation minière et foncière et la mise en œuvre de la politique coloniale en matière d'exploitation des ressources.

*2- Le rôle incontournable des services techniques de l'administration*

**125.**Les services techniques des mines participaient du caractère décisif de l'action de l'administration coloniale en matière d'établissement des concessions minières. L'on en trouvait tant au niveau central, notamment au sein du ministère des Colonies, qu'au niveau local.

a- Les services techniques au niveau central

**126.**Suivant Pierre DAREST, au niveau central, « les services et le personnel des mines est en majeure partie et notamment en ce qui concerne l'administration centrale commun aux mines et aux travaux publics »[307]. Ainsi, le ministère des Colonies comptait deux organes centraux regroupant les services des mines et ceux des travaux publics : le comité des travaux publics et l'inspection générale des travaux publics.

**127.**S'agissant du premier organe cité, en l'occurrence le comité des travaux publics, notons qu'il fait partie des nombreux conseils et commissions, institués[308] pour assister le ministère

[307] P. DAREST, *Traité de droit colonial*, Tome II, *Op.cit.*, p.787.

[308] On peut citer entre autres : conseil supérieur des Colonies et sa commission permanente, du conseil de santé des Colonies, la commission de surveillance des banques, la commission permanente des marchés coloniaux et la commission des recettes coloniales, le comité consultatif du contentieux

des Colonies. « Un premier comité permanent des travaux publics fut créé auprès du sous-secrétaire d'État aux Colonies par arrêté du 18 janvier 1890. Il se composait alors de fonctionnaires. À la suite de la création de l'Inspection générale des Travaux publics, le décret du 21 novembre 1895 institua le comité des Travaux publics, formé de membres nommés. Il émettait un avis sur les affaires relevant des travaux publics dans les Colonies, notamment sur les projets de concession et de construction de chemin de fer, la navigation et les constructions navales, les mines ainsi que les bâtiments civils »[309]. On le voit le rôle dévolu au comité des travaux publics participe de la centralisation poussée à l'extrême qui est l'une des caractéristiques la IIIe République. En matière de mines et travaux publics elle permettait au colonisateur de s'assurer qu'aucun projet n'échappe à la validation, avec discussions préalables, du Comité des travaux publics, et que tous les sujets, tous les territoires étaient couverts[310]. Tous les projets, des plus monumentaux aux plus minutieux, après validation étaient transcrits dans des procès-verbaux, puis classés dans l'ordre chronologique des séances[311].

**128.** Quant au second organe, à savoir l'inspection générale des travaux publics il a été créé par décret du 17 août 1894[312], remanié par deux décrets du 14 octobre 1910, réorganisé par un décret du 6 décembre 1919, et refondu par décret du 27 septembre 1930[313]. « Au terme de ce dernier décret, le service de l'inspection générale des travaux publics des Colonies est chargé d'une façon générale de l'étude des questions se rattachant aux travaux publics des Colonies et aux réglementations techniques des mines, aux concessions de chemin de fer ou de travaux publics subventionnés ou garantis

---

des Colonies, la commission supérieure des archives et de la bibliothèque etc… ; voir sur la question A. GIRAULT, *Principe de colonisation Op.cit.*, p. et suiv.

309 ANOM, 4TP 1 à 14, Ministère des Colonies. Comité des travaux publics des colonies (1890/1937), [en ligne] sur http://anom.archivesnationales.culture.gouv.fr/ark:/61561/ bj844 g600t le 28/08/2018 à 16h 14mn.

310 *Ibid.*

311 *Ibid.*

312 A. GIRAULT, *Principe de colonisation et de législation coloniale*, *Op.cit.*, p.379.

313 P. DAREST, *Traité de droit colonial*, *Op.cit.*, p.686.

par l'Etat. Il exerce le contrôle central et financier de ces entreprises ; il est chargé de l'étude de la réglementation des personnels des services locaux de travaux publics et de l'administration de ces personnels »[314]. Pour Arthur GIRAULT, la création de cet organe au sein du ministère des Colonies visait la centralisation ainsi que la fortification du service des travaux publics des Colonies[315]. Qu'en était-il réellement ?

b- Les services techniques au niveau local

**129.** Au niveau local également les services techniques étaient communs au domaine minier et de celui des travaux publics. Les seules exceptions à cette règle étaient constituées par les Colonies notamment à Madagascar, en Nouvelle-Calédonie et en Indochine ou des cadres spéciaux avaient été constitués par des arrêtés locaux[316]. Ainsi, à la Colonie de Côte d'Ivoire le service des Mines était confondu à celui des travaux publics. Par ailleurs, le « service des travaux publics dans chaque Colonie, est en général très étendu. Il se subdivise en nombreux services particuliers, tel que le service maritime, celui des ports et rade, celui de l'hydraulique agricole, celui de l'exploitation des chemins de fer, celui de la voirie, et d'autres encore […] », notamment celui des mines.

B- La compétence très étendue de l'administration coloniale en matière de mines

**130.** La législation minière imposée aux Colonies d'Afrique-Occidentale a très tôt consacré le rôle prépondérant de l'administration coloniale dans la procédure de concession des mines. Cette prépondérance de l'administration coloniale était la conséquence du choix du principe de propriété des mines adopté dans les Colonies. Elle se manifestait par la compétence de l'administration pour la délivrance des actes administratifs relatifs à l'activité minière (A), ainsi que celle pour connaître de

---

[314] *Ibid.*, p.687

[315] A. GIRAULT, *Principe de colonisation…, Op.cit.* p.379.

[316] P. DAREST, *Traité de droit colonial*, Tome II, op.cit., p.787.

tous les litiges et contestations inhérents à l'établissement des concessions minières et à l'installation de l'exploitant (B).

*1- La délivrance des actes administratifs*

**131.** L'exercice d'une activité minière, aux Colonies d'Afrique-Occidentale, notamment de la Côte d'Ivoire, était subordonné à l'obtention d'une diversité d'actes délivrés par les administrateurs et les services de l'administration coloniale. Au nombre des actes délivrés par l'administration coloniale, on distingue d'une part les autorisations (a) et également les titres miniers (b).

a- La délivrance des autorisations

**132.** À l'analyse du décret du 6 juillet 1899, on distingue deux types d'autorisations : l'autorisation personnelle[317] et l'autorisation spéciale. L'autorisation personnelle était le premier acte exigé par le législateur colonial pour l'exercice d'une quelconque activité liée aux mines. Au terme de l'article 8 du texte précité la compétence pour la délivrance de cet acte, relevait de la compétence du gouverneur de la Colonie, qui en la matière détenait un pouvoir discrétionnaire dans la mesure où il pouvait la refuser sans avoir à faire connaître les motifs de sa décision[318]. Vu l'importance de cet acte, l'on comprend assez aisément, l'attribution de la compétence de sa délivrance au premier responsable de la Colonie. Abondant dans le même sens que le décret du 6 juillet 1899, les décrets ultérieurs vont, pour certainement tenir compte des évolutions institutionnelles, attribuer cette compétence au gouverneur général ou au chef du groupe de territoire[319]. La compétence en matière de délivrance de l'autorisation personnelle entraine nécessairement, en vertu du parallélisme des formes, celle du retrait. Outre, la compétence pour la délivrance de l'autorisation personnelle préalable à l'exercice d'une activité minière, le gouverneur était

[317] Instituée par le décret du 6 juillet 1899, l'autorisation sera reprise par les décrets miniers successifs applicables à la Colonie de Côte d' Ivoire.
[318] E. MICHELET. J. CLEMENT, o*p.cit.,* p.164.
[319] Article 14 du décret du 22 octobre 1924 ; article 14 du décret du 23 décembre 1934 ; article 4 du décret n°54-1110 précité.

également compétent pour la délivrance des autorisations spécifiques ou spéciales. Il en était ainsi pour l'autorisation exigée à l'article 9 al.3 du décret du 6 juillet 1899 au terme duquel, des puits pouvaient être foncés à travers les gisements superficiels réservés aux indigènes avec l'autorisation de l'administration et sous réserve de satisfaire aux conditions d'indemnités. C'était également le cas de l'autorisation prévu à l'article 10 du même décret [320], ainsi que de celle qui permettait de passer outre le consentement des détenteurs de droits fonciers[321], préalable à l'occupation de la surface des périmètres miniers compris en dehors des terrains domaniaux.

b- La délivrance des titres miniers

**133.**À ce niveau, notons d'abord la compétence des services de l'administration pour la réception des demandes des différents actes. Cette compétence se présumait simplement sous l'empire du décret du 6 juillet 1899[322]. C'est avec le décret du 22 octobre 1924 que cette compétence sera clairement définie et détaillée par le législateur. Ainsi, l'article 23 de ce décret disposait que « la demande de permis de recherche doit être remise directement par le demandeur ou son représentant dûment accrédité dans les bureaux du commandant [...] »[323]. Quant à la

[320] « Nul permis d'exploration, de cherche ou d'exploitation ne donne droit de faire des fouilles à moins de dix mètres de chaque côté des routes et chemins sans une autorisation spéciale de l'administration [...] »

[321] L'alinéa 2 de l'article 11 du décret du 6 juillet 1899 cite expressément « du concessionnaire, du propriétaire, ou du possesseur » ; Article 64 du décret minier du 22 octobre 1924 ; Article 92 al.1 du décret du 23 décembre 1934 ; En ce qui concerne le décret de 1954, sa formulation était plutôt équivoque dans la mesure où il n'affirmait pas expressément de qui devait émaner cette autorisation. En effet il disposait, en son article 33 al.1, que « en dehors des terrains libres du domaine les occupations de terrains visée ci-dessus peuvent être autorisées moyennant le paiement aux propriétaires, locataires ou usagers, d'une indemnité (...) ». Ainsi formulée, cette disposition pouvait aussi bien signifier que l'autorisation devait émaner des détenteurs coutumiers que de l'administration.

[322] En effet, cette présomption si elle n'était pas expressément exprimée par le législateur colonial, pouvait se déduire de certaines dispositions du décret notamment les articles 8 al.3 et 45.

[323] Cette disposition sera reprise par le décret de 1934 en son article 36.

demande de concession[324], elle devait être remise ou adressée au chef du service du service des Mines[325]. Ensuite, la compétence des services et des agents de l'administration s'étendait au traitement de la demande, notamment à travers les différentes instructions et enquêtes ainsi que l'accomplissement des autres formalités indispensables et préalables à la délivrance des titres. Dans un premier temps il s'agissait essentiellement pour l'administration de faire les notifications nécessaires à l'application du décret minier[326] et de l'accomplissement des formalités d'affichage[327] et d'enregistrements[328] des différentes demandes. Avec le décret du 22 octobre 1924 précité, la tenue, la conservation et la communication des registres[329] sont expressément confiées au service des Mines[330]. De plus, ce texte sera plus explicite que le précédent pour ce qui était des attributions de l'administration relativement aux enquêtes et instructions intervenant au cours de la procédure d'octroi des titres miniers. Il donne effet, au terme de l'article 44, compétence au lieutenant-gouverneur pour la réalisation des instructions préalables à la délivrance de la concession[331] et au commandant de cercle pour toutes les enquêtes en rapport avec les plans produits par le demandeur d'une concession[332]. Enfin seul un administrateur colonial légalement prévu avait la compétence pour la délivrance proprement dite des différents titres. Sous l'empire du décret du 6 juillet 1899, la compétence pour la délivrance des différents titres était dévolue au

---

[324] Le décret du 23 décembre 1934 va réintroduire cette compétence en ce qui concerne permis d'exploration et d'exploitation (institués par le décret du 6 juillet 1899, ces titres avait été supprimés par le décret de du 22 octobre 1924 avant d'être repris par celui de 1934).

[325]Article 40 décret du 22 octobre 1924.

[326] Article 8 al.3 du décret du 6 juillet 1899 précité.

[327]Article 21 du décret du 6 juillet 1899 précité.

[328] Article 21 du décret du 6 juillet 1899 précité ; Article 38 du décret minier du 23 décembre 1934.

[329] Voir sur la question les Articles 11, 25, et, 42 du décret du 22 octobre 1924 précité.

[330] Le service des mines n'apparaissait pas dans les dispositions du décret antérieur de 1899.

[331] Ce dernier est également compétent pour la fixation des frais d'instruction, sous réserve d'une approbation par le gouverneur général.

[332] Sous réserve de vérification par le service de mines de la Colonie.

gouverneur de la Colonie[333]. À la faveur du décret du 22 octobre 1924, la compétence pour la délivrance des titres miniers va connaître des modifications. Désormais, la compétence pour la délivrance du permis de recherche était dévolue au chef du service des Mines[334] jusqu'au décret de 1954 qui va reconnaître la compétence d'autorités différentes, pour les différents permis qu'il a institué[335]. Quant à la concession, elle va relever successivement de la compétence du lieutenant-gouverneur[336] et du gouverneur général[337]. Au vu de ce qui précède, on peut déduire que tout titre délivré par une autorité autre que celles prévues par les textes était nul. Ainsi, l'administration coloniale et ses agents étaient seuls maîtres de la procédure d'octroi des différents actes administratifs exigés pour l'exercice d'une activité minière à la Colonie de Côte d'Ivoire. Quid de son rôle dans la résolution des contestions qui pouvaient résulter de la procédure de délivrance des titres miniers et de l'installation des bénéficiaires de ces titres sur les périmètres visés.

*2- La compétence pour connaître des contestations*

**134.** En plus d'être au cœur de la procédure d'octroi des titres et d'installation des exploitants miniers, l'administration coloniale et ses agents jouaient également un rôle de premier plan dans la résolution des litiges et autres contestations qui pouvaient résulter de cette procédure. C'est, en effet, ce qui ressort de l'examen des différents décrets miniers coloniaux. Ainsi, en

---

[333] Les Articles 13, 18, et 28 conférait la compétence exclusive au gouverneur respectivement pour la délivrance du permis spécial d'exploration (sous réserve d'approbation du ministre des Colonies lorsque la superficie demandée dépasse 50.000 hectares), du permis de recherche, et du permis d'exploitation

[334] Article 26 du décret du 22 octobre 1924 ; Article 39 décret minier du 23 décembre 1934.

[335] Au terme de ce décret, le permis de recherche ordinaire était délivré par arrêté du chef de territoire, la délivrance du permis de recherche A se faisait par décret après avis du comité des mines de la France d'outre-mer, et le permis de recherche B relevait de la compétence de l'ingénieur du service des mines de la France d'Outre-mer.

[336] Ce dernier n'instituait toutefois la concession qu'après avis du chef du service des mines et par arrêté pris en conseil d'administration ou privé ; Voir sur la question l'article 40 du décret du 22 octobre 1924 ;

[337] Article 73 in fine du décret minier de 1934 précité.

fonction de la valeur du litige, des intérêts en présence ou à un degré moindre, de l'ampleur des contestations, les textes attribuent la compétence de leur résolution à des autorités administratives d'échelons différents. Pour ce qui est des contestations résultant du classement légal des substances minérales, l'article 4 al.2, du décret du 6 juillet précité disposait qu' : « en cas de contestation sur le statut sur le classement légal d'une substance minérale, il est statué par le ministre des Colonies après avis du comité des travaux publics des Colonies »[338]. De ce type de contestations, des décrets ultérieurs vont distinguer celles ayant un rapport avec le classement dans l'une des catégories d'une substance ou d'un gite minéral. Pour ces dernières, il revenait au gouverneur général de statuer en commission permanente du conseil de gouvernement sur rapport du chef des services des mines[339]. Outre, la compétence pour connaître des contestations résultant des classements légaux des substances minérales, l'administration, à travers ses agents, statuait sur celles portant sur la nature, l'étendue et l'exercice réserves faites en faveur des indigènes, il est statué par le commandant ou l'administrateur du cercle ou de la circonscription, sauf appel dans le délai de six mois devant le tribunal de première instance ou de la justice de paix à compétence étendue de la région[340].

**135.**Sous l'empire du décret de 1899 l'action en indemnité était même portée devant « l'administrateur du cercle ou de la circonscription qui en connaissait en dernier ressort si la valeur du litige ne dépassait pas 150F, et au-delà, a charge d'appel dans les six mois devant le tribunal de 1ère instance ou de la justice de paix à compétence étendue de la région »[341]. Dans la même veine, tous les cas d'opposition, et les contestations relatives aux actes administratifs tels qu'institués par le législateur, étaient statués par les juridictions de l'ordre métropolitain notamment le tribunal de première instance ou la justice de paix à compétence

338 Cette disposition sera reprise pas les différents décrets miniers coloniaux (voir article 4 décret du 22 octobre 1924 ; Article 4 al.2 décret du 23 décembre 1934), à l'exception de celui de 1954 et celui de 1957 ;

339 L'article 6 al.2 décret 1924 ; L'article 5al.2ème du décret de 1934.

340 L'article 9 al.2 décret 1899 ; L'article 17 in fine du décret de 1924 ; décret de 1934

341 Article 12 du décret 1899 ;

étendue de la région ou encore le conseil du contentieux administratif[342].

**136.** Ces différents développements rendent compte de la préséance de l'appareil administratif colonial dans l'établissement des concessions minières, mais surtout, ils mettent en relief la part insignifiante des détenteurs de droits fonciers coutumiers dans cette procédure.

### Paragraphe II- Le rôle négligeable des détenteurs de droits fonciers coutumiers

**137.** Contrairement à l'administration coloniale, les détenteurs de droits fonciers coutumiers auront un rôle moindre dans la procédure. Non seulement, leur intervention était tardive (A), mais elle était aussi facultative dans la mesure où leur refus pouvait être contourné par l'exploitant (B).

#### A- Une intervention tardive des détenteurs coutumiers

**138.** L'analyse de la procédure d'établissement des concessions minières laisse observer que celle-ci était dirigée de bout en bout par le colonisateur. Les détenteurs de droits fonciers coutumiers n'étaient consultés qu'en fin de procédure (1), sous certaines conditions et de manière incidente (2).

##### *1- Une consultation retardée des détenteurs de droits coutumiers*

**139.** Toute la procédure de concession de droits sur les mines était dominée par l'administration coloniale. Tous les actes préalables à l'exercice d'une activité minière étaient délivrés par ses agents et ses services. C'est le cas notamment de l'autorisation, mais également des différents titres miniers exigés pour chacune des différentes étapes de l'activité minière. Aucun de ces actes, exigés pour l'exercice d'une activité minière ne nécessitait la consultation, encore moins l'accord des populations locales en vertu de leurs droits fonciers coutumiers, même pour les contestations résultant de la délivrance de ces titres. Cette prépotence du colonisateur dans la délivrance des actes avait comme corollaire de faire intervenir des détenteurs coutumiers à la fin de la procédure. C'est en effet, ce qui ressort article 11 du décret du 6 juillet 1899. Au terme de ce texte, le titulaire d'un titre minier devait, pour l'occupation des terrains visés par son titre requérir le consentement préalable des concessionnaires, propriétaires ou possesseurs dudit terrain lorsqu'il se situe en dehors des terrains domaniaux. Ainsi, outre le fait qu'elle n'instituait pas un régime spécifique pour les modalités d'occupation des périmètres faisant l'objet de droits coutumiers, cette disposition n'envisageait aucunement la consultation des éventuels détenteurs de droits fonciers que pour répondre à une préoccupation bien déterminée : la légitimation des pressions foncières induites par la délivrance d'un titre minier. Des développements qui précèdent, deux observations peuvent être effectuées. La première s'entend de ce que le consentement ici exigé, l'était, indistinctement de la nature des droits détenus sur les terres, en dehors de la procédure administrative[343]. C'est dire ainsi que pour l'obtention du consentement préalable, le titulaire devait initier, à la suite de l'obtention de son titre des négociations avec les titulaires de droits fonciers, en vue d'obtenir la permission d'occuper les parcelles, objet de leur droit. Et l'analyse des dispositions du décret du 26 juillet 1899 ainsi que tous les textes miniers qui lui sont postérieurs ne donnent aucun détail sur le caractère ni les modalités de ces négociations. De plus, si le texte de 1899 prévoit l'hypothèse d'un refus de consentement de la part des détenteurs de droits fonciers, il se presse de prévoir un palliatif à ce défaut de consentement. La seconde observation est relative à la question des terres dites domaniales. Pour les périmètres miniers situés dans l'emprise de celles-ci, aucune référence à un quelconque détenteur de droits fonciers n'était prévue par le législateur. Quand on sait les difficultés juridiques qui ont caractérisé la constitution de la domanialité à la Colonie de Côte d'Ivoire et les réactions qu'elle a suscité au niveau des indigènes, il apparaît clairement qu'en reconnaissant ainsi les terres domaniales, textes miniers s'inscrivaient dans la politique d'accaparement des terres indigènes. Dans l'hypothèse où la

[343] Celle-ci se réservant le droit d'intervenir au terme du même article 11 qu'en cas de refus de du consentement de la part de ce dernier.

consultation des indigènes était requise, cette consultation était soumise à certaines conditions.

*2- Une référence conditionnée et incidente aux détenteurs coutumiers*

**140.** Intervenant en dehors de la procédure administrative et à la suite de la délivrance du titre minier, la consultation des détenteurs de droits fonciers coutumiers était soumise à certaines conditions. En cela, la consultation des indigènes se présentait comme une incidence dans la procédure normale. Notons dans un premier temps que la consultation ou la référence, lorsqu'elle était exigée, était surtout le fait de l'exploitant et non de l'administration coloniale. En effet, se considérant comme propriétaire du sous-sol et de son contenu, cette dernière avait la latitude de disposer des ressources du sous-sol, dans les conditions prévues par la réglementation qu'elle avait elle-même élaborer. Par conséquent, l'administration pour l'octroi de concession minière n'avait aucune obligation de se référer aux indigènes détenteurs de droit fonciers ou non, encore moins de requérir leur autorisation. Ainsi, les seules conditions, exigées pour détenir des droits miniers, étant l'obtention préalable des actes délivrés par l'administration coloniale, celle-ci n'avait que faire de l'avis des indigènes dans l'exécution de sa mission. Toutefois, cette ignorance généralisée de l'avis ou de l'opinion des détenteurs de droits fonciers coutumiers dans la procédure d'octroi des droits miniers connaît quelques atténuations. En effet, outre la question des réserves faites en leur faveur, le consentement préalable de ces derniers était souvent requis. Il convient cependant de préciser que le consentement ici requis ne portait que sur l'occupation des fonds de terre objet de droits fonciers coutumiers et non sur les ressources minérales contenues dans le sous-sol. Soulignons en plus que le décret du 6 juillet 1899 n'exigeait pas expressément de recourir au consentement des indigènes pour l'occupation de leurs terres lorsque celles-ci se trouvaient dans l'étendue du périmètre minier, ou que leur occupation s'inscrivait dans le cadre des conditions posées par l'article 11 *in fine*. Il ne fait allusion aux indigènes que de manière incidente et indirecte. L'article 11 alinéa 2 du décret dispose en effet que : « [...] dans ce dernier cas[344], comme dans le cas des terrains de propriété privée ou de terrains mis en culture, l'occupation des terrains nécessaires aux travaux d'exploration, de recherche ou d'exploitation ne peut avoir lieu, à défaut de consentement du concessionnaire, du propriétaire ou du possesseur ». Ainsi, les détenteurs de droits fonciers n'étaient ni directement ni exclusivement désignés pour donner leur consentement si le périmètre visé par le permis était situé en dehors des terres qualifiées terrains domaniaux. En revanche, était concerné par cette disposition, tout détenteur de droits fonciers, quelle que fût leur origine et leur nature[345]. Les indigènes détenteurs de droits fonciers coutumiers, désignés « possesseurs » dans ce texte, n'étaient invités à donner leur consentement que seulement dans l'hypothèse leurs terres étaient comprises dans l'emprise du titre minier. Ce faisant, l'on pourrait valablement affirmer que l'intervention des détenteurs de droits fonciers coutumiers dans la procédure d'établissement constituait des concessions minières constituait une exception. En d'autres termes, la procédure conduisant à l'installation d'un exploitant minier restait indifférente aux détenteurs de droits fonciers coutumiers, tant que le périmètre visé par le titre minier n'empiétait pas sur leur fond de terre. Par ailleurs, et comme souligné plus haut, seul l'exploitant déjà titulaire de droits miniers en vertu d'un titre délivré par l'administration coloniale devait requérir le consentement, le cas échéant, des détenteurs de droits fonciers coutumiers pour l'occupation de leurs terres. C'est dire ainsi que le consentement des indigènes exigé pour l'occupation du sol ne portait aucunement sur l'exploitation du sous-sol. Pour ces peuples indigènes d'Afrique noire en général, et de la Côte d'Ivoire en particulier, où les rapports de l'homme et la terre sont sacralisés et que de nombreux interdits assujettissent les activités liées à la terre au respect d'une divinité d'autant plus exigeante que le paysan attend tout d'elle

---

[344] Le cas où les périmètres visés par le titre minier se situent en dehors des terrains domaniaux, et se trouvent compris dans le périmètre d'une concession de jouissance temporaire. Voir sur la question article11, alinéa 1er du décret du 6 juillet 1899.

[345] Qu'ils fussent des droits fonciers tels qu'ils résultent des systèmes juridiques négro africains, ou qu'ils fussent des droits fonciers en vertu de la législation posée par le colonisateur.

puisqu'il vit de sa fécondité et souffre de son avarice[346], une telle situation était, naturellement difficilement, vécue. Dans les rares hypothèses pour lesquelles le consentement des détenteurs de droits fonciers coutumiers était requis, celui-ci était facultatif.

B- Une intervention facultative des détenteurs coutumiers.

**141.** L'on dit d'une obligation, d'une procédure ou encore d'une formalité qu'elle est facultative, lorsqu'on n'est pas contraint de la suivre. L'intervention des détenteurs coutumiers dans la procédure d'octroi des concessions minières, sous le régime colonial était prévue par les différents textes miniers. Elle consistait dans l'obtention préalable, par le bénéficiaire d'un titre minier, du consentement des détenteurs de droits fonciers coutumiers pour l'occupation de leurs terres aux fins d'y pratiquer une activité minière. Le rôle des détenteurs dans cette procédure était cependant facultatif, en ce qu'en plus d'offrir une alternative au candidat à l'occupation de leur terre (2), les modalités et les moyens d'action ne garantissaient en rien la protection de leurs droits fonciers (1).

*1- Des modalités d'intervention et des moyens d'action limités*

**142.** Le décret du 6 juillet 1899 dispose, en son article 11 alinéa 2, que « […] l'occupation des terrains nécessaires aux travaux d'exploration, de recherche ou d'exploitation ne peut avoir lieu à défaut du consentement du concessionnaire, du propriétaire ou du possesseur desdits terrains que par une autorisation de l'administration du cercle ou de la circonscription ». Il en résulte que l'intervention des détenteurs de droits fonciers en général, et de droits fonciers coutumiers en particulier, dans la procédure d'établissement des projets miniers se manifeste par le consentement qu'ils donnent à l'occupation des terres objets de leurs droits. Ce consentement n'était donné que sur requête expresse du détenteur du titre minier. Ainsi le décret susmentionné limitait le champ d'action des détenteurs de droits fonciers. Ces derniers n'intervenaient que pour donner ou

---

[346] M. BACHELET, *Op.cit.* p.59.

refuser leur consentement à l'occupation et rien qu'à l'occupation. Ils n'avaient par conséquent aucunement la possibilité de remettre en cause les titres miniers préalablement délivrés par l'administration coloniale ou encore de se prononcer sur les méthodes et techniques de recherche ou d'exploitation qui seront mis en œuvre par le titulaire du titre minier. *A contrario*, l'on peut également déduire de la même disposition qu'en l'absence de toute sollicitation, les détenteurs de droits coutumiers ne sauraient valablement intervenir. C'est dire ainsi, que les détenteurs de droits sur les parcelles voisines du périmètre minier visé par le titre et pour lesquelles le détenteur du titre n'avait aucune obligation de requérir un quelconque consentement, les détenteurs de droits fonciers, fut-ils coutumiers ou de propriété, étaient purement et simplement exclus de la procédure.

**143.** Suivant la même logique, les textes miniers postérieurs à celui 1899, seront plus défavorables à l'égard des droits fonciers coutumiers. En effet, avec les décrets miniers de 1924 et 1934, l'on est passé de l'exigence du consentement des détenteurs coutumiers préalables à toute occupation, telle que prévue par le décret de 1899, à une faculté d'occupation pour le titulaire du titre. C'est ce qui ressort de la lecture de l'article 64[347] du décret du 22 octobre de 1924 précité qui dispose que : « sur les terres autres que celles du domaine, à l'intérieur de son permis ou de sa concession, le permissionnaire ou concessionnaire peut occuper les terrains qui lui seront nécessaires pour les motifs énoncés à l'article 62 ; toutefois, en cas de refus du propriétaire, l'occupation ne peut avoir lieu qu'en vertu l'une autorisation donnée par le Lieutenant-Gouverneur, le propriétaire entendu, et sur l'avis du chef du service des Mines ». À l'analyse, cette disposition ne faisait plus obligation au titulaire d'un titre minier de recueillir l'assentiment des détenteurs de droits coutumiers avant l'occupation des terres visées par son titre. Muni de son titre, il pouvait, tout simplement occuper les terres dont il avait besoin et dont la loi l'autorisait à occuper. Et c'est seulement à ce moment que les détenteurs de droits fonciers avaient la possibilité de s'opposer à cette occupation. Sous l'empire de ce décret ainsi que celui du 23 décembre 1934, l'intervention des

---

[347] Cette disposition sera reprise par l'article 92 du décret de 1934.

détenteurs de droit fonciers se traduisait alors par un refus. Dès lors, cette disposition restreignait considérablement le pouvoir d'action de ces derniers. Désormais, ils n'étaient plus consultés, leur participation au processus était commandée par les velléités ou les actes d'occupation exprimés ou accomplis par le permissionnaire ou le concessionnaire. En revanche, tel que formulé, l'article 64 précité n'était pas sans soulever des difficultés d'ordre pratique. Au nombre de celles-ci, l'on s'interroge si le refus devait intervenir en amont ou en aval de l'occupation ou encore qu'il devait être concomitant à celle-ci. En l'absence d'une réponse légale et même jurisprudentielle, et en application de la maxime latine *ubi lex non distinguit nec nos distinguere debemus* [348], l'on pourrait dire que le refus des détenteurs de droits fonciers pouvait intervenir à tout moment. De plus, cette disposition parle de la possibilité du refus de l'occupation, sans définir concrètement les modalités d'exercice de ce refus[349].

**144.** Avec le décret de 1954, la disposition relative à l'intervention des détenteurs dans la procédure d'établissement du projet minier, va connaître une autre évolution. L'article 33 du décret de 1954 va disposer en son alinéa 2 qu'« en dehors des terrains libres du domaine, les occupations de terrain […] peuvent être autorisées moyennant le paiement au propriétaire, locataire ou usager, d'une indemnité annuelle calculée au double du produit net, ou le rachat des droits d'usage ou l'acquisition du sol ». Contrairement aux textes précédents, ce décret à travers cette disposition consacrait le principe de l'autorisation préalable à l'occupation des terres par l'exploitant minier. La notion d'autorisation doit s'entendre de la permission donnée au bénéficiaire du titre minier par une personne habilitée à le faire, en vue de l'occupation de la surface des périmètres visés par le titre minier. De cette définition l'on retient que l'autorisation devait précéder nécessairement l'occupation. En cela, le décret de 1954, se distingue de celui de 1924 et 1934, qui admettaient l'occupation de la surface sous réserve d'oppositions éventuelles de la part des détenteurs de droits fonciers. Par ailleurs, il est

---

[348] Qui signifie que : « Là où la loi ne distingue pas, il n'y a pas lieu de distinguer ».

[349] Toutefois ce refus pourrait s'inscrire dans le cadre des contestations prévues par l'article 77 du décret du 22 octobre 1924.

important de souligner que tel que formulé, le décret de 1954 n'avait aucunement prévu de qui devait émaner l'autorisation, en telle manière qu'aussi bien l'administration que les détenteurs de droits fonciers pouvaient prétendre détenir cette prérogative. Cependant, l'analyse de la suite du décret nous permet d'affirmer que cette autorisation relevait de la compétence de l'administration. Elle s'inscrit dans le cadre des prérogatives reconnues à cette dernière par l'article 38 du décret de 1954 « Les ingénieurs des mines de la France d'Outre-Mer et les fonctionnaires et agents placés sous leurs ordres sont chargés sous l'autorité du ministre de la France d'Outre-Mer, des chefs de groupe de territoires et des chefs de territoire, de veiller à l'application du présent décret et des décrets et règlements pris pour son application, ainsi que de la surveillance administrative et technique des activités visées par le présent décret ». Ainsi, le décret du 15 novembre 1954 supprime l'intervention des détenteurs de droits fonciers dans la procédure d'établissement d'une concession minière. Ces derniers ne pouvant désormais intervenir qu'en aval de l'installation du projet minier, c'est-à-dire pendant ou après l'exploitation.

**145.**Dans l'ensemble, en dépit de l'inconstance dans la formulation de la disposition relative à la participation des détenteurs de droits fonciers au processus d'établissement d'un projet minier, les décrets miniers ont pendant longtemps laissé une marge de manœuvre au titulaire d'un permis ou d'une concession.

*2- De l'alternative laissée au détenteur du titre minier*

**146.**Jusqu'à l'entrée en vigueur du décret du 15 novembre 1954, la formulation de certaines dispositions des décrets miniers applicables à la Colonie de Côte d'Ivoire, laissait penser que les droits fonciers, abstraction faite de la nature, faisaient l'objet d'une protection par le législateur. Et qu'en vertu de celle-ci il ne pouvait y être porté atteinte sans le consentement des titulaires de ces droits. Cette pensée mérite d'être sérieusement relativisée. En effet, aussi bien le décret du 26 juillet 1899, premier texte régissant la matière, que les décrets postérieurs de 1924 et de 1934 laissaient une très grande marge de manœuvre au titulaire du titre minier dans sa volonté d'occuper la surface du périmètre visé par son titre. Cette marge de manœuvre consistait tantôt en une option offerte au titulaire du titre, tantôt en une voie de recours mise à la disposition de ce dernier par la législation. En tant qu'option offerte au titulaire du titre minier, la marge de manœuvre résultait du décret du 6 juillet 1899 notamment en son article 11, alinéa 2 précité qui disposait que « [...] l'occupation ne peut avoir lieu à défaut du consentement du concessionnaire, du propriétaire, ou du possesseur desdits terrains, que par une autorisation de l'administrateur de cercle ou de la circonscription ». Ainsi, le permissionnaire désireux d'occuper les terrains nécessaires[350] à l'exercice des droits à lui conférés par son permis avait le choix entre requérir l'assentiment des détenteurs éventuels de droits fonciers sur lesdits terrains ou solliciter une autorisation de l'administration. Ce faisant, le législateur rendait inutile l'intervention des détenteurs de droits fonciers.

**147.**En ce qui concerne les textes postérieurs de 1924 et de 1934, il faut distinguer selon qu'il s'agisse de droit de propriété ou de droits fonciers coutumiers. Dans la première hypothèse, l'alternative laissée aux permissionnaires ou aux concessionnaires se présentait sous la forme d'une voie de recours en cas de refus ou d'opposition du propriétaire. En effet c'est ce qui ressort de l'article du décret du 22 octobre 1924 au terme duquel, « en cas de refus du propriétaire l'occupation ne peut avoir lieu qu'en vertu d'une autorisation donnée par le lieutenant-gouverneur, le propriétaire entendu [...] »[351]. Quant à la seconde hypothèse, c'est-à-dire celle où les parcelles visées font l'objet de droit foncier coutumier, l'article 63 al. 1er du même décret, et l'article 91 al.1er de celui de 1934 dispensaient implicitement le concessionnaire ou le permissionnaire du consentement des détenteurs de droits fonciers coutumiers. Ils n'étaient obligés, en vertu de ces dispositions, que de requérir l'autorisation de l'administration, à l'exclusion d'un quelconque consentement des détenteurs de droits d'usage. C'est dire ainsi que même dans l'hypothèse où les concernés sollicitaient le consentement des détenteurs coutumiers, un refus éventuel

---

[350] Il s'agit ici de l'hypothèse où ces terrains sont situés en dehors des terres domaniales.

[351] Cette disposition sera reprise par l'article 92 al.1er du décret de 1934.

n'était en aucun cas constitutif de blocage pour leur installation. Cette dispense du consentement des indigènes pour les terres objets de droits d'usage en vertu des droits coutumiers, s'inscrit dans le cadre de la politique d'accaparement des terres indigènes par l'administration coloniale. Outre le fait qu'elle niait le caractère de propriété aux droits fonciers coutumiers, cette politique, jusqu'au décret-loi n° 55-580 du 20 mai 1955 s'est caractérisée successivement par la domanialité puis, la présomption de domanialité des « terres vacantes et sans maître ». La preuve de la non-vacance et de l'existence de maître, dans le second cas, étant à la charge du détenteur de droits coutumiers.

## TITRE II
## À PARTIR DE 1964, DE LA NEGATION AU SIMULACRE DE RESPECT DES DROITS COUTUMIERS

**148.**Les Africains ont accueilli l'indépendance avec beaucoup d'enthousiasme[352]. Pour Le Président sénégalais Abdoulaye WADE, « les populations africaines voyaient dans l'indépendance la clef d'une nouvelle ère pendant laquelle elles se prendraient en charge pour, d'une part, liquider les séquelles de la colonisation, d'autre part construire une Afrique à la hauteur des autres nations et marchant du même pas »[353]. Cependant, une fois l'euphorie de la souveraineté passée, les nouveaux États africains se sont retrouvés confrontés à de nouveaux défis. Outre l'épineuse question du maintien de l'unité politique, dans la plupart des États l'un des enjeux majeurs pour les autorités était la réalisation de progrès économique. Pour faire face à ces nouveaux défis, les nouvelles autorités dans la majorité de ces nouveaux États ont à l'instar du colonisateur, tenté de se défaire des coutumes locales. Ainsi, en Côte d'Ivoire comme ailleurs, il sera reproché aux coutumes de ne plus répondre, « aux nécessités impérieuses, démographiques et économiques d'harmoniser les forces productives et les moyens de production : le problème de la redistribution des terres et de l'augmentation de la production devient de plus en plus important au fur et à mesure que s'accroit la masse prolétarisée vivant au milieu de propriétaires terriens coutumiers intransigeants »[354]. Pour Félix HOUPHOUËT-BOIGNY, « la survivance de certaines traditions constituait un obstacle ou un frein à l'évolution harmonieuse de notre pays »[355]. Ce constat du premier Président de la Côte d'Ivoire indépendante révélait la

---

[352] O. DAUTRESME, *Pour mémoire : 1960, année de l'Afrique*, SCÉRÉN (CNDP-CRDP), 2010, p.42, Téléchargé en ligne le 28/08/2019 à 16h17 sur www.cndp.fr/fileadmin /user_upload/POUR_MEMOIRE/1960anneedelafrique/1960_annee_de_lafrique.pdf

[353] A. WADE, *Un destin pour l'Afrique*, Neuilly-sur-Seine, Éditions Michel Lafon, 2005, p.21.

[354] R. VERDIER, « Problèmes fonciers nigériens », *Penant*, n°703-704, 1964, p.592.

[355] F. HOUPHOUËT-BOIGNY, *Anthologie des discours1946-1978*, Abidjan, CEDA, 1978, vol. 1, p.742.

nécessité de doter le pays d'un arsenal juridique à même de le conduire au développement économique et social. Cette nécessité se traduit très rapidement par l'adoption d'une série de textes largement inspirés de la législation coloniale. Le premier domaine auquel s'attaque le législateur ivoirien est le droit des personnes et de la famille. En 1964, le pays se dote d'une dizaine de lois touchant directement à l'organisation de la famille[356]. Ces textes se caractérisent par la primauté de l'individu sur le groupe à travers notamment le l'exigence du consentement individuel, la suppression de la polygamie et de la dot. Par ailleurs, un état civil moderne est mis en place. Le domaine économique n'est pas resté en marge de ce foisonnement de texte. En plus de la loi non promulguée du 20 mars 1963, le pays se dote en 1964 d'un Code minier et un Code forestier. La fin de la décennie 60 est, par ailleurs, marquée par l'adoption du premier Code pétrolier de la Côte d'Ivoire indépendante. Appuyé d'une vigoureuse politique de développement agricole, l'ensemble cet arsenal a conduit à faire de la Côte d'Ivoire un pôle économique sous régional qui attire d'autres facteurs de production tels que la main-d'œuvre sous régionale, les capitaux et l'expertise tout-venant[357]. Les choix économiques effectués par la Côte d' Ivoire auront des répercussions sur le régime foncier en général. À l'instar de ce qui avait cours sous l'empire des législations coloniales, les droits coutumiers continuent d'être l'objet de négation. La mise en valeur devient le principe directeur de la redistribution des terres. Cette situation se traduit dans les rapports fonciers miniers par la méconnaissance des droits fonciers coutumiers à l'occasion de l'établissement des concessions minières (Chapitre I). Ce constat perdura jusqu'à la fin des années 70, avec notamment la chute du cours des matières premières agricoles[358]

[356] C. VLÉI YOROBA, « Droit de la famille et réalités familiales : le cas de la Côte d'Ivoire depuis l'indépendance », *Clio. Histoire, femmes et sociétés*, 6 | 1997, p.1.

[357] F. AKINDES « Les racines de la crise militaro politique en Côte d'Ivoire », *Série de monographie du CODESRIA*, ISBN : 2-86978-135-0, p.9.

[358] D. COGNEAU, S. MESPLE-SOMPS, L'économie ivoirienne la fin du mirage ?, Document de travail DIAL / Unité de Recherche CIPRÉ, Décembre 2002, p.9.

qui mettra en lumière les tares de la politique volontariste de l'État. À la recherche de moyens de diversification, la base de son économie, l'État se retrouve très vite confronté à une crise foncière sans précédent. Pour en sortir, il entreprend une refonte en profondeur de sa politique économique qui se caractérise, outre le recours à l'exploitation minière comme second souffle de l'économie ivoirienne, par l'abandon progressif de la politique d'ouverture extrême en matière foncière. Dans les rapports fonciers miniers, cette situation marque le début d'une prise en compte partielle des droits fonciers coutumiers à l'occasion de l'établissement des concessions minières (Chapitre II).

## Chapitre I
## De 1964 à 1995, une méconnaissance des droits coutumiers, corollaire de la politique économique et sociale

**149.**Sous la guidance de son premier Président, la Côte d'Ivoire n'échappait point à la nouvelle réalité. Le pays était résolu à atteindre le développement. Comme au Sénégal et dans nombre de ces nouveaux États africains[359], la mentalité des autorités était dominée par l'idée qu'« un pays ne peut réaliser de rapides progrès économiques si son régime foncier est chaotique. L'établissement et l'exécution de plan de développement et de programme d'aménagement ainsi que leur exécution, dépendent de l'adaptation de ce régime foncier aux réalités et aux exigences de la politique de croissance »[360]. En Côte d'Ivoire, le Président Félix HOUPHOUËT-BOIGNY a fortement influencé la politique économique. Ascète et mystique, volontaire et habile, la puissante personnalité de l'homme d'État ivoirien était telle qu'aucune influence locale ne s'oppose à lui ni ne rivalise avec la sienne. On peut sans risquer de se tromper identifier la politique ivoirienne à celle d'HOUPHOUËT-BOIGNY[361]. En matière économique, cette politique s'articulait autour de trois idées essentielles : le choix d'une politique économique libérale, l'approfondissement de la spécialisation du pays, à savoir l'exportation du café et du cacao et l'ouverture des frontières aux capitaux étrangers[362]. Dans les faits, la politique de la Côte

[359] Voir la question P. BLANC « Nouvelle tendances du droit foncier africain et Malgache » Chronique foncière, *Penant*, n°727, Janvier- février-mars 1970, pp 98-127 ; voir également R. VERDIER « Problèmes fonciers sénégalais », Chronique foncière, *Penant*, n°706, Avril – mai – juin 1965, pp 271 à 281 ; VERDIER R. « Problèmes fonciers sénégalais », Chronique foncière, *Penant*, n°708-709, Octobre – novembre – décembre, 1965, Pages 549 à 553 ; R. VERDIER « Problèmes fonciers voltaïques », Chronique foncière, *Penant*, n°701, Avril – mai – juin 1964, pp 264 à 269.

[360] A. B. M'BENGUE, « La réforme foncière et agraire au Sénégal », *In Penant,* n°707, 1965, p. ; voir également sur la question G. KOUASSIGAN, « Culture, famille et développement » *In R.S.D.*, N°21, Dakar, N.É.A., 1977, p.275.

[361] M. MERLE, « Les relations extérieures de la Côte d'Ivoire », *Revue française de sciences politiques,* 9e année, n°3, 1959, p.687.

[362] F. AKINDES « Les racines de la crise militaro politique en Côte d'Ivoire », Série de monographie du CODESRIA, ISBN : 2-86978-135-0, p.9 et suivant.

d'Ivoire se traduit par le choix d'une économie basée sur l'agriculture. Pour s'assurer d'une meilleure exploitation du sol, les nouvelles autorités ivoiriennes, fortement influencées par le colonisateur et l'idéologie occidentale font le choix « d'une certaine limitation à la propriété privée »[363]. Ce choix de législation a eu pour corollaire l'exhumation des prétentions foncières et domaniales de l'État pourtant abandonnées au soir de la colonisation (Section I). Toutefois dans la mise en œuvre de cette option libérale, l'on observe une certaine ambivalence (Section II).

### *Section I- L'exhumation des prétentions domaniales et foncières de l'État colonial*

**150.** Confrontées à l'exigence de doter le pays d'un régime foncier, les nouvelles autorités ivoiriennes ont fait le choix du régime de l'immatriculation. Pour justifier ce choix, les autorités d'alors avançaient l'argument du développement économique. Comparée, au régime du Code civil et au régime traditionnel négro-Africain, l'immatriculation était présentée, comme étant plus sécurisante pour les investisseurs, et favorisait la mise en valeur des terres. Pour ce faire, l'État se considère comme seul véritable propriétaire des terres (Paragraphe I). Commentant cette situation, Albert LEY dira à juste titre que : « l'opposition entre les détenteurs coutumiers et l'État français se transforme en une opposition nouvelle entre les détenteurs coutumiers et l'État ivoirien »[364]. À l'accaparement du sol se greffe encore celui du sous-sol. Tout comme celles de l'État colonial, les prétentions domaniales de l'État indépendant vont également s'étendre au sous-sol avec la confirmation du droit domanial sur le tréfonds et les ressources qui y sont contenues (Paragraphe II).

---

[363] R. VERDIER, « Problèmes fonciers nigériens », *Op.cit.*, p.593.

[364] A. LEY, « La logique foncière de l'état depuis la colonisation : l'expérience ivoirienne », *Enjeux fonciers en Afrique Noire, Paris, ORSTOM/Karthala, 1982*, p.137.

## Paragraphe I : La résurgence de la politique d'accaparement des terres par l'État

**151.**Alors que le colonisateur même, de qui il s'inspirait, avait fini par faire volteface dans sa volonté de confiscation des terres indigènes, l'État postcolonial contre toute attente va réintroduire cette volonté au cœur de sa politique domaniale et foncière. Cette résurgence de la politique d'accaparement des terres se traduit, au lendemain de l'indépendance, par la monopolisation des terres par l'État (A). Il se fait alors distributeur des terres au mépris des droits fonciers coutumiers (B).

### A- La monopolisation des terres par l'État

**152.**La monopolisation des terres par l'État ivoirien transparaissait de la loi non promulguée du 20 mars 1963 (1), mais aussi de l'attribution à l'État du rôle de gestionnaire des terres (2).

#### *1- Une tentative avortée d'affirmation légale du droit domanial sur les terres*

**153.**L'affirmation du droit domanial sur les terres par l'État résulte de la non-promulgation de la loi du 20 mars 1963, à laquelle ont été préférées des solutions de transition plus profitables à l'État qu'aux détenteurs coutumiers. Adopté par l'Assemblée nationale le 30 mars 1963 à l'unanimité, moins une abstention[365], le Code domanial et foncier répondait à volonté des autorités de doter le pays d'instruments juridiques efficaces et favorables au développement économique et social. Le projet de loi du 20 mars 1963 est l'œuvre de la commission spéciale pour l'élaboration d'un nouveau Code domanial et foncier instituée par le ministre des Finances le 24 mars 1961. Inspiré fortement du décret du 24 juillet 1932, dont il reprend l'essentiel des dispositions, le projet se voulait une législation d'envergure, réalisant « un équilibre entre les détenteurs coutumiers et

---

[365] A. LEY, « La logique foncière de l'état depuis la colonisation : l'expérience ivoirienne », *Enjeux fonciers en Afrique Noire*, Paris, ORSTOM/Karthala, 1982p.137.

l'État »[366]. Abordant à la fois, les questions domaniales, foncières, minières et forestières, etc., la loi du 20 mars 1963 a été qualifiée de projet trop amitieux par certains auteurs, y voyant même l'une des entraves à sa promulgation[367]. En effet, en dépit de la quasi-unanimité autour de son adoption et de la solution médiane qu'il semblait être parvenu à réaliser, ce texte ne sera jamais promulgué pour des raisons qui vraisemblablement divisent la doctrine. Si pour les uns, la non-promulgation trouve son fondement, dans les moyens mis en œuvre par les populations pour éviter de perdre leurs terres par les mécanismes juridiques que le projet prévoyait[368], pour les autres, « le chef de l'État a renoncé à sa mise en application du fait de l'opposition farouche des chefs traditionnels »[369]. Cependant, quelle que soit la raison de sa non-promulgation, ce texte consacrait la volonté des nouvelles autorités ivoiriennes de s'accaparer de toutes les terres. Rompant ainsi avec la décision de l'administration coloniale, au soir de la colonisation, de renoncer à toutes revendications en dehors des terres immatriculées au nom de l'État. La loi non promulguée du 20 mars 1963 faisait de l'ensemble des terres non immatriculées, propriété exclusive de l'État de Côte d'Ivoire. Il ressort en effet de l'article 3, paragraphe 7 du projet en première lecture, que le domaine de l'État comprenait « les terres et forêts qui ne sont pas immatriculées à la date d'entrée en vigueur de la présente loi ». En seconde lecture[370], l'article 1er du projet prévoyait que, les « terres non immatriculées sont la propriété de l'État ». Ainsi, aussi bien en première lecture qu'en seconde lecture

---

[366] *Ibid.*, 138.

[367] S. BONI, *Le droit de propriété foncière rurale en Côte d'Ivoire : de 1893-1998*, Thèse unique pour le Doctorat en droit, 2015, Université Félix HOUPHOUËT BOIGNY, Abidjan- Cocody, 2015, p.160

[368] A. LEY, « La logique foncière de l'État depuis la colonisation ... », *Op.cit.*, p.138.

[369] H. OUEDRAOGO, D. GNISCI, L. HITIMANA, *Les réformes foncières en Afrique de l'ouest*, SAH/D (2006)560, août 2006, p.29.

[370] « Pour la première fois dans l'histoire de la Côte d'Ivoire, le Président de la République a usé de son droit de ne pas promulguer immédiatement un texte et de demander à l'Assemblée Nationale de le reprendre en deuxième lecture », Voir sur la question A. LEY, « La logique foncière de l'état depuis la colonisation : l'expérience ivoirienne, *Enjeux fonciers en Afrique Noire*, Paris, ORSTOM/Karthala, 1982, p.137.

l'État entendait s'arroger l'ensemble des terres pour ensuite les redistribuer suivant les capacités de mise en valeur des éventuels demandeurs.

### *2- L'État gestionnaire des terres*

**154.**Pour contourner la non-promulgation du projet du 20 mars 1963, les autorités ivoiriennes entendaient « immatriculer tous les terrains au nom de l'État en autorisant l'État à les repartir, mais en commun accord avec les détenteurs coutumiers qui font partir de la hiérarchie de l'État »[371]. Pour ce faire, l'État ivoirien va recourir à ce que ministre français de la Coopération d'alors Jean FOYER pouvait qualifier de « *pars translaticia* », pour se référer au recours fait, par les États d'Afrique noire francophone nouvellement indépendant, à l'héritage du droit colonial afin de constituer leur législation[372]. Autrement dit, l'administration ivoirienne va continuer à appliquer la législation domaniale coloniale conformément à l'article 76 de la loi n° 60-356 du 3 novembre 1960 portant Constitution de la République de Côte d'Ivoire. Au terme de cette disposition, la législation en vigueur en Côte d'Ivoire au moment de l'adoption de la Constitution restait applicable, sauf l'intervention de textes nouveaux, en ce qu'elle n'a rien de contraire à ladite Constitution. Toutefois, en matière domaniale le décret du 20 mai 1955[373] n'ayant vu adopté ses textes d'application à l'échelon local[374], c'est sur le décret du 15 novembre 1935[375] que les autorités ivoiriennes vont s'appuyer. L'administration va décider d'immatriculer toutes les terres au nom de l'État, en considérant bien entendu que toutes

[371] *Ibid.*, p.138.
[372] J. FOYER, « Les destinées du droit en Afrique », *In Penant* n°690, 1962, p.3.
[373] Décret n°55-580 du 20 mai 1955 portant réorganisation foncière et domaniale en A.O.F
[374] En cela la situation de la Côte d'Ivoire se distinguait notablement de celle du Mali où les différents textes d'application, précisant en particulier les conditions à remplir pour donner une valeur juridique certaine aux droits fonciers coutumiers, avaient été adoptés au niveau local. Cf. A. LEY, « La logique foncière de l'état depuis la colonisation, *Op.cit.,* p.142.
[375] Décret du 15 novembre 1935 portant réglementation des terres domaniales en A.O.F

les terres abandonnées lui appartiennent, à charge pour lui de les rétrocéder[376].

**155.**Le régime de l'immatriculation résultant de l'application du décret de 1932[377] à montrer très vite ses limites, à travers notamment la multiplication des litiges nés de la remise en cause des transactions auxquelles elle a donné lieu. Il s'agit notamment de nombreux contrats de vente portant sur les parcelles non immatriculées et les pratiques successorales en la matière qui témoignent sans ambages que les populations rurales se considèrent non comme détenteurs, mais propriétaires de ces terres[378]. Ces litiges seront imputés par la doctrine dans différents pays à la liberté reconnue aux détenteurs fonciers dans l'accomplissement des actes sous seing privé. C'est pourquoi pour y faire face, à la suite du Cameroun et du Togo, il sera décidé en Côte d'Ivoire le 16 avril 1964, de la prohibition des actes sous seing privé en matière foncière. Visant une meilleure application du régime de l'immatriculation, l'interdiction des actes sous seing privé sera en Côte d'Ivoire, assortie de sanctions dont l'évolution témoigne de l'intérêt à elle accordée par les nouvelles autorités[379]. Cette prohibition des actes sous seing privé, niant aux populations autochtones les droits de gestion de leur terre, et plus particulièrement le droit de transiger, ne produira toutefois pas les effets escomptés. En effet, malgré l'escalade des sanctions ces actes ont continué à être accomplis par les populations et les litiges qui en résultèrent ne cessèrent de se multiplier.

---

[376] A. LEY, « La logique foncière de l'état depuis la colonisation … », *Op.cit.*, p.138.

[377] Décret du 26 juillet 1932 portant réorganisation du régime de la propriété foncière en Afrique Occidentale Française.

[378] J. P. GALE, « Les droits fonciers coutumiers à l'épreuve des reformes foncières en Côte d'Ivoire », *op.cit.*, p.104.

[379] « Initialement la sanction se limitait à l'impossibilité d'inscription au livre foncier, progressivement les autorités vont consacrer la nullité absolue de tous les actes sous seing privé avant d'instituer, face à la persistance des populations, une sanction pénale aux fins de dissuader les populations », Voir sur la question A. LEY, « La logique foncière de l'état depuis la colonisation … », Op.cit., p.138.

## B- Une redistribution des terres méprisant les droits fonciers coutumiers

**156.** Se considérant propriétaire des terres non immatriculées, l'État avait décidé de procéder à la redistribution des terres en privilégiant le critère de la mise en valeur (1) dans le but de garantir une exploitation rationnelle des sols (2).

### *1- Une redistribution fondée sur la mise en valeur des terres*

**157.** Le projet de loi du 20 mars 1963 posait le principe selon lequel « la terre appartient à celui qui la met en valeur à l'exclusion de tous droits coutumiers ». L'interprétation de ce principe tel que formulé était équivoque, notamment en ce qui concerne le sens à donner à l'expression « à l'exclusion de tous droits coutumiers ». Elle pouvait aussi bien signifier la prévalence de la mise en valeur sur les droits fonciers coutumiers, que la prééminence de ceux-ci sur celle-là[380]. Le texte de 1963 n'ayant pas été promulgué, ses textes d'application ne sont jamais intervenus pour éventuellement préciser le sens à retenir. Toutefois, il est possible de cerner le sens que les auteurs du texte entendaient donner à cette expression par l'analyse des discours et de quelques pratiques administratives de l'époque. Dans un message adressé à la nation le 15 janvier 1962, le chef de l'État déclarait déjà que : « la Côte d'Ivoire n'a pas de terre à repartir, mais à mettre en valeur »[381]. En outre, lors du 5e congrès du PDCI-RDA, tenu le 30 octobre 1970, le chef du l'État était revenu à la charge en affirmant que : « partout, ou à peu près partout, on parle de la redistribution des terres. [...] Il y a suffisamment de terres cultivables pour tous, et ce sont les bras qui manquent. Le Gouvernement et le parti ont donc décidé, dans l'intérêt du pays, de reconnaître à tout citoyen ivoirien d'origine ou d'adoption, une parcelle de terre mise en valeur, quelle qu'en soit l'étendue, le droit de jouissance à titre définitif et transmissible à ses

[380] A. AKA. LAMARCHE, Thèse précité, p.79.

[381] Fraternité hebdo du 18 décembre 1964 cité par S. NÉNÉ BI et al. *Le Droit foncier ivoirien, op.cit.*, p.114.

héritiers»[382]. Le discours politique était sans équivoque. Avec à leur tête le chef de l'État, les autorités ivoiriennes ne cachaient plus leur intention de faire de la mise en valeur le critère d'accession à la propriété. La mise en valeur ainsi prônée consacrait le triomphe de la fonction de rentabilité des sols sur les critères d'identification des détenteurs de droits fonciers coutumiers. C'est ce que semblent affirmer POUGOUE et BACHELET, pour qui la « notion de mise en valeur est considérée non seulement lors de la reconnaissance des droits, mais tout au long en principe de la vie économique des sols en qualité d'élément fondamental de l'exploitation agricole »[383]. La mise en valeur ainsi décrite avait surtout pour but de permettre à l'administration de disposer d'un certain contrôle des terres[384]. C'est dire ainsi qu'en faisant de la mise en valeur, la condition de la propriété, l'État moderne cherchait surtout un outil de contrôle et de maîtrise de l'utilisation de son unique, sinon principal moyen de production que constitue la terre[385]. Il entendait ainsi parvenir à influencer sa politique économique à travers son régime foncier. Cependant, la mise en œuvre de cette politique de mise en valeur n'était pas sans soulever des difficultés dans la mesure où le législateur n'en avait pas donné une définition claire et précise. Le projet de Code domanial du 20 mars 1963 ayant servi de terreau au développement de la notion avait laissé le soin de sa définition à un décret d'application qui malheureusement n'est jamais intervenu en raison de la non-promulgation dudit projet. Le vide juridique ainsi entretenu par le législateur emportait comme risque une

---

[382] Extrait du discours du Président Félix HOUPHOUËT BOIGNY, rapporté par S. ONGOLO, K. S. KOUASSI, S. CHERIF et T. Y BROU, « Les politiques de "mise en valeur" des terres : bureaucraties, dynamiques agraires et durabilité en Afrique tropicale », *In Les Cahiers de l'Association Tiers-Monde* n°33-2018, p.55.

[383] P. G. POUGOUE, M. BACHELET, « Les nouveau régimes fonciers », *In encyclopédie juridique d'Afrique*, Tome 5, Les Biens, Abidjan, Dakar, Lomé, N.E.A, 1982, p.261.

[384] A. LEY, *« La logique foncière de l'état depuis la colonisation ...» Op.cit., p.143*

[385] D. DESJEUX, « L'augmentation des projets de développement agricole en Afrique noire et à Madagascar. Projet de développement et développement des grandes organisations », *In Le mois en Afrique*, n°249-250, 22e année, octobre- novembre, 1986, p.54.

diversité de définition de la notion. Celle-ci différait, en effet, de l'État et de son appareil administratif aux détenteurs éventuels de droits fonciers. Le risque d'arbitraire, engendré par cette situation, a conduit à la consécration, en 1971, d'une définition négative de la mise en valeur des terrains ruraux détenus en pleine propriété. Au terme de cette définition, le défaut de mise en valeur résulte, « soit du défaut de mise en culture, soit d'un mauvais état de production, soit encore de l'abandon d'une exploitation »[386]. Sur la base de cette définition, et suivant un raisonnement a contrario, la doctrine a conclu que la mise en valeur devait s'entendre de « la mise en culture, le bon état de production ou l'entretien permanent d'un terrain ou d'une exploitation industrielle »[387]. À la suite du législateur de 1971 et en dehors d'une espèce isolée[388], le juge ivoirien a pendant longtemps considéré comme mis, en valeur, les terrains « défrichés, plantés et cultivés »[389].

**158.**En dépit des différentes tentatives législatives et jurisprudentielles de définition de la notion de « mise en valeur », l'absence d'une définition formelle et tout ce qu'elle emportait en termes d'implication n'ont pas été sans influence sur l'objectif à elle assigné.

*2- Une redistribution visant l'exploitation rationnelle des terres*

**159.**Au lendemain de l'indépendance, mus par la volonté de se moderniser et de s'unifier[390], les États africains avaient au cœur de leurs préoccupations la réalisation de son développement économique. Celle-ci passait inéluctablement par l'adoption d'une politique économique adaptée aux nouvelles réalités. En Côte d'Ivoire, cette politique économique s'analysait comme le

---

386 Article 3 de la loi n°71-338 du 12 juillet 1971 relative à l'exploitation rationnelle des terrains ruraux détenus en pleine propriété.

387 S. NENE BI et *al.*, *Le droit foncier ivoirien*, *op.cit.*, p.121.

388 Cour d'Appel d'Abidjan, n°46 du 25 janvier 1980, EDC 1987, n°1, p.140.

389 Voir sur la question, S. NENE BI et *al.*, *Le droit foncier ivoirien*, *Op.cit.*, p. 121.

390 A. CABANIS, A. BLAZY, « Droit colonial – droit des pays indépendants : continuité, discontinuité », *In La discontinuité en droit*, Presse de l'université de Toulouse 1 Capitole, p.12.

prolongement de la politique économique mise en œuvre par le colonisateur. Pour les nouvelles autorités, il s'agissait surtout « d'adapter les cadres de l'économie aux conditions nouvelles de souveraineté, tout en créant dans la mesure où il n'existait point auparavant, les instruments propres au développement, impératif vital des États qui se reconnaissent membre du « tiers-monde »[391]. Dans cette dynamique, et fort d'un modèle économique fondé sur l'agriculture, les autorités politiques de la Côte d'Ivoire postcoloniale prônaient la mise en valeur des terres avec en ligne de mire l'utilisation rationnelle des sols[392]. C'est du moins ce que l'on peut déduire des propos de Aline AKA-LAMARCHE, pour qui, le souhait des autorités à l'époque c'était que « les paysans se lancent dans l'agriculture d'exportation avec tous les moyens dont ils disposent. Mais ces derniers n'ont que très peu de moyens. Il distribue alors, de grandes portions de terres aux « grands planteurs », qui, anciens membres du RDA, sont restés très proche du pouvoir »[393]. Ces propos appellent quelques observations, la première c'est que la politique de mise en valeur prônée par les autorités répond à la nouvelle politique économique basée essentiellement sur l'économie de plantation[394]. L'exploitation de type familial, plus adaptée à une économie de subsistance basée sur l'agriculture vivrière, sera à cet effet combattue par l'État. Partout dans le pays les populations sont invitées à pratiquer les cultures de rentes et principalement le café et le cacao. Dans le même sens, l'adoption de la loi n°71-338 du 12 juillet 1971 relative à l'exploitation rationnelle des terrains ruraux détenus en pleine propriété constitue une illustration prégnante des objectifs poursuivis par la politique de mise en valeur prônée par les

---

[391] « Fondements institutionnels du développement économique dans les États d'Afrique noire d'expression française », Chronique économique, *Penant,* n°691, 1962, p.309.

[392] S. BONI, *Le droit de propriété foncière rurale en Côte d'Ivoire : de 1893-1998*, *Op.cit.*, p.169.

[393] A. AKA. LAMARCHE, Thèse précité, p.85.

[394] Il faut toutefois souligner que l'introduction de l'économie de plantation en Côte d'Ivoire ne date pas des années 1960, mais remonte à la colonisation. Voir sur la question J. P. CHAUVEAU, « L'économie de plantation villageoise caféière et cacaoyère en Côte d'Ivoire : les leçons de l'histoire », *Les Cahiers de la Recherche-Développement* n°8, 1985, p-p. 46-47.

autorités ivoiriennes. Pour ces dernières, l'État se réservait le droit de retirer les titres de propriété en cas de non-respect de l'obligation de mise en valeur[395]. Aussi bien les terrains détenus en pleine propriété que les terres objet de droits coutumiers étaient concernées par la campagne de mise en valeur des terres. Quand on sait que la tenure traditionnelle des terres, basée sur la coutume et caractérisée par les exploitations de type familiales, se prêtait difficilement au système de production de type capitaliste ; l'on est à mesure de conclure que les détenteurs de droits fonciers coutumiers se trouvaient *de facto* lésés. Dans les zones forestières de la Côte d'Ivoire, cette situation était aggravée par l'arrivée massive des étrangers[396], allochtones et allogènes, facilitée par la politique d'incitation du gouvernement ivoirien. Pour réaliser ses objectifs et contourner les obstacles locaux qui se dressaient devant lui, l'État recourt « à la main-d'œuvre étrangère. Par ailleurs, encourage les citoyens des pays environnants à venir en masse travailler dans les plantations ivoiriennes. La terre « coutumière », réduite à sa simple valeur marchande, devient alors une denrée à la fois recherchée et accessible, au grand dam des communautés autochtones »[397]. L'ouverture aux étrangers dépassait la simple recherche de main-d'œuvre et offrait carrément à ceux-ci la possibilité d'accéder à la propriété définitive, puisque désormais la mise en valeur primait sur l'antériorité de l'occupation dans le processus d'accession à la propriété.

**160.** Le dirigisme économique de l'État ivoirien ne va pas tarder à produire des résultats. De nombreuses études y ont vu en effet la base du premier succès économique de la colonisation. Dans ce sens, Symphorien ONGOLO, Kouamé Sylvestre KOUASSI, Sadia CHERIF et Telesphore Yao BROU ont pu affirmer que « ce choix politique délibéré en faveur d'une certaine forme de

---

[395] Article 2 de la loi n°71-338 du 12 juillet 1971 relative à l'exploitation rationnelle des terrains ruraux détenus en pleine propriété.

[396] C. BOUQUET, « Le poids des étrangers en Côte d'Ivoire / The importance of foreigners in Ivory Coast », *In Annales de Géographie*, Tome 112, n°630, 2003, pp.118 et suiv; Voir également sur la question C. BEAUCHEMIN « Les migrations et l'effritement du modèle ivoirien : chronique d'une guerre annoncée ? » *Critique internationale,* 2005/3 n° 28, pages 19 à 42.

[397] A. AKA. LAMARCHE, Thèse précité, p.85.

'mise en valeur' massive des terres est à la base des performances économiques de la Côte d'Ivoire durant les deux premières décennies »[398]. Tout comme ces auteurs, de nombreux autres auteurs vont aboutir aux mêmes conclusions sans toutefois omettre de souligner les conséquences négatives de cette politique. Pour Aline AKA-LAMARCHE, occultant l'aspect anthropologique, l'État va se trouver confronté dans la mise en œuvre de la politique de mise en valeur, à la cupidité qu'elle suscitait et son corollaire de mise en valeur anarchique si bien qu'il n'a pu faire autrement que de reculer.

**161.**La politique domaniale et foncière postcoloniale ainsi décrite aura des répercussions en matière minière, notamment sur le rapport des concessions minières aux droits fonciers coutumiers.

### Paragraphe II : La reconduction du régime minier hérité de la colonisation

**162.**À l'instar des nouveaux États d'Afrique francophone, dès son accession à l'indépendance la Côte d'Ivoire s'est dotée dans un délai assez rapide d'un arsenal juridique en matière des mines[399]. Les textes composant cet arsenal se caractérisent dans l'ensemble par la réaffirmation du monopole de l'État en matière minière (A) et la reprise du traitement marginale des droits coutumiers à l'occasion de l'établissement des concessions minières (B).

---

[398] S. ONGOLO, K. S. KOUASSI, S. CHERIF et T. Y BROU, « Les politiques de "mise en valeur" des terres : bureaucraties, dynamiques agraires et durabilité en Afrique tropicale », *Op.cit.*, p.56.

[399] L'on peut citer le décret 62-91 du 03 avril 1962 (JO, 11 avril 1962) et n° 72-335 du 25 mai 1972 (JO 8 juin 1972) relatif à la société d'État SODEMI (Société pour le développement minier de la Côte d'Ivoire), Loi n°64-249 du 3 juillet 1964 portant Code minier (JO 23 juillet 1964), Décret n°64-207 du 23 mai 1964 portant règlementation de la détention et du commerce de l'or et des matières d'or (JO 4 juin 1964), décret n°65-96 du 26 mars 1965 déterminant les modalités d'application de la loi du 3 juillet 1964 ( JO 15 avril 1965), décret n°69-80 du 08 mars 1969 portant règlementation de la détention et du commerce de l'or et des matières d'or (20 mars 1969).

## A- La réaffirmation du monopole minier de l'État

**163.** Confrontés aux problèmes liés à la clarification de la nature et à la propriété des mines avant l'exploitation, les États nouvellement indépendants vont largement s'inspirer du régime minier posé par le colonisateur. Cependant à la différence de celui-ci, la majorité des régimes miniers adoptés par les nouveaux États africains affirmaient expressément la propriété de l'État sur les ressources du sous-sol[400]. Dans ce mouvement général d'affirmation de la souveraineté sur les ressources minières, la Côte d'Ivoire adopte une position assez singulière. Après la tentative avortée de consécration expresse de la propriété étatique des ressources souterraines à travers la loi non promulguée du 20 mars 1963, le Code minier ivoirien de 1964 s'inscrit dans la logique des textes miniers coloniaux. C'est-à-dire à travers une proclamation implicite (2). Cependant, contrairement à la législation minière, la propriété de l'État est désormais fondée sur la souveraineté (1).

### *1- Des droits miniers étatiques découlant de la souveraineté de l'État*

**164.** L'une des principales critiques formulées à l'encontre du régime minier posé par le colonisateur était la consécration, fut – elle implicite, de la propriété étatique des ressources du sous-sol sans un fondement légitime. À l'instar de ses paires d'Afrique noire francophone, la Côte d'Ivoire va opter pour une reconduction du principe de la domanialité des ressources minières. Mais contrairement au régime colonial, la consécration de domanialité des ressources dans ces nouveaux États intervient à une époque qui a vu émerger, à l'initiative de l'ONU, le principe de la souveraineté des États sur leurs ressources naturelles. Ce principe, qui se présente comme la dimension économique du droit des peuples à disposer d'eux-mêmes[401], a été consacré pour la première fois par la résolution 523 (VI) du 12 février 1952. Au terme de cette résolution, « les pays insuffisamment développés ont le droit de disposer

[400] P. WEISS, « Les matières premières minérales », *Op.cit.*, p.347.
[401] P. WEISS, « Les matières premières minérales », *Op.cit.*, p.347.

librement de leurs richesses naturelles... qu'ils doivent utiliser... de manière à se mettre dans une position plus favorable pour faire progresser davantage l'exécution de leurs plans de développement économique conformément à leurs intérêts nationaux, et pour encourager le développement de l'économie mondiale ». Durant la même année une autre résolution en date du 21 décembre intervient pour confirmer la souveraineté de l'État sur les ressources naturelles en ces termes : « le droit des peuples d'utiliser et d'exploiter leurs richesses et ressources naturelles est inhérent à leur souveraineté »[402]. C'est ce principe de la souveraineté des États sur leurs ressources naturelles tel que décrit qui va présider à la consécration de la propriété étatique des ressources minières sur le continent africain au lendemain de l'indépendance et plus particulièrement en Côte d'Ivoire. Même s'il faut souligner que pour cette dernière, la référence au principe de la souveraineté, en vue de légitimer la propriété étatique des mines, ne s'est pas faite expressément. En effet, ni la constitution[403] ni le Code minier[404] ne s'y référaient.

**165.**Cette nouvelle consécration de la propriété étatique des mines a le mérite de rompre avec le régime minier colonial, en raison notamment de la nouvelle configuration politique, mais également des contingences économiques internationales. Toutefois, elle n'était pas sans soulever des interrogations qui aujourd'hui encore trouvent tout leur sens.

*2- Des droits de propriété implicitement affirmés sur les mines*

**166.**Le régime minier colonial présentait un caractère arbitraire et exclusif des droits fonciers coutumiers. Cette situation justifiée au regard du contexte politique d'alors devait en principe s'arrêter avec la fin de la colonisation par la récupération des instruments régaliens de l'État par l'élite ivoirienne. L'on s'attendait à ce que les nouvelles autorités africaines, conscientes de la réalité africaine des rapports de l'homme à la terre, reconnaissent aux détenteurs de droits

[402] Résolution 626 (VII) du 21 décembre 1952
[403] Loi n°60-356 du 3 novembre 1960, portant Constitution de la République de Côte d'Ivoire.
[404] Loi n°64-249 précité.

fonciers coutumiers la plénitude de leurs droits fonciers ; c'est-à-dire entendu comme droits sur le sol et sur le sous-sol et les ressources qui y sont contenues. Paradoxalement, les autorités ivoiriennes, suivant en cela la majorité des États africains nouvellement indépendant vont opter pour la reconduction du régime minier colonial. Dans de nombreux Etats, la question du statut des mines avant l'institution des titres miniers est tranchée explicitement[405]. La Côte d'Ivoire après une tentative d'affirmation expresse de la propriété des mines soldée par un échec s'est résolue à une affirmation implicite de la propriété. Concrètement, c'est le projet de loi du 20 mars 1963 relative au domaine qui était porteur du monopole de l'État sur les ressources minérales[406]. Ce projet affirmait sans équivoque que les ressources contenues dans le sous-sol ivoirien sont la propriété exclusive de l'État de Côte d'Ivoire[407]. La non-promulgation de ce texte a eu pour conséquence, l'abandon du choix de l'affirmation expresse de la propriété étatique des ressources minières. La loi n°64-249 du 3 juillet 1964 portant Code minier, n'a plus repris cette disposition[408]. Toutefois, à travers certaines de ses dispositions et de celles de son décret d'application l'on pouvait observer une consécration implicite de la propriété étatique des ressources souterraines. C'est le cas par exemple de la reconnaissance à l'État du pouvoir d'attribution des droits miniers aux particuliers. En effet, le Code minier de 1964 donnait compétence à l'État à travers ses différents organes pour l'attribution de l'autorisation et des titres miniers. Cette compétence prenait en compte outre la réception des demandes de droits miniers et les différentes instructions, la délivrance des différents actes conférant ces droits. En plus de ce rôle prépondérant des organes de l'État dans l'attribution des droits miniers, le Code minier 1964 en son article 7 affirmait que « l'État peut se livrer à toutes opérations minières dans les

[405] P. WEISS, « Les matières premières minérales », *Op.cit.*, p.347.
[406] *Ibid.*
[407] *Ibid.*
[408] En cela ce texte se distingue de loi n°70-489 portant Code pétrolier du 3 août 1970 qui indique son article 1, alinéa 1er « les gisements ou accumulation naturelles d'hydrocarbures liquides ou gazeux existant en Côte d'Ivoire y compris le plateau continental adjacent sont la propriété de l'État ».

conditions fixées par des règlements particuliers ». Ce faisant, cette disposition conférait à l'État un rôle de producteur. Cela va se traduire concrètement par la création de la SODEMI et par la participation importante de l'État dans le capital des compagnies minières existantes. L'État entendait ainsi augmenter sa part des recettes provenant de leurs ressources minérales[409].

**167.**L'affirmation implicite de la propriété étatique des ressources minières, bien que fondée désormais sur la souveraineté de l'État, ne vaudra nullement une meilleure fortune aux droits fonciers coutumiers dans leur rapport aux concessions minières.

### B- La reprise du traitement marginal des droits fonciers coutumiers

**168.**Le Code minier de 1964 et son décret d'application respectif ne vont pas se démarquer de la législation minière coloniale. Ils reprennent dans leur dispositif le traitement marginal des droits fonciers coutumiers à travers non seulement l'indifférence de ces droits dans le processus d'attribution droits miniers (1), mais aussi pour l'occupation des terres coutumières par les titulaires de ces droits (2).

#### *1- L'indifférence des droits coutumiers au processus d'attribution des droits miniers*

**169.**La loi n°64-249 du 3 juillet 1964, portant Code minier soumettait l'accès aux droits miniers à l'obtention préalable d'une autorisation, soit d'un titre minier[410]. Pour l'obtention de ces différents actes, aucune référence n'était faite aux droits fonciers coutumiers. L'analyse des autorités ou organes compétents pour l'attribution de ces actes, renseigne assez pertinemment sur l'influence que pouvaient jouer les droits fonciers coutumiers sur le processus d'attribution des droits miniers.

---

[409] *Les ressources minérales et le développement de l'Afrique, Rapport du groupe d'étude international sur les régimes miniers de l'Afrique,* Commission Économique pour l'Afrique (NU), p.15.

[410] Article de la loi n° 64-249 du 3 juillet 1964 portant Code minier.

### a- Les autorisations

**170.** Il convient de souligner que relativement aux substances minérales, le Code minier de 1964 ne prévoyait qu'un seul type d'autorisation : l'autorisation prospection. Suivant l'article 20 du décret n°65-96 du 26 mars 1965[411], cette autorisation était accordée par arrêté du ministre chargé des Mines.

### b- Le permis de recherche

**171.** Le Code minier de 1964 dispose que les permis de recherche sont « attribués aux choix de la puissance publique [...] »[412], sans donner plus de détails. C'est le décret n°65-96 déjà cité qui vient préciser l'autorité chargée de la délivrance du permis de recherche. Au terme de ce texte aussi bien, le permis de recherche B, que le permis de recherche A étaient délivrés par décret. Autrement dit, la délivrance du permis de recherche, quelle que soit la catégorie relevait de la compétence Président de la République[413]. À la faveur de la réforme du Code minier de 1995, le permis de recherche est certes maintenu au nombre des titres miniers, cependant l'acte exigé pour sa délivrance va connaître une petite modification. L'article 10, alinéa 1 du Code minier, disposait en effet que : « le permis de recherche est attribué [...] par décret pris en Conseil des ministres sur proposition du ministre chargé des Mines [...] ». De ce qui précède, l'on retient que les détenteurs de droits fonciers étaient exclus de la procédure de délivrance du permis de recherche telle qu'elle résultait des Codes de 1964 et 1995. La procédure était mise en œuvre par les autorités étatiques.

### c- Le permis d'exploitation

**172.** les règles relatives à l'autorité chargée de la délivrance du permis d'exploitation, ont suivi la même évolution que celles

---

[411] Décret n°65-96 du 26 mars 1965, déterminant les modalités d'application de la loi n° 64-249 du 3 juillet 1964 portant Code minier.
[412] Article 9 al.2 Code minier 1964 précité.
[413] Loi n°60-356 du 3 novembre 1960 portant Constitution de la Côte d'Ivoire.

afférant aux permis de recherche. C'est dire ainsi qu'à l'instar de ce dernier, l'attribution du permis d'exploitation se faisait par décret simple[414]. Le retrait de ce titre suivait également le même principe[415]. Le Code minier et son décret d'application exigeaient une enquête publique préalable au décret d'attribution du permis de recherche, cependant aucun de ces deux textes ne renseignait sur la portée de cette enquête. Le décret n°64-96 précité se contentait de signifier qu'il s'agit d'une enquête de *commodo et incommodo* ouverte pendant un mois et dont l'annonce se fait dans les formes habituelles[416].

d- La concession

**173.**Elle était prévue par les articles 6 et 21 du Code minier de 1964, mais c'est le décret n°65-96 qui donne les détails de son institution en son article 73 *in fine* en ces termes : « le contrat de concession est approuvé par le concessionnaire ou son représentant et par le ministre chargé des Mines où son représentant sous condition suspensive d'approbation par décret ». Il en résulte que contrairement aux autres actes octroyant des droits miniers, l'institution de la concession résultait de deux actes différents, d'une part un acte conventuel, c'est-à-dire le contrat de concession, et d'autre part un acte réglementaire. Cependant, aucun de ces actes n'impliquait l'intervention des détenteurs de droits fonciers fut-ils coutumiers.

**174.**À ce stade de notre réflexion, il importe de retenir, que l'attribution des droits sur les ressources du sous-sol telle qu'elle résultait du Code minier de 1964, ne tenait aucunement compte des droits fonciers coutumiers et tout ce qu'ils emportent comme implications sur les ressources minières suivant les règles de droit traditionnel. Ce texte faisait de l'État, à travers ses organes, le détenteur exclusif du pouvoir d'octroi des différents actes ouvrant droit à l'exercice d'activité minière. Cette situation se trouvait aggravée par l'inexistence d'un régime particulier pour

---

[414] Article 18 alinéa 1er du Code minier 1964.

[415] En témoigne le décret n° 61-163 du 18 avril 1961, portant annulation du permis minier n° 2 appartenant à la coopérative africaine de recherches d'exploitation diamantifères, JORCI n° 31 du 01/06/1961, p. 790.

[416] Article 58 du décret n°65-96 précité.

les détenteurs éventuels de droits fonciers désireux de se livrer à l'exercice d'activité minière en dessous ses terres. Ces derniers devaient, en effet, se conformer aux exigences requises pour tous autres demandeurs conformément à la législation en vigueur.

*2- L'irrévérence aux droits fonciers coutumiers pendant l'occupation des terres par l'exploitant*

**175.** Au lendemain de l'indépendance, l'encadrement de l'occupation des terres par le titulaire de droits miniers était prévu par la loi n° 64-249 du 3 juillet 1964 portant Code minier. Ce texte disposait que « l'occupation des terrains nécessaire à l'activité de recherche ou d'exploitation minière et aux industries qui s'y rattachent, tant à l'intérieur qu'à l'extérieur du périmètre du titre minier, s'effectue conformément aux dispositions définies par décret »[417]. En application du Code minier de 1964 ci-dessus cité, c'est le décret n°65-96 précité, en ses articles 112 et 113, qui organisait l'occupation des terrains par l'exploitation. Alors que le premier énumérait les activités ouvrant droit à l'occupation des terres, le second fixait les conditions requises pour l'occupation. Notre analyse va surtout s'attarder sur les conditions de l'occupation mettant plus en relief le mépris des droits fonciers coutumiers par le législateur minier. Au terme de l'alinéa 1er de l'article 113, l'occupation des terrains se faisait suivant des conditions différentes selon qu'il s'agisse de terres non mises en valeur ou de terre mise en valeur et de propriétés privées (a). Et c'est seulement dans la seconde hypothèse que l'occupation était subordonnée au paiement d'une indemnité par l'exploitant (b).

a- Une différence des conditions d'occupation des terres fondée sur la mise en valeur

**176.** L'alinéa 1er de l'article 113 précité distinguait deux types de terres : d'une part les terres non mises en valeur et d'autre part les terres mises en valeur et les propriétés privées. S'agissant des premières, c'est l'État qui accordait le droit d'occupation au

---

[417] Article 41 Code minier 1964 précité.

permissionnaire ou au concessionnaire. Il s'agissait d'un droit temporaire, donc précaire. C'est dire que l'occupation était enfermée dans un délai, à l'expiration duquel les périmètres occupés devaient en principe retourner à l'État. Dans cette hypothèse, en dehors du titre minier en sa possession, le permissionnaire ou concessionnaire n'était astreint à aucune obligation particulière, même à l'égard des détenteurs coutumiers. Quant à la seconde catégorie à savoir les terres mises en valeur ou les propriétés privées, leur occupation devait intervenir par décret. Cependant, elle ne devenait effective qu'après le paiement par le permissionnaire ou le concessionnaire au propriétaire d'une indemnité évaluée par une commission nommée et présidée par le préfet et comprenant les chefs des services administratifs intéressés et les notabilités locales[418]. En cas de refus du propriétaire, cette indemnité était consignée dans une caisse publique[419]. Ainsi présenté, le décret n°65-96 appelle quelques observations. La première réside dans la « mise en valeur » ou « la propriété » comme critère de distinction des catégories de terres objet de l'occupation. En distinguant les terres à occuper suivant le critère de mise en valeur ou de propriété, le Code minier et son décret d'application s'inscrivaient dans la logique du régime foncier institué par les nouvelles autorités ivoiriennes. Le décret minier réaffirme, assez subtilement d'ailleurs, la propriété de l'État sur l'ensemble des terres non immatriculées situées sur le territoire de Côte d'Ivoire.

b- La mise en valeur et la propriété comme critère de paiement de l'indemnité

**177.** Le décret 65-96 en son article 113, alinéa b ne prévoyait, à la charge du permissionnaire ou concessionnaire, le paiement d'une indemnité que pour l'occupation de terres mises en valeur ou celle des propriétés privées. *A contrario* pour les terres non mises en valeur, aucune indemnité particulière n'était exigée du permissionnaire ou concessionnaire. Ce dernier devait en principe se contenter de remplir les formalités requises pour les

---

[418] Article 113 al. 1er b, du décret n°65-96 précité.
[419] *Ibid.*

permis d'occupation temporaire[420]. Ainsi, le titulaire de droits fonciers coutumiers ne pouvait prétendre à une indemnité pour l'occupation des terres objets de ses droits, que si et seulement si, celles-ci avaient été mises en valeur par ses soins. La seule détention de droits fonciers coutumiers n'ouvrait pas droit à l'indemnité. Par ailleurs, lorsque l'auteur de la mise en valeur était différent du titulaire de droits coutumiers, seul le premier avait droit à l'indemnité payée par le permissionnaire ou le concessionnaire.

**178.**Dans les cas pour lesquels elle était exigée, l'indemnité était préalable à l'occupation et devait se calculer suivant des modalités prédéfinies par le décret n°65-96. Relativement au caractère préalable de l'indemnité, le décret d'application du Code minier reprend les termes de la réglementation relative à l'expropriation. Ainsi à l'instar de l'administration, le permissionnaire ou concessionnaire ne pouvait en principe occuper les terres que si le ou les propriétaires ou auteurs des mises en valeur avaient reçu effectivement l'indemnité[421]. La seule exception au paiement préalable de l'indemnité par l'exploitant était constituée par l'hypothèse du refus des bénéficiaires. Dans ce dernier cas, l'occupation intervenait à la suite de la consignation de l'indemnité dans une caisse publique[422].

**179.**Quant aux modalités de calcul de l'indemnité, elles étaient déterminées par l'alinéa 2 de l'article 113 du décret n° 96-65 précité. Il ressort de cette disposition que l'indemnité de l'occupation était égale soit au double du produit annuel net si l'occupation n'est que temporaire et si le sol peut être remis en culture au bout d'un an, comme il était auparavant ; soit au double de la valeur du terrain avant l'occupation si celle-ci prive

---

[420] « Le permis d'occupation temporaire se présente comme une autorisation à durée déterminée, délivrée par l 'administration et accordant à un particulier un simple droit d'installation temporaire sur le domaine privé de l'État […] Le permissionnaire n'est autorisé à réaliser que des installations en matériaux provisoires ou en éléments démontables.
Le bénéficiaire d'un permis d'occuper est astreint à une redevance annuelle. Il ne lui est en revanche dû aucune indemnité en cas de reprise du terrain […] », Voir sur la question B. S. NENE BI, thèse de doctorat précité, p.313.

[421] P-C KOBO, *Droit administratif des biens : le domaine des personnes publiques, l'expropriation*, Abidjan, Les Éditions ABC, 2004, p.170.

[422] Article 113 alinéa 1er b du décret 65-96 précité.

le propriétaire de la jouissance du sol pendant plus d'une année, ou lorsqu'après l'exécution des travaux les terrains ne sont plus propres à la culture. En cas de désaccord des parties sur le montant de l'indemnité d'occupation évaluée par la commission, la fixation de cette indemnité est du ressort des tribunaux civils.

**180.**À l'analyse, cette disposition distinguait deux hypothèses de calcul de l'indemnité. La première qui constituait le principe, était l'hypothèse de la fixation par accord des parties et la seconde consistait en la fixation de l'indemnité par les tribunaux civils. Dans la première hypothèse, le décret ne considérait que comme base de calcul, soit la valeur du produit de mise en valeur soit la valeur de la propriété du terrain, à l'exclusion de toute considération fondée sur les droits coutumiers. Il ressort de cette analyse qu'en faisant siennes les prétentions de l'administration coloniale en matière foncière et surtout minière, l'État indépendant n'a pas garanti meilleure fortune aux droits coutumiers à l'occasion de l'établissement des concessions minières.

**181.**Quid de l'impact de la politique libérale dans les matières foncière et minérale ?

## *Section II- L'influence ambivalente du libéralisme économique*

**182.**L'option du libéralisme économique en Côte d'Ivoire au lendemain de l'indépendance visait, outre l'attraction des capitaux étrangers, la mobilisation de la main-d'œuvre étrangère pour la réalisation des objectifs de développement du pays[423]. Le principal instrument destiné à la mise en œuvre de cette politique est la loi n°59-134 du 3 septembre 1959 déterminant le régime des investissements privés dans la République de Côte d' Ivoire. « L'objectif principal de ce texte est d'établir le régime des investissements locaux ou étrangers en Côte d'Ivoire, c'est-à-dire de définir quels investissements obtiendront

[423] P GURTNER, W. LANG, M. VOILLAT, « Terres noires, ombre blanche. Projet de développement agro-industriel en Côte d'Ivoire », *In Le village piégé : urbanisation et agro-industrie sucrière en CI*, Paris PUF, Cahier de l'institut universitaire d'étude du développement, Genève, 1978, p.30.

encouragements et garantie et à quelles conditions »[424]. Le maintien en vigueur de ce texte après l'accession à l'indépendance démontre à suffisance l'engagement des autorités ivoiriennes à promouvoir l'initiative privée, qu'elle soit locale ou étrangère. Dans ce contexte d'ouverture, l'État se réservait, le droit d'orienter l'exploitation de ses ressources[425]. Ainsi le Code d'investissement lui reconnaissait le pouvoir de sélection parmi les éventuels exploitants directs de sa richesse. Toutefois, entre l'affirmation du libéralisme, à travers notamment la législation[426], et sa mise en œuvre, une observation peut être faite. La mise en œuvre de la politique libérale n'a pas connu la même trajectoire encore moins les mêmes implications suivant que l'on se situe en matière foncière (Paragraphe I) ou en matière minière (Paragraphe II).

### Paragraphe I : En matière foncière

**183.** En matière foncière, les autorités ivoiriennes font le choix d'une politique privilégiant le développement agricole (A). Celle-ci se révéla comme une véritable source d'insécurité foncière (B).

#### A- Une politique foncière visant le développement agricole

**184.** La politique foncière menée par les autorités ivoiriennes dès l'accession à l'indépendance, s'est caractérisée par une libéralisation de l'accès à la terre (1). Cette libéralisation était si poussée qu'elle admettait que la propriété foncière étrangère entendue *lato sensu* (2).

---

424 P. KAHN, « La crise des matières premières et les mesures internes d'organisation », *In Tiers-Monde*, Tome 17, n°66, 1976, Avant la IV e CNUCED, les produit de base et la politique internationale, p.462.

425 P. KAHN, « La crise des matières premières et les mesures internes... », Op.cit., p.462.

426 Loi n°59-134 du 3 septembre 1959 déterminant le régime des investissements privés dans la République de Côte d' Ivoire ; loi n°64-249 du 3 juillet 1964 portant Code minier.

### *1- La libéralisation de l'accès à la terre*

**185.** Dans sa dynamique de réalisation du développement économique et social, L'État de Côte d'Ivoire, conscient de ses atouts naturels, mais surtout de la fébrilité de son industrie, a fait le choix d'un développement économique fondé sur l'agriculture. Ce choix s'inscrivait dans la logique du colonisateur qui avait fait de la Côte d'Ivoire une Colonie spécialisée dans l'agriculture de rente encore appelée agriculture d'exportation[427]. Le colonisateur avait réussi à « développer dans le domaine agricole un modèle d'exploitation industrielle plus performant que le modèle familial ou traditionnel »[428]. Suivant ce modèle la production agricole se voit assigner une finalité mercantile. L'on comprend alors la place de choix réservée aux cultures de rente au détriment des cultures vivrières. Si les premières, destinées principalement à l'exportation, ont pour objectif de générer des bénéfices, les secondes sont surtout affectées à la consommation locale. Dans ce dispositif, les cultures arboricoles et plus particulièrement le café et le cacao ont joué un rôle important.

**186.** Pour la mise en œuvre de cette politique agricole, les autorités ivoiriennes ont fait le choix de s'appuyer surtout sur le secteur privé en facilitant l'accès à la terre. Concrètement, il s'agissait pour l'État de mettre les ressources locales à la disposition de tous ceux qui voulaient et avaient la capacité de les mettre en valeur. Selon Assi Maxime TANO l'objectif était « non seulement de confirmer le droit des exploitants individuels, face à d'éventuels détenteurs coutumiers, mais surtout de favoriser l'attribution des terres, leur appropriation et leur mise en valeur individuelle »[429]. Ainsi, les autorités ivoiriennes ambitionnaient d'adapter la politique foncière au choix de développement économique. En effet, basé sur la petite

---

[427] D. COGNEAU, S. MESPLÉ-SOMPS, *la Côte d'Ivoire peut- elle devenir un pays émergent,* Centre de Développement OCDE, Programme d'étude "Afrique émergente" Étude Côte d'Ivoire, 1999, p.9.

[428] M. B. BENINGA, « Répartition terrestre des végétaux : cas de quelques plantes utiles et guerre des hommes pour s'en approprier », *op.cit.*, p.183.

[429] A. M. TANO, « Conflits fonciers et stratégies de sécurisation foncière au sud-ouest ivoirien » In *Bulletin de l'Association de géographes français*, 89è année, 2012-3, terres et tensions en Afrique, p.489.

exploitation agricole, consommatrice d'une main-d'œuvre essentiellement lignagère dirigée par le chef du lignage et avec pour finalité la seule satisfaction des besoins primaires dudit lignage en produits vivriers, le modèle traditionnel ou familial ne répondait plus aux exigences de l'économie moderne. La libéralisation de l'accès au foncier était donc moins un choix qu'une nécessité pour l'économie fragile que constituait la Côte d'Ivoire à cette époque. Dans la pratique, la « libéralisation foncière » a consisté non seulement dans l'octroi de facilités d'installation sur les terres, mais aussi, et surtout dans la protection qu'offrait l'administration aux colons agricoles ivoiriens et non ivoiriens[430]. Dans le Sud-ouest ivoirien, Assi Maxime TANO fait état de « pressions et contraintes exercées sur les autorités villageoises pour accueillir les migrants [...] »[431] pour décrire le soutien des autorités administratives à l'installation des baoulé dans la région. C'est le début du désordre foncier en Côte d'Ivoire, dans plusieurs localités, les populations autochtones voient leurs terres occupées par populations venues du centre et du nord de la Côte d'Ivoire, mais également des pays voisins tels que le Burkina Faso, le Mali, etc. Ce désordre a par ailleurs conduit à « ancrer dans les campagnes le système de pouvoir clientéliste d'origine citadine »[432]. Les autorités politiques s'efforçaient de soutenir un groupe ethnique donné à l'occasion des conflits liés à l'accès à la terre en vue de se constituer un électorat. Outre le soutien inconditionnel du pouvoir en place aux planteurs baoulé, le clientélisme politique va se nourrir de l'éligibilité des non-nationaux à la propriété foncière[433].

*2- L'admission des étrangers à la propriété foncière*

**187.** La politique agricole prônée par les autorités d'alors exigeait, pour son succès et sa pérennité, une main-d'œuvre

---

[430] *Ibid.*

[431] *Ibid.*

[432] J. P. CHAVEAU, « Question foncière et construction nationale en Côte d'Ivoire : Les enjeux silencieux d'un coup d'État », *In Politique africaine*, n°78, juin 2000, p.95.

[433] J. P. DOZON, « « La Côte d'Ivoire entre démocratie, nationalisme et ethnonationalisme », *Politique africaine,* n° 78, 2000, p.49.

importante. Pour répondre à ce besoin de main-d'œuvre, en plus des incessantes invitations au retour à la terre adressées aux populations ivoiriennes, les autorités ont eu recours à « une population très importante venant essentiellement de la sous-région ouest-africaine »[434], et plus particulièrement du Burkina Faso[435]. Ce choix d'ouverture fait par la Côte d'Ivoire dans la poursuite de sa politique agricole ne constituait point une innovation. Bien au contraire, il constituait le prolongement de la politique coloniale de mise en valeur[436]. Pour Vincent BONNECASE, « les″ étrangers″ apparaissent [...] comme une catégorie d'acteurs largement mise en exergue par les administrateurs coloniaux, et notamment pour [leur] importance supposée dans la mise en valeur des terres. Cette catégorie revient avec une insistance particulière dans le discours colonial lorsqu'il s'agit de promouvoir l'expansion d'une agriculture arbustive sur les terres de la zone forestière »[437]. L'auteur montre ainsi sans équivoque l'origine du choix de l'ouverture opéré par les nouvelles autorités ivoiriennes. Lequel choix s'analyse logiquement comme la conséquence de la politique de mise en valeur, elle-même hérité du colonisateur. Dans le contexte postcolonial, cela va se traduire par les déplacements massifs de populations vers les régions forestières de la Côte d'

---

[434]A. AKA LAMARCHE, Thèse précité, p.102.

[435] C. BEAUCHEMIN « Les migrations et l'effritement du modèle ivoirien : Chronique d'une guerre annoncée ? » *Critique internationale, 2005/3* n° *28,* p.10. ; Voir J. P. CHAUVEAU, K. S. BOBO, « la situation de guerre dans l'arène villageoise. Un exemple dans le centre-ouest ivoirien », *Politique ivoirienne*, 2003/1 n° 89, p.14 ; Voir également sur la question, J. P. CHAUVEAU, J. P. DOZON, « Colonisation, économie de plantation et société civile en Côte d'Ivoire », *Cahiers ORSTOM*, Série Sciences humaines, 21 (1), 1985, p. 63-80

[436] A. BABO et Y. DROZ, « Conflits fonciers. De l'ethnie à la nation. Rapports interethniques et « ivoirité » dans le sud-ouest de la Côte-d'Ivoire », *Cahiers d'études africaines*, 2008/4, n° 192, p.741. ; A. BABO, « Conflits fonciers, ethnicité politique et guerre en Côte d'Ivoire », *Alternatives sud*, Vol. 17-2010 / 95, p.97 ; B. ZANOU, A. NYANKAWINDEMERA, « Migration et répartition spatiale de la population en Côte d'Ivoire », *Communication au XXIV$^{e}$ congrès général de la population (18-24 Août 2 001),* Séance n°69 : les données du recensement au 21ème siècle, p.1.

[437] V. BONNECASE, *Les étrangers et la terres en Côte d'Ivoire à l'époque coloniale*, Document de l'Unité de recherche 095 n°2, IRD/REFO,

Ivoire en provenance de la région de savane et des pays du Sahel[438]. « Cette politique [...] a renforcé le flux migratoire, a permis la disponibilité de la main-d'œuvre agricole. En contrepartie de la force de travail fournie, le manœuvre pouvait accéder au foncier au bout de quelques années et créer sa propre plantation »[439]. Autrement dit, le non autochtone pouvait devenir propriétaire de terre à la suite d'un contrat avec des autochtones en échanges prestation par lui fournies à ces derniers qui étaient contraints de recourir à la main-d'œuvre étrangère au risque de perdre leur terre. De plus, des étrangers c'est-à-dire des non autochtones, ivoiriens ou non, justifiant de simples mises en valeur pouvaient également prétendre à la propriété[440]. Dans plusieurs cas, ces derniers ont créé des villages ethniquement homogènes et que la toponymie distingue facilement[441]. Dans chacun des cas déjà évoqués, les auteurs de mises en valeur étaient assurés du soutien des autorités politique. En effet, « La consigne d'Houphouët protégeait les immigrants de toutes contestations de la part des anciens ayants droit autochtones, du droit d'occupation du sol. Le soutien de l'État-parti aux migrants ivoiriens et non ivoiriens visait à ménager cette main-d'œuvre disponible dans la perspective des gouvernants de l'époque à faire de la Côte d'Ivoire une économie de grande plantation à travers une 'mise en valeur' accélérée des massifs

---

438 D. COGNEAU, S. MESPLÉ-SOMPS, *la Côte d'Ivoire peut- elle devenir un pays émergent, Op.cit.*, P.9.

439 A. M. TANO, « Conflits fonciers et stratégies de sécurisation foncière au sud-ouest ivoirien », *Bulletin de l'Association de géographes français*, 89è année, 2012-3, Terres et tensions en Afrique, p.489.

440 J. P. CHAUVEAU, « La loi de 1998 sur les droits fonciers dans l'histoire des politiques foncières en Côte d'Ivoire. Une économie politique des transferts de droits entre ''autochtones'' et ''étrangers'' en zone forestière », *In* Eberhard C. (dir.) *Law, land use and the environment afro-indian dialogues*, Pondichéry : IFP, 2008, p.172; A. BABO, « Les usages politiques de la nationalité et ses risques pour la société ivoirienne *», ICIP Reserch* n°3, Condition pour la consolidation de la paix en Côte d'Ivoire, *Institut Català Internacional per la Pau,* p.102.

441 C. BOUQUET « Le poids des étrangers en Côte d'Ivoire / *The importance of foreigners in Ivory Coast* », *In* Annales de Géographie, Tome 112, n°630, 2003, p.129.

forestiers du pays »[442]. Ce faisant, la politique libérale coloniale dérogeait profondément aux coutumes et autres traditions régissant l'accès à la terre dans les différentes communautés ivoiriennes, dans la mesure où l'accès des étrangers à la terre y était strictement limité. Aline AKA LAMARCHE a pu relever dans ce sens que « dans la plupart des ethnies ivoiriennes, la coutume fait de l'autochtonie (encore plus restrictive que l'ethnie), la principale source de droits. En d'autres termes, les droits accordés à l'étranger ne sont jamais définitifs, et restent aléatoires aussi longtemps que celui-ci conserve son statut d'étranger, c'est dire donc pour toujours »[443]. Par conséquent, cette propriété foncière des non autochtones, rendue possible par le discours politique et la pratique administrative, ne pouvaient être valablement acceptée par les autochtones car leurs droits coutumiers qui ne reconnaissaient que le premier occupant[444]. Suivant Jean Pierre Chauveau, « la figure du migrant et de l'étranger apparait, à un moment ou à un autre des études de cas [...], comme l'opérateur des revendications et des stratégies foncières des acteurs ‘‘autochtones’’ »[445]. En pratique, cette situation donne lieu d'interminables conflits fonciers, expression des contestations autochtones à l'encontre de la propriété foncière des étrangers. Ces conflits sources d'insécurité foncière caractérisent encore aujourd'hui le foncier dans les zones rurales de façon générale.

### B- Une source avérée d'insécurité foncière

**188.** La politique libérale adoptée par la Côte d'Ivoire va très vite se révéler être une source d'insécurité foncière, en ce qu'elle a contribué à renforcer la pression foncière (1) qui va se manifester concrètement par la multiplication des conflits (2).

---

[442] S. ONGOLO, K. S. KOUASSI, S. CHERIF et T. Y BROU, « Les politiques de “mise en valeur” des terres : bureaucraties, dynamiques agraires et durabilité en Afrique tropicale », *Op.cit.*, p.56.

[443] A. A. LAMARCHE, Thèse précité, p.411.

[444] *Côte d'Ivoire : Conflits fonciers en zone rurale*, DIDR – OFPRA, 2017, p.6.

[445] J. P. CHAUVEAU, J -P. JACOB et P.-Y. LE MEUR, « L'organisation de la mobilité dans les sociétés rurales du sud », *in Autrepart,* n° 30, pp.7-8.

*1- Le renforcement des pressions foncières*

**189.**Dans sa mise en œuvre, la politique libérale en matière foncière prônée par les autorités ivoiriennes aura certes du succès, elle ne va cependant pas tarder à montrer ses limites. En effet, les politiques de libre-accès à la terre, et de migration encouragée par les premiers gouvernants[446] de la Côte d'Ivoire seront à la base des performances du pays durant les deux premières décennies de ce qui fut considéré comme le miracle ivoirien[447]. Mais le début de la décennie 80 en Côte d'Ivoire se caractérise par une crise économique qui ne manquera pas de mettre au goût du jour les tares de cette politique dans le domaine foncier. Ces tares se résument essentiellement en la pression foncière consécutive à la libéralisation de l'accès à la terre. Au nombre des facteurs de la pression foncière, deux peuvent être directement imputées à la politique libérale prônée et menée par les nouvelles autorités. Il s'agit notamment de l'impact de l'essor démographique sur les terres disponibles ainsi que la diversification de l'activité agricole et les modes d'exploitation caractérisée surtout par les cultures itinérantes sur brûlis. Relativement à l'essor démographique, plusieurs phénomènes sont susceptibles de l'expliquer ; mais le plus important reste sans nul doute les déplacements massifs de population à la recherche de terres fertiles favorables aux cultures arboricoles. Conséquence directe du message du gouvernement invitant les populations à la culture du café et du cacao, ces déplacements étaient de deux ordres. Il s'agit d'une part des mouvements de population du nord et du centre de la Côte d'Ivoire vers les zones forestières du sud et du sud-est et d'autre part de l'arrivée en grand nombre de populations venues des pays frontaliers de la Côte d'Ivoire et plus particulièrement du Burkina Faso. Ces déplacements de populations ont entrainé une hausse de la population dans les régions forestières du pays, causant ainsi « des pressions fortes sur les terres

---

[446]J.-P. COLIN F. RUF « Une économie de plantation en devenir. L'essor des contrats de planter-partager comme innovation institutionnelle dans les rapports entre autochtones et étrangers en Côte d'Ivoire », *In Revue Tiers Monde*, 2011/3, n°207, p.177.

[447] S. ONGOLO, K. S. KOUASSI, S. CHERIF et T. Y BROU, « Les politiques de "mise en valeur" des terres… », *Op.cit.*, p.56.

disponibles »[448]. Ces pressions résultaient des demandes de terres de plus en plus importantes par les migrants nationaux et non nationaux. Les travaux de Colette VALLAT sur l'immigration Baoulé en pays Bakwé sont très édifiants sur la question. Elle relève en effet qu'en 1974, la région de Soubré traditionnellement peuplée par l'ethnie Bakwé, était peuplée à 82,2 % de population étrangère à cette ethnie, toutes à la recherche de terres pour se livrer à la culture du café et du cacao[449]. La présence massive d'étrangers, notamment Baoulé[450], observée dans le canton était valable pour l'ensemble des régions du sud-ouest et de l'ouest de la Côte d'Ivoire[451].

**190.**« La formidable explosion démographique qui accompagne la migration se traduit sur le terrain par une impression d'anarchie »[452], si ce n'est l'anarchie elle-même. Car si au début des migrations, les étrangers, entendus comme non autochtone, se conformaient à la règle du tutorat régissant l'accès à la terre par des étrangers, ils vont très vite se détourner de cette pratique commune aux sociétés traditionnelles africaines. De plus, à la suite de « la crise économique de 1980 qui a provoqué la chute de l'emploi en milieu urbain, une politique du retour à la terre est prônée par les autorités ivoiriennes pour trouver une solution au chômage des jeunes citadins »[453]. Répondant à l'appel des autorités, le retour en masse des jeunes dans leur village d'origine a contribué également à l'accroissement des pressions sur les terres agricoles. Les pressions foncières ainsi créées, seront exacerbées multiplication des sociétés agro-industrielles.

---

[448] A. M. TANO, « Conflits fonciers et stratégies de sécurisation foncière au sud-ouest ivoirien », *In Bulletin de l'Association de géographes français*, 89è année, 2012-3, terres et tensions en Afrique, p.489.

[449] C. VALLAT, « L'immigration Baoulé en pays Bakwé : étude d'un front pionnier », *In Cahier de l'O.R.S.T.O.M.*, Ser. Sci. Hum., Vol XVI n° 1-2, 1979, p.103.

[450] Colette VALLAT estimait à 6000 le nombre de Baoulé installés dans le canton Bakwé entre 1965 et 1975. Voir sur la question C. VALLAT, *Op.cit.*, p.6.

[451] *Côte d'Ivoire : Conflits fonciers en zone rurale*, DIDR – OFPRA, 2017, p.6.

[452] C. VALLAT, « L'immigration Baoulé en pays Bakwé : étude d'un front pionnier », *op.cit.*, p.104.

[453] A. M. TANO, « conflits fonciers et stratégies de sécurisation foncière au sud-ouest ivoirien » in *Bulletin de l'Association de géographes français*, 89è année, 2012-3, Terres et tensions en Afrique, p.489.

Les vastes étendues de terres occupées par ces dernières participent à accroissement de la pression foncière par la multiplication des acteurs, mais surtout par la divergence des intérêts[454].

**191.**Pour finir, au nombre des causes de pressions foncières, figurait, à un degré moindre certes, la politique de diversification des cultures initiée par l'État. Dans l'optique de résoudre le problème de la dépendance du pays à la culture du binôme café-cacao, les autorités ivoiriennes introduire et promouvoir à côté du café et du cacao de nouvelles cultures industrielles comme le palmier à huile, l'hévéa, le cocotier, l'ananas, le coton, etc..[455]. Cette diversification avait le mérite de mettre le pays à l'abri de la chute éventuelle des cours du café et/ou du cacao. Cependant, étant donné qu'il s'agissait pour la plupart de cultures pérennes, leur réalisation exigeait de nouvelles étendues de terres. Dans un contexte où l'essor démographique avait déjà sérieusement réduit les terres agricoles disponibles, la diversification des cultures se présentait comme un facteur d'intensification de la pression.

**192.**La pression ainsi engendrée sur les terres notamment en zone forestière va conduire une multiplication de conflits liés au foncier.

### 2- *La multiplication des conflits fonciers*

**193.**La fin des années 70 et le début de la décennie 80 sont marqués par l'éclatement et la multiplication des conflits liés à la terre. La remise en cause des contrats de tutorat et le non-respect des obligations par les migrants sont présentés comme les éléments déclencheurs de ces conflits multiformes. Sur la remise en cause des contrats de tutorats, il convient de souligner que dans la plupart des régions forestières, l'accueil de migrants a pris historiquement la forme du tutorat. Le tutorat se définit comme « une convention agraire caractéristique de ''l'économie morale'' dans laquelle le bénéficiaire d'une délégation de droits

---

[454] K. J. KOUAME, « Criminalité violente liée au foncier à l'intérieur de la forêt classée de Goin Debe (RCI) », *Revue Africaine de Criminologie*, N°21-2017, p.9.

[455] B. ZANOU, A. NYANKAWINDEMERA, « Migration et répartition spatiale de la population en Côte d'Ivoire », *Op.cit.*, p.2.

fonciers, ou même d'une ''vente'' de terre contracte un devoir permanent de reconnaissance vis-à-vis de son ''tuteur'' »[456]. Ces contrats de tutorat ont présidé à l'installation des migrants dans les régions forestières de l'ouest et du sud-ouest de la Côte d'Ivoire[457] à une époque où les populations autochtones vivant dans ses régions ne manifestaient que peu d'intérêts pour les activités agricoles[458]. L'occupation des terres par les migrants dans ces conditions ne posait point de problème. Cependant, la situation évolue très vite. La politique de retour à la terre, prônée par les autorités pour faire face à la crise économique que traverse tout le pays à partir de 1980, attire l'élite et la jeunesse urbaine originaire des régions forestières vers la terre de leur ancêtre. Confrontées à l'épuisement des ressources foncières résultant des exploitations détenues en grande majorité par des migrants, les élites et la jeunesse autochtones vont remettre en cause les accords de tutorat conclus par leurs ascendants. Confirmant cette thèse, BABO et DROZ estiment d'ailleurs que les tentatives de reconquête des terres « cédées » dans le cadre du tutorat étaient parfois empreintes de violences[459]. Quant au non-respect des obligations découlant du contrat de tutorat, dans le cadre des conflits fonciers, il fonctionne comme l'exception d'inexécution dans rupture des contrats de droit commun. En effet, « les droits et les obligations impliqués dans la relation de tutorat étaient encapsulés dans une économie morale qui permettait à l'étranger d'acquérir un statut, assorti d'une obligation de reconnaissance morale à l'égard du tuteur et, plus généralement à l'égard de la communauté ». Comme tel, le tuteur ne se sentait lié par la convention qui le liait au migrant que si et seulement ce dernier continuait de se conformer à son

---

[456] J. P. CHAUVEAU cité par A. BABO, « Conflits fonciers, ethnicité politique et guerre en Côte d'Ivoire », *Alternatives sud,* Vol. 17-2010 / 95, Note n°4, p.100.

[457] A. BABO, Y. DROZ, « Conflits fonciers. De l'ethnie à la nation. Rapports interethniques et '' ivoirité'' dans le sud-ouest de la Côte-d'Ivoire », *Cahiers d'études africaines* 2008/4, n° 192, p.743 ; A. BABO, « Conflits fonciers, ethnicité politique et guerre en Côte d'Ivoire », *op.cit.,* p.99.

[458] A. BABO, Y. DROZ, « Conflits fonciers. De l'ethnie à la nation. Rapports interethniques et '' ivoirité'' dans le sud-ouest de la Côte-d'Ivoire », *Op.cit.*, p.742.

[459] ibid.

devoir de reconnaissance. Cependant, et malheureusement d'ailleurs, dans nombre de cas les migrants, notamment baoulé, fort du soutien de l'État vont méconnaitre les obligations qui étaient les leurs.

**194.**De ce qui précède, une constante de ces conflits peut être observée : c'est la revendication par les autochtones des terres exploitées par des allochtones[460].

**195.**En matière minière, le libéralisme connaît des manifestations plutôt différentes, résultant en partie du contexte dans lequel il est intervenu.

### Paragraphe II- En matière minière

**196.**En matière minière le choix du libéralisme a connu une mise en œuvre plutôt tardive (A) et il répondait surtout à l'incapacité de l'État à faire face à ses obligations légales. En fin de compte, le libéralisme dans le domaine minier s'est révélé plutôt préjudiciable à l'activité agricole (B).

#### A- Une mise en œuvre tardive du libéralisme

**197.**Déjà en 1964, le législateur minier de la Côte d'Ivoire semblait, à l'instar du colonisateur, avoir fait le choix du libéralisme économique, à travers le maintien de l'accès aux droits miniers aux personnes privées sous réserve de la satisfaction par ces dernières de certaines conditions[461]. Toutefois, le libéralisme posé en matière minière n'était pas un libéralisme absolu, mais bien au contraire un libéralisme modéré. En effet, l'État se réservait le droit de se livrer à toutes opérations minières, ainsi que celui de contrôler les activités minières des personnes privées. Dans la pratique, ayant choisi un modèle économique basé sur l'exploitation agricole, l'État de Côte d'Ivoire, sous la guidance du Président Félix Houphouët-Boigny, a volontairement mis en veilleuse l'exploitation de son potentiel minier, bien que déjà connu à l'indépendance[462]. Les

---

460 *Côte d'Ivoire : Conflits fonciers en zone rurale*, DIDR – OFPRA, 2017, p.10.

461 Article 6 de la loi n°64-249 du 3 juillet 1964 portant Code minier.

462 G. YAO, « Contestations des projets miniers en Côte d'Ivoire … », *Op.cit.*

seules exploitations industrielles que l'on pouvait observer à cette époque semblaient trouver, pour la plupart, leur fondement dans des permis délivrés avant l'adoption du Code minier de 1964. Sur la question les travaux du ministre Gnamien YAO sont assez édifiants. Il rapporte en effet qu' « à Tortiya, de 1947 à 1975, la SAREMCI a exploité de façon industrielle le diamant [...] À Séguéla, l'exploitation industrielle de diamant a commencé en 1952 par la SANDRAMINE puis la SODIAMCI dès 1955, pour se terminer en 1971 [...]. À Grand-Lahou, le gisement de manganèse mis à nu par des travaux d'exploitation forestière en 1955 a été exploité de façon industrielle de 1960 à 1970 [...] La colombo-tantalite a aussi fait l'objet d'exploitation de type industriel de 1957 à 1966 à Bouaké »[463]. C'est dire ainsi qu'en dépit du modèle économique choisi par l'État ivoirien, l'exploitation industrielle privée n'était pas totalement absente. Des exploitations industrielles sur la base de permis délivrés avant le Code minier de 1964 pouvaient être observées par endroit sans avoir un impact significatif sur l'activité économique en général. À cet effet, le ministre Gnamien YAO pouvait affirmer que, « jusqu'à la fin de ces activités d'exploitation industrielle au début des années 1980, suite à des chocs extérieurs [...] la contribution de l'activité minière à l'économie du pays est restée marginale »[464]. Celle-ci étant bien entendu dominée jusque-là par la production agricole. En dehors de ces exploitations isolées, l'État ivoirien s'est gardé d'ouvrir de nouveaux territoires à l'exploitation. En outre, l'exploitation artisanale prévue par le Code minier n'a jamais été autorisée en raison notamment de la non-intervention de l'arrêté conjoint du ministre chargé des mines et du ministre de l'Intérieur.

**198.** Tant que le modèle économique agricole prospérait, l'effectivité du libéralisme en matière minière ne se faisait point sentir. En revanche, dès que les premières difficultés sont apparues la nécessité d'un libéralisme effectif s'est ressentie. La crise économique que traverse le pays à la fin de la décennie 70 révèle très vite les limites de ce modèle économique agricole et la nécessité pour le pays de diversifier son économie. Pour ce

---

[463] G. YAO, « Contestations des projets miniers en Côte d'Ivoire ... », *Op.cit.*

[464] *Ibid.*

faire, l'État recourt à l'initiative privée pour la mise en valeur de son potentiel minier. Cette nouvelle situation ne sera pas sans conséquence sur les droits coutumiers et subséquemment sur les activités agricoles.

## B- Un libéralisme préjudiciable aux activités agricoles

**199.**Pour la mise en œuvre effective du libéralisme dans le domaine minier, les autorités ivoiriennes optent pour une ouverture du droit d'exploitation aux capitaux privés à travers l'adoption de mesures incitatives (1). Toutefois, cette nouvelle situation ne sera pas sans conséquence sur l'activité agricole, principale activité économique des détenteurs de droits fonciers (2).

### *1- Le recours à l'initiative privée pour la mise en exploitation du sous-sol ivoirien*

**200.**Pour Étienne LE ROY, « la généralisation du monopole foncier de l'État sur les mines ne signifie ni monopole d'extraction ni capacité de contrôle des conditions d'exploitation »[465]. Cette réalité s'est traduite en Côte d'Ivoire par l'ouverture du droit d'exploitation aux particuliers. Concrètement, cela a donné lieu dans un premier temps à la libéralisation de l'exploitation artisanale de diamant et d'or sur toute l'étendue du territoire national, à travers l'adoption du décret n°84-1061 du 13 septembre 1984 portant régime de l'exploitation artisanale et semi-industrielle de l'or et du diamant. L'article 1er de ce texte, dispose que : « sous réserve des droits antérieurement acquis, l'exploitation artisanale et semi-industrielle de l'or et du diamant est ouverte sur toute l'étendue du territoire national, dans les zones aurifères et diamantifères reconnues non industriellement exploitables ». L'un des fondements de ce texte résidait selon ses auteurs dans « la nécessité d'engager effectivement les nationaux dans

---

[465] E. LE ROY, « Le régime minier entre le monopole de l'État et le privilège de l'inventeur : la législation et le monopole de l'État » *In appropriation foncière en Afrique, op.cit.*, p122.

l'effort de développement minier »[466]. En pratique la politique d'ouverture adoptée par les autorités ivoiriennes, a occasionné un afflux massif de populations venues principalement du nord de la Côte d'Ivoire, du Burkina Faso et du Mali vers les zones aurifères et diamantifères. Plus tard, soit à la fin de la seconde moitié des années 1980, l'État a jeté les bases de l'exploitation industrielle de ses ressources minières en général et singulièrement celle de l'or. L'État avait ainsi décidé d'attribuer des permis d'exploitation aussi bien à des entreprises nationales qu'à des multinationales[467]. La mise en œuvre de cette nouvelle politique a vu l'octroi de permis d'exploitation à la Société des Mines d'Ity (SMI) et à la société des Mines de l'Aféma (SOMIAF). De plus, pour booster les initiatives privées il sera institué à partir de 1989 un Ordre du mérite des Mines. L'article 2 du décret n°89-1127 du 25 octobre 1989 portant institution d'un Ordre du mérite des Mines dispose que : l'ordre du mérite des mines est destiné à récompenser les personnes qui se sont distinguées par la contribution. L'institution de l'ordre du mérite traduit de manière prégnante la place que les autorités ivoiriennes entendaient donner à l'exploitation minière en général.

**201.** Les différentes initiatives de l'État auront pour conséquences d'entrainer des pressions foncières notamment dans les régions riches en ressources minières, mettant en concurrence différents acteurs que sont l'État, les exploitants et les détenteurs de droits fonciers coutumiers.

### *2- Les impacts négatifs sur l'activité agricole*

**202.** La mise en œuvre du libéralisme dans le domaine minier emporte de nombreuses conséquences sur l'activité agricole. La première est la réduction des espaces cultivables du fait de l'activité minière. Les pressions consécutives à la colonisation des terres par l'activité minière ont contribué à diminuer

---

466 Voir sur la question les visas du décret n°84-1061 du 13 septembre 1984 portant régime de l'exploitation artisanale et semi industrielle de l'or et du diamant.

467 J. YOBO, D. D. A. NASSA, « L'exploitation minière, facteur de récession de l'activité agricole à HIRÉ WATTA en Côte d'Ivoire », *In Revue de Géographie Tropicale et d'Environnement*, n°1, 2018, p.92,

significativement l'étendue des parcelles cultivables. En effet, aussi bien l'exploitation minière que les activités agricoles nécessitent pour leurs réalisations l'occupation de portions de terre plus ou moins étendues. C'est ce qui ressort des travaux de YOBO et NASSA. Si l'étude par eux menée ne visait pas expressément la période à laquelle l'État amorce de la mise en œuvre effective de la politique libérale en matière minière, les conclusions de ces chercheurs sur l'impact que peut avoir l'activité d'exploitation minière sur l'agriculture confirment notre postulat. Ils affirment que : « l'occupation des terres par l'activité minière a pour corollaire la réduction des superficies autrefois destinées à l'agriculture, car l'extraction minière se fait sur les terres destinées à l'agriculture. Cette occupation du sol par les activités minières crée des externalités sous forme de juxtaposition entre mine et agriculture au détriment des superficies agricoles »[468]. Ces mêmes conclusions avaient été avancées par KOUADIO Kouassi Nicolas qui, voyant dans l'activité minière une stratégie de résilience des populations face à la crise dans la filière cacao, conclue pour dire qu'elles sont à la base de la recomposition socio-économique amorcée localement[469]. C'est dire ainsi que les auteurs s'accordent pour dire que l'activité d'exploitation minière est à la base de nombreuses conséquences dans le domaine agricole. Le même constat a également été relevé dans une étude commanditée par l'UE et l'USAID dans le cadre du projet DPDDA II relative à l'exploitation artisanale du diamant. Il résulte de cette étude que la libéralisation de l'exploitation artisanale du diamant à partir de 1984, doublé du regroupement des artisans en GVC, marque le point de départ du boom du diamant dans la région de Séguéla[470]. Ce boom ne s'est pas fait sans l'arrivée massive des étrangers pour occuper des terres anciennement dédiées à l'agriculture.

---

[468] J. YOBO, D. D. A. NASSA, « L'exploitation minière, facteur de récession ... », *Op.cit.*, p.95.

[469] N. K. KOUADIO, « Exploitation minière, facteur de recompositions ...», *Op.cit.*, p.288.

[470] TETRA TECH, *Droits de Propriété et Développement du Diamant Artisanal II (DDPA II) : diagnostic terre et conflits dans les communautés d'exploitation artisanale du diamant de Séguéla et Tortiya*, Étude menée pour le compte de l'Union Européenne et l'USAID, 2014, p.21.

**203.** À la question de savoir ce qui pourrait objectivement expliquer ces conséquences de l'exploitation minière dans les zones de production agricole, il y a lieu de distinguer suivant qu'il s'agit de causes directes ou de causes indirectes. Au titre des causes directes, il faut souligner que dans nombre de cas, l'État n'hésite pas à délivrer des titres miniers sur des périmètres servant antérieurement à l'agriculture. Le cas de l'exploitation industrielle de l'or dans la région d'Hiré en est une illustration prégnante. YOBO et NASSA observent que, l'extraction minière se fait sur les terres destinées à l'agriculture[471]. L'installation par l'État des exploitants miniers sur les terres agricoles concerne aussi bien les exploitations de type industriel que pour les exploitations artisanales. Pour ces dernières, il est bon de préciser que l'installation des orpailleurs sur des terres agricoles s'analyse comme le corollaire de la politique de libéralisation de l'exploitation artisanale et semi-industrielle. L'État ne peut, en effet, prétendre libéraliser ces types d'exploitation sur toute l'étendue du territoire et s'opposer à l'occupation des terres agricoles par les bénéficiaires d'autorisation d'exploitation. Bien que de petites superficies, les exploitations artisanales et semi-industrielles « réduisent les terres agricoles par leur caractère progressif. En effet, les orpailleurs se déplacent d'un site à un autre lorsque le site exploité est épuisé ou lorsque celui-ci a un faible rendement. Aussi, le nombre de ces sites d'exploitation en accroit les impacts sur les terres agricoles »[472].

**204.** En dehors de l'action de l'État qui impacte directement l'activité agricole à travers la délivrance des titres miniers et des autorisations d'exploitation sur les terres agricoles, d'autres facteurs non moins importants participent de l'impact négatif de la mise en œuvre de cette libéralisation sur les activités agricoles. Au nombre de ceux-ci, figure le caractère lucratif de l'exploitation minière, ainsi que les conséquences de l'exploitation sur les cultures environnantes[473]. S'agissant du caractère lucratif de l'exploitation, notons que plusieurs études

---

[471] J. YOBO, D. D. A. NASSA, « L'exploitation minière, facteur de récession … », *Op.cit.*, p.95.

[472] *Ibid.*, p.96.

[473] P. MANIRAKIZA., « Protection des droits de l'homme à l'ère de l'industrie extractive en Afrique », *Criminologie*, Vol. 49, n°2, p.118.

menées ont révélé qu'à l'arrivée l'activité minière dans une région donnée, les populations abandonnent majoritairement leurs activités économiques traditionnelles au profit de l'exploitation minière. Dans le secteur de l'agriculture, c'est surtout les cultivateurs, producteurs de vivriers et de cultures maraîchères qui abandonnent les champs pour les sites miniers. Cette fuite de la main-d'œuvre conduit à la diminution de la production agricole[474]. Quant aux conséquences de l'exploitation minière, il convient de noter que les spécificités de cette activité concourent à modifier le potentiel hydrique et la structure des sols[475]. Ainsi l'exploitation minière est facteur de dégradation à travers notamment le rejet des produits issus de l'étape de purification et le lessivage des surfaces exploitées. De plus, pour YOBO et NASSA, les « produits chimiques utilisés pour le traitement du minerai polluent les terres agricoles voisines à la mine et les cours d'eau de la région. Cette pollution entraine un déséquilibre écologique qui impacte l'agriculture »[476].

**205.** À la lumière de ce qui précède, il apparaît clairement que la politique économique et sociale des autorités ivoiriennes au lendemain de l'indépendance a fortement influencé les rapports fonciers miniers. À l'image de ce qui avait cours sous le régime colonial, les droits coutumiers ont continué d'être l'objet d'une négation quasi systématique à l'occasion de l'établissement des concessions minières. La fin de la guerre froide et les évolutions sociétales au plan politique, stratégique économique et financier, ainsi que les progrès techniques et scientifiques ont introduit le concept de prise en compte des coûts environnementaux et sociaux à l'occasion du déroulement des projets miniers[477]. En Côte d'Ivoire, ces évolutions ont, parallèlement, consacré pour les populations riveraines des projets miniers le droit d'exiger

---

474 N. K. KOUADIO, *Exploitation artisanale de l'or dans le processus de mutation socioéconomique à Hiré (sud Bandama Côte d'Ivoire),* Mémoire D.E.A (diplôme d'études approfondies) Sociologie, Université de Bouaké (Côte d'Ivoire) 2008, [en ligne] consulté le 04/09/2019 sur https://www.memoireonline.com/04/10 /3362/Exploitation-artisanale-de-lor-dans-le-processus-de-mutation-socioeconomique--Hire-sud-Banda.html.

475 J. YOBO, D. D. A. NASSA, « L'exploitation minière, facteur de récession ...», *Op.cit.*, p.98.

476 *Ibid.*

477 *Ibid.,* pp.75-77.

des différents acteurs impliqués dans le déroulement des projets miniers le respect de leurs droits fondamentaux et plus particulièrement celui de donner leur avis préalable sur tout projet impliquant l'occupation de leurs terres[478].

[478] Voir sur la question le Code minier de 1995 et celui de 2014.

## Chapitre II
## À partir de 1995, une prise en compte partiel des droits fonciers coutumiers

**206.** La crise économique de la fin des années 70, due en partie à la chute des cours des matières premières agricole[479], a montré les limites de la politique économique essentiellement agricole et révélé la nécessité pour l'État de diversifier les bases de son économie. Dans un contexte de pression foncière de plus en plus grandissante, les autorités se décident alors à recourir à l'exploitation minière pour redonner à l'économie ivoirienne un second souffle. Dans ce domaine également, à la faveur de la chute du mur de Berlin, l'on observe l'émergence de nouveaux paradigmes. En effet, essentiellement fondés sur des critères financiers pendant la colonisation, et des critères géopolitiques au lendemain des indépendances dans les années 1970-1980, les projets miniers ne se conçoivent plus en dehors des critères sociétaux[480]. L'avis préalable des populations désormais requis pour tout projet impliquant l'occupation de leurs terres[481]. En Côte d'Ivoire ces évolutions se traduiront par l'adoption de la loi n°95-553 du 18 juillet 1995 portant Code minier. Sans s'éloigner fondamentalement des textes précédents relativement aux régimes des mines et des modalités d'accession aux droits miniers, la loi minière de 1995 apporte toutefois quelques innovations à travers notamment l'implémentation implicite des droits coutumiers. Cette position du législateur minier sera confortée en 1998 à travers la loi n°98-750 relative au domaine foncier rural qui reconnait expressément les droits fonciers coutumiers. Cependant, en raison de la décennie de crise politique qu'a connue le pays, le bilan de l'application du Code minier de 1995, reste dans l'ensemble difficilement appréciable. Sous l'impulsion de l'UEMOA, une nouvelle loi minière est adoptée au lendemain de la crise militaro-politique. C'est la loi

---

[479] J. P. FOIRRY, « L'évolution conjoncturelle de la Côte d'Ivoire en 1960 à 1985 : quelques facteurs explicatifs de la crise actuelle », *In Le mois en Afrique*, n° 243-244, 21e année, avril-mai, 1986, p.70.

[480] G. YAO, *L'industrie minière face aux évolutions sociétales : quels impacts des attentes populations et des collectivités locales sur le développement des projets miniers?, Op.cit.*, pp.77-78.

[481] *Ibid.*99.

n°2014-138 du 24 mars 2014, portant Code minier de la République de Côte d'Ivoire qui à ce jour demeure encore en vigueur. Présenté par les industrielles comme étant le Code minier le plus attractif au monde, ce texte ne s'éloigne pas fondamentalement du précédent. Dans l'ensemble, ces deux Codes miniers ne dérogent point aux précédents. La réglementation de l'établissement des concessions minières continue de nier les droits coutumiers sur les ressources minières (I), et ne reconnait que des droits coutumiers très limités à la surface (Section II).

### *Section I- La négation des droits fonciers coutumiers sur le tréfonds*

**207.**Le changement des paradigmes qui sous-tendent la réalisation des projets miniers ci-dessus évoqué n'a, semble-t-il, pas eu d'influence sur le régime des mines. Aussi bien le législateur de 1995 que celui de 2014 s'inscrivent dans la logique de leurs prédécesseurs. Maintenant la distinction entre le sol et sous-sol, ces deux textes nient tous droits fonciers coutumiers sur le sous-sol et les ressources qui y sont contenus à travers le maintien du régime minier, hérité de la période coloniale et épousé par le législateur de 1964 (paragraphe I). Contrairement aux périodes antérieures, le régime de la propriété étatique ainsi affirmé, fait face à une résistance de la part de certains acteurs, dont les manifestations sont diversement perceptibles (paragraphe II).

#### Paragraphe I- Un régime de la propriété des mines favorable à l'État

**208.**Dire du régime minier qu'il est favorable à l'État, c'est dire qu'il avantageux ou encore bénéfique à l'État. Les avantages ou bénéfices du régime minier consacré par la loi n°95-553 du 18 juillet 1995 portant Code minier et repris par la loi n°2014-138 du 24 mars 2014 transparaissent non seulement du caractère explicite de l'affirmation de la propriété étatique (A), mais aussi dans le pouvoir exclusif de l'État dans l'octroi des droits miniers (B).

### A- La consécration expresse de la propriété étatique des ressources minières

**209.** Après une première tentative avortée de consécration expresse de la propriété étatique des ressources du sous-sol, le législateur minier ivoirien va essayer une seconde fois et réussir à affirmer la propriété étatique des ressources du sol ivoirien. C'est l'article 2 du Code minier de 1995 qui consacre cette propriété en ces termes : « toutes les substances minérales, toutes les eaux minérales et tous les gîtes géothermiques contenus dans le sol et le sous-sol, les eaux territoriales, la zone économique exclusive et sur le plateau continental de la République de Côte d'Ivoire sont propriétés de l'État ». À travers cette consécration, le législateur ivoirien adopte une position de rupture d'avec ses prédécesseurs relativement à la propriété des ressources du sous-sol. En effet, du colonisateur au premier législateur minier de la Côte d'Ivoire indépendante, la réglementation minière, n'a jamais affirmé expressément la propriété étatique sur les ressources du sous-sol ivoirien. Celle-ci pouvait être déduite de certaines dispositions contenues dans ces textes. Le Code minier de 2014 ne déroge pas à celui de 1995. La propriété étatique des ressources minière y est expressément affirmée à deux reprises. En effet, si l'article 1er de ce texte identifie l'État comme étant le propriétaire du sous-sol en Côte d'Ivoire, c'est l'article 3 qui affirme sans équivoque le principe de cette propriété étatique des ressources minières en ces termes : « toutes les substances minérales, toutes les eaux minérales et tous les gites géothermiques contenus dans le sol et le sous-sol, les eaux territoriales, la zone économique exclusive et sur le plateau continental ainsi que son extension au-delà de deux cents miles marins jusqu'aux limites conventionnelles internationalement reconnues de la Côte d'Ivoire, sont propriétés de l'État de Côte d'Ivoire ». Outre l'affirmation de la propriété exclusive de l'État sur les ressources minières, les droits fonciers continuent d'être déniés à travers la compétence exclusive de l'État pour la délivrance des titres miniers.

### B- La compétence exclusive de l'État pour l'octroi de droit sur les mines

**210.**Héritée de la colonisation, la prépondérance de l'État dans la procédure d'octroi des droits sur les ressources minières a d'abord été reprise par le Code minier de 1964. À la suite de ce dernier, les Codes miniers de 1995 et de 2014 réaffirment ce principe en reconnaissant à l'État la compétence exclusive pour la délivrance des différents titres miniers ainsi que la négociation des conventions minières. En ce qui concerne la délivrance des droits miniers par l'État, le Code minier de 1995 disposait en son article 4, alinéa 1er que : « aucune personne physique ou morale, de nationalité ivoirienne ou étrangère, ne peut entreprendre ou conduire une activité régie par le Code minier sur les terres du domaine public ou privé sans avoir au préalable obtenu un titre minier ou une autorisation dans les conditions fixées par le Code minier […] »[482]. L'alinéa 2e de la même disposition précise par ailleurs que « la recherche et l'exploitation de substances minérales sont autorisées en vertu d'un titre minier, à l'exception toutefois de l'exploitation artisanale et semi-industrielle de ces substances […] qui sont sujettes à une autorisation ». À travers ces deux alinéas, l'article 4 de la loi n° 95-553 du 18 juillet 1995 portant Code minier se posait comme le fondement juridique de la compétence de pour la délivrance des différents actes administratifs conférant des droits sur les mines. Ces dispositions seront reprises par le Code minier de 2014.

**211.**Concrètement la compétence de l'État s'exerce d'une part à travers la réception et l'instruction des demandes de titre et d'autorisation ainsi que leur délivrance[483] ; d'autre part, par la signature de convention minière[484], notamment dans le cadre de

[482] Cette disposition sera reprise intégralement à l'article 5 du Code minier de 2014.

[483] Cf. loi n°2014-138 du 24 mars 2014 portant Code minier : article 18 (permis de recherche), article 27 (permis d'exploitation) ;

[484] Selon l'article 1er de la loi n°2014-138 du 24 mars portant Code minier, la convention minière, l'accord entre un demandeur de permis et l'Etat de Côte d'Ivoire, qui fixe les conditions spécifiques d'exploitation. Dans le cadre de cette étude nous ne consacrons pas de développement des développements particuliers aux conventions minières en raison de leur influence minime sur le régime foncier.

l'exploitation industrielle[485]. La portée des droits reconnus à l'État est tellement forte que les détenteurs de droits coutumiers sont eux même tenus de conformer aux règles générales ci-dessus décrites. Les prérogatives de l'État, ainsi présentées, en matière de délivrance de droits miniers ne constitue point une innovation. En la matière, les Codes miniers de 1995 et 2014 s'inscrivent dans la logique des textes miniers précédents. Toutefois contrairement aux textes précédents, le régime de la propriété étatique des ressources minières semble de plus en plus confronté à la résistance des détenteurs coutumiers.

### Paragraphe II- Un régime de propriété discuté par les détenteurs coutumiers

**212.**Désormais expressément affirmé, le régime de la propriété minière est confronté à une forte résistance des coutumes (A) donnant lieu à la multiplication de pratiques clandestines d'exploitation (B).

#### A- La résistance des coutumes au régime minier légal

**213.**Passée discrètement sous la colonisation, le régime de la propriété étatique des mines est de plus en plus l'objet de remise en cause de la part des détenteurs de droits coutumiers. Se fondant sur leurs droits, détenus en vertu des traditions, ces derniers nient à l'État toute propriété sur les richesses contenues dans le tréfonds des terres qu'ils ont reçu de leurs ancêtres. Largement relayées par les médias nationaux[486], les remises en cause de la propriété étatique remontent au milieu des années 90 à l'occasion de l'établissement des concessions minières. Dans la plupart des cas, ces populations détentrices de droits coutumiers sur les terres, estimant ne pas tirer assez profit de l'exploitation des minerais contenus sur leurs terres, s'opposent à celle-ci. Ce constat fait en Côte d'Ivoire ne constitue cependant pas un cas isolé dans la sous-région ouest-africaine.

---

[485] Article 12 de la loi n°2014-138 du 24 mars portant Code minier.

[486] M. TOURE, « Impact de l'exploitation industrielle de l'or, taux d'indemnisation : les paysans se rebiffent », *Fraternité Matin* n°9212 du jeudi 29 juin 1995, pp12-13 ; R. N'GUESSAN, « Paysans sans terres », *Fraternité matin* n° 9212 du jeudi 29 juin 1995, p13.

Selon YVES MOREL l' « une des causes du soulèvement des populations du delta du Niger est que les concessions accordées par le gouvernement nigérian aux ''Majors'' ignorent les droits fonciers des autorités ethniques »[487]. De plus une référence aux travaux de Gnamien YAO achève de nous convaincre. Pour l'auteur, à partir des années 1990, c'est quasiment partout dans le monde que les communautés riveraines des projets miniers s'opposent au déroulement des travaux d'exploitation[488]. Ce phénomène s'observe aussi bien dans les pays développés que dans les pays non développés. Il se vit également dans les pays démocratiques comme dans les pays non démocratiques[489].

**214.**En Côte d'Ivoire depuis cette époque les remises en cause du régime de propriété étatique n'ont cessé de se multiplier suivant le mouvement d'installation de nouveaux projets miniers ou en marge de ceux-ci à travers notamment des comportements de défiance à l'égard de la législation minière.

### B- Le développement de pratiques d'exploitation clandestines

**215.**À la faveur de la colonisation et de l'introduction sur le continent du modèle de droit écrit, l'exploitation minière en Côte d'Ivoire est réglementée par le moyen décret et/ou de loi selon l'époque. Aux termes des réglementations successives qu'a connues le pays depuis lors, l'exercice de l'activité minière est soumis à un encadrement plus ou moins strict suivant le type d'exploitation. Dans cette dynamique, contrairement à l'exploitation industrielle et à un degré moindre l'exploitation semi-industrielle, l'activité d'exploitation minière artisanale, fait l'objet d'un encadrement plus ou moins strict. À la suite du décret n°84-1061 du 13 septembre 1984 portant régime de l'exploitation artisanale et semi-industrielle de l'or et du diamant en Côte d'Ivoire, qui libéralise cette activité sur toute l'étendue du territoire, les Codes miniers de 1995 et de 2014 la

---

487 Y. MOREL., « Les richesses minières en Afrique de l'ouest : un mariage à risque pour la démocratie », *Débats courriers d'Afrique de l'Ouest* n°69, novembre 2009, p.4.

488 G. YAO, *L'Industrie minière face aux évolutions sociétales : quels impacts des attentes des populations et des collectivités locales sur le développement des projets miniers*, *op.cit.* p.97.

489 *Ibid.*, p.87.

subordonnent à la satisfaction d'un certain nombre de conditions. Aux termes des articles 53 et 65 de la loi n°2014-138 du 24 mars 2014 précité[490], les autorisations d'exploitation minière semi-industrielle et artisanale sont accordées par arrêté du ministre des Mines aux :

- seules personnes physiques de nationalités ivoiriennes,
- sociétés coopératives à participation ivoirienne majoritaire ;
- petites et moyennes entreprises (PME) de droit ivoirien dont le capital est à majorité, ivoirien[491].

**216.** C'est dire ainsi que les personnes physiques non ivoiriennes sont interdites d'exercer l'exploitation minière semi-industrielle et/ou artisanale. Pour s'adonner à l'exploitation minière artisanale ou industrielle, la loi fait obligations à ces personnes de se constituer en société coopérative[492] à participation ivoirienne majoritaire ou en PME de droit ivoirien[493]. À travers ces dispositions, le Code minier ivoirien cherche à garantir une plus grande participation des nationaux aux activités d'exploitation[494]. Concernant justement les personnes physiques ivoiriennes, l'exercice par eux de l'une de ces activités est subordonné à l'obtention d'une autorisation délivrée par l'État représenté par le ministre des Mines[495]. Dans la pratique, les

---

[490] Ces deux dispositions reprennent pour l'essentiel, le contenu de l'article 43 de la loi n°95-553 du 18 juillet 1995 portant Code minier.

[491] Cette dernière catégorie ne vaut que pour l'exploitation minière semi industrielle.

[492] « La société coopérative est un groupement autonome de personnes volontairement réunies pour satisfaire leurs aspirations et besoins économiques, sociaux et culturels communs, au moyen d'une entreprise dont la propriété et la gestion sont collectives et où le pouvoir est exercé démocratiquement et selon les principes coopératifs (…)», Cf. Article 4 de l'acte uniforme OHADA relatif au droit des sociétés coopératives.

[493] « La petite et moyenne Entreprise est une entreprise qui emploie en permanence moins de deux cents personnes et qui réalise un chiffre d'affaires annuel hors taxes inférieur ou égal à un milliard de francs CFA », Cf. Art. 2. Décret n° 2012-05 du 11 janvier 2012 portant définition de la petite et moyenne Entreprise.

[494] R. N'GUESSAN, « Paysans sans terres », *Fraternité matin* n° 9212 du jeudi 29 juin 1995, p13.

[495] Sur la question, Voir article 43 alinéa 1er de la loi n°95-553 du 18 juillet 1995 portant Code minier et les article 53 et 65 de la loi n° 2014-138 du 24 mars 2014 portant Code minier.

dispositions légales sur la compétence pour l'attribution des autorisations d'exploitation ne sont pas respectées. Plusieurs pratiques informelles de distribution et d'exercice de droits miniers existent en marge du dispositif légal. Il s'agit notamment de l'exercice par des personnes physiques non ivoiriennes d'activités minières sur autorisation des détenteurs coutumiers, ou encore de l'exploitation des ressources du sous-sol par les détenteurs de droits coutumiers eux-mêmes. L'actualité socio-politique en Côte d'Ivoire ces derniers mois devrait achever de nous convaincre de l'ampleur, sinon de l'intensité, des transgressions de la loi minière par ces différents acteurs. La question de l'exploitation clandestine et plus précisément celle de l'orpaillage clandestin en particulier défraie la chronique. Dans une vidéo devenue virale sur le Net, l'ancien chef de l'État Henri Konan BÉDIE dénonçait les dangers que représente le convoyage des ressortissants étrangers sur le sol ivoirien en vue de la pratique de l'orpaillage clandestin dans certaines régions du pays[496]. Quelques semaines après la sortie du Président BÉDIE les médias relayaient le démantèlement de plusieurs sites d'orpaillage clandestin par la brigade de répression des infractions du Code minier (BRICM). À en croire les autorités, l'opération de démantèlement devait s'étendre à 241 autres sites d'orpaillages avec une population de 23400 orpailleurs.

**217.**Les développements qui précèdent démontrent à suffisance l'ampleur du non-respect de la législation. Si ces orpailleurs clandestins arrivent à s'installer et à mener leurs activités, c'est très souvent avec la complicité de détenteurs coutumiers qui, se considérant propriétaire de la terre, repartissent les périmètres miniers à leurs hôtes lorsqu'ils ne s'adonnent pas eux-mêmes à l'exploitation. Ainsi, il ressort des travaux d'investigation de GOH Denis en matière d'exploitation artisanale de l'or dans le Yaourè, que les principaux exploitants miniers d'origine burkinabé ne disposent d'aucune autorisation officielle d'exploitation artisanale de l'or, comme l'exige le Code minier ivoirien. L'auteur précise d'ailleurs que « le seul document avec

---

[496] D. YALA, « Orpaillage Clandestin : Ouattara craque et donne raison à Bédié », Article de presse Consulté en ligne le 15/09/2019 à 09h53 sur www.ivoirebusiness.net.

lequel ils travaillent [...] est une convention d'exploitation de parcelle à des fins d'orpaillage qui les lie aux propriétaires terriens »[497]. En se référant à l'article 3 du Code minier de 2014, l'on constate déjà au niveau de l'objet des dites ''conventions'' une confusion relative à l'étendue des droits détenus par les détenteurs coutumiers. Alors que leur rôle devait se limiter à la détermination des modalités d'accès à leur patrimoine foncier[498], ces derniers s'arrogent le droit de conférer des droits d'exploitation des ressources aurifères. Loin de toute considération politique, ces pratiques clandestines se présentent comme une illustration de la force du système de régulation coutumier, par rapport aux mesures publiques dans les espaces locaux[499] en générale. Plus spécifiquement, il s'agit de l'expression la plus manifeste de la remise en cause du régime de la propriété étatique des ressources minières.

**218.**L'adhésion des communautés rurales à ces pratiques informelles et clandestines se nourrit de ce qu'elles semblent mieux s'accommoder avec leurs croyances locales, notamment en ce qui concerne l'autorité du chef de terres et ses implications en termes d'accomplissement de cérémoniels ou rituels prévus à cet effet par la tradition[500]. De plus, ces pratiques informelles semblent influencer les décisions des juges ivoiriens. Ainsi dans une espèce qui lui était soumise, la Cour d'Appel de Daloa conclut à l'infirmation du jugement querellé au motif qu'en se mettant à faire de l'exploitation de l'or au lieu de s'en tenir à l'activité agricole, l'occupant de la parcelle litigieuse se comportait en véritable propriété de la terre qui avait été cédée à son père[501]. En concluant ainsi, la cour semble considérer que la propriété d'une terre emporte le droit de faire de l'exploitation

[497] D. GOH, « l'exploitation artisanale de l'or en Côte d'Ivoire : la persistance d'une activité illégale », *European Scientific Journal*, vol.2, N°3, Edition 2016, p.23.

[498] *Ibid.*, p.25.

[499] F. R. KONE, « Pouvoirs coutumiers et orpaillage illicite en Côte d'Ivoire » *In Les analyses de l'ASA*, 2017, p.4.

[500] F. R. KONE, « Pouvoirs coutumiers et orpaillage illicite en Côte d'Ivoire » *In Les analyses de l'ASA*, 2017, p.5.

[501] Cour d'Appel de Daloa, deuxième chambre civile et commerciale, Arrêt n°206 du 30/05/2001, KONAN Kouassi C/ NANA Grégoire, Disponible sur https://biblio-cndj.ci/ .

des ressources tréfoncières ; toute chose qui déroge profondément au cadre législatif et réglementaire en vigueur.

**219.**En dépit des développements précédents, il convient de préciser que la négation des droits coutumiers à l'aune des Codes miniers de 1995 et de 2014 n'est point absolue. Contrairement au Code de 1964, ces derniers reconnaissent, certes différemment, les droits coutumiers qu'ils limitent à la surface des périmètres miniers.

### *Section II- la reconnaissance des droits fonciers coutumiers limitée à la surface*

**220.** Le Code minier de 1995 opère une césure d'avec la loi minière en date du 3 juillet 1964[502]. Sans l'affirmer expressément, ce texte reconnait les droits fonciers coutumiers à la surface des périmètres miniers. Il sera suivi en cela, par la loi minière de 2014. Cette reconnaissance peut s'analyser comme l'une des premières mesures prises par les autorités ivoiriennes pour tenter de trouver une solution à la crise foncière que traverse le pays notamment dans les zones forestières. C'est donc une reconnaissance consécutive à l'échec des politiques foncières antérieures (Paragraphe I). Intervenant dans un contexte de mondialisation et d'expansion de la démocratie, la reconnaissance des droits fonciers coutumiers par le Code minier 1995 puis par celui 2014, se traduit par l'application aux droits coutumiers, du même régime que le droit de propriété (Paragraphe II).

#### Paragraphe I- Une reconnaissance consécutive à l'échec des politiques antérieures

**221.**Amorcée par loi n° 95-553 précitée (A), la reconnaissance des droits coutumiers à l'occasion de l'établissement des concessions minières sera confortée par la réhabilitation légale des droits coutumiers par le régime de la propriété foncière rurale en 1998 (B).

---

[502] Loi n°64-249 du 3 juillet 1964 portant Code minier.

### A- Une reconnaissance amorcée par le Code minier de 1995

**222.** La crise économique de la fin des années 70 et les conflits fonciers qui ont émaillé la décennie 80 ont eu pour conséquence de faire reculer l'État dans la mise en œuvre de sa politique libérale notamment en matière foncière. Ce recul s'est manifesté par l'adoption, sous l'impulsion de la banque mondiale, d'un Code minier prenant implicitement en compte les droits fonciers coutumiers. Cette prise en compte implicite pouvait être déduite d'une part de la procédure d'octroi du permis d'exploitation et d'autre part, des conditions de l'occupation. Relativement à la prise en compte implicite des droits coutumiers à l'occasion de la procédure d'octroi du permis d'exploitation, elle résulte de l'interprétation donnée par l'administration à la notion d'enquête de *commodo et incommodo*. Il ressort, en effet, du Code minier de 1995 que « le permis d'exploitation n'est accordé qu'après enquête de commodo et incommodo. L'enquête permet entre autres à l'État d'établir les conditions dans lesquelles l'exploitation sera autorisée »[503]. Cette disposition, tout comme l'article 58 du décret 95-96 du 26 mars 1965 déterminant les modalités d'application du Code minier de 1964, subordonne la délivrance du permis d'exploitation à une enquête de *commodo et incommodo*. Cependant, ni le Code minier de 1995 ni son décret d'application ne donnent une définition claire de la notion. Le Code se contente de dire qu'elle a pour finalité d'établir les conditions d'autorisation de l'exploitation. Selon le vocabulaire juridique, il s'agit d'une « procédure préalable à certaines opérations administratives et destinée à recueillir les prises de position des intéressées et les informations nécessaires à l'exécution de ces opérations »[504]. Dans la pratique, l'enquête de *commodo et incommodo*, autrefois limitée à l'identification des éventuels propriétaires et auteurs de mise en valeur, va désormais servir à l'identification et au recensement de tout détenteur de droits sans distinction sur l'emprise du projet[505]. Par conséquent, l'enquête de *commodo* et *incommodo* permet

[503] Article 17 de la loi n°95-553 du 18 juillet 1995 Code minier.
[504] G. CORNU, *Vocabulaire juridique, Op.cit.*, 399 pages.
[505] J. DEKLI, Juriste au Ministère des mines et de la géologie, entretien réalisé le 25 juin 2019 au service juridique du Ministère des mines et de la géologie.

désormais d'identifier, en plus des propriétaires et auteurs de mises en valeur, les éventuels détenteurs de droits coutumiers. À la question de savoir ce qui pourrait expliquer cette évolution dans le traitement des droits coutumier, il convient de noter que depuis la fin des années 1990, l'on assiste partout dans le monde à l'explosion des libertés. Dans ces conditions, tous les projets pouvant constituer des menaces pour les individus ou groupes d'individus ne peuvent s'entreprendre sans les avis de ceux-ci. En conséquence, il est demandé aux autorités publiques d'accepter que les populations dénoncent tout projet qui expose leur existence à de graves risques. Dans cette même veine, il n'est plus acceptable que de façon unilatérale, l'exploitation minière soit imposée aux populations locales. Décrivant cette situation, le ministre Gnamien YAO affirmait que, « c'est la manifestation de l'État de droit qui sous-tend la réaction des populations dont les avis doivent être désormais requis avant le démarrage des projets de développement minier »[506]. Ainsi, la prise en compte des droits fonciers coutumiers s'analyse comme le corollaire de l'exigence de la consultation des populations pour tous les projets susceptibles d'impacter leur mode de vie. Elle est expressément prévue par le décret en ces termes : « l'octroi des autorisations d'extraction et d'exploitation est subordonné à l'avis […] des communautés rurales concernées »[507].

**223.** Quant à la reconnaissance implicite au moment de l'occupation des terres visées par le titre minier, elle découle de l'article 68 du Code minier de 1995. Il ressort de cet article que : « l'occupation des terrains nécessaires à l'activité de prospection, de reconnaissance, de recherche, ou d'exploitation de substance minérale et aux industries qui s'y rattachent tant à l'intérieur qu'à l'extérieur du titre minier ou de l'autorisation ainsi que le passage sur ces terrains aux mêmes fins, s'effectue selon les conditions et les modalités établies par la réglementation. L'occupation de ces terrains donne droit à une indemnité au profit de l'occupant du sol ou de l'occupant légitime ». Telle que formulée, la disposition n'affirme certes

[506] G. YAO, « Contestations des projets miniers en Côte d'Ivoire … », *Op.cit.*

[507] Article 77 du décret n°96-634 du 9 août 1996 déterminant les modalités d'application de la loi n° 95-553 du 18 juillet 1995 portant Code minier.

pas expressément la reconnaissance des droits fonciers coutumiers à l'occasion de l'installation du titulaire d'un titre ou d'une autorisation sur les périmètres visés par lesdits titres ou autorisations, toutefois elle a le mérite de rompre avec les dispositions du Code minier de 1964 et son décret d'application. En effet, alors qu'au terme de ces deux textes, l'occupation des périmètres visés par le titre minier ne devenait effective qu'après le versement au propriétaire ou à l'auteur de la mise en valeur d'une indemnité, le Code de 1995 abandonne la condition de la mise en valeur dans la prise en compte des victimes de l'occupation. Il fait plutôt référence à « l'occupant du sol » ou « l'occupant légitime ». Ainsi, contrairement aux textes précédant, le Code de 1995 et son décret d'application ne font plus de la mise en valeur, la source du droit à indemnisation du fait de l'occupation en vue d'une activité minière.

**224.**Amorcée avec certaines dispositions du Code minier, l'évolution de la prise en compte des droits fonciers coutumiers à l'occasion de l'établissement des projets miniers sera renforcée par la reconnaissance légale des droits fonciers coutumiers.

## B- Une reconnaissance renforcée par la réhabilitation légale des droits coutumiers

**225.**Dans le but de remédier à la situation foncière confuse résultant de la mise en œuvre de la politique libérale de Félix HOUPHOUËT-BOIGNY, le législateur ivoirien a adopté la loi n°98-750 du 23 décembre 1998 relative au domaine foncier rural. Ce texte opère une réhabilitation des droits coutumiers d'une part à travers la composition du domaine foncier rural (1) et d'autre part dans l'institution de mécanisme de consolidation des droits coutumiers (2).

### *1- La composition du domaine foncier rural*

**226.**C'est à travers la composition du domaine foncier que le législateur reconnaît expressément pour la première fois les droits fonciers coutumiers. En effet au terme de l'article 2, de la loi de 1998 sur le foncier rural, le domaine foncier rural comprend à titre transitoire des terres du domaine coutumier. Le domaine foncier rural coutumier devant s'entendre comme l'ensemble des terres sur lesquelles s'exercent des droits coutumiers conformes aux traditions, ou des droits coutumiers cédés à des tiers[508]. Ainsi, le législateur reconnaissait expressément l'existence de terres sur lesquels sont exercés exclusivement des droits coutumiers. L'esprit de la nouvelle loi prend manifestement le contre-pied de la philosophie de mise en valeur agricole du pays prônée par l'ancien président HOUPHOUËT-BOIGNY[509], dans la mesure où désormais l'antériorité de l'installation sur les terres comptait dans la détermination du statut et du régime juridique des terres rurales. La reconnaissance de l'autochtonie constitue un profond changement sur le registre politique.[510] « Le législateur ivoirien par cette reconnaissance apaise les autochtones ruraux qui réclamaient la terre de leurs ancêtres, cédée volontairement ou à l'instigation de l'État »[511]. Cette reconnaissance des droits autochtones s'étend également aux terres coutumières ayant fait l'objet de transaction. L'article 3 de la loi de 1998 est assez explicite à cet égard, il dispose que le domaine foncier coutumier comprend en plus des terres sur lesquels s'exercent « des droits fonciers coutumiers conformes aux traditions », les terres faisant l'objet de « droits fonciers coutumiers cédés à des tiers ».

**227.**Le législateur assouplit, toutefois, le principe de l'autochtonie en aménageant les situations antérieures à l'adoption de la loi n°98-750 précitée. L'article 26 de la loi relative au domaine foncier rural dispose que les droits de propriété des terres du domaine foncier rural acquis antérieurement à la loi suscitée par des personnes physiques ou morales ne remplissant pas les conditions d'accès à la propriété fixées par l'article 1 de ladite loi sont maintenus à titre

[508] Article 3 de la loi n°98-750 du 23 décembre 1998 relative au Domaine foncier rural.

[509] S. BONY, « Comprendre l'esprit de la loi n°98-750 du 23 décembre 1998 portant Code foncier rural en Côte d'Ivoire », p 17. Version numérique https://hal.archives-ouvertes.fr/hal-01116550/document.

[510] M. KONE, « Quelle loi pour résoudre les problèmes liés au foncier en Côte d'Ivoire », *Grain de sel,* n°36, septembre-novembre 2006, p.2.

[511] S. BONY, « Comprendre l'esprit de la loi n°98-750 du 23 décembre 1998 … », *Op.cit.*, p.22

personnel. Ce faisant, le législateur entend régulariser la situation des étrangers et non autochtone ayant acquis des droits de propriété avant l'entrée en vigueur de la loi de 1998. Il sera suivi en cela par le juge ivoirien. En application de cette disposition, et se fondant sur le rapport établi par la Direction départementale de l'Agriculture et des Ressources Animales de Bouaké, le Tribunal de Première Instance de Bouaké dans une espèce, qui lui était soumise, a conclu à l'expulsion du défendeur des terres détenues par le demandeur en vertu des coutumes[512].

**228.**La réhabilitation des droits coutumiers à travers la composition du domaine foncier rural n'a cependant qu'un caractère temporaire. Le texte de 1998 enferme, en effet, les détenteurs de droits coutumiers dans un délai pour faire constater leurs droits coutumiers et les transformer en droits dits modernes[513]. Le délai initial était de 10 ans à compter de la publication de la loi sur le domaine foncier rural. C'est dire ainsi que la reconnaissance des droits coutumiers opérée par le législateur n'est que transitoire. Autrement dit, si à l'échéance des 10 ans prévue par le législateur, les populations n'ont pas fait constater leurs droits coutumiers sur les terres, celles-ci sont en principe purgées de tout droit coutumier et déclarées sans maître[514]. Et comme tel, suivant la loi n°98-750 leurs terres seront attribuées à l'État. Analysant l'obligation pour les détenteurs de droits coutumiers de faire constater leurs droits ainsi que le délai imparti pour le faire, Jean Pierre CHAUVEAU a pu affirmer que « l'objectif essentiel affiché est d'assurer la transition accélérée (dix ans après la promulgation de la loi) des pratiques locales d'appropriation vers un régime unique de

---

512 TPI Bouaké, jugement n°470 du 10 mars 2000, disponible sur https://biblio-cndj.ci/.

513 P. C. KOBO, A. FIAN, *Étude relative à l'implication de la définition du domaine foncier sur les autres domaines fonciers et au statut de l'arbre*, Direction Générale du Développement Rural-Direction du Foncier Rural et du Cadastre Rural/ FONDS Européen de Développement, 2009, p.49.

514 Article 6 alinéa 2 de la loi n°98-750.

propriété privée “ moderne ” »[515]. Cette analyse est également partagée par la doctrine ivoirienne[516].

**229.** À ce jour, la période initiale de 10 ans prévue par la loi s'est écoulée sans que les populations ne puissent véritablement faire constater leurs droits coutumiers sur les terres. Outre la crise militaro-politique qu'a connu la Côte d'Ivoire, la complexité des procédures, le coût élevé des opérations de sécurisation, et la méconnaissance de la loi par la grande majorité des populations rurales sont les principaux facteurs avancés pour expliquer le non-respect de la première période[517]. Cependant, une frange de la doctrine y voit surtout l'inadaptation de la loi aux nouvelles logiques sociétales[518]. L'objectif de l'État étant surtout de sécuriser les droits coutumiers et non plus de les nier, le 13 septembre 2013, une loi a été adoptée pour proroger de 10 ans le délai de constatation des droits coutumiers[519]. À travers cette prorogation, l'État entend permettre au maximum de personnes d'accomplir les formalités de demande du certificat foncier, point de départ de la mutation des droits coutumiers en des droits dits « modernes ». Alors que l'on s'achemine allègrement vers la fin de ce nouveau délai sans observer de tendance particulière à la formalisation des droits coutumiers, il n'est pas inutile de s'interroger si les difficultés ne sont pas inhérentes aux mécanismes de

---

[515] J. P. CHAUVEAU, « Une lecture sociologique de la loi ivoirienne de 1998 sur le domaine foncier », *Document de travail de l'Unité de Recherche 095*, N° 6, Septembre 2002, p.5.

[516] K. AKIAPO, *Le régime de la propriété foncière rurale en Côte d'Ivoire*, thèse unique de doctorat, Université de Cocody-Abidjan, 2013, p.140 et suivant.

[517] Direction du Foncier Rural du Ministère de l'agriculture et du développement rural, *Déclaration de politique foncière de la Côte d'Ivoire*, Janvier 2017, p.1 ; Voir également sur la question, « Le droit foncier rural en Côte d'Ivoire – Recommandations », [en ligne] consulté sur http://audace-afrique.org/index.php?option=com_content&view=article&id=530:le-droit-foncie r-rural-en-cote-divoire-recommandations&catid=133&Itemid=464

[518] A. AKA, « Analyse de la nouvelle loi de 1998 au regard de la réalité foncière et de la crise socio-politique en Côte d'Ivoire », Texte paru *In Bulletin de liaison du LAJP*, n°26, sept. 2001, pp. 130-143. Version numérique consulté en ligne sur http://a.c.a.j.free.fr/AKA.html.

[519] Loi n°2013-655 du 13 septembre2013 relative au délai accordé par la constatation des droits coutumiers sur les terres du domaine coutumier et portant modification de l'article 6.

consolidation des droits coutumiers tels qu'institués par la loi de 1998.

### 2- *L'institution d'un mécanisme de consolidation des droits coutumiers*

**230.** L'État de Côte d'Ivoire, à travers la loi de 1998 ne s'est pas contenté de reconnaitre les droits fonciers coutumiers, il a consacré en plus de celle-ci, un mécanisme de consolidation de ces droits. Le système de la consolidation des droits coutumiers s'effectue en deux étapes : établissement de certificat foncier et immatriculation[520].

#### a- Le certificat foncier

**231.** Le certificat foncier un acte délivré par le préfet de département en vue d'établir de façon officielle le constat d'existence continue et paisible des droits fonciers coutumiers sur terres du domaine foncier rural coutumier[521]. Il est délivré suivant une procédure déterminée par le décret n° 2019-266 du 27 mars 2019 fixant les modalités d'application au domaine foncier rural coutumier de la loi de 1998. Il ressort de l'examen des dispositions de ce texte que, toute personne ou tout groupement informel d'ayant droits se disant détenteur de droits coutumiers, a l'obligation de faire constater ces droits au terme d'une enquête officielle[522]. Cette enquête est exécutée par un commissaire enquêteur. Elle est contradictoire et permet de

---

[520] S. NENE BI, « La dimension foncière du processus de pacification : Situation sur le terrain et nouvelles configurations », *ICIP Reserch n°3, Condition pour la consolidation de la paix en Côte d'Ivoire, Institut Català Internacional per la Pau*, p. 76.

[521] Article 4 nouveau de la Loi n° 2019-868 du 14 octobre 2019 modifiant la loi n° 98-750 du 23 décembre 1998 relative au domaine foncier rural, telle que modifiée par les lois n° 2004-412 du 14 août 2004 et n° 2013-655 du 13 septembre 2013.

[522] J. P. CHAUVEAU « La réforme foncière de 1998 en Côte d'Ivoire à la lumière de l'histoire des dispositifs de sécurisation des droits coutumiers. Une économie politique de la question des transferts de droits entre autochtones et ''étrangers'' » en Côte d'Ivoire forestière », *Colloque international "Les frontières de la question foncière – At the frontier of land issues"*, Montpellier, 2006, p.3.

révéler la nature des droits exercés sur les terres objet de l'enquête. L'enquête officielle doit être par la suite approuvée par le comité villageois de gestion foncière rurale compétente et validée par le comité de gestion foncière rurale au niveau de la sous-préfecture. Elle débouche sur l'élaboration du certificat foncier par l'Agence Foncière Rurale (AFOR) et sa signature par le préfet de département. Le certificat foncier est publié au journal officiel de la Republique de Côte d'Ivoire par le Directeur Général de l'AFOR.

**232.** L'obtention d'un certificat foncier confère au groupement la capacité juridique d'ester en justice et d'entreprendre tous les actes de gestion dès lors que le certificat est publié au Journal Officiel de la République[523]. Il constitue la preuve de la reconnaissance, sinon de la propriété[524], et le début du processus la formalisation des droits coutumiers[525]. La nature des droits conférés par le certificat foncier a fait et continue de faire cependant l'objet de controverse opposant ceux qui y voient un acte conférant la propriété et ce qui lui nient ce caractère chaque partie s'appuyant un texte différent de l'autre. C'est certainement pour prévenir ces difficultés d'interprétation et/ou d'appréciation de ce document que la commission des affaires générales et institutionnelles de l'Assemblée Nationale avait suggéré dans son rapport que la seule obtention d'un certificat foncier puisse conférer le droit de propriété à son détenteur[526].

**233.** La loi de 1998 dans sa formulation initiale voyait en effet, dans le certificat foncier un document délivré par l'Administration et qui permet d'établir la propriété sur une terre du domaine foncier rural coutumier[527]. Le Certificat foncier étant accessible tous sans aucune forme de discrimination liée à

---

[523] Article 16 du décret n° 2019-266 du 27 mars 2019 précité.

[524] S. NENE BI et al. *Le droit foncier ivoirien*, *Op.cit.*, p.71.

[525] Dans le cadre de la mise en œuvre du processus de formalisation, un décret a été pris pour définir la procédure de délimitation des territoires des villages, en vue de faciliter la délivrance des certificats fonciers. Cf. Direction du Foncier Rural du Ministère de l'agriculture et du développement rural, *Déclaration de politique foncière de la Côte d'Ivoire,* Janvier 2017, p.3.

[526] B. S. NENE BI « *La dimension foncière du processus de pacification : Situation sur le terrain et nouvelles configurations* », *Op.cit.*, p.76.

[527] Article a alinéa 1$^{er}$ de loi n°98-750 précitée.

la nationalité, cette disposition entrait en conflit avec l'article 1 er de la même loi mais également avec la Consitution ivoirienne de 2016, qui excluent les étranger de la propriété foncière dans le domaine foncier rural.

**234.** Alors que l'on s'attendait à une réforme de la loi sur le foncier rural, qui viendrait tranchée la controverse et mettre un terme à l'incohérence ci-dessus présentée, la loi n° 2019-868 du 14 octobre 2019 modifiant la loi n°98-750 du 23 décembre 1998 relative au domaine foncier rural, telle que modifiée par les lois n°2004-412 du 14 août 2004 et n°2013 du 13 septembre 2013 semble continuer d'entretenir la confusion. En effet, il se contente de trancher le débat sur le statut du certificat foncier sans régler la confusion autour de la nature des droits conférés par ledit certificat. Contrairement à ce que le texte initial donnait à penser, la modification de l'article 4 qu'il porte est sans équivoque sur le statut du certificat foncier. « Loin de constituer un titre de propriété [le certificat foncier] n'est en réalité qu'un acte transitoire, constant l'existence de droits fonciers coutumiers »[528]. Ce texte n'aborde cependant, pas la question de la nature des droits conférés par le certificat objet même de la controverse. L'article 17 bis de la loi n'interdisant que la cession des terres dépourvues de certificat foncier, la faculté de vendre les terres objet de certificat demeure. Par conséquent la loi reformée ne résout point la controverse. Pour nous ce qu'il convient de retenir, c'est que « lorsque l'on se réfère au principe gouvernant le droit de propriété, le certificat foncier présente les caractéristiques du droit au sens civiliste du terme. Mais au regard du droit foncier ivoirien, cette propriété n'est pas synonyme de propriété foncière qu'en passant par le moule de l'immatriculation foncière »[529]. Concernant justement l'immatriculation des terres du domaine foncier rural coutumier, elle est prévue par la loi de n°98-750 précité.

---

[528] Exposé des motifs projet de loi modifiant la loi n°98-750 du 23 décembre 1998 relative au domaine foncier rural, telle que modifiée par les lois n°2004-412 du 14 août 2004 et n°2013 du 13 septembre 2013.

[529] S. NENE BI et al. *Le droit Foncier ivoirien*, *Op.cit.*, p.72.

### b- L'immatriculation

**235.**La procédure d'immatriculation des terres du domaine foncier rural coutumier est une procédure dérogatoire découlant du décret du 26 juillet 1932[530]. Alors que ce texte indiquait que l'immatriculation était en principe facultative, sauf dans le cas d'aliénation ou de concession de terres domaniales, et dans le cas où une terre coutumière doit faire pour la première fois l'objet d'un contrat écrit, la loi n°98-750 vient l'ériger en une formalité obligatoire pour les terres du domaine foncier rural. Toutefois, c'est le décret n°2019-266 du 27 mars 2019 précité, qui détermine désormais le régime de l'immatriculation des terres du domaine foncier coutumier. Il ressort de ce texte que le détenteur légal d'un Certificat foncier dispose d'un délai de trois ans pour requérir l'immatriculation du bien foncier concerné. L'immatriculation est effectuée par le conservateur de la propriété foncière sur requête et aux frais du titulaire du Certificat foncier dans un délai maximal de trois mois à compter de la réception de la requête. L'immatriculation est faite au nom du titulaire du Certificat s'il est admis par la loi n° 98-750 susvisée à être propriétaire d'une terre du domaine foncier rural. En cas de Certificat collectif ou d'indivision entre des héritiers, l'immatriculation est faite, après morcellement, au nom des divers membres du Groupement ou de l'indivision ou au nom de l'État en cas de conflits.

**236.**Pour assurer l'application de la loi de 1998, quatre décrets et quinze arrêtés ont été adoptés par le gouvernement. Les textes juridiques relatifs au domaine foncier rural protègent les détenteurs de droits coutumiers, les occupants de bonne foi et les concessionnaires provisoires de terres de l'État, ces derniers pouvant consolider leur droit dans les conditions fixées par la loi[531].

---

[530] Décret du 26 juillet 1932 portant réorganisation du régime de la propriété foncière en Afrique occidentale française.

[531] Dans la même veine, dans le but d'améliorer le cadre institutionnel, le Gouvernement a pris le décret n°2016-590 du 03 août 2016 portant création, attribution organisation et fonctionnement de l'Agence Foncière Rurale dénommée AFOR. Cf. Direction du Foncier Rural du Ministère de l'agriculture et du développement rural, *Déclaration de politique foncière de la Côte d'Ivoire,* Janvier 2017, p.3.

**237.** De ce qui précède l'on peut observer qu'au-delà d'une simple reconnaissance des droits coutumiers la Loi de 1998 ci-dessus présentée se pose comme une menace significative à la survie des droits traditionnels dans la mesure où cette loi transforme les procédures de certification et d'immatriculation visent la transformation des droits coutumiers en une propriété non coutumière obligatoire[532]. Cette situation invite à s'interroger sur la trajectoire qui sera suivie par le législateur minier si d'aventure les nombreuses prorogations de délai de constatation des droits coutumiers venaient à cesser, et les dispositions de la loi de 1998 relative aux terres sans maîtres devaient s'appliquer.

**238.** Entamée par le Code minier de 1995 et raffermie par la loi de 1998 relative au domaine foncier rural, l'implémentation des droits coutumiers par la législation minière reste cependant partielle.

### Paragraphe II- Une implémentation partielle de la reconnaissance par les textes miniers

**239.** La résistance des coutumes au droit moderne dans la plupart des États africains[533], a conduit ces derniers à faire des concessions en les prenant progressivement en compte. En Côte d'Ivoire, depuis 1995, l'on observe une évolution du régime minier dans le sens de la prise en compte des droits fonciers coutumiers, même s'il convient de relativiser cette évolution. L'alignement approximatif des textes miniers au régime foncier (A) nuance l'effort de soumission des terres coutumières au régime d'occupation des propriétés (B).

---

532 L. ALDEN WILY, *Vers une remise à plat ? Bilan critique du droit foncier rural et forestier en Côte d'Ivoire, FERN*, Mai 2015, ISBN : 978-1-906607-53-1, p.6 ; voir également sur la question K. AKIAPO, Le régime de la propriété foncière rurale en Côte d'Ivoire, thèse unique de doctorat, Université de Cocody-Abidjan, 2013, p.140 et suivant.

533 A. FOFANA, « L'accès à la propriété foncière en droit malien : état des lieux et perspectives », *In Mélanges en l'honneur de Michel BOUVIER*, Dakar, L'Harmattan-Sénégal, 2019, p.517.

A- L'adaptation approximative des textes miniers au régime foncier

**240.**La loi n°98-750 opère une révolution dans le rapport des pouvoirs publics aux droits fonciers coutumiers. Dans le même sens la loi n° 2014-138 du 24 mars 2014 portant Code minier, tente de prendre en compte les évolutions consacrées par le régime foncier rural. Cette initiative reste cependant très approximative en raison notamment de la différence de terminologies afférentes aux droits fonciers coutumiers (1), mais surtout du silence du législateur minier sur la procédure de formalisation des droits coutumiers (2).

*1- La différence de la terminologie afférente aux droits coutumiers*

**241.**La loi n°98-750 reconnait les droits coutumiers. Cette reconnaissance résulte outre de la consécration de l'existence d'un domaine foncier rural coutumier, de la possibilité offerte par le législateur aux détenteurs coutumiers de faire constater leurs droits. À cet effet, le législateur de 1998 utilise, les expressions « terres du domaine coutumier »[534], « Domaine foncier rural coutumier »[535], « Droits coutumiers conformes aux traditions »[536], « Droits coutumiers cédés à des tiers »[537], « droits coutumiers »[538] pour se référer à ces droits. Une constance se dégage de ces différentes expressions : elles utilisent, toutes, le vocable ''coutumier (s)''. Même s'il importe de souligner qu'aucune disposition ne définit le mot, son utilisation traduit sans équivoque la référence aux droits non formalisés détenus par les populations rurales et qui s'opposent aux droits dits modernes. Ce constat fait pour la loi de 1998 peut être fait pour nombre de ses textes d'application[539]. *A*

---

534 Article 2 loi n°98-750 précité.
535 Article 3 loi n°98-750 précité.
536 Article 3 loi n°98-750 précité.
537 Article 3 loi n°98-750 précité.
538 Articles 6, 7, 8 loi n°98-750 précité.
539 Décret n° 99-594 du 13 Octobre 1999, Fixant les modalités d'application au Domaine Foncier Rural coutumier de la loi N° 98-750 du 23 décembre

*contrario*, lorsque le Code minier fait référence aux droits fonciers, quelle que soit leur nature, il utilise les notions d'« occupants du sol » et d'« occupant légitime du sol ». L'occupant du sol est selon l'article 1er du Code comme la « personne physique ou morale qui a mis en valeur une parcelle du sol » et l'occupant légitime du sol comme la « personne physique ou morale qui a obtenu auprès de l'Administration, l'autorisation d'occuper une parcelle du sol ou celui qui, par usage depuis des générations, occupe une parcelle du sol ». De ces deux définitions, et plus particulièrement de la seconde, il résulte que le Code minier n'opère pas de distinction entre les différents types de droits fonciers. Mieux, le législateur minier hisse, les droits fonciers coutumiers au rang des droits dits modernes, notamment la propriété. Ce faisant, il s'inscrit dans la logique de reconnaissance des dits droits amorcée par la loi de n°98-750. Toutefois, cette situation appelle quelques observations, notamment les difficultés d'application de dispositions faisant usage d'expressions différentes pour faire allusion à des réalités parfois identiques. En effet, l'expression « occupant légitime du sol » renvoyant à une réalité plus large que celle de détenteurs de « droits fonciers coutumiers », peut se révéler parfois équivoque. Par ailleurs, en regroupant tous les détenteurs de droits fonciers, à l'exclusion des auteurs de mise en valeur, sous le vocable « d'occupant légitime », le Code minier les soumet au même régime juridique. Et comme tel, il ne tient pas assez comptes des spécificités des droits fonciers coutumiers.

**242.**Outre la différence de terminologie entre les textes miniers et la loi de 1998 sur le domaine foncier rural ainsi présentée, le Code minier reste totalement muet sur la procédure de formalisation des droits fonciers coutumiers instituée par la loi n° 98-750.

---

1998 ; Décret n° 99-593 du 13 octobre 1999 Portant organisation et attributions des Comités de Gestion Foncière Rurale, etc…

### *2- Le silence équivoque du Code minier sur la formalisation des droits coutumiers*

**243.**La réalisation des projets miniers, étant conditionnée par l'occupation de la terre par le permissionnaire ou le titulaire de l'autorisation, lorsqu'elle porte sur le domaine foncier rural coutumier, l'occupation soulève diverses questions : les terres du domaine foncier rural coutumier peuvent- elles faire l'objet d'occupation, bien que les droits qui y sont exercés ne soient pas constatés encore moins formalisés ? Les textes miniers conditionnent-ils l'occupation de ces terres à l'accomplissement des formalités de constatation ou d'immatriculation instituées par la loi n°98-750 ? Sur ces différentes questions, il convient de noter que s'ils ne remettent pas en cause la reconnaissance des droits coutumiers, telle qu'elle résulte de la loi n° 98-750 précitée et ses textes d'application. Ni le Code minier, ni son décret d'application n'évoquent la formalisation des droits coutumiers. Cette situation est susceptible d'une double interprétation. D'une part ce silence peut signifier que l'occupation soit conditionnée par la formalisation des droits portant sur ces terres. D'autre part ce silence peut tout aussi bien signifier que l'occupation puisse être effectuée sans que les terres visées soient l'objet de certificat foncier ou qu'elles aient été immatriculées. En pratique, aussi bien l'administration des mines[540] que celle en charge du foncier rural[541] semblent s'accommoder de cette seconde interprétation. L'occupation des terres par le permissionnaire et/ou le titulaire d'une autorisation s'effectue sans l'accomplissement préalable des mécanismes de sécurisation des droits fonciers coutumiers prévus par la loi n°98-750. C'est dire ainsi qu'aussi bien la réglementation de l'activité minière que la pratique administrative ne sont pas harmonisées avec le régime foncier rural. En effet, si ce régime, à travers la loi n°98-750 reconnait les droits fonciers coutumiers, il importe de noter que cette reconnaissance ne constitue point

---

[540] J. DEKLI, Juriste au Ministère des mines et de la géologie, entretien réalisé le 25 juin 2019 au service juridique du Ministère des mines et de la géologie.

[541] Monsieur YEO, chargé de communication à la Direction du Foncier Rural, Entretien réalisé le 24 juin 2019 dans les locaux de la Direction du Foncier Rural.

une fin. La loi sur le domaine foncier rural impose aux éventuels détenteurs de droits coutumiers de procéder à leurs constatations en vue d'obtenir un certificat foncier, qui leur permettra de déboucher sur l'immatriculation de leurs terres. Or le régime de l'occupation des terres consacré par le Code minier et la pratique administrative se prête très peu à l'atteinte de l'objectif du législateur à travers la loi n°98-750.

**244.**À l'adaptation approximative des textes miniers au régime foncier rural, s'oppose toutefois la soumission des terres coutumières au régime d'occupation de droit commun, traduisant ainsi l'ambivalence de la démarche du législateur minier dans le processus d'implémentation de la reconnaissance des droits fonciers coutumiers.

### B- La soumission des terres coutumières au régime d'occupation des propriétés

**245.**Muni de son titre minier ou de son autorisation, l'exploitant minier ne peut valablement se livrer à l'exercice de ses droits miniers qu'en occupant la surface de ses périmètres miniers ainsi que toutes les terres nécessaires à l'exercice desdits droits. Sur la question, si aussi bien le Code minier de 1995 que celui de 2014 semblent faire de l'occupation des terres un droit pour le titulaire d'un titre minier ou le bénéficiaire d'une autorisation[542], il n'en est rien. L'occupation résulte en principe d'une entente amiable entre le détenteur du titre ou de l'autorisation et les détenteurs de droits fonciers quels qu'ils soient (1). Elle conditionnée par l'indemnisation des dernières cités par le premier (2).

#### *1- Une occupation des terres minières par entente amiable*

**246.**L'entente amiable, comme principe d'occupation des terres, a été réintroduite dans la législation à partir de 1995 (a). La réforme du Code minier intervenue en 2014, maintient le principe, toutefois elle permet désormais à l'État de recourir à l'utilité publique, pour contourner l'exigence faite au

[542] Voir sur la question l'article et 68 l'article 127 du Code minier de 2014.

permissionnaire ou bénéficiaire d'une autorisation de recueillir l'obligation des détenteurs de droits fonciers (b).

a- Un principe consacré à nouveau en 1995

**247.** L'occupation par entente amiable peut s'analyser de manière diachronique, c'est à dire telle qu'elle était prévue par le Code minier de 1995 (α), puis telle qu'elle résulte de celui de 2014.

*α. L'entente amiable sous le Code de 1995*

**248.** Sous l'empire du Code minier de 1995, le législateur n'avait pas expressément consacré le principe de l'occupation par entente amiable. Ce principe était déduit de la formulation de l'article 68 du texte. L'alinéa 1er de cette disposition renvoyait la détermination des conditions et des modalités de l'occupation à un texte réglementaire, aucun texte réglementaire n'est intervenu dans ce sens, en dehors bien entendu du décret n°95-817 du 29 septembre 1995 fixant les règles d'indemnisation pour la destruction des cultures. Toutefois ce texte n'ayant vocation à s'appliquer uniquement qu'aux situations de destructions de cultures en général, il ne pouvait s'appliquer à l'occupation des terres par le titulaire du titre ou de l'autorisation minière que si et seulement si cette occupation causait des destructions de cultures. Ainsi, en l'absence d'un texte spécifique réglementant la question, l'occupation des terres par le titulaire d'un titre ou d'une autorisation était l'objet d'un vide juridique. Pour contourner ce vide, en se fondant sur l'alinéa 2 de l'article 68 précité ainsi que le Code civil, la pratique va consacrer le principe de l'entente amiable pour l'occupation des terres par le titulaire d'un titre ou d'une autorisation. Alors que le premier dispose que « l'occupation de ces terrains donne droit à indemnité au profit du propriétaire du sol ou de l'occupant légitime [...] le passage répété qui cause désagréments, dommages ou troubles de jouissance donne droit à une juste rétribution négociée d'accord partie le cas échéant avec l'arbitrage de l'administration des mines », le second, en l'occurrence le Code civil a maintenu « le principe de la liberté absolue des transactions, les particuliers sont libres de faire ce qu'ils veulent, la seule sanction étant celle des tribunaux »[543]. Ainsi, la parade était toute trouvée pour contourner le silence du législateur, mais surtout celui de l'administration sur l'occupation des terres dans le cadre des projets miniers. Sur ces fondements, l'occupation des terres par le permissionnaire ou le détenteur de l'autorisation se faisait à la suite d'un accord amiable avec les détenteurs de droits fonciers. En utilisant la formule « au profit du propriétaire du sol ou de l'occupant légitime », l'alinéa 2 de l'article 68 ci-dessus cité ne distinguait nullement les droits fonciers. Qu'elles soient l'objet de droits coutumiers ou de droit de propriété, l'occupation des terres donne droit à indemnité au profit des titulaires en contrepartie de la perte ou des perturbations de la jouissance de leurs droits.

*β. L'entente amiable selon le Code de 2014*

**249.** À la faveur de la réforme du Code minier intervenue en 2014, le principe de l'occupation des périmètres nécessaires à l'activité minière par entente amiable a connu une évolution. Désormais, l'occupation des terrains est traitée différemment selon qu'elle résulte d'une autorisation d'exploitation semi-industrielle ou artisanale ou selon qu'elle soit consécutive à un permis. Dans les premiers cas, le nouveau Code consacre expressément l'exigence d'une entente amiable entre les parties. Son article 57 dispose que « sans préjudice des dispositions de la présente loi traitant des relations entre exploitants et occupants du sol et/ou occupants légitimes du sol, le bénéficiaire d'une autorisation d'exploitation minière semi-industrielle ne peut sauf entente à l'amiable entre les parties : - se livrer à des travaux sur le terrain de culture ; - porter entrave à l'irrigation normale des cultures […] ». Cette disposition, également reprise par l'article 70 du même Code pour ce qui est de l'exploitation artisanale, est sans équivoque sur l'exigence d'une entente amiable entre le bénéficiaire de l'autorisation et les détenteurs de droits fonciers. Si le législateur n'utilise pas ici le vocable « occupation », cependant, la formule « se livrer à des travaux sur les terrains de

---

543 A. LEY, « La logique foncière de l'état depuis la colonisation : l'expérience ivoirienne », *Enjeux fonciers en Afrique Noire*, Paris, ORSTOM/Karthala, 1982, p.139.

culture » renvoie clairement à la réalité que recouvre la notion notamment en matière foncière.

**250.**Quant à l'occupation résultant d'un permis, contrairement aux hypothèses ci-dessus décrites, le Code minier de 2014 ne lui consacre pas un régime particulier. Il s'inscrit dans la même logique que le Code de 1995. Effet, l'occupation des terrains par le titulaire d'un permis d'exploitation, délivré pour les exploitations de type industriel, est régie par l'article 127 du Code de 2014 encadrants les relations entre le titulaire d'un titre ou le bénéficiaire d'une autorisation et l'occupant du sol. Reprenant intégralement la formulation de l'alinéa 1er de l'article 68 du Code de 1995, l'article 127 du Code de 2014 renvoie la détermination des conditions et modalités d'occupation des terrains à un décret, qui lui-même un renvoi à un arrêté interministériel [544] qui jusque-là est encore attendu. Dans la pratique, une fois en possession de son titre, le titulaire se tourne vers les détenteurs de droits fonciers sur les terres visées pour négocier. En principe, les négociations s'effectuent sous la supervision de l'administration des mines[545], toutefois la situation sur le terrain donne de constater que c'est seulement dans les hypothèses de désaccord entre les parties que l'administration des mines intervient dans les négociations[546]. Cette situation met en relief une sorte de démission de la part de l'État, livrant ainsi les populations victimes des projets miniers à la merci des grandes entreprises minières. Tout accord entre les parties donne lieu à l'établissement d'un protocole entre les parties. Lequel protocole fait l'objet d'arrêté préfectoral[547].

**251.**Ce principe d'entente amiable ainsi présenté connait toutefois une atténuation permettant de contourner l'avis des détenteurs de droits fonciers.

---

[544] Article 133 du décret n°2014-397 du 25 juin 2014 déterminant les modalités d'application de la loi n°2014-138 du 24 mars 2014 portant Code minier.

[545] Article 127 alinéa 3 de la loi n°2014-138 du 24 mars 2014 portant Code minier.

[546] J. DEKLI, Juriste au Ministère des mines et de la géologie, entretien réalisé le 25 juin 2019 au service juridique du Ministère des mines et de la géologie.

[547] J. DEKLI, Juriste au Ministère des mines et de la géologie, entretien réalisé le 25 juin 2019 au service juridique du Ministère des mines et de la géologie.

### b- Un principe atténué par le Code minier de 2014

**252.**Contrairement au Code minier de 1995, celui de 2014 permet à l'État de contourner l'exigence faite au permissionnaire ou titulaire d'une autorisation de requérir l'accord des détenteurs de droits fonciers préalablement à l'occupation des terres objets desdits droits. En effet, l'article 130 du nouveau texte dispose que l'occupation, la définition de zone spécifique pour la protection des travaux miniers[548], le passage sur les terrains, etc.; peuvent être déclarés d'utilité publique dans les conditions prévues par la législation en vigueur, sous réserve des obligations particulières ou complémentaires qui seraient imposées aux titulaires du titre minier ou aux bénéficiaires d'autorisation. La déclaration d'utilité publique a pour conséquence d'incorporer les terrains qu'elle vise au domaine public de l'État. Elle constitue le point de départ de la phase administrative, de la procédure d'expropriation pour cause d'utilité publique. Ainsi les propriétaires, et autres détenteurs coutumiers sur lesdits terrains ou leurs ayants droit sont indemnisés par l'État de Côte d'Ivoire conformément à la règlementation en vigueur sur l'expropriation pour cause publique. Concrètement, la déclaration d'utilité publique se présente comme une sérieuse alternative pour l'État devant le refus des détenteurs de droits fonciers de mettre leurs terres à la disposition du permissionnaire ou du titulaire d'une autorisation d'exploitation. Depuis sa consécration, l'État n'a pas encore usé de cette prérogative[549]. La seule hypothèse où la déclaration d'utilité publique a été envisagée est celle de l'opposition des propriétaires à l'occupation de leur terre, comprise dans l'emprise du permis d'exploitation n°44 accordé à la société NEWCREST HIRÉ CI SA. Dans cette espèce, où les propriétaires terriens avaient obtenu le déguerpissement de la société NEWCREST HIRE CI SA installée sans leur

[548] Article 115 de la loi n°2014-138 du 24 mars 2014 portant Code minier.
[549]J. DEKLI, Juriste au Ministère des mines et de la géologie, entretien réalisé le 25 juin 2019 au service juridique du Ministère des mines et de la géologie.

consentement sur leurs terres[550], l'État de Côte d'Ivoire, à travers l'administration des mines a finalement privilégié la voie de la négociation avec les propriétaires[551].

**253.** Qu'elle intervienne à la suite d'une entente amiable ou de la mise en œuvre par l'État de sa prérogative de déclaration d'utilité publique, l'occupation des terres par l'exploitant minier cause d'importants préjudices aux détenteurs de droits fonciers. Avec la prolifération généralisée des méthodes d'extraction minière à ciel ouvert, ce préjudice prend de plus en plus la forme du déplacement des populations de leurs terres[552]. L'occupation des terres par le permissionnaire ou le titulaire d'une autorisation donne lieu à l'indemnisation de toutes les victimes, y compris les détenteurs de droits fonciers coutumiers.

### *2- L'extension du champ de l'indemnisation*

**254.** Contrairement au premier législateur minier de la Côte d'Ivoire indépendante, les auteurs du Code minier de 1995 puis celui de 2014 vont opérer un élargissement du champ de l'indemnisation consécutive à l'établissement d'une concession minière. Ainsi, en plus de l'indemnisation des atteintes aux mises en valeur, la législation minière admet désormais l'indemnisation des droits coutumiers dans le cadre des atteintes portées aux droits fonciers.

#### a- Une extension implicite sous l'empire du Code minier de 1995

**255.** L'élargissement de l'indemnisation aux droits fonciers coutumiers n'était pas expressément affirmé par dans le Code minier de 1995. Cet élargissement pouvait toutefois être déduit

---

550 Section du Tribunal de Divo, Jugement civil n°250 du 28/12/2017, Ayants droits de feu KOUAKOU Koumassi C/ Société NEWCREST HIRÉ CÔTE D'IVOIRE SA.

551 J. DEKLI, Juriste au Ministère des mines et de la géologie, entretien réalisé le 25 juin 2019 au service juridique du Ministère des mines et de la géologie.

552 J. LEBLANC, les déplacements de population dus à des projets miniers en Afrique de l'ouest : mal nécessaire pour le développement ?, Mémoire présenté comme exigence partielle de la maîtrise en science politique, 2007, p.16.

de la formulation du second alinéa de l'article 68 dudit Code qui dispose que : « l'occupation donne droit à indemnité au profit du propriétaire du sol ou de l'occupant légitime ». À la différence du Code de 1964, la loi minière de 1995 ne limitait pas le bénéfice de l'indemnisation pour l'occupation des terres au seul propriétaire. Elle prévoyait en plus de ce dernier « l'occupant légitime » sans toutefois prendre la peine de définir cette notion. Toute chose qui rendait difficile, du moins au regard des textes, la détermination des personnes considérées comme telles. Cependant, au regard du contexte politique, économique et social dans lequel est intervenu le Code minier de 1995, on peut affirmer sans risquer de se tromper que la notion d'« occupant légitime » telle que prévue, visait à prendre en compte toutes les personnes ayant des droits fonciers non formalisés sur les terres visées par l'occupation. Le choix de cette formulation par le législateur s'inscrivait dans une démarche de prudence, dans la mesure où le régime foncier ne reconnaissait pas encore légalement les droits coutumiers. Il serait par conséquent hasardeux pour le législateur minier d'utiliser une formulation qui renvoie assez clairement à ces derniers. Par ailleurs, le souci d'éviter au maximum les contestations des projets miniers, mais aussi et surtout la nécessité de prendre en compte l'exigence grandissante de recueillir l'avis des communautés avant tout projet menaçant leurs intérêts, pourraient justifier l'option du législateur en 1995.

**256.** Relativement au montant de l'indemnisation, le décret d'application du Code minier de 1995 consacrait expressément une formule de calcul qui différait suivant la durée de l'occupation, mais surtout des effets de cette occupation. Ainsi, au terme de l'article 107 de ce texte, « l'indemnisation du propriétaire du sol ou de l'occupant légitime est égale à :

1°) occupation d'une durée au plus égale à 5 ans avec la possibilité d'exploitation ultérieure des terres

$$D = \frac{R \times (1+i)^n}{i(1+i))^n} - \frac{R}{i(1+i)^n} + P \times S$$

2°) Occupation d'une durée supérieure à 5 ans ou terres devenues impropres à la culture :

D = (10 ×R) + (P×S) »[553].

**257.** La formule ainsi posée était purement indicative. La pratique en matière d'occupation des terres distinguait deux hypothèses : l'occupation sans destruction de culture et l'occupation avec destruction de plant. Dans la première hypothèse, le montant de l'indemnisation est déterminé en principe d'un commun accord entre les parties, l'administration minière se réservant le droit d'intervenir en cas de litige. Dans la seconde hypothèse, la détermination du montant de l'indemnité fait intervenir l'administration en charge de l'Agriculture, notamment pour définir « les valeurs de variables » utilisées par les formules du décret[554] et pour calculer le montant de l'indemnité[555]. À cet effet, un arrêté interministériel[556] institue un barème d'indemnisation qui diffère selon le type de culture ainsi que de l'âge et de l'état des plants ou cultures[557]. Lorsqu'elle intervenait pour l'évaluation des cultures détruites, l'administration en charge de l'agriculture s'appuyait sur différent critère à savoir : l'état sanitaire de la parcelle (traitement, sarclage ...), la densité à l'hectare, l'âge des cultures ou des plants, la variété cultivée (traditionnelle, améliorée). Les cultures ne figurant pas au barème devaient faire l'objet d'une évaluation à l'amiable entre les parties concernées et en

---

[553] D = dédommagement en francs CFA ; R= revenu annuel de la parcelle ; n = nombre d'année d'occupation ; i = intérêt moyen annuel accordé par les caisses d'épargne nationale relevant de l'État ; P = prix moyen d'acquisition ou d'usufruit d'un hectare ; S = superficie en hectare.

[554] Article 107 du décret d'application du Code minier

[555] Article 4 Article 1er de l'arrêté interministériel n°28MINAGRA/MEF du 12 Mars 1996 portant fixation du barème d'indemnisation des cultures détruites.

[556] Ce texte avait en principe vocation à s'appliquer au situation de destruction des cultures à l'occasion des travaux d'utilité publique.

[557] Article 1er de l'arrêté interministériel n°28MINAGRA/MEF du 12 Mars 1996 portant fixation du barème d'indemnisation des cultures détruites.

présence de l'Administration compétente en attendant l'intervention d'un barème additif[558].

**258.**L'indemnité est payable en trois annuités égales à partir de la fin de la première année d'occupation par la personne civilement responsable de la destruction[559]. Elle est unique et ne s'applique qu'aux zones rendues inutilisables aux autres activités du fait de l'activité minière.

**259.**L'indemnisation telle présenter sous l'empire du Code de 1995 et des textes complémentaires n'excluant pas l'hypothèse d'une coïncidence du statut de détenteurs de droits fonciers et celui d'auteur de la mise en valeur, l'on observait une inégalité dans la détermination des montants des indemnisations. Les détenteurs de droits fonciers qui avaient pris le soin de mettre leurs parcelles en valeur bénéficiaient d'une indemnisation plus importante que les détenteurs de droits fonciers n'ayant pas mis leurs parcelles en valeur ou qui n'en étaient pas les auteurs. L'administration des mines approchées dans le cadre de cette étude révélait à juste titre d'ailleurs que les soupçons d'installation d'un nouveau projet minier avaient pour conséquence une accélération des mises en valeur par les détenteurs de droits fonciers[560]. L'objectif pour ces derniers, étant d'augmenter le montant de leurs indemnités si le projet venait à se concrétiser.

**260.**En dehors de la consécration expresse de la prise en compte des droits coutumiers pour l'indemnisation résultant de l'occupation des terres par le permissionnaire ou titulaire d'une autorisation, le Code minier de 2014 ne déroge pas fondamentalement à celui de 1995.

---

[558] Article 3 de l'arrêté interministériel n°28MINAGRA/MEF du 12 Mars 1996 portant fixation du barème d'indemnisation des cultures détruites.

[559] Article 7 e l'arrêté interministériel n°28MINAGRA/MEF du 12 Mars 1996 portant fixation du barème d'indemnisation des cultures détruites.

[560] J. DEKLI, Juriste au Ministère des mines et de la géologie, entretien réalisé le 25 juin 2019 au service juridique du Ministère des mines et de la géologie.

### b- Un élargissement explicite depuis le Code minier de 2014

**261.** Le Code minier de 2014 diffère du précédent en ce qu'il consacre expressément l'élargissement de l'indemnisation aux droits fonciers. L'article 127 alinéa 2 du Code de 2014 dispose que « l'occupation de ces terrains donne droit à une juste indemnité au profit de l'occupant et de l'occupant légitime [...] ». L'on observe l'abandon par le nouveau Code de l'expression « propriétaire du sol ou de l'occupant légitime » au profit de l'expression « d'occupant et de l'occupant légitime du sol ». En revanche, à l'instar de son prédécesseur, le législateur minier de 2014 prévoit l'indemnisation des victimes de l'occupation. À cet effet, il ne distingue plus le « propriétaire du sol » de « l'occupant légitime », mais retient désormais la distinction « occupant du sol », et « occupant légitime du sol ». L'occupant du sol devant s'entendre de toute « personne physique ou morale qui a mis en valeur une parcelle du sol »[561] et l'occupant légitime du sol, « la personne physique ou morale qui a obtenu auprès de l'administration, l'autorisation d'occuper une parcelle du sol ou celui qui par usage depuis des générations occupe une parcelle du sol »[562]. À la lumière ce qui précède, il apparaît sans équivoque que le Code adopté en 2014, prend en compte non seulement les droits coutumiers dans le cadre de l'indemnisation résultant de l'occupation des terres par le permissionnaire ou le bénéficiaire d'une autorisation, mais les hisse au même niveau que le droit de propriété.

**262.** Ce constat de la prise en compte des droits coutumiers dans l'établissement des concessions minières et plus particulièrement au moment de l'occupation des terres visées par les actes de concession, pourrait s'analyser comme la conséquence logique de l'évolution de la législation foncière. L'on peut, en effet, y voir la volonté du législateur minier de s'aligner sur la position des auteurs de la loi n° 98-750. Ainsi, à l'instar de ce qui avait cours sous la législation précédente, les droits coutumiers étaient indemnisés au même titre que le droit de propriété. Par ailleurs, pour ce concerne la détermination du

---

[561] Article 1er de la loi n°2014-138 du 24 mars 2014 portant Code minier.
[562] Article 1er de la loi n°2014-138 du 24 mars 2014 portant Code minier.

montant de l'indemnité, l'on observe certes une évolution au niveau de la réglementation, toutefois, peu de modifications sont intervenues.

**263.** Tout comme les textes précédents, la réglementation distingue l'occupation sans destruction de cultures, de l'occupation avec destruction de cultures. Dans l'attente de l'arrêté conjoint du ministre chargé des Mines, du ministre chargé de l'Agriculture et du ministre chargé de l'Administration du territoire, déterminant les conditions et les modalités de l'occupation des terrains nécessaires aux activités régies par le Code minier et le passage sur ces terrains[563], les montants de l'indemnisation résultant de l'occupation des terres sont déterminés d'un commun accord entre les parties. Ainsi, lorsque l'occupation porte sur des terres objet de droits coutumiers, les communautés sont en principes représentées par les autorités habilitées, au regard des traditions, ainsi que toutes personnes désignées par les communautés pour défendre leurs intérêts. À l'instar des peuples dits autochtones, la désignation des représentants dans nombre de communautés rurales en Côte d'Ivoire, demeure toujours influencée par leurs caractéristiques culturelles, la structure de leur gouvernance et leurs manières traditionnelles d`être les uns avec les autres et de prendre des décisions[564]. Dans la pratique, l'administration exige du permissionnaire de négocier individuellement avec tous les détenteurs de droits fonciers[565]. Lorsque l'occupation des terres entraine la destruction de culture, l'indemnisation prend en compte celle-ci et se fait sur la base d'une formule posée par le décret n° 2014- 397 du 25 juin 2014 déterminant les modalités d'application de la loi n°2014-138 du 24 mars 2014 portant Code minier. L'article 134 de ce texte dispose en effet que : « L'indemnité au profit de l'occupant ou de l'occupant légitime

---

[563] Article 133 du décret n° 2014- 397 du 25 juin 2014 déterminant les modalités d'application de la loi n°2014-138 du 24 mars 2014 portant Code minier.

[564] ICMM, *Guide de bonnes pratiques. Les peuples autochtones et exploitation minière*, Londres Royaume-Uni, Guidance 2010-3, p.3.

[565] J. DEKLI, Juriste au Ministère des mines et de la géologie, entretien réalisé le 25 juin 2019 au service juridique du Ministère des mines et de la géologie.

du sol dont les terres sont devenues impropres à la culture est déterminée par la formule suivante :

D = 15× R + P× S […] »[566].

**264.**La détermination des variables incombe au ministère de l'Agriculture. Sur la question, depuis l'adoption du Code minier de 2014 deux arrêtés relatifs à l'indemnisation des cultures détruites se sont succédés. Il s'agit de :

- l'arrêté interministériel n°247/MINAGRI/MPMEF/MPMB du 17 juin 2014 portant fixation du barème d'indemnisation des cultures détruites ;
- l'arrêté interministériel n°453 MINADER/MIS/MIRAH/ MEF/MCLU /MMG/- MEER/MEPEER/SEPMBPE du premier août 2018 portant fixation du barème d'indemnisation des cultures détruites ou projet de destruction des cultures et autres Investissements en milieu rural et abattage d'animaux et d'élevage.

**265.**Le premier texte cité, reprenant pour l'essentiel l'ensemble des dispositions de l'arrêté n°028 du 12 mars 1996 qu'il abroge par ailleurs, maintient le système du barème pour l'indemnisation des cultures détruites. Toutefois contrairement au texte qu'il abroge, l'arrêté interministériel de 2014 consacre de nouveaux critères de notation à retenir pour l'évaluation. Il s'agit notamment de la superficie détruite, le coût de la mise en place de l'hectare, la densité normale (nombre de plant/ha, le coût d'entretien de l'hectare, le rendement par année, le prix bord champ (FCFA) en vigueur au moment de la destruction, et surtout le préjudice moral subi[567]. Ce dernier critère de notation constitue une avancée notable dans la détermination du montant de l'indemnité due consécutive à l'occupation des terres avec destruction des cultures.

**266.**Perçu par les autres administrations techniques, notamment celle des mines comme tenant peu compte des spécificités de

---

[566] D = dédommagement, R = revenu annuel de la parcelle, P = prix moyen d'acquisition ou d'usufruit d'un hectare, S = superficie.

[567] Arrêté interministériel n°247/MINAGRI/MPMEF/MPMB du 17 juin 2014 portant fixation du barème d'indemnisation des cultures détruites.

l'activité de minière[568], ce texte a été abrogé et remplacé par l'arrêté interministériel n°453 précité. Le nouveau texte a certes le mérite d'avoir été contresigné par huit autres ministres techniques[569] en plus du ministre de l'Agriculture, cependant, l'administration des mines estime n'avoir pas été associée à sa rédaction[570]. S'il maintient le système du barème, cet arrêté opère en son article 1er une extension du champ de l'indemnisation en prenant en compte désormais la destruction de structure aquacole, d'engin de pêche et l'abattage des animaux[571]. À cet effet, il consacre des formules de calcul des indemnités qui diffèrent suivant le type de dégât[572]. Pour les cultures détruites, l'on observe, une augmentation du nombre des critères d'évaluation pour l'indemnisation. De sept (7) critères, l'on est passé à dix (10), avec l'introduction au nombre des critères d'évaluation de l'âge de la plantation, du prix du kilogramme en vigueur sur le marché, ainsi que du nombre d'années d'immaturité avant l'entrée en production. Dans la même veine et toujours en rupture avec celui de 2014, l'arrêté interministériel n°453 fixe le montant du préjudice moral à 10% de l'indemnité, limitant ainsi l'évaluation dudit préjudice.

---

568 J. DEKLI, Juriste au Ministère des mines et de la géologie, entretien réalisé le 25 juin 2019 au service juridique du Ministère des Mines et de la Géologie.

569 Il s'agit respectivement de : Ministre de l'Intérieur et de la Sécurité, le Ministre des Ressources animale et halieutiques, Ministre de l'Économie et des Finances, le Ministre de la Construction du Logement et de l'Urbanisme, Ministre des Mines et de la Géologie, Ministre de l'Équipement et de l'entretien routier, le Ministre du Pétrole, de l'Énergie et des Énergies renouvelables, Secrétariat auprès du Premier Ministre chargé du Budget et du Portefeuille de l'État.

570 J. DEKLI, Juriste au Ministère des mines et de la géologie, entretien réalisé le 25 juin 2019 au service juridique du Ministère des Mines et de la Géologie.

571 Cette extension à une influence considérable sur le régime de la réparation des dommages résultant de l'activité minière.

572 Voir annexe de l'arrêté interministériel n°453 MINADER /MIS/MIRAH/MEF/MCLU/MMG/-MEER/MEPEER/SEPMBPE du 1er Août 2018 portant fixation du barème d'indemnisation des cultures détruites ou projet de destruction des cultures et autres Investissements en milieu rural et abattage d'animaux et d'élevage.

## CONLUSION PARTIELLE PREMIÈRE PARTIE

**267.**L'établissement des concessions minières sous le régime colonial méconnaissait les droits fonciers coutumiers des indigènes. À la lumière de contre analyse, il apparaît que cette méconnaissance s'inscrivait dans le cadre d'une idéologie politique économique et sociale globale : l'idéologie coloniale. Concrètement, à partir d'outils législatifs savamment conçus et de pratiques administratives arbitraires, le colonisateur français introduit dans l'empire colonial ouest-africain en général, et dans la Colonie de Côte d'Ivoire le régime de la séparation du sol et des ressources tréfoncières, bouleversant ainsi les rapports fonciers miniers traditionnels des indigènes. Faisant de l'État le propriétaire exclusif des ressources minières, le régime de séparation nie tout droit aux indigènes sur les ressources minières. Toutefois pour prévenir d'éventuelles contestations et autres révoltes qui pourraient émaner des indigènes, la législation minière coloniale va reconnaître aux indigènes jusqu'en 1954, des droits résiduels d'exploitation suivant leurs méthodes et techniques traditionnelles. Si elles ont dans l'ensemble permis de contenter les indigènes, il importe de souligner que ces réserves avaient une portée plutôt limitée eu égard au caractère conditionné.

**268.**Par ailleurs, suivant le régime de la propriété des mines, l'exercice de droit minier était logiquement subordonné à une autorisation de l'administration coloniale et à l'obtention d'un titre minier permis ou concession. Les indigènes étaient, en principe, exclus de l'ensemble de la procédure, dominées de bout à bout par les administrateurs coloniaux. Les seules hypothèses pour lesquelles leur avis pouvait être requis étaient lorsque les périmètres miniers coïncidaient avec leurs terres de culture. Mais là encore, ce n'était qu'une intervention facultative dans la mesure ou en cas d'opposition à l'occupation de leur terre, le permissionnaire ou le concessionnaire avait la possibilité de passer outre par l'obtention d'une autorisation de l'administrateur colonial.

**269.**L'avènement de l'indépendance ne va pas améliorer fondamentalement le sort des droits lors de l'établissement des concessions minières. Deux périodes sont à distinguer cependant. La première commence à partir de l'indépendance, plus précisément avec l'adoption du premier Code minier de la Côte d'Ivoire indépendante et prend fin en 1995. Au cours de cette période, les enjeux de développement et d'unité nationale ayant pris le pas sur les droits de l'homme[573], les droits fonciers coutumiers seront âprement combattus par les nouvelles autorités. Les conséquences sur la prise en compte de ces droits à l'établissement des concessions minières sont pires que sous le régime colonial. Non seulement la propriété étatique des ressources minières est reconduite, mais désormais les droits coutumiers n'influencent nullement le processus d'établissement des concessions. Seule la mise en valeur, érigée en critère de la propriété foncière, est prise en compte pendant l'occupation des terres par l'exploitant. Cette négation systématique des droits fonciers va toutefois connaître une évolution à la faveur notamment de la crise que traverse le pays. Cette évolution fait suite à la valorisation de l'activité minière dans un contexte de mondialisation et d'expansion de la démocratie. En rupture avec le Code minier de 1964, le Code minier de 1995 puis celui de 2014 hissent les droits fonciers coutumiers au même rang que la propriété. Ces deux textes consacrent l'obligation de requérir l'avis des éventuels détenteurs de droits fonciers préalablement à l'occupation de leurs terres. Même s'il convient de souligner que l'écart entre le dispositif juridique et la pratique est très grand.

**270.** Dans l'ensemble, les droits fonciers coutumiers sont l'objet d'une négation quasi constante pendant l'établissement des droits coutumiers. Quid de la phase d'exploitation ?

---

[573] A. B. FALL, « La charte africaine des droits de l'homme et des peuples : entre universalisme et régionalisme », *In Pouvoirs,* 2009/2, n° 129, p.81.

# DEUXIÈME PARTIE : UNE CONSIDÉRATION MÉDIOCRE DES DROITS FONCIERS COUTUMIERS À L'EXPLOITATION DES CONCESSIONS MINIÈRES

**271.** Lorsqu'il sacrifie à toutes les procédures et accomplit toutes les formalités imposées par la réglementation minière, le permissionnaire ou le concessionnaire peut en toute liberté se livrer à l'exercice des droits miniers à lui conférés par son titre minier. Ces droits sont différents selon que l'on est en présence d'un permis d'exploration, d'un permis de recherche, d'un permis d'exploitation ou encore d'une concession de mine entendue *stricto sensu*. Toutefois, quelle que soit leur étendue, l'exercice de ces droits par le titulaire ne se fait pas toujours sans difficultés, ni heurts avec les droits fonciers coutumiers. Les méthodes d'exploitation, les moyens techniques et les produits chimiques auxquels recourt le permissionnaire ou concessionnaire constituent autant de facteurs susceptibles de porter, directement ou indirectement, atteinte aux droits fonciers en général et aux droits fonciers coutumiers en particulier. Ainsi, la jouissance ou l'exercice de ces droits s'avère sinon impossible à tout le moins perturbé par l'activité minière. Face donc aux risques que comporte la mise en exploitation de la concession, la question du traitement réservé aux droits fonciers coutumiers importe doublement. La première importance réside dans la spécificité même de ces droits et la seconde, est inhérente au contexte dans lequel se déroule l'exploitation. Caractérisée par l'utilisation de moyens rudimentaires, l'exploitation minière en Afrique précoloniale avait un impact limité sur l'environnement tant naturel que social. De plus, les rapports de l'homme à la nature, empreints de sacralité, garantissaient aux composantes de l'environnement[574] une certaine protection au moyen d'habitudes et autres comportements que l'on pourrait, qualifier d'écologique[575]. Les évolutions politiques et économiques de la Côte d'Ivoire à partir 10 mars 1893 vont rompre avec cette situation. La transformation des méthodes et outils d'exploitation à la faveur de la naissance de l'État moderne expose l'environnement naturel et social de l'exploitation minière à des risques de plus en plus importants. Dans ces conditions, les droits fonciers

[574] Eau, terre, air, forêt etc.

[575] Il est fait ici références aux interdits, savoirs traditionnels qui présidaient en matière d'exploitation minière. Voir sur la question G. NIANGORAN BOUAH, L'idéologie de l'or chez les Akans de Côte d'Ivoire et du Ghana, op.cit., p. 127 et suiv.

coutumiers, combattus par le régime foncier colonial puis postcolonial, se trouvent doublement menacés à la phase d'exploitation minière.

**272.**L'analyse des différentes législations et réglementations en matière minière, domaniale, foncière, forestière et environnementale applicables à la Côte d'Ivoire laisse entrevoir une différence de traitement des droits fonciers coutumiers suivant que l'on se situe sous la période coloniale ou la période postcoloniale. La Colonie de Côte d'Ivoire avait une vocation agricole. À cet effet, l'action du colonisateur a consisté y créer les conditions favorables à la mise en exploitation des terres. Dans ce sens, le colonisateur a introduit très tôt dans ce territoire comme dans plusieurs autres Colonies de l'AOF, des cultures dites d'exportation[576]. Il a adopté en outre une législation foncière au service de la propriété privée, créé des infrastructures notamment routières[577]. Ce faisant, le législateur colonial s'est quelque peu détourné des autres secteurs. Dans le domaine minier la Colonie de Côte d'Ivoire se voyait appliquée la même réglementation que dans les pays dits miniers[578] là où les auteurs s'accordent pour dire qu'elle n'était pas une colonie à vocation minière.

**273.**En dépit de la politique économique officielle, largement orientée vers l'exploitation agricole, l'exploitation minière existait bel et bien à la Colonie de Côte d'Ivoire. Les rapports périodiques du service local des mines ainsi que, ceux de l'inspection générale des mines en sont une illustration prégnante[579]. Cette existence est également confirmée par la

---

576 J. P. CHAUVEAU, J. P. DOZON, « Colonisation, économie de plantation, société civile en Côte d'Ivoire », *Cahier de l'ORSTOM*, sér. Sci. Hum., vol. XXI, n°1, 1986, p.65.

577 A. K. BROU, « L'exploitation coloniale dans la mise en place du réseau routier et ferroviaire de la Colonie de Côte d'Ivoire de 1893 à 1960 », pp.1-14, [en ligne], disponible sur https://halshs.archives-ouvertes.fr/halshs-01222836/document

578 Les différents décrets miniers de 1899, 1924, 1934 et 1954 n'avaient pas vocation à s'appliquer uniquement à la Côte d'Ivoire mais à un ensemble de Colonies.

579 ANS, Sous série 2G, 2G24-69, A.O.F., Rapport d'ensemble inspection générale des TP, 1924, p.32.

doctrine[580]. Cependant, la finalité assignée à l'activité minière dans le dessein colonial, ainsi que la relative jeunesse de la question de la protection environnementale n'ont point favorisé la mise en place d'un cadre juridique protecteur des droits fonciers coutumiers à l'occasion de la réalisation des concessions minières.

**274.**À la fin de la colonisation, les nouvelles autorités ivoiriennes ne se démarqueront pas dans un premier temps, de la politique coloniale. Faisant de l'exploitation agricole le pilier de l'économie ivoirienne, elles font de la mise en valeur l'unique critère de la propriété foncière. Dans ces conditions, les droits coutumiers continueront d'être niés à l'occasion de l'exploitation des concessions minières. Mais la première véritable crise économique que le pays traverse, et le contexte international en profonde mutation concourent à un foisonnement législatif du cadre de réalisation des projets miniers. Ce renforcement du cadre normatif améliore, du moins en théorie, le degré de prise en compte des droits coutumiers à la phase d'exploitation des concessions minières.

**275.**Au vu de ce qui précède, en matière d'exploitation minière, la prise en compte des droits fonciers a connu une évolution : elle est passée d'un déni initial des droits coutumiers (Titre I), à une prise en compte progressive des droits fonciers (Titre II).

---

[580] A. K. BROU, « L'exploitation coloniale dans la mise en place du réseau routier et ferroviaire de la Colonie de Côte d'Ivoire de 1893 à 1960 », *Op.cit.*, p.9.

# TITRE I
# DE 1899 À 1964, UN DENI INITIAL DES DROITS FONCIERS COUTUMIERS

**276.**De 1899 à 1964, plusieurs décrets miniers coloniaux vont se succéder[581]. Consacrant et encourageant les exploitations de types modernes, ces textes étaient résolument tournés vers la maximisation de la production minière. L'utilisation de « machine de pointe »[582], pour l'exploitation de superficie pouvant s'étendre jusqu'à huit cents (800) hectares pour l'or et les gemmes et 2.800 hectares pour toutes autres substances[583], confirme cette finalité assignée à la réglementation minière. Cependant, l'introduction de nouvelles techniques et des outils sophistiqués dans la production minière, avait pour corollaire le déni des droits fonciers coutumiers pendant la phase d'exploitation. En dehors d'une référence laconique à des législations sectorielles, les textes miniers précités ne prévoyaient que très rarement des dispositions destinées à protéger l'environnement de l'exploitation. À l'encadrement juridique lacunaire de l'exploitation s'ajoutait un cadre institutionnel inadéquat. Animé essentiellement par des administrateurs coloniaux assistés d'agents de terrains aux moyens limités, le cadre institutionnel d'encadrement de l'exploitation se caractérisait par une marginalisation des indigènes et de leurs savoirs. Loin de constituer un fait nouveau, ce déni s'inscrivait dans la logique de l'entreprise coloniale, faisant de la phase d'exploitation des concessions, un instrument au service de la politique coloniale. Dans la pratique, la combinaison du cadre juridique et du cadre institutionnel donnait lieu à une gestion précaire des droits fonciers coutumiers non seulement en phase d'exploitation, mais également à la fin de celle-ci.

**277.**Il s'agira donc pour nous d'analyser sous cet intitulé l'encadrement de l'exploitation des concessions minières par le

---

[581] Voir sur la question le décret du 6 juillet 1899 précité ; le décret du 22 octobre 1924 précité ; le décret du 23 décembre 1934 précité ; le décret n° 54-1110 du 13 novembre 1954 précité ; le décret n° 57-242 du 24 février 1957 modifiant et complétant le décret 54-1110 du 13 novembre 1954.

[582] H. AGUIE, *Op.cit.*, p.209.

[583] Article 29 du décret du 6 juillet 1899 précité.

colonisateur (Chapitre I), pour y déceler le degré de prise en compte des droits fonciers coutumiers lors de la phase d'exploitation (Chapitre II).

## Chapitre I
## Une méconnaissance résultant de l'encadrement de l'exploitation

**278.**L'exploitation minière consiste à extraire des roches ou minerais ayant une valeur économique[584]. Plusieurs techniques et méthodes existent pour parvenir à cet objectif. Il est classique d'opposer les méthodes traditionnelles ou artisanales aux méthodes dites industrielles. Avant l'arrivée du colonisateur, l'exploitation des ressources minières était, à l'image des autres domaines, régie par des règles coutumières et guidée par des considérations tantôt religieuses tantôt pratiques. L'exploitation par eux réalisée était dite traditionnelle en raison des procédés manuels et rudimentaires qu'ils mettaient en œuvre. Ils n'utilisaient ni produits chimiques ni explosifs[585]. Les travaux de Claude Hélène PERROT sur les Anyi-ndenye sont assez édifiants sur leur outillage[586]. L'arrivée du colonisateur a profondément transformé le secteur. Depuis 1899, l'encadrement de l'exploitation résulte des différents décrets miniers déjà évoqués. En rupture avec les pratiques indigènes, la réglementation minière coloniale introduit de nouvelles logiques de production caractérisées par la maximisation du profit de l'exploitant à travers l'augmentation de la production. Fort des apports de la science et de la technique les exploitants occidentaux s'appuient sur des méthodes et des moyens techniques et mécanisés. Cependant, si le nouveau mode d'exploitation garantissait une augmentation de la production, force est de reconnaître qu'il engendrait des coûts environnementaux considérables. Les transformations survenues au niveau des méthodes et des moyens d'exploitation n'ont pas été suivies d'un encadrement adéquat. L'exploitation minière se

---

[584] F. POULARD, X. DAUPLEY, C. DIDIER, Z POKRYSKA., P. D'HUGUES, N. CHARLES, J.-J. DUPUY, M. SAVE, Exploitation minière et traitement des minerais, Collection « La mine en France », Tome 6, 2017, p.9.

[585] Article 1er Code minier 2014.

[586] C. H. PERROT, « Or, richesse et pouvoir chez les Anyi-ndenye », *In Journal des africanistes*, 1978, Tome 48, fascicule 1, L'or dans les sociétés Akan, p.109.

faisait a sur la base d'un dispositif juridique très approximatif (Section I) et d'un cadre institutionnel desservant la protection de l'environnement foncier (Section II).

*Section I : Un encadrement juridique approximatif*

**279.** L'état du droit dans un territoire ou un espace donné à un moment donné est toujours le produit des rapports de forces en présence dans cet espace où à cette époque. Dans le contexte colonial, point n'est besoin de répéter que ces rapports, mettant en présence d'une part le colonisateur et d'autre part les indigènes, étaient foncièrement déséquilibrés au détriment des seconds cités. C'est dire ainsi que le droit de cette époque reflétait les aspirations du colonisateur. L'action de ce dernier étant surtout guidée par l'intérêt économique, l'arsenal juridique qu'il met en place dans divers domaines devait pouvoir lui permettre de réaliser cet objectif. C'est ainsi qu'en ce qui concerne l'encadrement de l'exploitation minière, les indigènes se sont vus imposer un dispositif juridique bancal (Paragraphe I), et partisan (paragraphe II).

*Paragraphe I : Une législation environnementale bancale*

**280.** La législation environnementale sous la colonistaion se caractérisait par l'insuffisance des textes encadrant l'exploitation minière (A) ainsi que par son approche réductrice de la notion d'environnement (B).

A- L'insuffisance des textes

**281.** « La compétence de l'État colonial pour légiférer dans les Colonies n'a fait l'objet d'aucune contestation. S'étant comporté à la fois comme "État successeur" des souverains locaux et comme conquérant, il avait " tous les moyens désirables pour imposer sa propre loi". Il a largement abusé de ces moyens pour transplanter et imposer progressivement sa législation et sa réglementation en AOF »[587]. L'objectif de la colonisation étant

[587] R. DEGNI SEGUI, *Introduction à l'étude du Droit*, Abidjan, EDUCI, 2009, p.281.

surtout d'exploiter les ressources des différents territoires coloniaux, c'est tout logiquement que dans le cadre de l'exercice de cette compétence, en dehors des « textes organiques »[588] le colonisateur a prioritairement légiféré dans les matières qui favorisaient cette entreprise. Au nombre de celles-ci, on peut citer, outre le Code civil rendu applicable à la Colonie de Côte d'Ivoire par l'arrêté BINGER du 10 septembre 1893. Par la suite des textes seront très vite adoptés dans le domaine minier[589], forestier[590], foncier[591]. Comme tel, l'objectif assigné à la législation coloniale, à savoir « l'exploitation et de la valorisation des milieux et ressources »[592] des Colonies, n'impliquait guère une réglementation visant la protection de l'environnement (1). Toutefois, l'on pouvait observer l'existence de dispositions éparses relatives à la question (2).

*1- L'inexistence d'un texte environnemental à vocation générale*

**282.**Le vocable environnement est un terme complexe et très vaste. Le dictionnaire Larousse en donne six définitions différentes[593] qui témoignent de son caractère polysémique.

---

588 *Ibid.*, pp. 282-283

589 Décret du 26 juillet 1899 précité ; Décret du 4 août 1901, Portant réglementation sur la recherche et l'exploitation de l'or et des métaux précieux dans les Colonies et pays de protectorat de l'Afrique autres que l'Algérie et la Tunisie.

590 Décret du 20 juillet 1900, relatif au régime forestier de la Côte d'Ivoire.

591 Décret du 20 juillet 1900, relatif au régime de la propriété foncière à la Côte d'Ivoire.

592 R. TOURTE, *Histoire de la recherche agricole en Afrique tropicale, Volume IV, Les grands moments des jardins d'essais : 1885/1890-1914/1918,* FAO, Rome, 2005, p.6.

593 « - Ce qui entoure de tous côtés ; voisinage : Un village dans son environnement de montagnes.
- Ensemble des éléments (biotiques ou abiotiques) qui entourent un individu ou une espèce et dont certains contribuent directement à subvenir à ses besoins.
- Ensemble des éléments objectifs (qualité de l'air, bruit, etc.) et subjectifs (beauté d'un paysage, qualité d'un site, etc.) constituant le cadre de vie d'un individu.
- Atmosphère, ambiance, climat dans lequel on se trouve ; contexte psychologique, social : Un environnement politique particulièrement hostile.

Cette complexité justifie également la réticence des chercheurs à en fournir une définition rendant effectivement compte de la réalité qu'elle couvre[594]. Ces derniers se contentent, en effet, le plus souvent d'évoquer les multiples problèmes en matière environnementale et de proposer des solutions éventuelles tendant à sa protection. En revanche, ils s'essaient rarement à en proposer une définition. Dans le cadre de cette étude, la notion d'environnement doit s'entendre dans son acception la plus large, c'est-à-dire comme l'« ensemble des éléments (biotiques ou abiotiques) qui entourent un individu ou une espèce et dont certains contribuent directement à subvenir à ses besoins »[595]. Ainsi la notion se rapproche étroitement de celle de « nature », mais s'en démarque. Cette dernière désigne « l'ensemble des éléments naturels, biotiques et abiotiques, considérés seuls, alors que la notion d'environnement s'intéresse à la nature au regard des activités humaines, et aux interactions entre l'homme et la nature »[596]. Ces précisions terminologiques ainsi faites, retenons que la notion de l'environnement ainsi présentée n'est pas loin de celle retenue par le législateur ivoirien de 1996, pour qui, l'environnement « est l'ensemble des éléments physiques, chimiques, biologiques, les facteurs socio-économiques, moraux et intellectuels, susceptible d'avoir un effet direct ou indirect, immédiat ou à long terme sur le développement du milieu, des êtres vivants et des activités humaines »[597]. Ainsi, loin de se réduire à un simple concept, l'environnement se présente comme un fait social total qui peut et doit être saisi par le droit.

- En art, œuvre constituée d'éléments assemblés quelconques, disposés dans un espace que l'on peut parcourir. (Mode d'expression usité dans le surréalisme, le nouveau réalisme, l'art cinétique, l'art pauvre, le land art, voire l'art corporel, l'art vidéo, etc.)
- En linguistique, synonyme de contexte » ; Définition consultée en ligne le 22/10/2008 à 09h46mn sur https://www.larousse.fr/dictionnaires/francais/environnement/30155.

[594] On trouve même, et de manière plutôt paradoxale d'ailleurs, un lexique spécialisé en matière environnementale qui ne fournit aucune définition de la notion et se borne à énumérer les éléments qui la compose (air, eau, sédiment, etc.... cf. F. CABANE, *Lexique d'écologie, d'environnement et d'aménagement*, version 24, IFREMER, 2012, p.22.

[595] *Ibid.*

[596]

[597] Code de l'environnement de 2016.

Cette idée trouve écho chez Éric NAIM-GESBERT, pour qui « l'environnement est un mot qui signifie une chose concrète, une chose concrète tangible, qui vit, déchiffré entre autres par les sciences écologiques. Or le droit puise ses fondements dans la réalité et l'interprète en " une qualification spécifique octroyée par le droit aux objets et aux situations" d'après " une qualité ou une propriété immanente des choses [...] apportée de l'extérieur". S'il est une fiction, le droit de l'environnement est donc en prise avec le réel »[598]. Au nombre de la diversité des éléments, composant ce réel, qualifiés d'« éléments principaux » de l'environnement, par Olivier BARRIÈRE, figurent le sol, l'air, l'eau les espèces végétales et animales[599]. En d'autres termes, il se compose aussi bien des ressources naturelles (renouvelable ou non) que du milieu dans lequel elles se situent ou évoluent. L'auteur dira à cet effet que « La ressource naturelle est un élément de l'environnement parmi tant d'autres »[600]. De là l'importance de la protection de l'environnement.

**283.**Dans le contexte colonial, cette protection également existait[601]. En revanche, elle n'était pas l'œuvre d'une législation homogène et spécifique à l'environnement. Cette situation pourrait s'expliquer par le particularisme de la législation coloniale en général et celle relative à l'exploitation des ressources naturelles en particulier. Au nombre des raisons de ce particularisme, on peut évoquer en premier lieu l'importance des ressources naturelles pour l'économie métropolitaine comme source de matières premières. Par conséquent, la législation sera plus orientée vers l'exploitation des dites ressources qu'une quelconque protection de ces ressources, même pour des raisons environnementales. La seconde raison réside dans la rareté relative de certaines

[598] É. NAIM-GESBERT, « Maturité du droit de l'environnement », *Revue juridique de l'environnement* 2010/2 (Volume 35), pp.237-238.

[599] O. BARRIERE, *Gestion des ressources naturelles renouvelables et Conservation des écosystèmes au sahel : Le foncier-environnement*, Thèse de Doctorat en Droit, Université de Paris I, 1996, p.20.

[600] O. BARRIERE, *Gestion des ressources naturelles renouvelables et Conservation des écosystèmes au sahel : Le foncier-environnement*, Thèse de Doctorat en Droit, Université de Paris I, 1996, p.20.

[601] J. I. GUEHI, *op.cit.*, p.84.

ressources du fait qu'elles ne se reproduisent pas[602]. Il en est ainsi des ressources minières. Une autre raison réside enfin dans la nature des travaux d'exploitation. Cette dernière raison se présente comme le corollaire de la précédente, en ce que face à la rareté des ressources les moyens déployés pour leurs recherches étaient toujours plus colossaux et toujours plus sophistiqués. Mettre un point d'honneur à la protection de l'environnement pouvait se révéler rebutant pour les différents exploitants contrariant ainsi l'objectif premier de l'aventure coloniale. Jonas Ibo GUEHI dira à cet effet que, « la Colonie étant le lieu où s'affrontaient les intérêts de la métropole, des colons et des colonisés, toute politique, même sur le plan de l'écologie, a dû subir l'influence des différents rapports de force »[603]. L'autre explication du choix de ne pas consacrer une législation propre à la matière environnementale comme cela apparait de nos jours, pourrait résider dans la relative jeunesse du droit de l'environnement en tant que disciplines juridiques au niveau de la métropole. En effet, si les pratiques de protection de l'environnement sont présentées comme étant consubstantielles à toute société selon son degré de développement, l'essor du droit de l'environnement en tant que discipline autonome est récent. Pour Éric NAIM-GESBERT amorcée au XIXe siècle en France, par l'adoption de plusieurs législations sectorielles[604], la formalisation du droit autonome de l'environnement s'est opérée au XXe siècle[605]. On le voit, si à la métropole la naissance de la discipline et l'adoption d'un texte qui est lui spécifique sont intervenues très tardivement, l'émergence de cette discipline dans les Colonies, dont la vocation était surtout économique, ne pouvait connaître

---

[602] J. PERSONNAZ, F. VERRIER, P. JALLADE, cités par A. GOSSEMENT, *Droit minier et droit de l'environnement, Éléments de réflexion pour une réforme relative à l'évaluation environnementale, à l'information et à la participation du public*, Rapport remis à Madame N. KOSCIUSKO-MORIZET, Ministre de l'Écologie, du Développement durable, des Transports et du Logement, 12 octobre 2012, p.211.

[603] J. I. GUEHI, *op.cit.*, p.84.

[604] É. NAIM-GESBERT, *op.cit.*, p.232 ; voir également sur la question, C. - Y. EID, *Le droit et les politiques de l'environnement dans les pays du bassin méditerranéen : approche de droit environnemental comparé*, Thèse de Doctorat, Université Paris Descartes, Paris V, 2007, p.20.

[605] *Ibid.*

meilleure fortune. Dans ces conditions, tout comme en métropole à cette époque, la matière environnementale à la Colonie de Côte d'Ivoire sera régie par une pluralité de textes intervenant dans des domaines divers.

### *2- L'existence d'une pluralité de textes à incidence limitée*

**284.**La législation adoptée par le colonisateur en matière environnementale consistait surtout dans des textes relatifs à la protection des richesses forestières et des mesures de préservation de la faune. Toutefois, à côté de ceux-ci l'on observe l'existence de disposition en matière manière ou foncière qui participaient plus ou moins de la politique environnementale. En ce qui concerne la première catégorie de textes, les travaux du chercheur Jonas Ibo GUEHI[606] sont assez édifiants sur leurs apports en matière de protection environnementale. Sur le rôle de la législation forestière en matière de protection environnementale, constatons avec l'auteur que différents textes sont intervenus pour fixer le régime forestier. Le premier de ces textes est le décret du 20 juillet 1900 relatif au régime forestier de la Côte d'Ivoire. Présenté comme la conséquence de l'octroi de l'autonomie financière aux Colonies, ce texte tout en conférant d'importants pouvoirs au lieutenant-gouverneur en matière de gestion des forêts[607], organisait le régime d'exploitation de celles-ci. Jonas Ibo GUEHI dira, à cet effet, que « ce règlement de 1900 qui, tout en définissant les contours d'une législation forestière, énonçait des normes considérées de nos jours comme des mesures de conservation de la nature peut être qualifié d'acte juridique fondamental ayant posé les jalons de la réglementation coloniale en matière de protection de cet élément moteur de la

---

[606] J. I. GUEHI, « La politique coloniale de protection de la nature en Côte-d'Ivoire (1900-1958) », *In Revue française d'histoire d'outre-mer,* tome 80, n°298, 1er trimestre 1993, pp. 83-104

[607] Les articles 2 notamment du décret de 1900 relatif au régime forestier de la Côte d'Ivoire, soumet l'exercice de toute activité d'exploitation forestière à l'autorisation préalable du gouverneur. Quant à l'article 3 du même texte, il lui reconnaît le pouvoir de décider ou non de la mise en exploitation de telle partie de la forêt ou encore celui d'imposer à l'exploitation un mode d'exploitation qu'il jugera convenable.

nature que représente la forêt »[608]. Ce décret du 20 juillet 1900 sera remplacé par celui de 1912[609], qui à son tour se verra substituer un Code forestier en 1935[610]. L'intervention de ces textes répondant, à chaque fois au souci d'adapter le régime forestier aux nouvelles réalités révélées par l'évolution de la Colonie, va contribuer respectivement à contenir la concurrence entre les acteurs de l'exploitation forestière en redéfinissant clairement deux formes sous lesquelles peuvent être exploitées les forêts domaniales et la définition de quatre systèmes d'exploitation : en régie ; par vente de coupe ; par permis de coupe ; par permis temporaire d'exploitation[611]. Les différents textes adoptés avaient une portée générale. Autrement dit, ils avaient vocation à s'appliquer à tous les territoires d'outre-mer et territoires associés d'Afrique[612].

**285.** Un autre volet de la législation environnementale de l'époque coloniale fut la réglementation de la chasse et l'institution des parcs nationaux par le décret du 10 mars 1925[613]. Cette réglementation répondait selon l'auteur au souci de combler les insuffisances des dispositions adoptées par les administrations locales en vue de prévenir la disparition de certaines espèces animales et de favoriser ainsi le développement du tourisme cynégétique[614].

**286.** En plus de ces textes spécifiques à certains aspects de l'environnement, l'on retrouvait, dans les différentes législations

---

608 J. I. GUEHI, op.cit., p.88.

609 Décret du 18 juin 1912 organisant le régime forestier JOCI (1912), p.457.

610 Décret du 04 Juillet 1935 organisant le régime forestier de l'Afrique Occidentale Française, JORF du 07 juillet 1935, p.7289.

611 Il concerne les forêts protégées dans les zones fixées chaque année par l'autorité publique. Les permis sont strictement personnels et les mutations doivent être autorisées. » Voir sur la question B. LANNE « Le régime forestier », *Encyclopédie juridique de l'Afrique*, Tome cinquième, Droit des biens, Abidjan, Dakar, Lomé, N.E.A, 1982, 493

612 Décret du 31 mai 1938 portant publication de la convention de Londres (8 novembre 1933) sur la protection de la flore et de la faune Afrique, JORF du 03 juin 1938, pp.62-63 ; Décret54-471 du 27 avril 1954 relatif à la protection de la nature dans les territoires d'Outre-mer d'Afrique, JORF du 04 mai 1954, p.4240 ; Décret n°55-582 du 20 mai 1955 relatif à la protection des forêts dans les territoires d'Afrique relevant du ministère de la France d'Outre-mer, JORF du 21 mai 1955, p.5084.

613 J. I. GUEHI, *op.cit.,* p.93

614 J. I. GUEHI, *op.cit.*, p.93

minières et domaniales, des dispositions qui peuvent s'analyser en des dispositions de protection de l'environnement. Pour ce qui est des textes miniers par exemple, l'on peut évoquer les dispositions relatives aux interdictions d'exercer toute activité minière dans certaines zones ou certains périmètres[615] ; ou encore celles relatives à l'obligation de réparation les dommages causés à la propriété superficielle du fait des travaux miniers, notamment celles en fixant les indemnités pour les dommages[616]. Aussi, le décret du 23 octobre 1904 portant organisation du domaine en Afrique-Occidentale Française disposait-il en son article 8 que, les contraventions aux règlements relatifs à la conservation et à l'utilisation du domaine public, sont punies d'une amende de 1 franc à 300 francs sans préjudice de la réparation du dommage causé.

### B- Une législation réductrice de la notion d'environnement

**287.**La législation coloniale dans son approche de la notion d'environnement privilégiait la flore et la faune (1) au détriment des autres composantes de cette notion, notamment l'eau et la terre (2).

#### *1- La préférence des domaines forestier et cynégétique*

**288.**Les principaux textes coloniaux intervenus en matière environnementale portaient essentiellement sur deux domaines, à savoir le domaine forestier et le domaine de la chasse. Cette manière de réduire les textes relatifs à l'environnement à la protection de la biodiversité s'est avérée très peu efficace pour la protection d'autres éléments de la nature à savoir les sols et les eaux, en raison notamment des objectifs assigner à la législation. Il s'agissait à travers ces textes de favoriser une exploitation rationnelle des ressources. Dans ce sens, Edmond MICHELLET et Jean CLÉMENT ont pu affirmer que : « le but visé par le législateur a été surtout d'essayer de protéger et de favoriser l'exploitation forestière, par une réglementation sagement rigoureuse et qui, sérieusement appliquée, serait

---

[615] Article 10 du décret 1899 ; Article 60 du décret 1924.

[616] Article 65 du décret de 1924, article 34 du décret de 1954.

efficace »[617]. Cette conception restrictive de l'environnement dans la législation était soutenue par les intérêts de l'entreprise coloniale, en l'occurrence l'exploitation des richesses. Une législation en matière forestière s'expliquait alors assez aisément. Constituant une source de richesse importante pour la Colonie[618], l'exploitation forestière devait, au risque de compromettre l'avenir[619], faire l'objet d'un encadrement strict. Quant à la législation relative à la chasse, si les raisons motivant son adoption n'apparaissent pas clairement dans les études menées par la plupart des chercheurs qui s'y sont intéressés, celles-ci peuvent toutefois, être déduites de certains de leurs travaux. C'est le cas par exemple pour Jonas Ibo GUEHI, qui ne fait pas de distinction entre Le dessein visé par les textes relatifs au régime forestier et celui poursuivi par la législation cynégétique. Il estime, en effet, que « La pratique coloniale de la protection de la nature (forêt, faune) s'inscrivait dans le cadre précis de "la mise en valeur" »[620]. L'on retrouve également cette argumentation chez Giles KRAGBE qui regroupe, sous le vocable de « biodiversité », les notions de faune et de flore ainsi que l'ensemble des communautés vivantes présentent dans un écosystème[621]. Ainsi, suivant l'hypothèse que la faune à l'instar de bien d'autres composantes de la biodiversité, constitue une ressource[622] dont l'intérêt peut toutefois varier d'une société à une autre et d'une époque à une autre, c'est logique que son exploitation fasse l'objet d'un encadrement, fut-il à minima.

---

[617] E. MICHELLET, J. CLEMENT, *La Côte d'Ivoire, organisation administrative, financière, judiciaire, régime minier, domanial, forestier et foncier*, Paris, Augustin CHALLAMEL, Éditeur,1906, p.225.
[618] *Ibid.*,
[619] *Ibid.*,
[620] J. I. GUEHI, *Op. cit.*, p.100.
[621] A. G. KRAGBE, *Les politiques de gestion de l'environnement à l'aune du droit traditionnel Africain : cas des peuples des régions forestières de la Côte d'Ivoire,* Thèse de Doctorat en sciences de l'environnement, Abidjan, Université d'Abobo-Adjamé, UFR des Sciences et gestion de l'environnement, 2011, p.229.
[622] N. LANDROT, S. DUFFOUR, (Sous la coord.), *Gestion durable de la faune et des ressources cynégétiques,* Rapport pour les états généraux de la forêt, de la faune et des ressources en eau, Ernest & Young Advisory, 2015, p.14.

**289.**Des développements précédents, la part belle faite par le colonisateur, aux domaines forestier et cynégétique dans sa législation environnementale est sans équivoque. La priorité faite aux domaines forestier et cynégétique avait pour corollaire la négligence des domaines foncier et aquatique.

*2- La négligence des domaines foncier et aquatique*

**290.**La négligence des domaines foncier et aquatique dans la législation environnementale coloniale résultait d'une part de l'inexistence d'un dispositif juridique relatif à la protection de ces domaines et d'autre part des incohérences normatives observées dans le dispositif environnemental au détriment de ces domaines.Sur l'inexistence d'un dispositif juridique relatif à la protection de ces domaines, il convient de noter qu'il s'analyse par l'absence d'un texte consacré à la protection de ces domaines et l'impertinence de rares dispositions éparses. S'agissant du domaine foncier, certes le législateur a très vite légiféré dans ce domaine[623], cependant, les textes qu'il avait adoptés n'avaient pas vocation à protéger l'environnement foncier. Autrement dit, ils ne traitaient pas de la protection ou la conservation des sols contre des éventuelles pollutions ou dégradations. Ils se bornaient pour la plupart à réglementer les modes d'acquisition, de gestion ou de transmission des droits sur la terre. Par exemple, sur les cent (100) articles du décret du 20 juillet 1900, aucune disposition n'avait pour finalité la protection du sol, aussi bien *a priori* qu'*a posteriori* d'une utilisation donnée. À l'instar de ce texte, le maître mot de toute la législation foncière coloniale, fut bien au contraire « la mise en valeur », sans aucune allusion à ses conséquences sur le sol. Pour Jacques POUCHEPADASS celle-ci ne pouvait toutefois s'effectuer sans choquer les valeurs indigènes ainsi que leur mode vie, mais également sans causer de graves atteintes l'environnement. Il l'assimile à « une agression conduite, dans la phase d'expansion du capitalisme industriel occidental, à l'échelle de l'ensemble du monde. L'agent exogène de la

[623] Le premier texte adopté en matière foncière remonte à l'année 1900, à savoir le Décret du 20 juillet 1900 Relatif au régime de la propriété foncière à la Côte d'Ivoire.

perturbation disposait de moyens d'action sans commune mesure avec ceux des populations locales. Il était animé d'une conquérante qui valorisait la soumission de la nature, la désacralisait et en faisait un objet d'appropriation, un moyen de spéculation, une marchandise »[624].

**291.**Relativement à l'eau, les mêmes critiques formulées concernant le domaine foncier sont valables. Il s'agit d'une part de l'inexistence d'un texte spécifique à la protection de ressources aquatiques et d'autre part de l'inadaptation des dispositions éparses existantes à la protection de celles-ci. Concrètement, il convient de rappeler que l'article 1 du décret du 23 octobre 1904, définissant la composition du domaine public, intégrait toutes les eaux situées sur l'étendue du territoire de la Colonie au domaine public. Ce faisant, le colonisateur confondait le régime des eaux à celui des autres dépendances du domaine, ignorant par la même les spécificités de cette ressource. Par ailleurs, l'article 8, alinéa 2 du même texte attribuait la compétence pour l'édiction des règles relatives à la police, à la conservation et à l'utilisation du domaine public, ainsi qu'à l'exercice des servitudes d'utilité publique et des servitudes militaires au Gouverneur Général par arrêté en conseil de gouvernement[625]. L'interprétation de cette disposition permet d'affirmer, en principe, que des règlements du gouverneur général devaient intervenir pour prévenir, et minimiser le cas échéant les conséquences de l'exploitation minière sur les cours d'eau en général et les étendues d'eau situées à proximité des projets miniers. Si *a priori* cette disposition permettait de garantir la protection du réseau fluvial et aquatique de la Colonie, force est de constater qu'en réalité les contraventions sanctionnant la violation des règlements du gouverneur général en la matière, tel que prévue par l'alinéa 2 de l'article 8 précité, étaient très peu dissuasives pour les exploitants.

**292.**Quid des incohérences normatives préjudiciables à la protection des sols et des eaux, relevées dans le dispositif environnemental colonial ? La formulation des dispositions des

---

[624] J POUCHEPADASS « Colonisation et environnement », *in* Revue française d'histoire d'outre-mer, p.9

[625] Article 8 décret du 23 octobre 1904, portant organisation du domaine en Afrique Occidentale française.

textes miniers relativement à la délivrance des titres miniers ne fait aucunement référence au régime forestier. C'est dire que les titres miniers pouvaient être délivrés aussi bien pour des zones ouvertes à l'exploitation forestière que pour des zones dites de réserves forestières et des parcs. Ainsi les zones d'interdiction d'activité minière encore appelées zones non ouvertes à l'activité minière, pouvaient être ouverte à l'exploitation forestière ou encore à la chasse. Cette incohérence montre clairement que la distinction entre les zones ouvertes et les zones non ouvertes à l'exploitation minière n'avait pas pour finalité la protection de l'environnement, mais elle visait plutôt une rationalisation de l'exploitation minière. L'on comprend, que cette distinction ait disparu de la réglementation minière à partir du décret de 1924[626]. Par ailleurs, l'on pourrait également évoquer au nombre des incohérences de la législation environnementale coloniale, incohérences entre les dispositions d'un même texte. Il en était ainsi des essences, faisant l'objet de restriction à l'exploitation, se trouvant dans l'emprise des forêts objet des droits coutumiers reconnus aux indigènes[627]. L'article 23 du décret forestier du 20 juillet 1900 en son alinéa 2 résout la question, en prévoyant la possibilité d'affranchir ces forêts de tout droit d'usage sous réserve de cantonnement approuvé par le gouverneur. Ici encore, le constat est le même. La résolution de cette incohérence normative était préjudiciable aux droits fonciers coutumiers. D'où la partialité de l'encadrement juridique.

*Paragraphe II : Un encadrement juridique partial*

**293.** L'encadrement juridique de l'exploitation minière par le colonisateur était partial, en ce que, non seulement il dérogeait aux coutumes indigènes (A), mais aussi parce qu'il assurait la continuité de l'œuvre du colonisateur (B).

---

[626] *Cf.* décret précité du 22 octobre 1924.

[627] Article 23 du décret du 20 juillet 1900 relatif au régime forestier à la Côte d'Ivoire.

A- Des règles d'exploitation dérogeant aux coutumes indigènes

**294.**« La colonisation est économique et sociale, mais elle est d'abord politique. À ce niveau, elle se dévoile comme un processus de [...] désintégration des institutions anciennes »[628]. Dans le contexte de la colonisation française en Côte d'Ivoire, l'on a pu observer ce phénomène dans le cadre de l'exploitation des ressources du sous-sol. Le régime d'exploitation introduit par le colonisateur transgressait le caractère sacré de la terre et de certains produits du sous-sol (1), mais surtout il méconnaissait les savoirs africains en matière d'exploitation minière (2).

*1- La transgression du caractère sacré de la terre et de certains produits du sous-sol*

**295.**Dans la mise en œuvre de sa stratégie en matière minière, le colonisateur s'est énormément appuyé sur les textes juridiques, comme il a été démontré jusque-là. Ceux-ci lui ont servi à imposer dans les territoires colonisés de nouveaux principes et mécanismes d'origine occidentale, mais également comme des outils de concurrence aux coutumes indigènes en matière d'exploitation minière. La règle de droit, quelle que soit la source dont elle émane, sert toujours les intérêts de celui qui l'édicte. En l'espèce, les différents décrets miniers ont participé à la négation des coutumes indigènes et plus spécifiquement au mépris du caractère sacré de la terre et de certaines substances minérales. Selon le dictionnaire Larousse, le vocable sacré est un « adjectif relatif au religieux, au divin. C'est ce à qui ou à quoi, l'on doit un respect absolu [...] Dans l'interprétation des phénomènes religieux le sacré est le caractère de ce qui transcende l'humain, par opposition au profane »[629]. Par conséquent, parlé de « sacralité » de la terre ou des ressources minières qui y sont contenues, c'est leur conféré un caractère ou des propriétés religieuses, divines. En d'autres termes, c'est dire

---

[628] S. -P. EKANZA, « Le double héritage de l'Afrique », *in Études* 2006/5, Tome 404, p. 605.
[629] LE PETIT LAROUSSE ILLUSTRÉ, Paris, 2017, p.1034.

que la terre et les ressources minières dont elle regorge revètent des réalités qui dépassent l'esprit ou l'entendement humain pour se loger dans l'univers métaphysique. Ce caractère ontologique accordé par les indigènes à la terre et aux ressources minières a été affirmé par la doctrine occidentale, en l'occurrence Jean Pierre CARBONNEL. L'analyse que l'auteur fait de l'encadrement de l'accès à la terre pour l'exploitation minière dans les sociétés traditionnelles africaines est assez édifiante sur la question. Il affirme en effet que : « trois régulations interfèrent […] pour « encadrer » une activité représentée comme dangereuse et maléfique. La première est politique et est assumée par le responsable administratif local au titre de ses compétences de « haute police », en matière de circulation et d'établissement des étrangers. « La deuxième est « religieuse » liée aux conceptions de la sacralité de la terre et particulièrement efficace lorsque la société considère que le groupe appartient à la terre-mère, à laquelle il faut rendre des sacrifices propitiatoires. Lorsque le maître de terre est également prêtre du sol […] et chef de terre […], le contrôle est naturellement renforcé, et la troisième régulation limitée. Il s'agit là de la violence comme forme de régulation d'une contre-société faisant appel à une solidarité extra-communautaire et à la force »[630]. CARBONNEL reconnaît ainsi expressément le caractère sacré de la terre et tout ce qu'elle renferme comme richesse. Pour lui, cette situation a pour conséquence d'instituer une réglementation stricte de son accès et de sa gestion. La nature sacrée de la terre touche nécessairement les minerais qu'elle contient. En guise d'illustration, notons que George NIANGORAN BOUAH, affirmait relativement à l'or que : « […] l'or, métal se trouvant à l'état pur dans la nature, n'est pas une créature simple, il est le métal des métaux, il est le plus noble, car inaltérable et éternel. L'or possède un esprit fort et redoutable, il joue dans le groupe des métaux le même rôle que l'homme joue dans le groupe des mammifères. Être vivant, l'or ne demeure pas en place dans la nature, il se déplace d'un point à un autre de la terre. Il peut se rendre visible et invisible. En

---

[630] J. P. CARBONNEL, « Les bases coutumières et contemporaines des droits de découverte, d'invention et d'exploitation artisanale des mines. Exemple de l'orpaillage au Burkina Faso et au Mali », *In appropriation foncière en Afrique, op.cit.*, p122.

pépite, il est vivant ; mort, il devient poudre. Pépite et poudre d'or jouent des rôles précis dans la société Akan »[631]. C'est dire ainsi que l'or, l'une des ressources les plus importantes contenues dans le tréfonds de la terre, possède les mêmes caractères que la terre. À l'analyse, l'on constate que les coutumes et autres traditions africaines opèrent une extension du statut de la terre aux éléments qu'elle contient. Ce particularisme africain dans la conception ces deux éléments emportait d'importantes conséquences dans l'organisation de l'activité d'exploitation minière. Celle-ci, calquée sur l'organisation statutaire des sociétés traditionnelles africaines, réservait l'exploitation à des groupes sociaux bien déterminés. C'est ce que dit George NIANGORAN BOUAH en ces termes : « non seulement les acteurs n'étaient pas les mêmes - et souvent, l'organisation en castes réservait l'extraction de la glaise au potier et du fer au forgeron »[632]. Ce sont ces valeurs religieuses et divines reconnues à la terre et au minerai qui seront foulées au pied par le législateur colonial. Son attitude reflète la conception occidentale de la terre et de toutes les ressources qu'elle est susceptible de contenir. Aux antipodes des mentalités africaines relatives aux minerais, SENGENSSE écrivait que « le minéral ne vit pas. On a rejeté bien loin aujourd'hui cette vieille croyance que les pierres, les métaux croissaient à la manière des plantes, croyance d'après laquelle les anciens confondaient cette agrégation de molécules inorganiques d'où résulte la formation d'un minéral avec une prétendue faculté de se reproduire abondamment, au même lieu et dans un court espace de temps, ce qui rendrait inépuisable un même gite de minéraux»[633] . Cette perception de la terre et des ressources minérales a irrigué l'ensemble de la législation minière métropolitaine mais aussi celle des Colonies de l'empire français. Les différents décrets miniers coloniaux n'intègrent pas dans leur corpus des dispositions tendant à la prise en compte voire à la protection de la sacralité de la terre et des ressources minières comme le prévoyaient les coutumes indigènes. C'est le cas par exemple de

---

631 G. NIANGORAN BOUAH, « L'idéologie de l'or chez les akans », *op.cit.*, p.127-128

632 *Ibid.*, p.122.

633 M. P. O. SENGENSSE, *De la propriété des mines en droit romain et en droit français*, *op.cit.*, p.7

l'exigence de recourir, préalablement à l'exercice de toute activité minière ou foncière, aux ancêtres et autres forces surnaturelles à travers des sacrifices rituels. Dans ce sens, s'il advenait qu'un individu se trouve en présence d'or dans la nature, « avant de s'emparer de ce métal frais, il convient de l'arroser du sang sacrificiel d'un poulet, d'un mouton ou même de quelques gouttes de sang de celui qui est témoin du phénomène »[634]. C'était également le cas relativement aux coutumes l'interdisant l'exercice d'une activité minère à certaines catégories de en fonction de leur statut ou de leur condition dans la société. Les exclusions que prévoyaient les textes ne correspondaient aucunement aux interdictions prévues par ces coutumes. Alors que le décret du 6 juillet 1899 précité n'excluait de l'activité minière que les seuls, les fonctionnaires en activité de service dans la Colonie[635], les textes ultérieurs vont étendre cette exclusion à plusieurs autres catégories de personnes. Ainsi, en plus fonctionnaires en activité de service, les officiers et militaires en activité de service ainsi que fonctionnaires et agents du service des Mines en activité de service, avaient interdiction, de se livrer à l'activité minière[636]. Par ailleurs, alors que les règles endogènes africaines faisaient interdiction à toute personne disposer ou de vendre certaines ressources minérales en raison du caractère ontologique à elles reconnu[637], la législation coloniale le permettait. En effet, lorsqu'il avait sacrifié aux différentes formalités et s'était acquitté des droits et différentes taxes prévues par les textes, l'exploitant pouvait disposer librement du produit de son exploitation. Ce faisant, les textes miniers s'écartaient profondément de l'esprit des coutumes et traditions africaines.

**296.**Les développements qui précèdent démontrent à suffisance la méconnaissance par la législation minière du caractère

---

[634] G. NIANGORAN BOUAH, « L'idéologie de l'or chez les akans », *op.cit.*, p.128.

[635] Article 8, alinéa 2 du décret du 6 juillet 1899.

[636] Article 13 alinéa 1er et 2 du décret du 22 octobre 1924 ;

[637] « L'or trouvé dans la nature ne doit pas être commercialisable car c'est un présent offert par les divinités et les génies, il reste de ce fait intimement lié à l'âme, à la fortune, à la destinée de celui qui l'a trouvé », écrivait G. NIANGORAN BOUAH, « L'idéologie de l'or chez les akans », *op.cit.*, p.128

religieux et sacré conféré à la terre et aux mines par les coutumes indigènes. Il en était ainsi des savoirs écologiques traditionnels en matière d'exploitation minière.

### *2- Le non-respect des savoirs écologiques traditionnels en matière d'exploitation minière*

**297.** Quelle que soit l'époque considérée ou le type de civilisation, l'environnement a toujours fait l'objet de mesure particulière consistant en des actions ou des abstentions, dont l'objectif ou encore le résultat était sa protection. Dans le même sens, Messieurs LUNEL, BRAUN, FLANDIN-BLETY, TEXIER se sont prononcés sur la question. Pour eux, « à toutes les époques, l'on peut percevoir des méthodes de prévention contre la destruction du cadre de vie et des solutions apportées par les hommes à leurs conflits en matière d'environnement »[638]. Suivant ce postulat, l'on peut affirmer que les sociétés africaines ont également connu des pratiques de protection de l'environnement. En effet, la dépendance des populations aux ressources naturelles renouvelables est si intense dans ces sociétés, que « la capacité de régénération ainsi que la diversité de ces ressources biologiques conditionnent leur survie et la reproduction de leurs sociétés »[639]. Toutefois, consistant essentiellement en des coutumes, droits d'usage ou encore en des pratiques folkloriques, tabous et autres interdits, les règles indigènes en matière de protection en matière environnementale, étaient moins développés que le système normatif contemporain et les détenteurs du pouvoir avaient, évidemment, moins de moyens que leurs homologues d'aujourd'hui[640]. La législation posée par le colonisateur n'est donc pas intervenue en territoire vierge. Elle a trouvé sur place des règles traditionnelles disposant de mécanismes naturels et originaux en matière environnementale, qu'elle a tout simplement ignoré. Autrement dit, l'ensemble des règles, pratiques et/ou coutumes observées par les indigènes à l'occasion d'activités d'exploitation minière,

---

[638] P. LUNEL, P. BRAUN, P. FLANDIN-BLETY, P. TEXIER, « Pour une histoire du droit de l'environnement », *In Revue Juridique de l'Environnement,* n°1, 1986. pp. 41-46.

[639] *Ibid.,* p.5.

[640] *Ibid.*, pp. 41-46.

n'étaient aucunement prises en compte par régime d'exploitation minière posé par le colonisateur. La seule allusion faite à ces savoirs par la réglementation minière concernait les réserves faites aux indigènes[641]. De plus, ces savoirs indigènes étaient également négligés par les régimes forestier et cynégétique coloniaux, auxquels l'exploitant minier devait se conformer si d'aventure, il envisageait se livrer à la coupe des bois ou à la chasse dans l'emprise du périmètre visé par son titre minier. À titre d'exemple, on peut énumérer les interdits liés à l'exploitation minière tenant tantôt aux jours d'exploitation tantôt aux zones d'exploitation. Pour ce qui était du premier type d'interdiction, il faisait injonction à l'exploitant de s'abstenir de livrer à l'exploitation minière certains jours ou période de l'année. Quant au second type d'interdiction, il avait trait aux interdictions d'exploiter dans certaines zones en raison de la valeur sacrée à elles reconnue, c'était le cas par exemple pour les forêts sacrées ou encore les cimetières.

**298.** En plus des interdictions relatives à l'exercice de l'activité minière, les savoirs indigènes se distinguaient par les techniques ou méthodes ainsi que les outils que ces derniers utilisaient dans la conduite des activités minières. Gaston Joseph fait l'écho de certaines de ces méthodes s'agissant de l'exploitation de l'or. Pour lui, « les indigènes reconnaissent à leur couleur les roches à bonnes teneurs. Ils se servent de leur bouche comme d'un vaporisateur, lancent leur salive sur la face brisée du quartz et parviennent par ce moyen curieux à discerner les traces d'or presque invisible pour le profane »[642]. L'auteur décrit des techniques et astuces purement traditionnelles mises en œuvre par les indigènes pour la découverte de zones riches en minerais. Cet exemple en matière d'exploitation aurifère illustre assez pertinemment les avantages écologiques des savoirs indigènes en matière de prospection et de recherche minière. Ce constat peut également être fait s'agissant de l'exploitation. Pour ce qui était de l'exploitation filonienne d'or, contrairement aux techniques, moyens qu'exigeait une exploitation industrielle telle que prévu par les différents décrets miniers, les indigènes

---

[641] Cf. article 9 du décret 6 juillet 1899.

[642] J. GASTON, « l'exploitation de l'or chez les indigènes », in *Bulletins et Mémoires de la Société d'anthropologie de Paris*, VI° Série. Tome 4 fascicules 3-4, 1913. pp.373-374.

creusaient à travers des puits et le cas échéant des tranchés ou des cavités, par le moyen d'outils traditionnels[643]. Décrivant la procédure d'exploitation Gaston Joseph affirme que « c'est un métier de patience [...] »[644]. Concrètement, les produits des déblais issus des puits étaient montés dans un panier de raphia suspendu à une corde du même textile. Ensuite à partir de ces déblais, les blocs de quartz étaient séparés des schistes et de la terre pour être transportés au village en vue du concassage et de la pulvérisation sur une dalle de pierre. Une fois la porphyrisation[645] obtenue, les femmes procèdent à la batée comme pour les alluvions[646]. Ces coutumes, pratiques et techniques indigènes en matière d'exploitation de mine ne favorisaient certes pas une exploitation optimale de leurs ressources, en revanche elles constituaient de véritables garanties de protection de l'environnement dans lequel s'exerçait l'activité minière. En effet, non seulement les techniques d'exploitation et les moyens mis en œuvre n'étaient pas incompatibles avec d'autres activités économiques sur le site de l'exploitation, mais aussi leurs incidences en termes de pollution et de dégradation des éléments de l'environnement. C'est dire ainsi qu'une prise en compte des savoirs indigènes même partielle favoriserait mieux la protection et permettrait de « comprendre et respecter les systèmes endogènes de gestion des ressources naturelles, desquels la population locale dépend jour après jour»[647]. C'est donc paradoxal que ces savoirs n'aient pas été pris en compte par la législation coloniale.

---

[643] « Les outils dont se servent les Faafouè pour creuser les puits sont au nombre de trois : une pelle à manche recourbé de 0.40 cm. un piochon à manche droit de la même longueur, un pic à l'extrémité duquel est fixé un cône de fer épointé ». Voir sur la question J. GASTON, « l'exploitation de l'or chez les indigènes », *Op.cit.,* p.374.

[644] Ibid.

[645] « Fait de porphyriser, de réduire en poudre avec un mortier », Définition consulté en ligne sur https://dictionnaire.reverso.net/francais-definition/porphyrisation le 08/01/2019.

[646] J. GASTON, « l'exploitation de l'or chez les indigènes », *Op.cit.,* p.374.

[647] M. B. BUSQUET, « Des stratégies intégrées durables : savoirs écologique traditionnel et gestion adaptative des espaces et des ressources », *In VertigO – La revue en sciences de l'environnement*, Vol7no2, septembre 2006, p.4

**299.**Outre le caractère dérogatoire aux coutumes indigènes, le régime d'exploitation minière assurait la continuité de la cause coloniale.

B- Une législation assurant la continuité de l'œuvre de colonisation

**300.**Les différents règlements miniers coloniaux privilégiaient la réalisation de profits par les Occidentaux (1), méprisant par là même les intérêts des indigènes, éventuels détenteurs de droits coutumiers (2) s'inscrivant ainsi dans la droite ligne des objectifs poursuivis par la colonisation.

*1- La maximisation du profit pour les Occidentaux*

**301.**Déjà à partir de 1899, sans que le législateur ait consacré expressément les méthodes industrielles d'exploitation, certaines dispositions du décret du 6 juillet 1899 ouvraient la porte à l'exploitation de type industriel. C'est le cas par exemple de l'article 9 de ce texte[648] qui reconnaissait aux indigènes le droit d'exploiter les gites superficiels d'or et de sel jusqu'à la profondeur à laquelle ils peuvent atteindre suivant les conditions de chaque gisement avec leurs procédés actuels. L'interprétation, *a contrario*, de cette disposition et plus spécifiquement celle de l'expression « leurs procédés actuels », traduit clairement l'idée que le décret reconnait, sans toutefois les mentionner explicitement, des procédés d'exploitation autres que ceux utilisés par les indigènes, qui seraient utilisés par les permissionnaires ou concessionnaires. Cette idée est renforcée par l'exigence faite aux demandeurs de titre minier pour l'exploitation de certaines substances minérales, de fournir dans leur dossier de demande des détails relativement aux méthodes de recherche ou d'exploitation qu'ils mettraient en œuvre[649]. Si l'exigence de la production d'informations sur les méthodes de recherche et d'exploitation n'était pas prévue par les principaux

[648] Cette disposition sera reprise et reformulée par les décrets postérieurs de 1924, 1934, respectivement en leur article 17 et 22 bis.
[649] Article 2, 5 du décret du 04 août 1901 portant réglementation sur la recherche et l'exploitation de l'or et des métaux précieux dans les Colonies et pays de protectorat de l'Afrique autres que l'Algérie et la Tunisie.

décrets miniers de 1899, 1924,1934, et 1954, elle exprime l'idée de l'existence de plusieurs types de méthodes. Certaines de ces méthodes commandaient des mesures particulières, imposées par le gouverneur au moment de l'octroi du titre, que les exploitants étaient tenus de respecter[650]. À partir de là, l'on pourrait conclure que la réglementation minière introduite par le colonisateur dans les territoires envisageait des méthodes d'exploitation jusque-là méconnues par les indigènes. Certaines sources, à notre disposition, abondent dans ce sens. Paul SAMARY, gouverneur de la Guyane française, une autre Colonie française de la même époque, faisant le point de l'activité d'exploitation aurifère dans la Colonie dont il avait la charge, affirmait « l'application à l'extraction de l'or alluvionnaire des procédés mécaniques qui ont donné dans les autres pays miniers d'excellents résultats, permettant de traiter dans le même temps beaucoup plus de matières aurifères »[651]. À la différence de la Côte d'Ivoire, la Guyane était une Colonie à vocation minière. Les expériences réussies dans un territoire de l'empire colonial français servirent d'exemples dans les autres territoires. Ainsi, la réussite de la mécanisation de l'exploitation de l'or en Guyane a certainement inspiré les administrateurs coloniaux des territoires de l'AOF.

**302.** S'agissant de l'exploitation moderne proprement dite, les textes miniers coloniaux ne renseignent pas réellement sur ce qu'elle recouvre concrètement comme réalité. Toutefois, une référence au Code minier ivoirien de 2014 permet de s'en faire une idée. L'article 1 de ce texte définit l'exploitation industrielle des mines comme une exploitation, dont « [...] les activités consistent à extraire et concentrer les substances minérales, et à en récupérer les produits marchands par des méthodes et procédés modernes et fortement mécanisés [...] ». La référence à ce texte, plutôt récent, en vue d'obtenir une définition qui rendrait compte de la réalité de l'exploitation industrielle sous la colonisation pourrait, *a priori,* sembler paradoxale. Cependant en partant du fait que la modernité, dont il est question dans

---

[650] E. MICHELLET, J. CLEMENT, *Notre Colonie de la Côte d'Ivoire, Op.cit.,* pp.308-309.

[651] P. SAMARY, « Situation générale à la Guyane Française Document et projet (suite et fin) », *In La vie coloniale : revue de la colonisation du commerce et de l'industrie,* n°103, 10ème année, 1er avril 1911, p.75.

cette définition, ne signifie nullement l'actualité, mais renvoie plutôt à la conséquence des progrès scientifiques et techniques sur les modes de production, il est évident que cette définition, bien que récente, s'accommode parfaitement avec le bouleversement opéré par le colonisateur en matière d'exploitation minière. Ces bouleversements s'analysent en une véritable révolution des différentes activités liée à l'exploitation minière en l'occurrence tous les travaux fouilles, sondages, reconnaissances, exploitation, traitement et transport. Les propos de l'ingénieur Gervais dans un rapport relatif à l'extraction du minerai d'Akroukro dans le baoulé expriment clairement la situation. Ce dernier y affirme en effet qu'il fallait pour l'extraction du minerai : « tallings, […] moulins chiliens dont la capacité horaire d'un moulin est de 5 tonnes (chiffre moyen). Il passe en 20 heures, 100 tonnes et en un mois de travail ou 25 jours, 2.500 tonnes, dans une année de 300 jours 30.000 tonnes. Il faut donc deux moulins pour réaliser notre programme »[652]. Ces propos traduisent clairement l'introduction dans la Colonie de Côte d'Ivoire de techniques et méthodes modernes en matière d'exploitation des mines. Dans le cadre de cette étude, l'analyse des seules méthodes d'exploitation et de l'outillage, qu'implique chacune d'entre elles, devrait pouvoir nous convaincre de la modernisation du mode production institué par le colonisateur en matière minière.

**303.** Si le législateur colonial ne les consacrait pas expressément, les progrès scientifiques et techniques avaient vu émerger, en Occident, différentes méthodes d'exploitation qui se sont vues importer dans les Colonies africaines dans le cadre de « la course à l'exploitation et au contrôle des matières premières »[653]. Ainsi plusieurs méthodes d'exploitation industrielle étaient à la disposition des exploitants permissionnaires ou concessionnaire. Au nombre de celles-ci, l'on distingue trois principales méthodes d'exploitation minière

---

[652] E, GERVAIS, cité par H. AGUIE, *L'exploitation aurifère à Kokumbo et ses répercussions dans la région de Toumodi de 1850 à 1958*, Thèse de Doctorat en Histoire, Université de Bouaké, 2018, p.208.

[653] *Les ressources minérales et le développement de l'Afrique*, Rapport du groupe d'étude international sur les régimes miniers de l'Afrique, Commission Économique pour l'Afrique (NU), p.12.

industrielle à savoir, l'exploitation souterraine, l'exploitation à ciel ouvert.

- La méthode d'exploitation souterraine :

**304.**Elle consiste à « extraire le minerai d'un gisement à partir de puits et de galeries créés sous la surface du sol, sans qu'il soit nécessaire d'enlever l'intégralité des matériaux stériles qui le surmontent »[654]. Ce faisant, cette méthode nécessite des outils et matériaux sophistiqués pour parvenir à la réalisation des puits. Présentée comme l'une des méthodes les plus profitables pour l'extraction des ressources en ce que nécessitant un faible taux de roche excavée et une étendue de l'opération en surface plutôt réduite, la méthode d'exploitation souterraine comporte cependant quelques inconvénients. La première, c'est qu'elle nécessite un investissement plus élevé que l'exploitation à ciel ouvert. La seconde c'est que techniquement, cette méthode suppose un échéancier de mise en production plus long, en raison notamment de la complexité des travaux préalable à la mise en production. Enfin, la méthode présente des risques certains pour les mineurs, dans la mesure où se déroulant en souterrain, elle comporte le danger d'affaissement ou d'éboulement de terrain.

- La méthode d'exploitation en surface ou à ciel ouvert :

**305.**L'extraction à ciel ouvert, aussi appelé extraction « en surface », « consiste à exploiter le minerai depuis une excavation créée en surface après avoir enlevé les matériaux stériles qui le surmontent »[655]. En cela, la méthode d'exploitation à ciel ouvert s'oppose à celle de l'exploitation

---

[654] P. MATTEUS, « Les techniques et les conditions d'exploitation des mines aurifères », *In Annales des mines-réalité industrielle*, n°4, Novembre 2018, p.10, Version numérique téléchargée en ligne le 26/01/2019 à 15h 25mn sur https://www.cairn.info/revue-realites-industrielles-2018-4-page-10.htm

[655] F. POULARD, X. DAUPLEY, C. DIDIER, Z. POKRYSKA, P. D'HUGUES, N. CHARLES, J.-J. DUPUY, M. SAVE, *Exploitation minière et traitement des minerais*, Collection « La mine en France », Tome 6, 2017, p11.

souterraine, quoiqu'elles soient tout de même similaires d'un point de vue technique. Le but des deux procédés est de creuser la terre pour exploiter les ressources qui s'y cachent. Or, davantage concentrée en surface, l'extraction à ciel ouvert est utile dans les zones où la création de tunnels est impossible. Il s'agit notamment des déserts et des endroits où se trouve du gravier. Différents exemples de méthodes d'extraction en surface existent, c'est le cas notamment des mines à ciel ouvert, les carrières ou les mines d'enfouissement. L'extraction en surface se caractérise généralement par un haut volume de roche excavée (taux de production élevé), des mines peu profondes, une étendue en surface plus grande que celles des opérations souterraines et enfin un coût de production à la tonne très bas. Toutefois, leur mise en œuvre se faisait suivant la forme géométrique du gisement[656], mais aussi de la nature du minerai et de l'environnement dans lequel se situe[657].

**306.**En dehors des nouvelles méthodes d'exploitation, l'utilisation du couvert forestier, soit comme source d'énergie soit comme bois de chauffage, ainsi que la main-d'œuvre indigène utilisée pour le fonctionnement de la mine et de l'usine sont autant d'éléments qui permettent d'apprécier les profits tirés de l'exploitation minière par les entreprises européennes[658].

*2- Le mépris des intérêts indigènes au profit de la cause coloniale*

**307.**« L'objectif principal du colonisateur a été le développement de la production et non les relations entre les hommes »[659]. Cette affirmation de Simon Pierre ÉKANZA traduit assez pertinemment la considération médiocre des intérêts indigènes par le colonisateur. Dans la législation

---

656 A. HABETS, *Cours d'exploitation des mines*, Tome I, Paris, Bureaux de la revue des mines etc., 1902, p.1.

657 P. MATTEUS, « Les techniques et les conditions d'exploitation des mines aurifères », *In Annales des mines-réalité industrielle*, n°4, Novembre 2018, p.10.

658 H. AGUIE, *L'exploitation aurifère à Kokumbo et ses répercussions dans la région de Toumodi de 1850 à 1958,* Thèse de Doctorat en Histoire, Université Alassane Ouattara, 2018, p.202.

659 S. P. EKANZA, « Le double héritage de l'Afrique », *In Études* 2006/5, Tome 404, p.605.

minière, cela transparaissait, outre dans la non-participation des indigènes aux produits de l'exploitation, à travers les contraintes subies par les détenteurs coutumiers du fait de l'activité d'exploitation minière. En effet, l'analyse du décret minier du 6 juillet 1899 ne révèle aucune disposition prévoyant, d'une manière directe ou indirecte, la participation des indigènes détenteurs de droits coutumiers aux bénéfices de l'exploitation des mines sur les terres de leurs ancêtres. Ce texte autorisait les titulaires de permis de recherche[660] et de permis d'exploitation à disposer de l'ensemble des produits de leurs travaux sous réserve d'en faire la déclaration aux services compétents de l'administration dans les formes et les délais requis[661]. Ces derniers n'étaient astreints à aucune obligation à l'égard des détenteurs coutumiers. C'est dire que les détenteurs coutumiers n'avaient droit ni à une quelconque redevance « superficiaire », ni à des actions de développement communautaire, en compensation de la perte de leurs terres. Les décrets postérieurs de 1924, 1934 et celui de 1954, modifié en 1957 ne vont pas changer grande chose à cette situation. À la lumière de ces textes, les seules obligations auxquelles étaient soumis les exploitants étaient les taxes et autres droits dus à l'administration. Par exemple, en instituant la concession comme un nouvel acte conférant le droit d'exploiter les substances minérales, le décret du 22 octobre 1924 en son article 54 exige du concessionnaire, en plus de la taxe *ad valorem*[662], le versement d'une taxe superficiaire annuelle et payable d'avance calculée à raison de 2 francs par hectare pendant les dix premières années et 4 francs par hectare les années suivantes.

**308.** Ces conditions ne pouvaient qu'être difficilement vécues par les populations indigènes détentrices de droits coutumiers, impuissantes face au bouleversement de leur mode de vie par l'exploitation de la mine. Non seulement elles payaient le lourd tribut de l'installation de la mine, mais elles se trouvaient exposées aux conséquences de sa mise en exploitation. Au nombre de celles-ci, l'on note l'abandon des terres devenues impropres aux cultures et à la pratique d'autres activités

---

[660] Article 24 du décret du 06 juillet 1899 précité.
[661] Article 37 et 38 du décret du 06 juillet précité.
[662] Payable à partir du 1er janvier suivant l'établissement de l'acte instituant la concession.

économiques en raison, notamment des dégradations et autres pollutions résultant des travaux de la mine ou des rejets de l'usine de traitement des minerais. Le traitement du minerai nécessitant d'énormes quantités d'eau, la situation pouvait s'avérer plus grave dans la mesure où en plus des pressions exercées sur les ressources en eau, les populations étaient exposées outre à la pénurie d'eau, au risque d'intoxication pour consommation d'eau contaminée. Avec toutes ces externalités, l'exploitation minière se présentait comme un puissant outil d'asservissement des indigènes. Dépouillés de leurs ressources foncières et tréfoncières, ces derniers étaient en proie à la domination du colonisateur. De nombreux auteurs se sont prononcés dans le sens de ce constat. Ainsi, FRAMIGACCI affirme que : « de pareilles méthodes, bien entendu, ne sont possibles qu'en raison tout d'abord de la complicité du pouvoir colonial qui élabore une législation plaçant les colons en position de force, et ensuite, d'une pratique administrative qui aggrave les effets pervers de cette législation en jetant les indigènes dans les bras des colons »[663]. C'est dire ainsi que les conditions ci-dessus décrites ne représentaient qu'une composante du projet de domination savamment conçu et mis en œuvre par l'administration coloniale. FRAMIGACCI sera suivi en cela par POUCHEPADASS pour qui le colonisateur « mettait en place, au service de ses intérêts, un cadre étatique de plus en plus efficace et contraignant, qui restreignait l'accès des populations, aux ressources naturelles dont elles vivaient, alors même que leurs effectifs, souvent, commençaient à se multiplier »[664]. Et plus récemment, Laure BLEVIS est intervenue pour signifier que la domination coloniale a cherché sa source de légitimité dans le droit[665]. Il s'agissait, dans le contexte colonial de l'Afrique-Occidentale Française et à la

---

[663] J. FRAMIGACCI, « L'ordre économique colonial et exploitation économique de l'indigène, petit colons et forgerons Betsileo (1900-1923) », *In Archipel*, volume 11, 1976, p.189.

[664] J. POUCHEPADASS, « Colonisation et environnement », In *Revue française d'histoire d'outre-mer,* tome 80, n°298, 1er trimestre 1993, p.9.

[665] L. BLEVIS, « Juristes et légistes au service de l'État colonial : de la mise en forme technique du statut des algériens a sa difficile légitimation », *CURRAP, Sur la portée sociale du droit. Usage et légitimité du régime juridique*, PUF, 2005, p321.

Colonie de Côte d'Ivoire en particulier, d'imposer les vues de l'administration coloniale, en sauvegardant les principes fondamentaux de sa domination politique sur la population[666]. En revanche, contrairement à ce qui a eu cours dans d'autres territoires, notamment en Algérie, la contribution à la formalisation proprement juridique d'une législation selon le respect des canons classiques du droit positif n'était point de mise[667].

## *Section 2- Un cadre institutionnel desservant la protection de l'environnement foncier*

**309.** Le cadre institutionnel de la protection de l'environnement foncier est constitué de l'ensemble des textes et dispositions intervenant dans le cadre de la protection des sols. La notion de protection doit s'entendre ici de manière assez large. Elle touche aussi bien la prévention des sols contre les éventuelles dégradations, mais également les mécanismes de réparation, lorsqu'en dépit des mécanismes existants, les risques surviennent. L'examen des textes coloniaux ainsi que les rapports de différents services techniques de l'administration révèlent, en plus des institutions de gestion environnementale lacunaires (paragraphe I), l'inadaptation du cadre institutionnel à la protection de droits fonciers coutumiers (Paragraphe II).

### *Paragraphe I- Des institutions de gestion environnementale lacunaires*

**310.** Les institutions de gestion environnementale posée par le colonisateur étaient lacunaires. Ces lacunes résultaient d'une part de la déconnection des autorités de gestion de la réalité foncières (A) et d'autre part du caractère sectoriel des organes et moyens de gestion (B).

---

[666] *Ibid.*, p.321.
[667] *Ibid.*, p316.

A- Des autorités de gestion déconnectées des réalités foncières

**311.**Dans l'ensemble, le dispositif juridique colonial en matière environnementale, reconnaissait des pouvoirs très étendus aux administrateurs coloniaux (1). Les indigènes n'intervenant que subsidiairement dans le cadre de l'exécution des décisions adoptés par les administrateurs (2).

*1- Des administrateurs coloniaux aux pouvoirs considérables*

**312.**Les pouvoirs de gestion environnementale ne dérogent pas au jacobinisme qui a marqué l'administration coloniale. L'analyse du dispositif juridique colonial en matière environnementale[668] fait du gouverneur de la Colonie la pièce maitresse de ce que l'on pourrait qualifier de politique environnementale coloniale en Côte d'Ivoire. À cet effet, tout comme en matière foncière et minière, il dispose d'importants pouvoirs lui permettant non seulement de définir la politique environnementale, mais également de sa mise en œuvre. Ainsi gouverneur de la Colonie disposait de pouvoirs étendus. Au nombre de ceux-ci figurait le pouvoir de délivrance des permis d'exploitation forestière et de chasse. Ce pouvoir s'inscrit dans la droite ligne de la politique coloniale d'accaparement des ressources naturelles des territoires colonisés. L'administration coloniale s'étant proclamée propriétaire, c'est tout logiquement qu'il lui revenait, à travers son premier responsable, de décider de la politique d'exploitation des ressources de la forêt. Le gouverneur était également compétent pour la mise en exploitation des massifs forestiers ou encore de la constitution de réserve. En effet, la possibilité de soustraire tel ou tel terrain à l'exploitation ainsi que le pouvoir de mettre en réserve des parties de forêt déjà mise en exploitation. Ce pouvoir du gouverneur, était très important dans la politique d'exploitation des ressources forestières, en ce qu'il lui permettait, en plus du

[668] C'est-à-dire aussi bien les textes sectoriels relatifs à la flore et à la faune que les dispositions disparates contenues dans les législations foncières, minières et domaniales

contrôle des mouvements de déforestation, de favoriser une planification et une rationalisation de l'exploitation des dites ressources. En outre, le gouverneur avait même la possibilité d'imposer un mode d'exploitation à l'exploitant ou encore le pouvoir de fixer les dimensions aux dessous desquelles les arbres devront être réservés. Ce faisant le gouverneur influançait l'impact de l'exploitant sur l'environnement, en encadrant et en contrôlant l'action de ce dernier. La législation l'autorisait à exiger de l'exploitant qu'il plante chaque année à ses frais un nombre de plants.

**313.**En plus de tous les pouvoirs ci-dessus énumérés, le gouverneur disposait du droit d'approuver le cantonnement ainsi que des pouvoirs en matière d'exploitation minière, ou encore en matière de gestion foncière, et de l'eau. Pour l'exercice de ses pouvoirs dans ces différents secteurs, le gouverneur était secondé par des administrateurs de circonscription. À côté des administrateurs, d'autres acteurs participaient à la gestion forestière sur le terrain.

*2- Des agents de terrain partiellement qualifiés*

**314.**Les agents de terrains, doivent s'entendre des agents en charge de la protection de l'environnement et plus spécifiquement, celle de l'environnement des projets d'exploitation minière. Dans le contexte colonial, en l'absence d'un organe de protection spécialisé, les agents de terrain en charge de la surveillance de l'activité minière devaient se caractériser par leur composition hétérogène, en raison de leur domaine d'intervention. C'est-à-dire d'une part, les agents du service des Mines et d'autre part les agents du service des forêts. Une telle composition, n'était pas de nature à favoriser une surveillance efficace de l'environnement des projets miniers, c'est à dire une protection *a priori* du sol et une garantie d'une réparation en cas de dégâts. Le cas des agents du service des forêts : « des contrôleurs adjoints des eaux et forêts capable de reconnaître et d'aborner des forêts, inventorier des peuplements forestiers, de diriger de stations forestières ou piscicoles, de faire la police forestière et d'une manière générale de remplir l'emploi de chef de cantonnement »[669]. Le rôle ainsi décrit des agents du service des forêts cadrait difficilement avec les exigences de l'activité minière. L'ampleur de ces exigences a justifié une circulaire en date de 28 août 1928 au terme de laquelle il ressort que le « service des Mines doit avoir un rôle exclusivement actif, […] À ce titre, il convient de décharger le service des Mines des fonctions accessoires […] ; les contrôleurs sont des techniciens et comme tels, ils doivent travailler sur le terrain »[670]. En plus des aspects techniques qui disqualifiaient les agents du service des forêts pour une surveillance de l'activité des exploitants miniers, il convient de noter l'insuffisance des effectifs régulièrement réitéré dans les différents rapports du service des forêts. Leur effectif réduit ne permettait pas d'assurer pleinement les missions principales dévolues au service des forêts. Par conséquent, leur participation à des missions de surveillances de l'activité minière n'était pas très évidente.

**315.**L'action du personnel de gestion et de ‘‘protection'' environnementale était soutenue par des organes et des moyens de gestion sectoriels.

### B- Des organes et moyen de gestion sectorielles

**316.**Au nombre des organes et moyen de gestion sectorielles, analysons successivement le service des forêts (1), ainsi que les aires protégées (2).

#### *1- Le service des forêts*

**317.**Le service des forêts aux Colonies, était une administration spécialisée dans la protection des ressources forestières, avec des attributions distinction de celles de l'administration générale. La création du service forestier à la Colonie de Côte d'Ivoire remonte à l'année 1912. Dans son organisation, le service était placé « la direction d'un fonctionnaire des Eaux et Forêts de la métropole, ou, à défaut d'un fonctionnaire de

---

669 ANS, 3R44 V. 169, Programme des études de l'école Forestière, p.1.

670 257 TP Circulaire du 28 août 1928 au sujet des règles d'organisation des services des mines en Afrique Occidentale Française, J.O n° 1251 p.578.

l'ordre administratif, le service forestier dont le chef correspond, sous le couvert du lieutenant-gouverneur, avec les différents chefs de service et les commandants de cercle, centralise, étudie et traite toutes les questions ou affaires relatives à la mise en valeur ou à l'exploitation du domaine forestier ». Contrairement ce que prévoyaient les textes, après sa création le service des forêts en Côte d'Ivoire a fonctionné avec un administrateur et cinq gardes métropolitains détachés. Les premiers agents forestiers n'y seront affectés qu'à partir de 1924[671] et en 1925 un inspecteur adjoint fut nommé à sa tête. C'est seulement en 1929 que le service connaîtra une véritable organisation[672]. En effet, « au 31 décembre 1929, le service forestier comprenait 1 inspecteur chef de service, 2 inspecteurs adjoints, 1 contrôleur principal, 4 contrôleurs, 2 aides-contrôleurs, 4 aide-contrôleurs stagiaires, 1 contractuel, 40 gardes auxiliaires indigènes et 2 écrivains, soit 15 Européens et 44 indigènes »[673]. On constate partir de cette date, une ouverture du service des forêts aux indigènes, même s'il est important de souligner la condition de subalternes des agents métropolitains dans laquelle ils se trouvaient.

**318.**Un autre élément non négligeable de la politique environnementale, notamment en matière de foresterie fut la formation des agents en charge de la protection de la faune et de la flore, c'est-à-dire les agents des services des forêts. Dans cette veine fut créée en Côte d'Ivoire « dès décembre 1940, d'une école dite ''école forestière de l'A.O.F.'' dont le siège est placé à Abidjan. Le but de cette école était la formation des assistants forestiers pour les diverses Colonies de la fédération »[674]. Objectivement, la mise en place de cette école devait permettre de produire des agents forestiers mieux outillés dans les techniques de protection des ressources forestières, et par conséquent permettre une protection efficace. Toutefois, tout porte à croire que dans la pratique, l'action de ses agents se révélait très limité pour des raisons inhérentes à l'insuffisance

---

[671] A. AUBREVILLE, « La protection de la flore en Afrique Occidentale Française », *in Contribution à l'étude des réserves naturelles et des parcs nationaux*, Paris, Éditions Paul Lechevalier, 1937, p.223
[672] J. I. GUEHI, *Op. cit.,* p.94.
[673] J. I GUEHI,*Op.cit*., p.94.
[674] *Ibid.*, pp 94-95

des effectifs, mais aussi à l'inadéquation de leur formation aux exigences de l'activité minière.

**319.**En plus du service des forêts, la politique environnementale s'appuyait sur les aires protégées.

*2- Les aires protégées : parcs et réserves*

**320.**Mu par l'objectif de parvenir à une exploitation des rationnelle des ressources forestières, le colonisateur avait institué différentes aires protégées. Il s'agit de « portions des territoires nationaux soumises à certaines règles spécifiques d'usage, tel l'interdiction de toute activité, l'interdiction totale ou partielle de chasse, l'interdiction de collecte de la flore, etc. La « protection » résulte d'une décision nationale (décret ou autre) »[675]. L'institution des aires protégées par le colonisateur visait la soustraction de certains espaces ou périmètres forestiers, au régime de droit commun en matière d'exploitation des ressources forestières. Pour y parvenir, le colonisateur a utilisé deux mécanismes : les parcs naturels et les réserves naturelles. Les termes de « réserve naturelle » et de « parc naturel » sont régulièrement employés, parfois assimilés, et font l'objet de confusions diverses. La définition de ces deux notions par le dictionnaire Le Petit Larousse Illustré 2017, le démontre à suffisance. Il définit, le vocable « parc », au sens du parc national existant en France, c'est-à-dire comme « territoire auquel est reconnu un intérêt spécial et dont il importe de protéger toutes les composantes (faune, flore, sol, sous-sol, atmosphère, eaux) »[676]. Quant à la réserve ou réserve naturelle, la définition qu'il lui donne ne s'éloigne pas fondamentalement de celle du parc. La réserve y est définie comme un « territoire délimité et réglementé pour la sauvegarde de l'ensemble des espèces animales et végétales qui y ont élu domicile ou de certaines d'entre elles »[677]. Si en bien d'aspects ces deux notions se rejoignent, il est important de souligner qu'elles se distinguent l'une de l'autre. Chacune d'entre elles à des

[675] UICN/PACO *Évolution du secteur minier en Afrique de l'Ouest. Quel impact sur le secteur de la conservation ?* Ouagadougou, BF : UICN/PACO, 2011, p.

[676] *Le petit Larousse Illustré,* Paris, Larousse, 2017, p.840.

[677] *Ibid.,* p.1009.

caractéristiques bien déterminées et des rôles bien définis. Ainsi, alors que la présence humaine sur la réserve n'est pas admise hormis pour les activités d'entretien ou pour les recherches scientifiques[678], il en est tout autrement pour ce qui est du parc naturel. Le parc naturel a pour vocation d'être un lieu de vie, d'activités et même de développement économique. Il tente d'associer les intérêts écologiques aux intérêts humains. Ce faisant contrairement à la réserve, les fonctions remplies par le parc naturel vont au-delà de la simple protection environnementale. Il a pour rôle en plus de conserver et de valoriser un patrimoine (naturel, culturel ou bâti), mais aussi de promouvoir un développement économique dans le respect de l'environnement et de permettre une série d'activités qu'elles soient culturelles, éducatives, ou de découvertes tout simplement[679]. Toutefois, au-delà des confusions, ces deux notions se caractérisent par leur finalité commune, qui est une mission spéciale de protection environnementale.

**321.**Dans le contexte colonial, l'on observe que les parcs ont surtout été utilisés en matière de protection de la faune alors que les réserves pour la protection de la flore. Concrètement, l'institution des premiers parcs de l'histoire de la Côte d'Ivoire résulte de l'arrêté n° 103 fixant certaines conditions d'exécution du décret du 10 mars1925 portant réglementation de la chasse et institution de parcs de refuge en AOF[680]. Quant aux réserves forestières, leur institution par le colonisateur s'appuie sur l'article 32 du décret du 15 octobre 1900 précité, qui dispose : « le gouverneur pourra décider de la mise en réserve, jusqu' à nouvelle décision, de telles parties de forêts déjà exploitées qu'il jugera utile de préserver... ». Cette disposition a servi de fondement au mouvement de classement et de déclassement des massifs forestiers à la Colonie de Côte d'Ivoire. Sur une première période allant de 1925 à 1945, qualifiée de période de classification intense, ce sont au total 87 massifs forestiers bien

[678] « Reserve naturelle – parc naturelle », Document électronique non paginé téléchargé en ligne le 21/12/2018 sur www.awans.be/pdf/BIODIVERSITE %2027.pdf.

[679] *Ibid.*

[680] J. I. GUEHI, *Op. cit.*, pp.97-98.

répartis sur le territoire de la Colonie de Côte d'Ivoire qui ont été érigés en forêts domaniales classées[681].

**322.**Pour pouvoir pleinement remplir leur rôle écologique, les aires protégées sont généralement localisées loin des agglomérations et donc loin des zones industrielles. Seules les mines, en raison des spécificités géologiques locales, sont susceptibles de s'implanter à proximité d'aires protégées[682]. C'est dire ainsi que dans la pratique, l'impact des aires protégées dans l'encadrement de l'activité d'exploitation minière était très limité.

**323.**En somme, retenons que dans leur rôle de prédilection, les parcs et réserves constituent une avancée considérable dans la protection de l'environnement en générale. Toutefois pour ce qui est de la protection des sols, des eaux, de la faune et de la flore du fait de l'exploitation minière, l'on s'interroge sur l'efficacité de ces espaces de protection en raison notamment de leur spécialisation ou encore de l'absence de coordination entre les services chargés des mines et les agents des services forestiers. À l'approximation des organes existant en matière de gestion environnementale, s'ajoute leur inadaptation à la protection des droits fonciers coutumiers.

### *Paragraphe II- L'inadaptation du cadre institutionnel à la protection de droits fonciers coutumiers*

**324.**L'inadaptation du cadre juridique institutionnel à la protection des droits fonciers coutumiers résultait d'une part de difficultés relatives aux organes de gestion environnementale (A), et d'autre part des obstacles inhérents aux domaines de compétences des dits organes (B).

#### A- Des difficultés organiques

**325.**Les nombreux handicaps organiques relatifs à la protection des droits fonciers coutumiers se résumaient essentiellement à l'inexistence d'un organe à compétences générales chargé de la

---

681 *Ibid.*, p.96.

682 UICN/PACO *Évolution du secteur minier en Afrique de l'Ouest. Quel impact sur le secteur de la conservation ?* Quagadougou, BF : UICN/PACO, 2011, p.9.

protection de l'environnement, et l'absence ou sinon l'insuffisance de synergies entre les organes sectoriels existant dans les domaines de l'environnement. Sur l'inexistence d'un organe à compétence générale, il convient de noter que, l'activité minière ayant nécessairement des conséquences sur l'environnement, l'organe chargé de la gestion environnementale pour être efficace, devrait être doté d'importantes attributions de sorte, à pouvoir assurer la protection de toutes les composantes de l'environnement. Dans le contexte colonial, l'analyse des fonds d'archives ne révèle l'existence d'aucun organe doté d'une telle compétence. Au contraire, les compétences environnementales étaient réparties entre différents organes spécialisés dans des domaines différents. C'est le cas par exemple du service des Mines qui dans ses attributions, se voyait confier une mission de contrôle de l'exploitation. Il en était également le cas pour le service des forêts. Le caractère hétérogène des organes chargés de la protection environnementale constituait un handicap dans la politique coloniale de protection de l'environnement, et plus particulièrement contre les risques miniers. En effet, l'activité minière, en raison de la situation des mines, empiète nécessairement sur d'autres domaines. D'abord, elle touche au domaine forestier dans la mesure où l'accès aux mines nécessite, le cas échéant, l'abattage de bois et la destruction de végétation. Ensuite, elle impacte nécessairement le domaine foncier, en ce que l'accès aux mines, quel que soit leur emplacement, suppose l'utilisation d'une portion de la surface du sol. Enfin, elle touche au domaine aquatique, notamment lorsqu'elle est réalisée à proximité des cours d'eau, en raison notamment d'importantes quantités d'eau qui lui sont nécessaires, mais également aux conséquences des produits chimiques sur la nappe phréatique et les cours d'eau qui l'avoisinent. Le chevauchement de ces trois domaines implique en principe, sinon une centralisation de leur gestion par une seule administration, à tout le moins, une synergie, dans l'action des différentes administrations, chargées de chacun de ces domaines. Cependant, l'analyse de législation coloniale dresse une tout autre réalité. L'on observe l'existence de textes spécifiques pour l'encadrement de chacun de ces domaines, mais également l'absence d'une administration centralisant la gestion de ces différents domaines. Le colonisateur a plutôt fait le choix d'une pluralité de services administratifs, spécialisé chacun dans la gestion d'un secteur donné. Ainsi pour les affaires foncières, le service administratif compétent était le service de la conservation de la propriété foncière et des droits fonciers institué par le décret du 24 juillet 1906 dans les Colonies françaises d'Afrique-Occidentale Française. En ce qui concerne les questions minières, le service administratif compétent était le service des Mines. Quant aux problèmes relatifs à la gestion des forêts, ils relevaient de la compétence du service des forêts. La législation instituait des services administratifs spécifiques pour chacun des domaines foncier, minier, forestier et domanial, cependant la lecture des textes relatifs à ces domaines ne révèle aucune allusion à une éventuelle synergie d'action des différentes administrations. Cette spécification des administrations en fonction des domaines, si elle a le mérite de permettre une meilleure prise en charge des dossiers ou des problèmes, notamment par des agents spécialisés pour chaque domaine, n'est toutefois pas sans comporter quelques risques. Elle comporte surtout des risques de divergences auxquels il faut ajouter le décalage entre les institutions de gestion environnementale et l'ampleur des risques miniers.

### B- Le déséquilibre entre les institutions de gestion et l'importance des risques miniers

**326.** L'importance des risques liés à l'activité minière (2) permet d'apprécier les limites intrinsèques des institutions de gestion (1).

#### *1- Des institutions de gestion aux pouvoirs limités*

**327.** Plusieurs difficultés ont émaillé la politique de protection environnementale instituée par le colonisateur. Au nombre de celles-ci figurent les limites matérielles et territoriales des organes et outils de protection de l'environnement. Sans prétendre à une quelconque exhaustivité, nous nous proposons d'aborder quelques-unes d'entre elles, en prenant à chaque fois le soin de mettre en exergue les contraintes éventuelles que cela pouvait causer en matière de protection de la nature dans le cadre de la réalisation des projets miniers. Les principaux organes institués par le colonisateur ayant pour finalité la protection de l'environnement se sont avérés inefficaces au regard des limites de leur attribution. Ces limites tenaient dans un premier temps au champ d'action de ces organes. Ces dernières se limitaient à la protection de la faune et de la flore à l'exclusion de la conservation des sols ou de la protection des eaux. En d'autres termes, leurs attributions matérielles se résumaient à la protection de la forêt et des différentes espèces animales qui y étaient contenues. Dans ces conditions, aussi bien le service des forêts que les parcs et réserves ne pouvaient limiter, encore moins empêcher les atteintes portées au sol et aux différents cours d'eau riverains des projets miniers. Avec pour objectif principal d'encadrer l'exploitation des ressources ligneuses en vue d'une rationalisation de celle-ci, le service des forêts ne pouvait valablement disposer d'attributions lui permettant de prévenir les risques miniers. L'intervention de ce service en matière d'exploitation minière devait logiquement consister à vérifier si le détenteur du titre minier avait régulièrement accompli les formalités requises pour se livrer à la coupe du bois situé sur l'étendue de son périmètre minier et cela conformément à la législation en vigueur. Quant aux outils de protection de la faune et de la flore, à savoir les parcs et réserves naturels, leur efficacité était également limitée en matière de protection de l'environnement face à l'activité minière en raison notamment de leur étendue territoriale. En effet, à travers leur définition, ces espaces s'étendent sur une étendue territoriale plus ou moins réduite. Aucun titre minier ne pouvait être délivré sur l'étendue de ces zones. Toutefois, l'analyse des textes miniers et forestiers ne laisse aucunement entrevoir que cette interdiction s'étendait aux périmètres jouxtant les espaces de protection. Dans ce dernier cas, l'hypothèse de l'existence d'exploitations qui existeraient dans le voisinage de ces espaces réservés n'est pas à exclure. Ainsi, il n'est donc pas à occulter, que des atteintes à ces périmètres réservés aient existé. Cette hypothèse se trouve renforcée par les difficultés relatives au contrôle des activités minières.

**328.** En conséquence de l'analyse précédente, et en se référant à l'idée selon laquelle « les systèmes écologiques doivent faire l'objet d'une conservation qui ne peut se réaliser que grâce à un droit afférent opportun », l'on pourrait conclure les organes et outils afférent à la conservation et la protection des sols et des eaux tels qu'institué par le colonisateur, ne pouvaient valablement permettre la conservation des système écologiques dans le cadre de l'activité minière.

*2- L'importance des risques miniers*

**329.**Les techniques d'exploitation minière introduites dans la plupart des territoires d'Afrique noire à la faveur de la colonisation avaient pour corollaire d'engendrer d'importants dégâts à l'environnement dans lequel se réalisait le projet minier. Ces dégâts miniers sur l'environnement, à l'instar de l'ensemble des impacts de l'industrie minière sur la société de manière générale, pouvaient s'apprécier suivant les différentes phases du projet et variaient en fonction des contextes géographiques, des substances exploitées et des méthodes utilisées. Ainsi, ils avaient trait à l'installation et à l'exploitation de la mine, à l'élimination des déchets de la mine, au transport du minéral et au traitement de ce dernier, qui implique souvent l'utilisation ou la production de substances dangereuses. Concrètement, le couvert forestier, les eaux, et surtout, les sols étaient touchés par les effets du projet minier. D'abord pour ce qui est du couvert forestier, il n'est pas inutile de signifier que lorsque l'activité minière se déroule en zone forestière, elle est facteur de déprédation des forêts. En effet, l'installation du projet minier nécessite l'abattage et l'élimination d'une végétation sur une étendue plus ou moins longue suivant le type d'exploitation. Par ailleurs, servant de force motrice au fonctionnement des mines, les bois avoisinant la mine ont fait l'objet de coupe abusive par les exploitants. C'est ce qui résulte d'un rapport de la société minière et foncière du Bandama en ces termes : « les forêts et la brousse qui avoisinent l'usine fournissent en grande quantité le bois et le charbon de bois nécessaires à la force motrice »[683]. Alors que le décret du 6 juillet 1899 restait muet sur l'attitude à observer par le titulaire d'un titre minier face à la réglementation forestière, celui du 22

683 SOCIÉTÉ MINIÈRE ET FONCIÈRE DU BANDAMA, *Les Annales coloniales*, 1er décembre 1926, p.2.

octobre 1924 lui imposait de respecter la réglementation en vigueur relativement à la coupe des bois[684], en l'occurrence les dispositions du décret forestier en vigueur. En revanche, l'exploitant bénéficiait d'exemptions relativement à certaines contraintes prévues par les textes forestiers, notamment obligation de reboisement, à la charge des exploitants forestiers. Cette situation qui pourrait s'expliquer par les spécificités de l'activité minière et la préséance tacite du décret minier sur le décret forestier aggravait donc la défaillance du cadre organique et réglementaire de gestion des forêts.

**330.** À cela, il faut ajouter la pollution des eaux situées à proximité des sites d'exploitation résultant de l'utilisation de substances chimiques et toxiques. Aussi bien les exploitations industrielles que les exploitations artisanales font intervenir des produits chimiques dans l'extraction et le traitement du minerai. La contamination des eaux résulte essentiellement de la contamination de la nappe phréatique par des produits chimiques, tels que le cyanure, le mercure, les acides concentrés et des composés alcalins et surtout les rejets de déchets industriels provenant des sites de traitements des minerais. Ces différentes sources de contamination des eaux les rendaient impropres à la consommation, à l'irrigation des cultures. Par ailleurs, dans la mesure où la contamination des eaux touchait également les ressources halieutiques qui y sont contenues, celle-ci avait pour conséquence d'affecter l'activité de pêche au détriment des populations riveraines des cours d'eau[685].

**331.** En plus de la contamination des eaux, l'activité minière augmente la pression autour de cette ressource, non seulement en ce que le traitement du minerai nécessite une quantité importante d'eau, mais aussi parce qu'il entraine parfois l'assèchement de certains cours d'eau[686]. Sur ce dernier aspect, l'analyse de M. AGUIE Hervé relativement aux conséquences

---

[684] Article 62 al.1er *in fine* du décret minier de 1924 précité

[685] Pour certaines de ces populations, la pêche constituait parfois l'activité économique principale.

[686] Mouvement Mondiale des Forêt Tropical, « Les impacts de l'industrie minière sur l'environnement et sur la société », *Bulletin 71*, Publié le 30/06/2003, Article consulté en ligne le 06/02/2019 à 11h03mn https://wrm.org.uy/fr/les-articles-du-bulletin-wrm/section1/les-impacts-de-lindustrie-miniere-sur-lenvironnement-et-sur-la-societe/ .

de l'exploitation aurifère est assez évocatrice. Il affirme en effet que : « la transformation de la surface du sol en croûte suite aux mouvements des personnes lors des exploitations aurifères et l'érosion hydrique qui en résulte ont réduit l'infiltration. Cette réduction a eu pour conséquence la baisse du niveau de la nappe phréatique »[687]. Autrement dit, les dégâts créés par l'activité minière aux parties superficielles du sol, empêchant l'infiltration des eaux de pluie ou de ruissellement dans le sol, entravaient ainsi le renouvellement des retenues d'eau.

**332.**Enfin, la partie de l'écosystème la plus touchée par l'activité d'exploitation minière est sans aucun doute le sol entendu dans double dimension, fond et tréfonds. En plus des énormes excavations creusées pour extraire le minerai, les sites abritant les projets miniers et les parcelles environnantes desdits sites n'échappaient pas aux différentes pollutions sus-évoquées. Les ouvertures effectuées de la surface au tréfonds pour accéder au minerai constituaient l'impact le plus important de l'activité minière au regard des moyens utilisés. La présence de ces ouvertures, dont la taille est fonction de la méthode d'exploitation choisie, rendait les sites d'exploitation impropre à la pratique d'autres activités économiques. Il s'agit en effet « d'excavations, parfois très profondes […] Souvent camouflées par les eaux stagnantes où la végétation secondaire a repris ses droits »[688]. Ces ouvertures rendent difficile et dangereux, l'accès et la circulation dans ces zones. Pour ce qui concerne l'agriculture, la réalisation des ces cavités a pour corollaire l'enlèvement des couches de terres fertiles pour pouvoir atteindre le minerai.

**333.**Pour les différentes ouvertures ci-dessus évoquées, aucun texte minier ou même fonciers en vigueur sous la colonisation ne permettait de les prévenir, encore moins d'encadrer leur dimension en termes de profondeur ou même de largeur. De même, aucune interdiction n'étant faite à l'exploitant relativement à l'utilisation de produits toxiques ou encore à des types d'engins pour leurs effets dévastateurs, les moyens mis en

---

687 H. AGUIE, *L'exploitation aurifère à Kokumbo et ses répercussions dans la région de Toumodi de 1850 à 1958,* Thèse de Doctorat en Histoire, Université Alassane Ouattara, 2018, p.243.

688 H. AGUIE, *L'exploitation aurifère à Kokumbo et ses répercussions dans la région de Toumodi de 1850 à 1958, Op.cit.,* p.244.

œuvre étaient toujours plus sophistiqués causant des dommages toujours plus importants.

## Chapitre II
## Un traitement précaire des droits fonciers coutumiers pendant et post-exploitation

**334.** Il est constant que dans la mise en œuvre des droits résultant de son titre minier, le permissionnaire ou concessionnaire se trouve confronter au droits fonciers en général et aux droits coutumiers en particulier. Sous la colonisation, cette confrontation se résolvait en défaveur des derniers en raison notamment des lacunes de l'encadrement juridique de jouissance des droits miniers. L'inadaptation du cadre juridique et institutionnel, aussi bien pour la protection des droits coutumiers que pour la réparation d'éventuels dommages qu'ils auraient subis, étaient à la base du traitement précaire dont faisaient l'objet ces droits en phase d'exploitation et de fin de la concession.

**335.** La notion de « traitement » s'entend ici du comportement à l'égard de quelqu'un ou quelque chose, ainsi que des actes traduisant ce comportement. Quant au vocable « précaire », il ramène dans le cadre de cette étude à ce qui est incertain, instable[689]. C'est ce qui est sans base assurée. Ainsi, le traitement précaire des droits fonciers coutumiers s'entend ici du comportement incertain à l'égard de ceux-ci dans leurs rapports aux activités liées à la mise en exploitation ou de la fin de la concession. Cette précarité transparaissait dans la faible protection des droits fonciers coutumiers au moment de l'exploitation proprement dites (section I), mais également par une réglementation partisane de la fin de la mine (section II).

### *Section I- La faible protection des droits fonciers coutumiers pendant l'exploitation*

**336.** L'exploitation d'une mine consiste à extraire des roches ou minerais ayant une valeur économique[690]. Plusieurs techniques

---

[689] A. REY, J. REY-DEBOVE (Sous la Dir.), Le petit Robert, Dictionnaire alphabétique et analogique de la langue française, Paris, Edition le Robert, 2020, p.1994.

[690] F. POULARD, X. DAUPLEY, C. DIDIER, Z. POKRYSKA, P. D'HUGUES, N. CHARLES, J.-J. DUPUY, M SAVE, *Exploitation minière*

d'exploitation minière existent. On peut les classer suivant les moyens mis en œuvre d'une part en exploitation artisanale et d'autre part en exploitation industrielle. Avant la colonisation l'exploitation artisanale était la seule méthode, d'exploitation de minerai connu des peuples africains en général. C'est à la faveur de la colonisation que l'exploitation industrielle a fait son entrée dans la plupart des territoires africains sans pour autant faire disparaitre les méthodes artisanales des indigènes. Caractérisée par des techniques d'extraction assez évoluées et un outillage mécanisé, l'exploitation industrielle comporte d'importants avantages en termes de rendement dans la mesure où elle permet d'exploiter le maximum des minerais qu'offre une surface déterminée. Suivant les techniques et moyens qu'elle met en œuvre, l'exploitation des mines comporte des risques d'externalité plus ou moins important. Le contrôle visant à prévenir ces risques était quasi inexistant (Paragraphe I), par ailleurs, l'encadrement de la réparation des dommages qui pourraient en résulter était très lacunaire (Paragraphe II).

### *Paragraphe I- Un contrôle de l'exploitation quasi inexistant*

**337.**Le mot « contrôle » est une notion polysémique. Suivant Serge BRAUDO, « d'une manière générale un "contrôle" est une opération par laquelle, selon le cas, une autorité, une juridiction ou un expert judiciaire vérifie l'existence d'un fait, apprécie l'opportunité d'une décision prise ou d'un acte accompli par la personne contrôlée, ou encore, s'assure de la conformité d'une situation à une règle juridique, par exemple à un texte de Loi ou à un règlement administratif »[691]. En se référant à cette définition, on observe que l'organisation du contrôle sous la colonisation était biaisée (A), ce qui avait pour conséquence une mise en œuvre malaisée (B).

---

*et traitement des minerais,* Collection « La mine en France », Tome 6, 2017, p.9.

[691] S. BRAUDO, « Définition de Contrôle », Dictionnaire juridique [en ligne] Consulté le 24/10/2019 à 09 heures 51 minutes sur https://www.dictionnaire-juridique.com/definition-/controle.php.

### A- L'organisation biaisée du contrôle

**338.** Le caractère biaisé du contrôle de l'exploitation minière sous la colonisation pouvait s'observer aussi bien au niveau de l'organe qui en avait la charge que de son objet. L'analyse successive de l'organe (1) et l'objet du contrôle (2) nous permettra de mieux s'en convaincre.

#### *1- L'organe en charge du Contrôle*

**339.** Alors que le décret du 6 juillet1899 contenait très peu de dispositions relatives au contrôle des activités minières, les décrets miniers postérieurs de 1924, 1934 et 1954 en comportaient de nombreuses. Ces différents textes faisaient implicitement du Lieutenant-gouverneur de chaque Colonie, l'autorité principale chargée du contrôle des activités minières initiées par les particuliers[692]. Il s'agit là en réalité de la conséquence de l'autonomie administrative des Colonies. Ainsi en Côte d'Ivoire le Lieutenant-gouverneur était le premier responsable du contrôle de l'activité minière. Toutefois, pour des raisons techniques propres à l'activité minière et au regard des nombreuses charges du Chef de la Colonie, la mission de contrôle de l'activité minière à la Colonie de Côte d'Ivoire, à l'instar des autres Colonies de l'AOF, était dévolue au service des Mines. Sous l'empire des décrets miniers de 1924 et de 1934, cette attribution était expressément consacrée et confirmée par la pratique administrative. En revanche, suivant le décret minier de 1954, cette compétence devait se déduire de certaines dispositions, toujours appuyées de la pratique administrative. Ces développements ne signifient cependant pas que la création de ce service remonte au décret de 1924. En effet, déjà celui de 1899 en ses articles 42 et 43, l'avait prévu en attribuant à ses agents, la compétence de constater par procès-verbal les contraventions à la réglementation minière en vigueur[693]. La création de ce service à la Colonie de Côte d'Ivoire remonte

[692] Article 72 du décret de 1924 ;
[693] Au terme de l'article 43 du décret du 6 juillet 1899, les agents du Service des Mines partageaient cette compétence avec les officiers de police judiciaire et les agents d'autres services commissionnés à cet effet par le Gouverneur.

donc à l'adoption du décret du 6 juillet 1899. Les textes postérieurs ne sont intervenus en réalité que pour préciser les attributions et affiner l'organisation de ce service. Ainsi les décrets de 1924[694] et 1934[695] précités disposaient que « l'organisation et le fonctionnement de ce service sont soumis aux prescriptions des décrets réglementant les services des travaux publics ou à celles des arrêtés pris pour leur exécution ». À cet effet, DARESTE a pu observer que, « le service des travaux publics, dans chaque Colonie est, en général, très-étendu. Il se subdivise en nombreux services particuliers [...] »[696], au nombre desquels figurait le Service des Mines. Le service des Mines à la Colonie de Côte d'Ivoire, était rattaché au Service des travaux publics, dont le chef remplissait la fonction de chef de service des Mines[697]. Ce dernier était secondé, le cas échéant, par des ingénieurs des Mines ayant la qualité de contrôleur des Mines[698]. Par conséquent, lorsque l'avis du service des Mines devait être exprimé, il l'était dans chaque Colonie du groupe par l'intermédiaire du chef du service des Mines, et auprès du Gouvernement général par l'inspecteur général des travaux publics de l'AOF. Cette organisation légale du Service des Mines était confirmée par la pratique administrative comme en témoignent une circulaire le rapport annuel 1934 du service des Mines de l'AOF au terme duquel « à l'intérieur des Colonies le rôle de chef de Service des Mines est rempli par le chef du service des Travaux publics. Auprès de lui se trouve en général un Ingénieur ou un Ingénieur-Adjoint des Mines chargé de traiter les questions de sa compétence. Il relève uniquement du Lieutenant-gouverneur et ne peut correspondre avec le service des Mines du gouvernement général de l'AOF que par voie hiérarchique comportant une lettre du Lieutenant-gouverneur à gouverneur général »[699]. L'organisation du service des Mines telle que décrite va rester

[694] Article 98.

[695] Article 135.

[696] P. DARESTE, *Traité de droit colonial,* Tome II, *Op.cit.*, p.689.

[697] Article 98 alinéa 3 du décret de 1924 ; article 135 alinéa 2 du décret de 1934.

[698] Article 98 alinéa 3 du décret de 1924 ; article 135 alinéa 2 du décret de 1934.

[699] ANS, 2G34-14, AOF, Service des mines, rapport annuel 1934, p.6.

en vigueur jusqu'en août 1951, période à partir de laquelle elle va connaitre des importants aménagements. L'arrêté n°327 TPM du 21 août 1951 fait du service des Mines un service autonome, sous la dépendance directe du chef du territoire[700]. Dans la foulée il sera créé l'école des Moniteurs des Mines[701], et à partir de 1952 des subdivisions des Mines notamment à Abidjan, Daloa, Bouaké ainsi que celle du contrôle-auto[702]. En 1953 le service des Mines de la Côte d'Ivoire comprenait une direction, quatre (4) subdivisions et une mission minière[703]. La réforme minière apportée par le décret n° 54-1110 du 13 novembre 1954 ne va pas changer grande chose à cette dernière organisation du service des Mines. Ce texte dispose que : « les ingénieurs des mines de la France d'Outre-mer et les fonctionnaires et agents placés sous leurs ordres sont chargés, sous l'autorité du ministre de la France d'Outre-mer, des chefs de groupe de territoires et des chefs de territoire, de veiller à l'application du présent décret et des décrets et règlements pris pour son application, ainsi que de la surveillance administrative et technique des activités visées par le présent décret ». Si *a priori*, la formulation de cette disposition laisse croire que ce décret apportait une innovation dans l'organisation des acteurs du contrôle de l'activité minière, en présentant notamment la hiérarchie à laquelle sont soumis les agents qui en ont la charge, il n'en est rien réalité. La première explication réside en ce que la hiérarchie telle que présentée, existait déjà sous l'empire des décrets antérieurs, et trouve son fondement dans la politique administrative générale de la colonisation des territoires d'Afrique Occidentale Française. La seconde c'est qu'au niveau local ce texte maintient le lien

---

700 ANS, 2G52-70, Rapport du Conseil Général présenté à la session budgétaire 1952 de l'assemblée territoriale de la Côte d'Ivoire par le Gouverneur BAILLY, Abidjan, Imprimerie du Gouvernement, 1952, p.129.

701 Cette école était dirigée par le chef de la Subdivision des Mines de Daloa qui était assisté d'un chargé de cours et d'un Moniteur. *Cf.* ANS, 2G57-32, Rapport sur l'activité générale du Conseil de gouvernement et sur la marche des services publics territoriaux pour l'année 1957 présenté à l'assemblée territoriale par M. le Vice-Président du conseil de gouvernement, Abidjan, Imprimerie du Gouvernement, 1952, p.154.

702 Arrêté n°161 M du 19 juillet 1952.

703 ANS, 2G53-70, Rapport du Conseil Général présenté à la session budgétaire 1953 de l'assemblée territoriale de la Côte d'Ivoire par le Gouverneur BAILLY, Abidjan, Imprimerie du Gouvernement, 1953, p.129.

hiérarchique caractérisant les rapports entre les ingénieurs chargés du contrôle des mines et le chef du territoire comme le prévoyaient les textes antérieurs[704].

**340.**On le voit, la réglementation minière attribuait la compétence pour contrôle de l'activité minière à l'administration coloniale incarnée, outre le Chef de la Colonie, par le service des Mines à la Colonie. Les autorités indignènes en étaient exclues. Les autorités chargées du contrôle étaient certes bien identifiées, mais leur contrôle n'avait cependant pas en priorité la protection des droits fonciers coutumiers.

*2- Une finalité plurielle du contrôle, défavorable aux droits fonciers coutumiers*

**341.**Le décret du 6 juillet 1899 donnait compétence aux agents du Service des Mines le pouvoir de constater les contraventions à la réglementation minière[705]. Ce faisant ce texte conférait aux agents du service des Mines, une mission de contrôle de la légalité des activités des permissionnaires et autres concessionnaires. À la suite de ce texte, les décrets postérieurs vont reprendre, en la reformulant, cette attribution du Service des Mines. Mais contrairement à celui de 1899, ces décrets postérieurs[706] vont reconnaitre aux agents du service des mines le pouvoir de contrôler la conformité de la conduite des activités de recherches et d'exploitation aux règles de l'art. Dans ce sens, les décrets de 1924[707] et 1934[708] disposaient respectivement que « les travaux de mines doivent être conduits selon les règles de l'art [...] Les recherches et l'exploitation des mines et de leurs dépendances sont soumises à la surveillance de l'administration ». Quant à celui de 1954, sans retenir la même formulation que les textes précédents, réaffirmait en ces articles 38 et 39 le pouvoir de contrôle de conformité de l'administration des mines. Dans ces conditions la réglementation minière coloniale conférait deux finalités au contrôle de l'activité minière. Il visait en plus du respect de la réglementation minière

---

[704] Notamment l'arrêté n°327 TPM du 21 août 1951.
[705] Articles 42 et 43.
[706] Les décrets miniers précités de 1924, 1934, et 1954.
[707] Article 72, alinéas 1 et 2.
[708] Article 101 alinéas 1 et 2.

par les permissionnaires et concessionnaires, la conduite des activités minières selon les règles de l'art. Les objectifs ainsi assignés au contrôle de l'activité minière feront l'objet d'une interprétation assez large de la part de la doctrine coloniale, mais aussi de l'administration des mines. Ainsi, se prononçant sur le but de ce contrôle, BLONDEL, Secrétaire Général du Comité d'Études Minières pour la France d'Outre-Mer, affirmait qu'il devait permettre de soit de « veiller à la sécurité des ouvriers, soit [de] renseigner l'administration sur la marche de l'exploitation, soit pour obtenir une bonne exploitation du gisement »[709]. Abondant dans le même sens, le rapport du service des Mines de l'AOF pour l'année 1934 stipulait en plus que, « s'il doit contrôler l'industrie privée, le Service des Mines doit également l'aider et la conseiller »[710]. L'on s'aperçoit qu'en dépit des dispositions ci-dessus analysées, ni la doctrine, ni l'administration coloniale ne voyaient dans la compétence de contrôle devolue au service des Mines une visée de protection environnementale encore moins un objectif protéger les droits fonciers coutumiers. Elles lui conféraient surtout pour but, en dehors des vérifications relatives aux conditions sanitaires des ouvriers, de recueillir les données nécessaires à l'élaboration des statistiques sur l'activité minière dans les différents territoires. Par ces deux finalités, la mission de contrôle de l'activité minière se voulait plus un outil de maîtrise de la production minière qu'un instrument au service des droits fonciers coutumiers face aux éventuelles atteintes que pouvaient leurs causer l'activité des concessionnaires de droits miniers. Outre le caractère biaisé du contrôle, la mise en œuvre malaisée du contrôle militait dans le sens en sa quasi-inexistence.

### B- La mise en œuvre malaisée du contrôle

**342.**Le malaise dans la mise en œuvre du contrôle de l'activité minière transparaissait outre dans les modalités de contrôle inopérantes (1), dans les limites des moyens de contrôle (2).

[709] M. BLONDEL, « Le régime minier des Colonies », *Congrès des chambres de commerce et des chambres d'agriculture de la France d'ouvre d'Outre-Mer : du 15 au 19 septembre 1931*, Paris, Secrétariat général de l'exposition coloniale internationale, 1931, p.16.

[710] ANS, 2G34-14, AOF, Services des Mines, rapport annuel 1934, p.2.

### *1- Des modalités de contrôle inopérantes*

**343.**L'analyse des différents textes miniers fait observer que le Service des Mines dans chaque Colonie procédait à deux types de contrôle sur l'activité minière. Il s'agit d'une part, d'un contrôle sur pièce, intervenant préalablement à toute activité minière et d'autre part d'un contrôle sur place qui pouvait intervenir en cours d'activité de recherche ou d'exploitation. Relativement au contrôle sur pièce, il a été institué par le décret du 6 juillet 1899 et repris par les décrets miniers postérieurs. Ce contrôle consistait, en l'exigence d'un certain nombre de documents administratifs et techniques. L'objectif était de parvenir non seulement à l'identification des éventuels demandeurs de titres miniers[711], mais aussi à la production par ces derniers des renseignements nécessaires à la localisation des périmètres demandés, ainsi que des spécificités relatives à la substance objet de la demande. Par exemple, les articles 14 et 19 font respectivement obligation aux demandeurs de permis d'exploration et de recherche de joindre à la demande de permis un croquis ou une carte décrivant les limites ou l'étendue de la région sollicitée. Les différentes informations recueillies renseignaient l'administration minière sur le demandeur et sur le type d'activité qu'il souhaitait entreprendre. Enregistrées dans un registre ouvert à cet effet, les informations recueillies permettaient à l'administration, de rédiger les différents rapports et d'établir les statistiques utiles pour suivre l'évolution de l'industrie minière. En outre, d'un point de vue théorique ce contrôle *a priori* pourrait s'analyser comme un outil efficace de protection de l'environnement dans lequel se réalisait les activités minières. Toutefois, le contrôle sur pièce appelle deux types d'observations, qu'il importe de relever. D'une part, le contrôle sur pièce tel qu'il était exigé ne visait aucunement la protection de l'environnement des dommages qui pourraient résulter de l'activité minière. En effet, en dehors du décret du 4 août 1901, qui faisait obligation aux demandeurs de permis de recherches ou d'exploitation, de fournir, à l'appui de leur demande, les détails de la méthode de recherche ou

[711] Article 8 du décret du 6 juillet 1899.

d'exploitation qu'ils entendaient suivre[712], aucun des différents décrets miniers coloniaux n'exigeait aux demandeurs de permis d'éventuels renseignements relatifs aux méthodes qu'ils envisageaient de mettre en œuvre dans le cadre de leur opération de recherche ou d'exploitation. Ainsi, les méthodes mises en œuvre par les permissionnaires ou concessionnaires pouvaient s'avérer dommageables pour les droits fonciers coutumiers, sans que le contrôle ne puisse l'éviter. La circulaire de Monsieur Albert DECRAIS, en date du 1er avril 1902[713] est sans équivoque sur la question. Il y est expressément affirmé que les documents exigés des concessionnaires à l'appui de leurs demandes par les articles 14, 19 et 30 doivent satisfaire à quatre conditions principales :

- Fournir des éléments indiscutables pour la détermination de la surface du périmètre en vue du calcul de la redevance à payer par hectare.
- Permettre le rapport sur le terrain des limites du périmètre par des opérations topographiques aussi simples que possible.
- Faciliter à l'administration le report des cartes ou plan des différentes demandes de permis en vue de vérifier les droits d'antériorité des demandeurs.
- En cas de contestation entre deux concessionnaires voisins, permettre à l'administration de trancher le litige au moyen au moyen d'opérations topographiques aussi simples que possible.

**344.** Il ressort de la circulaire que les différents documents exigés n'avaient nullement pour objectif, une quelconque préservation des droits fonciers situés dans l'emprise des périmètres miniers. D'autre part, les enjeux de l'exploitation minière primant, en tout point de vue, les finalités de protection

---

712 Voir sur la question les articles 2 et 5 du décret du 04 Août 1901 Portant réglementation sur la recherche et l'exploitation de l'or et des métaux précieux dans les Colonies et pays de protectorat de l'Afrique autres que l'Algérie et la Tunisie.

713 Circulaire du 1er avril 1902 relative à l'application du décret du 6 juillet 1899 portant réglementation sur la recherche ou l'exploitation des mines de l'Afrique occidentale.

environnementale[714], la non-production par le demandeur des pièces exigées entrainait rarement des sanctions à l'encontre de ce dernier. Le rapport d'ensemble du service des Travaux Publics et des Mines de la Côte d'Ivoire pour l'année 1905 est assez édifiant sur la question. Il y est expressément affirmé que « l'administration possède fort peu de documents, sur les travaux réellement effectués ainsi que sur le matériel employé. Les renseignements contenus dans les demandes de renouvellement de permis sont très vagues ou complètement insignifiants »[715]. De cette affirmation, l'on déduit aisément que les demandeurs et autres titulaires de titres, à l'occasion des demandes de titre ou des demandes de renouvellement, rechignaient à fournir les pièces exigées ; si bien que l'administration ne disposait pratiquement pas d'information l'état des concessions. Il n'y ait nullement mentionné une quelconque sanction à l'encontre de ses derniers.

**345.** Pour ce qui est du contrôle sur place, il consistait en des missions de terrains au cours desquels, les contrôleurs des mines s'enquéraient de l'état d'exécution des travaux du permissionnaire. Si le décret du 6 juillet 1899 ne donne aucune information relativement à la mise en œuvre de ce contrôle, l'on observe qu'à partir de 1924 ce contrôle devait en principe avoir pour objet de vérifier si les permissionnaires et concessionnaires conduisaient leurs travaux miniers selon les règles de l'art. Les décrets miniers de 1924, 1934 et 1954 en faisaient une obligation pour ces derniers[716] et conféraient le pouvoir de surveillance de leurs activités à l'administration[717], qui à cet effet était dotée de pouvoirs importants. Ainsi, l'administration pouvait prendre les mesures nécessaires pour faire cesser tout risque de danger que causaient les travaux miniers. « En cas de péril imminent, les agents du service des Mines [prennaient]

---

714 « Le développement de l'activité de l'industrie extractive était un puissant facteur de colonisation », Cf. J. SIMÉON, *Le Droit minier dans les possessions françaises*, Thèse de Doctorat en droit, Université de Paris, Faculté de Droit, 1929, p.40.

715 ANS, 2G5-23, Côte d'Ivoire, Services des Travaux Publics et des Mines, Rapport d'ensemble pour l'année 1905 (Document non paginé).

716 Article 72 alinéa 1er du décret minier de 1924 précité ; article 101 alinéa 1er du décret de 1934.

717 Article 72 alinéa 2 du décret minier de 1924 précité ; article 101 alinéa 2 du décret de 1934.

immédiatement les mesures nécessaires pour faire cesser le danger et peuvent, s'il y a lieu, adresser à cet effet toutes réquisitions utiles aux autorités locales »[718]. C'est dire ainsi que le service des Mines était doté d'importants pouvoirs, du moins en théorie. L'examen des rapports du service des Travaux Publics et des mines de la Côte d'Ivoire[719] et ceux de l'inspection générale des travaux publics de l'AOF[720], confirme ces missions des contrôleurs des mines, mais surtout renseigne sur leur périodicité, leur objet et sur les éventuels résultats. En revanche, elle révèle les moyens de contrôle de l'administration étaient limités

*2- Des moyens de contrôle limités*

**346.**« En raison de ses impacts, l'industrie minière est une de ces activités qui exigent le contrôle strict de toutes ses étapes, de la prospection et l'exploitation au transport, au traitement et à la consommation »[721]. Dans l'empire colonial français, et à la Côte d'Ivoire en particulier, le contrôle des activités minières par l'administration coloniale se trouvait considérablement limité en raison d'une part de l'insuffisance des moyens humains, et d'autre part, par le manque patent de moyens matériels et techniques. Sur le manque de moyens humains, il convient de souligner que le service des Mines est resté jusqu'en 1951 rattaché au service des Travaux Publics, dont il composait une section[722]. Suivant la circulaire n° 257 T.P. du 28 août 1928 relative aux règles d'organisation du service des Mines en AOF, à l'origine ce rattachement trouvait son fondement dans l'état embryonnaire dans lequel se trouvaient les services des Mines

---

[718] Article 72 alinéa 4 décret minier de 1924 précité ; article 101 alinéa 4 du décret de 1934.

[719] ANS, 2G34-14, AOF, Services des Mines, rapport annuel 1934 ;

[720] ANS, 2G29-19 Gouvernement général de l'AOF, Inspection générale des travaux publics, section des Mines, rapport de fin d'année 1929, p3.

[721] Mouvement mondial des forêts tropicale, « L'industrie minière est un problème et doit être traité en conséquence », *Bulletin n°71*, Article consulté en ligne le 21/12/2018 à10h 24mn sur https://wrm.org.uy/fr/les-articles-du-bulletin-wrm/notre-opinion/lindustrie-miniere-est-un-probleme-et-doit-etre-traitee-en-consequence/

[722] Cette organisation du Service des Mines chaque Colonie suivait celle du Service des Mines du Gouvernement Générale.

locaux. Aggravée par la pénurie généralisée du personnel administratif colonial, cette situation avait pour conséquence l'insuffisance du personnel affecté à la section des Mines du service des Travaux Publics dans les Colonies. Il convient toutefois de relativiser cette insuffisance de personnel, qui n'a commencé à se faire sentir en réalité qu'à partir de 1909. Jusqu'en 1909, le Service des Mines, tel que conçu, fonctionnait régulièrement. Le contrôleur des mines seul arrivait à assurer l'essentiel des tâches. C'est du moins ce qui résultait de l'examen des rapports de la section des Mines du service des travaux publics de la Colonie avant 1909[723]. Pour preuve, sur l'ensemble des rapports relatifs à cette période, aucune difficulté relative à l'insuffisance d'effectif n'a été évoquée. Une telle situation pourrait logiquement s'expliquer par le fait qu'à cette période l'activité minière ne nécessitait pas le déploiement d'un personnel important. C'est d'ailleurs, ce que souligne le rapport annuel du service des Mines de l'année 1908 en ces termes : « ce service [des mines] n'est en effet dans la conception actuelle qu'un service d'écriture et d'ordre pour s'assurer l'enregistrement des demandes et la préparation des arrêtés accordant les permis sollicités »[724]. C'est dire ainsi que tant que l'activité minière était centrée sur les tâches administratives, le problème de personnel du service des Mines ne se posait aucunement. Et la conséquence logique était « une ignorance absolue de l'observation ou de la non-observation par les prospecteurs des prescriptions des décrets en ce qui concerne les repérages, etc »[725]. Cependant, à mesure que les activités minières se développaient, la nécessité des missions de terrain engendrait l'insuffisance voire l'inexistence du personnel du service des Mines à la Côte d'Ivoire. Les rapports du service des Mines à partir de 1909 renseignent sur la question. Le rapport du 4e trimestre de l'année 1909 fait état de « l'absence de tout

[723] ANS, 2G5-23, Côte d'Ivoire, Services des travaux publics et des mines, Rapport d'ensemble pour l'année 1905 (Document non paginé) ; ANS, 2G7-13, Gouvernement Général de l'AOF, Rapport d'ensemble sur la situation générale de la Côte d'Ivoire en 1907, pp-63 à 65.

[724] ANS, 2G8-4, Côte d'Ivoire, Service des Mines, Rapport 3ème trimestre 1908, (Document non paginé).

[725] ANS, 2G8-4, Côte d'Ivoire, Service des Mines Rapport 3ème trimestre 1908, (Document non paginé).

personnel au bureau des mines d'octobre 1909 jusqu'à fin janvier 1910 »[726]. Ce constat sera réitéré dans des rapports et correspondances émanant de la Section des Mines du service des Travaux publics[727], du Lieutenant-Gouverneur[728] de la Colonie de Côte d'Ivoire et du service des Mines de l'AOF[729]. Par ailleurs, à la lumière du rapport annuel de 1928 du service des Mines de l'Inspection Générale des Tavaux Publics de l'AOF, l'insuffisance du personnel ainsi démontrée concernait aussi bien les emplois supérieurs et techniques que les emplois subalternes[730].

**347.**De plus, l'insuffisance de personnel se trouvait aggravée par l'attribution au service des Mines de la Colonie de missions accessoires. le contrôle des activités minières n'était pas la seule attribution dévolue au service des Mines. En plus de son rôle administratif dans la délivrance des différents titres miniers et du suivi de l'activité minière, ce service était chargé de la surveillance des machines à vapeur, et des automobiles[731] ainsi que de toutes les tâches qui lui étaient confiées, par arrêté du Lieutenant Gouverneurs[732]. Ces activités supplémentaires ne manquaient pas d'alourdir la tâche du service des Mines, rendant ainsi son travail inefficace. C'est certainement à la suite de ce constat que dans une circulaire en date du 28 août 1928 le Gouverneur Général de l'AOF invitait les chefs des différentes Colonies de son groupe de territoires à « décharger le service des Mines des fonctions accessoires […] qui seraient

---

726 ANS, 2G9-3, Côte d'Ivoire, Service des Mines, Rapport du 4ème trimestre 1909, (Document non paginé).

727 ANS, 2G9-3, Côte d'Ivoire, Services des travaux publics et des mines, Rapport du 4ème trimestre 1909, Copie correspondance chef du service des travaux publics à Monsieur le Gouverneur ; ANS, 2G12-4, Côte d'Ivoire, Mines, Rapport annuel 1912, p.7.

728 ANS, Sous série 2G, 2G11-3, Côte d'Ivoire, Services des travaux publics et des mines, Correspondance annexée au du Rapport du 3ème trimestre 1911.

729 ANS, 2G28-16, AOF, Inspection générale des Travaux Publics, Service des Mines, rapport annuel 1928, pp.17-18.

730 *Ibid.*

731 257 TP Circulaire du 28 Août 1928 au sujet des règles d'organisation des services des mines en Afrique Occidentale Française, J.O n° 1251 page 578.

732 « *Le Contrôleur des mines a été chargé des travaux de route dans la région de Dabou jusqu'au 26 août date à laquelle a pris fonction le chef du Services des Travaux Publics par Intérim* », *Cf.* ANS2G18-12, Côte d'Ivoire, Mines, Rapport annuel 1918, p.4.

susceptibles de le détourner de son but [...] »[733], et de les imputer au service des Travaux Publics proprement dit[734]. Le défaut de personnel de la section des Mines du service des Travaux publics ci-dessus analysé a eu de graves conséquences[735]. Outre le retard dans l'accomplissement des tâches administratives d'enregistrements et le traitement des demandes[736], l'on note au nombre celles-ci, l'impossibilité pour le personnel existant d'exécuter en même temps les tâches administratives et les missions techniques de terrain. Cette situation affectait particulièrement l'activité de contrôle des Mines dans la mesure où par exemple « avec un seul contrôleur, l'une des deux parties de son rôle est forcément négligée »[737].

**348.** En outre, ce manque de personnel entrainait souvent, l'attribution de tâches souvent techniques, relevant normalement de la compétence des contrôleurs des Mines, à des administrateurs ordinaires dépourvus des connaissances exigées dans le domaine des Mines. Dans une correspondance en date du 27 avril 1912 adressée à monsieur le Gouverneur général de l'Afrique-Occidentale Française, le lieutenant-gouverneur de la Colonie de Côte d'Ivoire affirmait dans ce sens que : « la pénurie du personnel des travaux publics de la Côte d'Ivoire, pénurie dont j'ai eu l'honneur de vous rendre compte par de nombreuses communications, ne m'a pas permis de détacher un agent de ce service pour remplir l'emploi vacant et je me suis trouvé dans l'obligation le 3 novembre dernier, ainsi que je vous en ai rendu compte, de mettre un Administrateur adjoint à la disposition de monsieur le Chef du service des travaux publics pour assurer à titre provisoire l'intérim des fonctions de

[733] 257 TP Circulaire du 28 Août 1928 au sujet des règles d'organisation des services des mines en Afrique Occidentale Française, J.O n° 1251 page 578.
[734] 257 TP Circulaire du 28 Août 1928 au sujet des règles d'organisation des services des mines en Afrique Occidentale Française, J.O n° 1251 page 578.
[735] ANS, 2G28-16, AOF, Inspection générale des Travaux Publics, Service des Mines, rapport annuel 1928, p.17.
[736] ANS, 2G9-3, Côte d'Ivoire, Services des travaux publics et des mines, Rapport du 4ème trimestre 1909, Copie correspondance chef du service des travaux publics à Monsieur le Gouverneur ; Voir également sur la question, ANS, 2G11-3, Côte d'Ivoire, Services des Travaux publics et des mines, Correspondance annexée au du Rapport du 3ème trimestre 1911.
[737] ANS, 2G28-16, AOF, Inspection générale des Travaux Publics, Service des Mines, rapport annuel 1928, p.18.

Contrôleur des Mines »[738]. Dans ces conditions, l'activité de contrôle ne pouvait qu'être qu'approximative dans la mesure où les simples administrateurs n'avaient pas le niveau de connaissance pour la mener à bien.

**349.** À l'insuffisance du personnel pour l'exercice du contrôle, s'ajoutaient les problèmes de matériels. Il ressort des différents rapports de l'administration des Mines à la Colonie de Côte d'Ivoire et du gouvernement général de l'AOF que la section des Mines à la Colonie jusqu'en 1928 ne disposait d'aucun matériel. Les problèmes de matériels touchaient aussi bien le matériel technique d'exploration et de recherche que le matériel roulant. Les régions ou les périmètres pour lesquels des permis miniers avaient été délivrés n'étaient pas toujours d'accès facile en raison notamment de l'absence ou du mauvais état des routes. Le contrôle, ou toute autre éventuelle étude se rapportant à l'activité des entreprises minières, impliquant nécessairement une tournée du contrôleur des mines dans ces régions[739], l'utilité de matériels roulants, adaptés à l'environnement parfois hostile dans lequel se déroulaient les projets miniers, se faisait sentir. La section des mines du service des Travaux publics, n'ayant pas de matériels propres, est restée longtemps tributaire du matériel du service des Travaux Publics. Il est par conséquent juste de dire que les énormes difficultés matérielles de transports rendaient difficiles les explorations rationnelles[740], ainsi que le contrôle de l'activité minière.

**350.** Ces difficultés rencontrées par le service des Mines avaient pour conséquences directes de rendre inopérante la mission de contrôle dont ce service était chargé. Les permissionnaires et concessionnaires bénéficiaient d'une liberté totale dans la conduite de leurs activités. L'une des manifestations les plus prégnantes de cette situation constitue assurément le non-respect du régime des différents titres miniers. Dans un de ses rapports périodiques, la Direction des mines du gouvernement

---

[738] ANS, Sous série 2G, 2G11-3, Côte d'Ivoire, Services des travaux publics et des mines, Correspondance annexée au du Rapport du 3ème trimestre 1911.

[739] ANS, 2G9-3, Côte d'Ivoire, Services des travaux publics et des mines, Rapport du 4ème trimestre 1909, Copie correspondance chef du service des travaux publics à Monsieur le Gouverneur.

[740] ANS, 2G5-23, Côte d'Ivoire, Services des travaux publics et des mines, Rapport d'ensemble pour l'année 1905 (Document non paginé).

général de l'AOF observait à juste titre que dans le bassin du Cavally, « plusieurs titulaires de permis de recherche ont entrepris de véritables travaux d'exploitation »[741]. L'on en déduit que l'administration chargée du contrôle des Mines n'avait même pas les moyens de faire respecter le régime des titres miniers *a fortiori* le respect par les exploitants des droits coutumiers des indigènes.

**351.**Dans ces conditions, les atteintes à la réglementation, mais surtout aux droits fonciers coutumiers étaient inéluctables. Quid alors du régime de leur réparation ?

### *Paragraphe II : Un encadrement lacunaire de la réparation des dommages miniers*

**352.**Les activités minières emportent des conséquences néfastes importantes. Si les victimes de ces conséquences sont de plusieurs ordres, il est important de souligner que les détenteurs de droits fonciers, quelle qu'en soit leur nature, sont les plus touchées en raison notamment des déplacements involontaires ou des troubles de jouissance par eux supportés. En principe, ces différents préjudices devaient donner lieu à une réparation de la part des auteurs respectifs. Cependant, l'analyse de la législation minière coloniale laisse observer des imperfections quant à la mise en œuvre de la responsabilité des permissionnaires et concessionnaires par les indigènes, détenteurs de droits fonciers coutumiers (A), donnant ainsi lieu à une réparation aléatoire des préjudices résultants des travaux miniers (B).

#### A- Les imperfections de la mise en œuvre de la responsabilité

**353.**De nombreuses imperfections caractérisaient la mise en œuvre de la responsabilité des permissionnaires et concessionnaires à l'occasion des dégâts causés par leurs différentes activités. Outre l'incertitude résultant du fondement

---

[741] ANS, 2G49-1, Gouvernement Général de l'AOF, Direction général des Travaux Publics, Direction des Mines, Rapport technique sur l'activité minière en AOF, p.12.

même de la responsabilité (1), ces imperfections tenaient au caractère arbitraire de la procédure (2).

### *1- L'imprécision des fondements de la réparation*

**354.** À l'instar de nombre de principes de la législation minière coloniale, les fondements légaux du droit à la réparation ne sont pas restés constants sur toute la durée de la colonisation. Sous l'empire du décret minier du 6 juillet 1899, ce fondement résultait de l'alinéa 1 de l'article 12 qui disposait que : « Tout dommage causé à une propriété immobilière privée ou des champs de culture par des travaux d'exploration, de recherche ou d'exploitation donne lieu, de la part de celui qui a exécuté les travaux et en faveur de celui qui a subi le préjudice, à une indemnité d'une valeur double dudit préjudice ». À travers cette disposition, le législateur énumérait outre les différents types de dommages susceptibles d'ouvrir droit à la réparation, mais déterminait implicitement les éventuels prétendants au droit à la réparation. Cette disposition retenait deux types de dommages ouvrant droit à la réparation du fait des travaux miniers. Il s'agit d'une part du dommage causé à une propriété immobilière privée et d'autre part du dommage causé à des champs de culture. S'agissant de la propriété immobilière, elle s'entend *lato sensu* du droit de propriété détenu par une personne sur un bien immobilier, terrain nu ou bâti. Conférant à son titulaire, l'usus, le fructus et l'abusus le droit de propriété immobilière était en principe constitué par l'immatriculation[742] et se transmettait, suivant les règles de transmission de droits réels immobiliers prévues par le Code civil de 1804 rendu applicable à la Colonie de Côte d'Ivoire. Ainsi, et conformément à l'article 2 du décret foncier du 20 juillet 1900, le régime de la propriété immobilière à la Côte d'Ivoire excluait les droits fonciers détenus par les indigènes suivant leurs règles coutumières. Par conséquent, les atteintes causées par des travaux miniers à ces droits, n'ouvraient pas droit à réparation sur le fondement de la propriété immobilière. D'ailleurs les décrets miniers de 1924 et

---

[742] Article 36 du décret du 20 juillet 1900 relatif au régime de la propriété foncière à la Côte d'Ivoire.

celui de 1934 vont intégrer expressément les terres sur lesquelles les indigènes exerçaient des droits coutumiers au domaine[743].

**355.** En plus des dommages à la propriété immobilière, le droit à la réparation trouvait son fondement dans les dommages causés aux exploitations agricoles. Dans cette dernière hypothèse, la réparation visait, non pas les atteintes aux droits fonciers, mais portait essentiellement sur les dégâts ayant trait aux cultures érigées sur les terres. Comme telle, la désignation des personnes à indemniser faisait abstraction de la nature des droits fonciers à l'origine de l'érection de cultures et se bornait à trouver celui qui les avait réalisées. Aussi, pouvait-elle bénéficier aussi bien à des indigènes, détenteurs de droits fonciers coutumiers ou non, qu'à des occidentaux titulaires de droits de propriété.

**356.** De cette analyse, l'on observe que le décret de 1899 ne visait que les atteintes causées aux droits patrimoniaux à l'exclusion des dommages extra patrimoniaux. De là, la limite du préjudice indemnisable. Ce texte sera suivi en cela par les décrets miniers postérieurs, notamment de 1924, 1934 et 1954, traduisant ainsi une certaine constance du législateur minier dans le traitement des droits fonciers coutumiers à l'occasion de la réparation des dommages résultant de l'activité minière.

### *2- Une procédure arbitraire de l'action en réparation*

**357.** Au terme du second alinéa de l'article 2 du décret du 6 juillet 1899, « l'action en indemnité est portée devant l'administrateur du cercle ou de la circonscription qui en connaît en dernier ressort si la valeur du litige ne dépasse pas 150 fr et au-delà, à charge d'appel dans les six mois devant le tribunal de première instance ou de la justice de paix à compétence étendue de la région ». Par cette disposition, le législateur colonial pose le principe du caractère extra judiciaire de l'action en indemnité. Il fait prévaloir l'entente amiable sur les règlements administratif ou judiciaire le cas échéant. Autrement dit, toute victime de dommages miniers devait préalablement se tourner vers le permissionnaire à l'origine des préjudices qu'il aurait

[743] Article 63 du décret du 22 octobre 1924 portant réglementation de la recherche et l'exploitation des gites de substances minérales en AOF ; Article 91 du décret du 23 décembre 1934 portant réglementation minière en AOF.

subis en vue d'une éventuelle indemnisation. Ce faisant, cette disposition n'est pas exempte de critiques. Dans un contexte colonial marqué par l'inégalité des statuts[744] entre indigènes et occidentaux, exacerbée par les antagonismes culturels, la question qui se pose immédiatement à la lecture de cette disposition est celle de l'opportunité, voire de l'adéquation de l'entente amiable comme principe directeur de la réparation. En effet, les contingences, ci-dessus évoquées, condamnaient les éventuelles tentatives d'ententes amiables sinon à l'échec, à tout le moins, à des résultats incontestablement défavorables aux indigènes. En réalité, inspiré de la politique administrative coloniale globale, ce décret minier reconnaissait d'énormes pouvoirs à l'administrateur de cercle ou de la circonscription, chargé de l'indemnisation à la suite de l'échec de l'entente amiable. L'intervention du juge, conditionnée à la valeur du litige, était donc exceptionnelle. Toutefois, là encore le choix du législateur colonial invite à quelques observations. En attribuant en priorité la compétence de l'action en indemnité a un administrateur en lieu et place du juge, il transgressait un principe fondamental du droit métropolitain de l'époque en matière de protection du droit de propriété. En effet, bien avant l'adoption du décret du 6 juillet 1899, une loi en date du 8 mars 1810 faisait du juge judiciaire le gardien du droit de propriété privée en France[745]. Ainsi, loin de satisfaire le principe de la réparation intégrale du préjudice subi, le régime de réparation des dommages causés par les travaux miniers réaffirmait la spécialité législative dans les Colonies d'Afrique noire. Pire, il ne favorisait nullement une réparation efficace des dommages réellement subis par les détenteurs de droits fonciers coutumiers.

**358.**La procédure de l'action en indemnité va connaître toutefois des transformations suivant les différentes réformes de la réglementation minière coloniale. Dans ce sens, la procédure telle qu'elle résultait du décret de 1899 sera modifiée. Se contentant d'affirmer respectivement en leur article 65 in fine et 93 in fine, qu'« à défaut d'entente amiable, elle est fixée par les

---

[744] Politiques, socio-économiques et juridiques.

[745] P-Y. CHICOT, « Droit positif et sacré : l'exemple du droit de propriété inspiré de la déclaration des Droit de l'homme et du citoyen », *Les annales de droit*, pp.51-52, Document électronique télécharger en ligne le 04/04/2019 à 16 h 23 mn sur http://journals.Openedition- .org/add/709.

tribunaux », les décrets de 1924 et 1934 ont, certes, conservé la prévalence de l'entente amiable déjà évoquée sur la procédure judiciaire, mais ils ont en revanche eu le mérite d'avoir abandonné l'intervention des autorités administratives dans la procédure en indemnisation au profit d'une intervention directe du juge en cas d'échec de l'entente amiable. Même s'il est important de noter qu'en posant le principe de la compétence des tribunaux pour connaître du contentieux en réparation, ces nouveaux textes n'apportaient pas plus de précision relativement aux tribunaux compétents. L'on pourra cependant noter avec Jean SIMÉON que « les contestations relatives aux empiètements de périmètres et aux dommages causés aux propriétés du fait des travaux miniers ressortent normalement à la compétence des tribunaux judiciaires »[746]. La seule exception à cette compétence générale des tribunaux judiciaires résidait dans l'attribution de la compétence aux administrateurs de cercle pour trancher les litiges relatifs aux droits traditionnels d'exploitation. L'objectif serait de « permettre la solution rapide de ces contestations, sans qu'il soit besoin de recourir à une procédure compliquée »[747].

**359.**Le décret minier de 1954 tel que modifié en 1957 quant à lui, ne consacre aucune disposition à l'action en indemnité. L'article 34 de ce texte se borne à l'affirmation de l'obligation de réparation qui pèse sur les permissionnaires et concessionnaires en ses termes : « le permissionnaire ou concessionnaire est tenu de réparer tous les dommages que ses travaux pourraient occasionner à la propriété superficielle ».

**360.**En tout état de cause, quel que soit le texte considéré, pour le Doyen René DEGNI SEGUI, la répugnance des indigènes à l'égard des institutions administratives et judiciaires était telle que toutes les réformes tendant à soumettre les litiges indigènes à des organes de l'ordre métropolitain se sont soldées par des échecs[748]. L'on est donc à mesure de s'interroger sur le taux de saisine de ces différents organes par les indigènes à l'occasion des litiges qui les opposaient aux permissionnaires ou

---

[746] J. SIMEON, *Le droit minier dans les possessions françaises,* Paris, MARCEL GIARD libraire-éditeur, 1930, p.148.

[747] J. SIMEON, *Le droit minier dans les possessions françaises, Op.cit.*, p.149.

[748] R. DEGNI SEGUI, *Introduction au droit*, Abidjan, EDUCI, 2009, p.279.

concessionnaires. L'action en réparation telle qu'elle résulte de l'analyse ci-dessus traduit assez pertinemment, sinon l'exclusion, à tout le moins la négligence des droits fonciers coutumiers de la réparation.

### B- Une réparation inefficace du préjudice résultant des travaux miniers

**361.** Face aux risques élevés d'une évaluation à minima du préjudice subi par les détenteurs de droits fonciers coutumiers (1), sa réparation ne pouvait être qu'aléatoire (2).

#### *1- Le risque d'une évaluation à minima du préjudice*

**362.** Dans le cas où les indigènes parvenaient à établir la responsabilité du permissionnaire ou du concessionnaire du fait de ses travaux, le paiement des indemnités était subordonné à l'évaluation du préjudice réellement subi. Il ressort implicitement de l'article 12 du décret minier du 6 juillet 1899 et des dispositions des principaux textes miniers coloniaux qui lui sont postérieurs, que les détenteurs de droits fonciers coutumiers étaient exposés au risque d'une évaluation à minima des préjudicespar eux subis. Avec des formulations sensiblement différentes, ces textes disposaient que l'indemnisation est soit égale à une « valeur double dudit préjudice »[749] subi, soit à la « valeur simple du préjudice causé »[750]. Cependant, aucun des textes sus évoqués ne prévoyait un quelconque mécanisme d'évaluation des dommages résultant des travaux miniers, celle-ci devant relever, à défaut d'une entente amiable, de la compétence des tribunaux. De ce qui précède, et en considération des paradigmes politiques et stratégiques sous-tendant la législation minière coloniale, l'on pourrait logiquement soutenir que l'évaluation des dommages subis par détenteurs fonciers coutumiers comportait d'importants risques d'une évaluation à minima. C'est-à-dire une évaluation qui ne traduisait pas la réalité des dommages subis. Les justificatifs de

---

[749] Article 12 alinéa 1er du décret du 06 juillet 1899 précité.

[750] Article 65 du décret 1924 ; article 93 du décret de 1934 ; et article 34 du décret de 1954.

cette position surabondent, toutefois, dans le cadre de cette étude, seules quelques-unes seront exposées. Il s'agit essentiellement de l'absence de barème d'indemnisation, de la non-prise en compte du préjudice moral dans l'évaluation des dommages, et la différence de traitement des droits de propriété et des droits fonciers coutumiers.

**363.** En ce qui concerne l'absence de barème d'indemnisation, soulignons de prime à bord que, le vocable barème renvoie à « *une table de répertoire des tarifs* »[751]. Appliquée à l'indemnisation, l'expression suppose une évaluation des préjudices à indemniser sur la base d'indicateurs préétablis devant correspondre chacun à un tarif prédéfini. Comme tel, le barème garantit aux victimes de préjudices une évaluation dénuée de toute subjectivité. Au regard des spécificités de l'activité d'exploitation minière industrielle, l'instauration d'un barème d'indemnisation devait permettre de garantir aux indigènes détenteurs de droits fonciers coutumiers sinon une évaluation exhaustive de leurs préjudices, au moins une évaluation susceptible d'être connues à l'avance par les victimes. Cela devait permettre d'éviter des abus à l'occasion de l'évaluation dans la mesure où le barème lierait l'évaluateur. Cependant en dépit des nombreux avantages sus évoqués, aucun des textes miniers coloniaux n'en prévoyait. Ils se contentaient plutôt d'en attribuer la compétence aux tribunaux à défaut d'entente amiable.

**364.**Quant à la non-prise en compte du préjudice moral, dans l'évaluation des dommages subis par les détenteurs fonciers coutumiers, elle suppose une évaluation limitée aux seuls préjudices matériels. Opposé au préjudice matériel, défini comme étant toute atteinte à un droit patrimonial, le préjudice moral résulte d'une atteinte à un droit extrapatrimonial[752]. En l'espèce, un tel préjudice pourrait par exemple s'analyser en la perturbation ou même l'empêchement des différents cultes et autres sacrifices rituels, accomplis par les indigènes en vertu de

---

751 REY A., REY-DEBOVE J. (Sous la Dir.), *Le petit Robert de la langue française*, Paris, Edition le Robert, 2020, 223p.

752 N. VEZINA, « Préjudice matériel, corporel et moral : variations sur la classification tripartite du préjudice dans le nouveau droit de la responsabilité » *In Revue de Droit de l'Université de Sherbrooke*, n°24, 1993, p.165.

leurs droits fonciers et non évaluables en argent, du fait des travaux miniers. Ce type de préjudice, difficilement évaluable n'avait pas été envisagé par le législateur colonial. L'analyse de l'alinéa 1er de l'article 12 du décret du 6 juillet 1899 précité en constitue une illustration parfaite. Il dispose que : « Tout dommage causé à une propriété immobilière privée ou des champs de culture par des travaux d'exploration, de recherche ou d'exploitation donne lieu, de la part de celui qui a exécuté les travaux et en faveur de celui qui a subi le préjudice, à une indemnité d'une valeur double dudit préjudice ». De l'interprétation de cette disposition, il ressort qu'en énumérant les dommages susceptibles de donner lieu à indemnisation, le législateur n'a, à aucun moment, fait cas d'un préjudice résultant d'une atteinte à un droit extra patrimonial. Les décrets miniers intervenus à partir de 1924 ont certes abandonné la formule de l'énumération des préjudices, mais cet abandon n'a jamais emporté la consécration de la prise en compte du préjudice moral dans l'évaluation des dommages causés par les travaux miniers.

**365.** Une autre cause du risque d'évaluation à minima était la différence de traitement entre des dommages causés aux droits fonciers coutumiers et ceux causés aux autres types de droits. Non seulement les droits fonciers coutumiers risquaient d'être sous évalués par rapport au droit de propriété, mais aussi, par rapport aux mines voisines. La différence de traitement entre les droits fonciers coutumiers et le droit de propriété étant traitée dans un titre précédent, nous allons nous attarder ici seulement sur l'inégalité dans l'évaluation des préjudices causés aux droits des fonciers en général et celle des dommages causés à une mine voisine. Sur la différence entre l'évaluation dommages causés aux droits fonciers et celle des dommages causés aux mines voisines, notons qu'elle remonte à la réforme minière de 1924. L'article 69 de ce texte disposait que « lorsque les travaux d'exploitation d'une mine occasionnent des dommages à l'exploitation d'une autre mine voisine en raison par exemple des eaux qui pénètrent dans cette dernière en plus grande quantité, l'auteur des travaux en doit la réparation. Lorsque, au contraire, ces mêmes travaux tendent à évacuer tout ou partie des eaux d'une autre mine, par machine ou par galerie, il y aura lieu, d'une mine en faveur de l'autre, à une indemnité qui, à défaut d'entente amiable, est réglée par les tribunaux après expertise »[753]. Telle que formulée, cette disposition appelle deux observations. La première consiste en la forme, ou la modalité, que pouvait revêtir les dommages causés par une mine donnée à une mine voisine et la seconde réside dans l'intervention d'un expert pour l'évaluation des dommages. Ces deux éléments susceptibles de permettre une évaluation complète et objective des dommages causés par les travaux d'une mine donnée à une mine voisine ne figuraient pas dans le régime de l'évaluation des dommages causés aux droits fonciers. Les insuffisances ainsi relevées dans le régime juridique de l'évaluation du préjudice résultant des travaux miniers avaient pour conséquences une indemnisation aléatoire de ces préjudices.

### *2- Une indemnisation aléatoire*

**366.** La réglementation minière prévoyait certes l'obligation pour les permissionnaires et concessionnaires de réparer les dommages causés par leurs travaux, cependant cette obligation de réparation en pratique donnait lieu à une réparation aléatoire. L'aléa se trouvait non seulement dans le plafonnement de la réparation, mais également dans les disparités pouvant exister entre l'indemnisation de victimes pour des situations similaires. Avec des formulations différentes, les textes miniers limitaient la réparation tantôt à la simple valeur du préjudice[754] tantôt au double de la valeur du préjudice[755]. Ce faisant, le régime de la réparation des dommages résultant des travaux miniers, déroge à la règle fondamentale de la réparation intégrale du préjudice gouvernant en matière de réparation du préjudice matériel. Posée par l'article 1149 du Code civil français rendu applicable à la Côte d'Ivoire, la réparation intégrale du préjudice matériel suppose que l'indemnisation soit calculée en tenant compte non seulement du *damnum emergens*, c'est-à-dire, des pertes réellement subies, mais également en considération du *lucrum cessans,* à savoir le manque à gagner. En fixant l'indemnisation au double du préjudice, l'on pourrait *a priori* penser que le

---

[753] Cette disposition sera reprise intégralement par le décret minier de 1934.

[754] Décret du 6 juillet 1899

[755] Article 64 du décret du 22 octobre 1924 ; Article 92 du décret 23 décembre 1934

règlement minier du 6 juillet 1899 favorisait une réparation complète du préjudice, en raison de ce qu'il prévoyait une indemnisation qui allait au-delà du préjudice réellement subi. Cependant, en partant de l'hypothèse selon laquelle l'évaluation du préjudice, elle-même, était biaisée, il est clair que les valeurs arrêtées devaient difficilement refléter la réalité des dommages causés aux victimes. Par conséquent, fixer l'indemnisation au double d'une valeur issue d'une telle évaluation ne garantissait en rien une réparation conforme à l'esprit de l'article 1149. Cette situation sera aggravée sous l'empire des décrets miniers de 1924 et 1934 avec notamment la fixation de la réparation à la simple valeur du préjudice, sans que soient résolues pour autant les difficultés soulevées par l'absence d'un mécanisme légal d'évaluation. Avec ces deux textes, la réparation due aux victimes de dommages miniers, telle que présentée, ne prenait pas en compte le manque à gagner. Autrement dit, l'indemnisation ne prenait pas en compte par exemple les conséquences futures d'un dommage donné, alors que les dommages miniers par essence se définissent par leurs effets prolongés.

**367.**Relativement aux disparités dans l'indemnisation des victimes, elles s'analysent comme le corollaire de l'absence de barème et de la liberté du juge à l'occasion de l'évaluation du préjudice. Concrètement elle consistait en la possibilité d'avoir pour des dommages similaires des indemnisations différentes. Pire dans certaines situations, la disparité ainsi évoquée pouvait consister dans le paiement des indemnités à des victimes et pas d'autres. Ce traitement au cas par cas de l'indemnisation était assurément défavorable au détenteur de droits fonciers coutumiers.

**368.**Dans l'ensemble le régime de la réparation des dommages miniers était plutôt souple pour les permissionnaires et concessionnaires. L'on comprend assez aisément d'ailleurs cette souplesse du régime de réparation qui répondait à la volonté du législateur colonial d'aboutir à une industrie minière performante. Cela passait inévitablement aussi bien par l'attractivité de la réglementation minière à travers des incitations expresses, que par un mutisme coupable sur le traitement des éventuelles atteintes aux droits fonciers qui pouvaient se présenter. Ainsi, législateur colonial avec fait le choix de prendre le parti des exploitants miniers occidentaux au détriment des indigènes, détenteurs de droits fonciers coutumiers.

### *Section II : Une réglementation partisane de la fin de la concession*

**369.** Sous la colonisation, les concessions prenaient fin normalement à l'échéance du terme fixé pour sa validité ou en cas de renonciation[756]. Toutefois, quelle qu'en fût la cause l'encadrement juridique de la fin de la concession par le colonisateur ne dérogeait nullement à l'esprit de la législation minière. Peu contraignante pour l'exploitant (paragraphe I), la fin de la concession lésait les détenteurs coutumiers (paragraphe II).

#### *Paragraphe I : Une fin peu contraignante pour l'exploitant*

**370.** La réglementation de la fin des concessions minières par le législateur colonial comportait des carences relativement à l'obligation de réhabilitation du site par l'exploitant (A), mais cette réglementation suscitait différentes interprétations relativement au sort des terres occupées par l'exploitant après la fermeture de la mine (B).

##### A- Les carences de l'obligation de réhabilitation du site

**371.** L'obligation de réparation des sites miniers après l'exploitation n'était pas expressément affirmée dans les décrets miniers coloniaux. Elle découlait implicitement de la formulation de l'alinéa 2 de l'article 40 du décret du 6 juillet 1899 au terme duquel « [...] l'autorisation de renonciation indique, s'il y échet, les mesures que doit remplir le permissionnaire pour assurer la sécurité de la surface ». Ainsi formulée, cette disposition subordonnait l'obligation de réhabilitation du site après la fermeture à certaines conditions

---

[756] J. SIMEON, *Le droit minier dans les possessions françaises,* Paris, MARCEL GIARD libraire-éditeur, 1930, p. 170.

(1). Même lorsque ces conditions étaient réunies, la législation semblait offrir à l'exploitant la possibilité de contourner cette obligation (2).

*1- Une obligation conditionnée*

**372.**Le législateur colonial n'a pas expressément consacré l'obligation de réhabilitation du site minier à la fin de ses activités. Seul le décret du 6 juillet 1899 en son article 40, alinéa 2 y faisait implicitement allusion. Cette disposition conférait à l'obligation de réhabilitation non seulement un caractère exceptionnel, mais surtout elle lui assignait une finalité bien déterminée. Relativement au caractère exceptionnel, notons qu'au terme de cette disposition, l'obligation de réhabilitation du site ne s'appliquait pas systématiquement à l'exploitant. Elle s'imposait seulement s'il y échoyait[757]. C'est-à-dire si l'occasion se présentait, ou s'il y avait lieu. L'utilisation du conditionnel par le législateur traduit de manière univoque le caractère exceptionnel de cette obligation pour l'exploitant. L'autre élément militant en faveur du caractère exceptionnel de cette obligation c'est qu'elle n'était envisagée que dans l'hypothèse du renoncement à une concession à l'exclusion des autres hypothèses de la fin d'une concession[758]. L'obligation de réhabilitation ne s'imposait pas systématiquement à l'exploitant à chaque fois que la concession arrivait à son terme. Tel qu'elle était prévue par le législateur de 1899, c'est seulement dans le cas de renonciation qu'elle pouvait être imposée à ce dernier. Les décrets postérieurs à celui de 1899 ont certes repris la possibilité pour les concessionnaires et permissionnaires de renoncer à leur titre minier sans toutefois la conditionner à une éventuelle obligation de réhabilitation du site[759]. Quant à la finalité assignée à cette obligation, l'alinéa 2 de l'article 40 dispose expressément qu'elle devait « assurer la sécurité de la

[757] Voir article 40, alinéa 2 du décret du 06 juillet 1899 précité.

[758] Article 40 al. 1et 2 du décret du 6 juillet 1899 précité.

[759] Article 53 décret du 22 octobre 1924 portant réglementation de la recherche et de l'exploitation des gites de substances minérales en AOF ; Article 79 du décret du 23 décembre 1934 portant réglementation minière en AOF.

surface »[760]. En d'autres termes, l'exploitant était tenu de faire des travaux uniquement dans l'hypothèse où l'état dans lequel il abandonnait les sites miniers était de nature à mettre en danger la surface. Dans ce cas l'objectif de ces travaux était la sécurisation de la surface. Par son objet, cette obligation de réhabilitation sus décrite était très limitée, dans la mesure où elle ne semblait pas prendre en compte toutes les autres sources d'insécurité n'impactant pas nécessairement la surface du sol. Pour finir, le décret de 1899 consacrait certes la possibilité d'imposer l'obligation de réhabilitation au candidat à la renonciation, mais il restait muet sur les éventuelles sanctions dans le cas où le candidat était dans l'impossibilité de redonner à la surface toute la sécurité nécessaire pour accueillir de nouvelles activités. L'obligation de réhabilitation ainsi décrite pouvait faire l'objet de contournement par l'exploitant bien que les conditions de sa mise en œuvre fussent réunies.

*2- Une obligation contournable*

**373.**Lorsque le concessionnaire voulait renoncer à sa concession, il devait en faire une demande à la l'administration. S'il arrivait que l'autorité compétente estimât que l'état du site minier comportait des risques pour la sécurité de la surface, l'exploitant était tenu d'effectuer les travaux nécessaires pour y remédier. Cependant, il disposait de moyens assez subtils pour échapper à cette obligation. C'était le cas par exemple lorsque le concessionnaire organisait sa déchéance. L'article 41 alinéa1 dispose en effet que, les périmètres pour lesquels la déchéance a été prononcée sont mis en adjudication dans l'année par les soins de l'administration. Sur la base de cette disposition, l'exploitant de mauvaise foi, désireux de mettre un terme à sa concession sans pour autant faire face aux obligations qui en découleraient, au lieu de recourir à la renonciation pouvait simplement se rendre coupable des actes entrainant la prononciation de sa déchéance par les autorités compétentes. DAREST affirmait à cet effet que « La déchéance a pour conséquence l'adjudication publique de la concession, et, s'il ne se présente pas d'adjudicataire, l'annulation de la concession et

---

[760] Article 40 alinéa 2 du décret du 06 juillet 1899 précité.

le retour du périmètre aux terrains ouverts à la recherche »[761]. Suivant cette logique, la déchéance prononce à l'encontre d'un concessionnaire malveillant s'analysait moins comme sanction qu'une récompense. Dans la mesure où elle le libérait de l'obligation de réhabilitation. Le même article disposait en ses alinéas 6 et 7 que « L'adjudicataire est purement et simplement substitué aux droits et obligations du précédent exploitant tels qu'ils résultent du présent décret […] Si l'adjudication n'a pas donné de résultat, les terrains deviennent libres et disponibles, comme si aucun permis n'avait été institué […] ». De l'analyse de cette disposition, lorsque la déchéance était prononcée, qu'un adjudicataire était trouvé, le concessionnaire initial se trouvait libéré de l'obligation de réhabilitation ci-dessus décrite. En revanche, dans l'hypothèse où aucun adjudicataire n'avait été trouvé le législateur était resté muet sur l'obligation de réhabilitation.

**374.**À la faveur de la réforme minière de 1924, cette obligation conditionnée de réhabilitation du site va disparaître de la réglementation minière coloniale. À ces différentes insuffisances inhérentes à l'obligation de réhabilitation des sites en vue de la sécurisation de la surface, s'ajoutait l'incertitude qui entourait le sort des terres utilisées par l'exploitant.

### B- Un régime post-exploitation des terres profitable à l'exploitant

**375.**L'encadrement juridique de la fin de la mine par le colonisateur prêtait à équivoque quant au sort des terres occupées par le permissionnaire ou concessionnaire. Ce caractère équivoque de la réglementation minière se trouvaient dans l'inexistence d'une obligation de rétrocessions des terres à la charge de l'exploitant (1), et dans la reconnaissance à ce dernier d'un droit de priorité pour l'acquisition des dites terres (2).

---

[761] P. DAREST, *Traité de droit colonial*, Tome II, *Op.cit.*, p.773.

### *1- La faculté de rétrocession des terres aux indigènes*

**376.**La réglementation minière coloniale est longtemps restée muette sur le sort des terres à la fermeture de la mine. Les décrets miniers successifs de 1899, 1924 et de 1934 n'évoquaient aucunement la question dans leurs différentes dispositions. Ce silence du législateur n'était pas sans soulever des difficultés. Il entretenait un vide juridique profitable aux concessionnaires de mines. Si les rapports établis par l'administration des mines à cette période n'abordaient pas la fin et la fermeture d'une mine, en revanche, il est clair qu'en l'absence d'une obligation réglementaire de rétrocession des terres aux différents propriétaires et autres détenteurs de droits fonciers, le concessionnaire disposait d'une liberté d'appréciation ou d'interprétation de la situation. Ce dernier pouvait, accepter ou non de rétrocéder les terres. Le mutisme du législateur sur la rétrocession des terres se présentait ainsi comme une véritable porte ouverte aux abus de l'exploitant notamment lorsque celui-ci était de mauvaise foi. C'est avec le décret précité du 13 novembre 1954 que cette situation connaîtra une évolution. Ce texte prévoyait, pour la première fois, expressément la rétrocession des terres à la fin de la concession, notamment en l'absence de renouvellement. Il disposait en son article 17, alinéa 2 que : « en cas d'expiration d'une concession sans renouvellement, celle-ci est gratuitement mise à la disposition du territoire, libre de toute charge, y compris ses dépendances immobilières. L'expiration de la concession entraîne l'extinction de tous droits hypothécaires ». L'obligation de rétrocession ainsi consacrée avait le mérite de mettre un terme aux éventuels abus émanant de l'exploitant, toutefois, elle ne se résolvait toujours pas en faveur des indigènes.

### *2- L'acquisition en priorité des terres exploitées*

**377.**L'acquisition en priorité des terres par l'exploitant se trouvait dans la réglementation minière coloniale tantôt en tant que prérogative à la disposition du concessionnaire tantôt comme obligation à la charge de ce dernier. En tant que prérogative, l'acquisition en priorité des terres a été introduite dans la réglementation minière en AOF à partir du décret du 22 octobre 1924 portant réglementation de la recherche et de l'exploitation des gîtes de substances minérales en AOF. L'article 62 de ce texte disposait que « le concessionnaire a en outre, un droit de priorité pour l'acquisition de tous les terrains du domaine situés dans le périmètre de sa concession ». Très proche du droit de préemption[762] dont il se distingue toutefois, le droit de priorité du concessionnaire, permettait à ce dernier d'acquérir prioritairement les terres situées dans le périmètre de son titre minier lorsque ceux-ci seraient sur le point d'être vendus. Cette prérogative était prévue par le décret minier de 1924 au profit du concessionnaire va disparaître de la législation minière à partir du décret de 1934.

**378.** Entendue comme obligation pesant sur le concessionnaire, l'acquisition prioritaire prenait la forme d'une obligation de rachat des terres endommagées. Selon l'article 64 alinéa 4 du décret de 1924, « si l'occupation prive le propriétaire de la jouissance du sol pendant plus d'une année, occasionne la destruction des cultures au d'arbres, ou si, après l'exécution des travaux, les terrains occupés ne sont plus propres à l'usage auquel ils étaient auparavant affectés, le propriétaire peut exiger du permissionnaire ou concessionnaire l'acquisition du sol. La pièce de terre trop endommagée ou dégradée sur une trop grande partie de surface doit être achetée en totalité si le propriétaire l'exige ». Cette disposition prévoyait l'obligation de rachat des terres lorsque celles-ci étaient endommagées. Cependant pour le champ d'application de cette obligation, elle ne retenait que les terres objet de droit de propriété. Pour les terres sur lesquels les indigènes exerçaient des droits d'usage en vertu de leurs droits coutumiers, l'initiative de la mise en œuvre de l'obligation de rachat appartenait à l'administration. Cette situation peut s'analyser comme la conséquence de la politique foncière de l'État coloniale. Contrairement au droit d'acquisition en priorité, l'obligation d'acquisition telle que posée sera confirmée par le

---

[762] Nom traditionnellement donné à la faculté conférée par la loi ou par la convention à une personne( bénéficiaire d'une option) d'acquérir, de préférence à toute autre, un bien que son propriétaire se propose de céder, en se portant acquéreur de ce bien dans un délai donné, en général au prix et aux condition de la cession projetée ( à lui prélablement notifiés) ; se ramène au droit de préférence et se distingue du retrait qui opère après conclusion du contrat. Cf. G. CORNU, *Vocabulaire Juridique*, *op.cit.*, p.789.

décret du 23 décembre 1934[763]. Sous l'empire du décret de 1954 cette obligation sera élargie aux terres objet de droits coutumiers. L'article 33 alinéa 2 de ce texte, disposait : « [...] l'obligation de rachat peut être faite au permissionnaire et/ou concessionnaire, si l'occupation prive l'usager ou le propriétaire de la jouissance du sol pendant plus d'une année, occasionne la destruction des cultures ou des arbres, ou si, après l'exécution des travaux, les terrains occupés ne sont plus propres à l'usage auquel ils étaient auparavant affectés ». Dans ce cas, abstraction faite du caractère contraignant dans l'acquisition des terres, l'obligation de rachat participait à la réalisation de la politique foncière coloniale de mise en valeur des terres.

**379.** Qu'il s'agisse de prérogatives ou d'obligations, l'on retient que la législation minière coloniale favorisait l'acquisition des terres en fin de concession par l'exploitant. Mieux nanti financièrement que les indigènes, ce dernier disposait de moyens adéquats pour la reconversion du site à d'autres activités. Cette situation lésait les détenteurs de droits fonciers coutumiers.

### *Paragraphe II : une fin lésant les détenteurs de droits fonciers coutumiers*

**380.** En plus, de ce qu'elle ne prévoyait aucunement la possibilité pour ces derniers de recouvrer leurs droits initialement concédés aux permissionnaires ou concessionnaires (A), La réglementation de la fin des concessions était muette sur l'après-mine (B).

#### A- Des droits coutumiers non recouvrés

**381.** Pour l'installation de la mine, les indigènes étaient contraints d'abandonner bon nombre de leurs droits aux titulaires de permis ou de concessions. N'impliquant aucunement la perte définitive de leurs droits fonciers, l'abandon par les indigènes de leurs terres au profit de l'exploitant, supposait qu'au terme de la concession, ces derniers rétrocèdent aux premiers les terres. Cependant et contre

---

[763] Voir sur la question les articles 91 et suivants du décret du 23 décembre 1934 portant réglementation minière en AOF.

toute attente, l'analyse de la réglementation coloniale révèle que ces derniers étaient exclus non seulement de la rétrocession de la mine (1), mais également de celle des terres la surplombant (2).

*1- Une rétrocession de la mine préjudiciable aux détenteurs de droits coutumiers*

**382.**Les ressources minières sont des ressources non renouvelables. C'est-à-dire que leur exploitation entraine nécessairement leur épuisement dans le périmètre d'exploitation. En référence à cette situation, deux hypothèses peuvent être évoquées. La première est relative à l'arrivée à terme du titre minier accordant le droit d'exploitation. L'exploitant dans ce cas avait le choix entre faire une demande de renouvellement dans les conditions imposées par la réglementation, pour pouvoir continuer son activité, ou au contraire abandonner la mine s'il estime notamment que l'état du gisement ne nécessite pas véritablement un renouvellement de son titre. La seconde hypothèse est celle où la fin du titre minier coïncide avec l'épuisement du gisement par lui visé. Dans ce cas, la mine est libérée de tous les droits détenus en vertu du titre minier arrivé à échéance.

**383.**Quelle que soit l'hypothèse retenue, la mine n'en conserve pas moins un intérêt réel et certain. Sous la colonisation, cet intérêt était facilement perceptible. Les moyens utilisés pour l'exploitation ne garantissaient en rien l'épuisement absolu du gisement. Autrement dit, à la fin des activités d'un concessionnaire, des minerais pouvaient encore y être tirés. En outre, le titre minier ne portant en principe que sur des substances bien déterminées, les autres substances non visées par le titre pouvaient encore faire l'objet de titres distincts du précédent, notamment lorsque l'abattage des substances visées par le titre n'a pas entrainé leur abattage. D'où l'option législative de mettre la mine à la disposition de l'administration en fin de concession. Au terme des décrets miniers coloniaux, tout permis ou concession de mine prenait fin en principe à l'arrivée du terme prévu par le permis ou la concession. Toutefois, exceptionnellement il pouvait y être mis un terme à l'initiative soit du permissionnaire ou du concessionnaire[764] soit de l'administration[765]. Quelle qu'en fût la cause, lorsque la fin de la concession ou du permis d'exploitation intervenait, ces textes ne prévoyaient aucunement la rétrocession de la mine aux indigènes, détenteurs de droits coutumiers. Au contraire, les dispositions ayant présidé à l'établissement et à l'exploitation de la mine, celles encadrant la fin de la concession prévoyaient toutes, avec des formulations parfois différentes, la mise à disposition de la mine à l'administration. Ainsi, alors que sous l'empire des décrets de 1899, 1924 et 1934, cette mise à disposition à de la mine à l'administration à la fin de la concession n'était pas expressément affirmée. Elle le sera avec le décret de 1954. L'article 17 alinéa 2 de ce texte dispose que, « en cas d'expiration d'une concession sans renouvellement, celle-ci est gratuitement mise à la disposition du territoire, libre de toute charge, y compris ses dépendances […] ». Ce faisant, le législateur niait une fois de plus les droits coutumiers des indigènes sur les ressources du sous-sol et qu'ils ont dû abandonner au profit de l'établissement du permissionnaire ou concessionnaire. L'injustice aisni constatée se trouvait aggravée par exemple, lorsque la mine s'est établie sur un terrain donné sur le fondement de l'article 9 alinéa 3 du décret du 6 juillet 1899. Au terme de cette disposition, « des puits peuvent être foncés à travers des gisements superficiels, pour l'exploration, la recherche ou l'exploitation des gisements profonds après entente avec les exploitants indigènes, ou à défaut d'entente, moyennant une autorisation de l'administration et le paiement d'une indemnité en faveur des ayants droit, égale au double de la valeur du préjudice causé »[766]. Logiquement, toute exploitation industrielle effectuée dans le contexte décrit dans cette disposition devait à l'expiration de la concession pouvoir revenir aux indigènes en vertu de leurs droits coutumiers auxquels ils n'avaient jamais renoncé. À l'analyse des textes miniers coloniaux, il n'en était rien. La mine et ses dépendances à la Colonie étaient mises à la disposition de l'administration. Par

[764] Article 40 du décret du 6 juillet 1899 précité; voir sur la question les articles 31 et 53 du décret du 22 octobre 1924 précité.

[765] Article 39 du décret du 6 juillet 1899 précité ; les articles 15, 51, 56 58 et 59 du décret du 22 octobre 1924 précité.

[766] Article 9 alinéa 3 du décret du 6 juillet 1899 précité.

conséquent, la réglementation minière coloniale participait, de manière assez déterminante à la politique de spoliation des indigènes de leurs droits ancestraux. Cette spoliation s'étendait également aux terres en dessous desquelles se trouvaient les ressources minières.

*2- La restitution incertaine des droits fonciers coutumiers*

**384.**Lorsque la concession prenait fin dans l'une des conditions prévues par la réglementation minière, les terrains occupés par le permissionnaire ou le concessionnaire se trouvaient libérés de tous droits détenus en vertu du titre instituant la concession. L'exploitant se devait en principe de la mettre à la disposition de la Colonie. Cependant, et en l'absence sources renseignant sur d'éventuels précédents, différentes analyses peuvent être faites sur la base des textes miniers.

**385.**La première est celle de l'hypothèse où l'exploitant se conformait à la réglementation et remettait effectivement les terres par lui occupées à la disposition de la Colonie. Cette hypothèse pouvait se révéler très complexe dans sa mise en œuvre. La réglementation prévoyait, certes, la mise à disposition des terres de la Colonie ; en revanche, aucun des textes miniers exploités dans le cadre de cette recherche, ne prévoyait ni l'administration ou le service chargé de réceptionner lesdites terres au nom de la Colonie, ni les modalités de cette mise à disposition. De plus, ces textes sont tous restés muets sur la nature des droits exercés par la Colonie sur les terres si elle devait éventuellement les réceptionner. Ces différentes questions soulevées par l'hypothèse de la remise effective des terres à la fin de la concession, rendaient incertaine l'éventualité pour les indigènes, détenteurs de droits coutumiers, de retrouver leurs terres à la fin de la concession. Par ailleurs, si l'on se réfère à la politique foncière du colonisateur, l'on peut conclure que la probabilité de restitution des terres par ce dernier était très mince.

**386.**Quant à la seconde hypothèse, elle est plutôt d'ordre pratique et concerne le cas où l'exploitant face aux insuffisances et aux autres limites de l'administration des mines ne remettait pas effectivement les terres qu'il occupait à la disposition de l'administration. Dans ce cas de figure, les handicaps liés au fonctionnement de l'administration, en matière de mobilité, d'insuffisance d'effectifs ou encore le manque de collaboration entre les différents services de l'administration, pouvaient servir à l'exploitant de mauvaise foi pour conserver les terres.

**387.**Dans les deux hypothèses, le constat est le même, les chances pour que les indigènes puissent recouvrer leurs droits fonciers à la fin des concessions étaient quasiment inexistantes. Cette situation n'était pas sans impacter leur reconversion socio-économique.

B- Une reconversion socio-économique hypothéquée des indigènes

**388.**Au regard notamment des imprécisions, silences et autres incertitudes de la réglementation minière coloniale relativement à la fin des concessions, la reconversion socio-économique des populations indigènes s'avérait hypothéquée. Le bouleversement des habitudes économiques (1) et la désagrégation de la structure sociale (2) à la faveur de l'établissement et de l'exploitation d'une mine compromettaient sérieusement le retour au mode de vie séculaire indigène.

*1- Le bouleversement des habitudes économiques*

**389.**L'établissement puis l'exploitation des concessions suivant la réglementation minière coloniale ont profondément changé les habitudes économiques des populations indigènes en général. Ce bouleversement des habitudes économiques des indigènes se présentait comme la conséquence de la mise en œuvre de la politique économique coloniale. Structurée essentiellement autour de l'économie de marché, cette politique consistait en la mise en valeur à outrance des ressources contenues dans les différentes colonies. Ainsi, elle a marqué « le passage d'une gestion collective de la terre, dont l'exploitation et la distribution sont contrôlées par les chefs de lignage, à une forme d'appropriation privée de la terre et des produits de sa culture »[767]. Pour les sociétés traditionnelles africaines où l'activité économique principale était surtout l'agriculture de subsistance, l'introduction de la propriété individuelle et surtout du régime domanial ont posé les jalons de la pression foncière, dont les effets continuent de se faire sentir. La fin de la concession impliquant une reconversion des indigènes employés dans la mine à leur activité traditionnelle, à savoir, l'agriculture. Celle-ci ne pouvait, au regard des contingences de l'époque, se faire sans heurts, notamment, en ce qui concerne le processus d'acquisition des terres. En effet, même si l'État colonial n'avait pas réussi à résoudre le problème foncier en sa faveur[768], dans de nombreux cas il avait réussi à s'accaparer des terres pour les concéder par la suite à des industriels[769]. Par ailleurs, rompant avec la conception africaine de la propriété foncière[770], la propriété de type occidentale s'accommodait difficilement au mode de vie séculaire indigène. La terre avait perdu sa nature de chose hors du commerce et pouvait désormais faire l'objet d'aliénation. Cette situation fut à la base de nombreux conflits fonciers. De plus, l'usage généralisé de la monnaie et l'institution de l'impôt de capitation ont obligé les populations indigènes à épouser sinon à tolérer les nouvelles formes d'activités introduites par le colonisateur. Au nombre de celles-ci, figure en premier lieu l'agriculture industrielle, avec l'introduction de culture d'exportation, telle que le café, le cacao, le palmier à huile, etc. Ces nouvelles cultures se prêtaient difficilement au communautarisme caractérisant les habitudes agraires des indigènes. Nécessitant des périmètres toujours plus grands, avec l'usage de méthodes et techniques culturales différentes de celles des cultures traditionnelles des indigènes, ces cultures d'exportation impliquaient d'importants moyens dont les indigènes ne disposaient pas toujours.

---

767 H. AGUIE, *L'exploitation aurifère à Kokumbo et ses répercussions dans la région de Toumodi de 1850 à 1958,* Thèse de Doctorat en Histoire, Université Alassane Ouattara, 2018, p.284.

768 En témoigne les nombreuses réformes domaniales et foncières marquant la baisse progressive des prétentions foncières de l'État.

769 H. AGUIE, *op.cit.,* p.250.

770 Selon laquelle la terre appartient à la communauté et sa gestion est confiée aux chefs de lignage. Ceux-ci sont chargés de la redistribution équitable aux membres de leur lignage. Le détenteur provisoire, celui qui l'exploite n'a pas le droit de la vendre, car elle doit échoir à la descendance.

**390.** À ces difficultés, il convient d'ajouter les contraintes inhérentes à l'exploitation de la concession. D'abord, l'établissement de la concession avait eu pour conséquences le déplacement des populations sur des terres qui n'étaient pas nécessairement les leurs. Et qu'ils n'avaient pas pu conquérir en raison de l'existence de cultures à leur arrivée[771]. Toute chose qui accentuait les difficultés de reconversion des indigènes à la fin de la concession. Spoliés de la terre de leurs ancêtres, ces derniers se trouvaient bien souvent sur des terres qui leur étaient totalement étrangères. En outre, l'exploitation des concessions se faisait à partir de méthodes modernes qui se pratiquent « avec des machines et des techniques nouvelles avec l'usage des explosifs, malheureusement plus agressives que la méthode traditionnelle. Le sol ainsi mis à nu, les éléments mécaniques, les vents et les éléments hydromécaniques, les eaux de ruissellement se mêlent à l'attaque du sol pour lessiver ses éléments nutritifs. Dès lors, le sol devient impropre à l'agriculture »[772] et bien d'autres activités. La dégradation des terres du fait de l'activité minière, outre le fait qu'elle participait à l'accentuation de la pression foncière, s'érigeait en véritable obstacle à la reconversion des indigènes à la fin de l'exploitation. Non seulement ces derniers ne pouvaient s'adonner à des activités nouvelles, mais aussi ils ne pouvaient continuer à se livrer à l'exploitation minière en raison notamment de l'épuisement éventuel du gisement au regard des méthodes et les techniques mis en œuvre par l'exploitant.

**391.** La structure économique étant étroitement liée à la structure sociale, la désagrégation de celle-ci a influencé logiquement celle-là.

### *2- La désagrégation des structures sociales*

**392.** La désagrégation des structures sociales qui pouvait être constatée était moins le fait de la fin de la concession que la résultante de la politique de contrôle et de domination qui sous-tendait l'entreprise coloniale de manière générale[773]. C'est, en

[771] H. AGUIE, *Op.cit.* , p.250.
[772] H. AGUIE, *Op.cit.,* p.307.
[773] G. BALANDIER, « Structures sociales traditionnelles et changement économique », *In Cahiers d'études africaines*, vol. 1, n°1, 1960. P.8.

effet, ce que semble dire Hervé AGUIE lorsqu'il affirme que « la conséquence de cette politique coercitive a été l'éclatement des cadres traditionnels, des cadres villageois, des lignages et des terres lignagères. Ces populations avaient ainsi perdu tout contrôle sur leur lignage »[774]. En matière de mines, cette politique de contrôle et domination a surtout révélé son utilité pour l'accaparement et la redistribution des ressources foncières et tréfoncière par l'État colonial. Ce dernier s'étant substitué aux chefs indigènes dans la procédure d'octroi de droits sur ces différentes ressources. Même dans les hypothèses où il avait reconnu l'autorité des chefs indigènes, le colonisateur n'avait pas hésité, dans le souci d'exercer son contrôle, à s'immiscer dans la désignation des chefs indigènes et même dans leur gestion entrainant ainsi une crise de la légitimité des chefs[775]. Ce faisant, l'influence des chefs traditionnels s'effritait, occasionnant la désagrégation des groupes anciens que sont les clans et les lignages, cadres privilégiés d'évolution de l'individu dans les sociétés traditionnelles africaines. Ce bouleversement du mode de vie communautaire se trouvait accentué, par l'introduction dans la Colonie du travail salarié et du même du travail obligatoire. En effet, les exploitations agricoles et minières industrielles utilisaient abondamment les indigènes comme main d'œuvre. Concernant justement le travail obligatoire, ses répercussions sur la vie de l'indigène sont savamment décrites par René MERCIER. L'auteur estime, en qu'au-delà de ses répercussions individuelles en termes de santé physique et morale, le travail obligatoire menaçait l'existence même des populations indigènes[776]. De plus, même en dehors des cas où ils étaient contraints, les indigènes partaient travailler dans les exploitations quelques semaines ou quelques mois pour gagner un peu d'argent et retourner dans leur village[777]. Ces

---

[774] H. AGUIE, *Op.cit.,* p.307.

[775] D. F. YÉO, « la parole du chef dans le champ politique en Côte d'Ivoire », *Communication au colloque international sur « la parole du chef »* du 3 au 4 décembre 2018, Université Alassane Ouattara (Bouaké Côte d'Ivoire).

[776] R. MERCIER, « Les fondements essentiels d'une politique du travail obligatoire», *In Penant* 1934, vol. XLIII, p. 24.

[777] 2G37-20, M. P. SEYER, Rapport technique sur l'activité minérale en AOF, en 1937, Gouvernement Général de l'AOF, p.5.

différentes situations avaient pour conséquence première de les détourner des exploitations familiales. À ces dernières, les exploitations de types industrielles arrachaient les hommes les plus forts, les plus robustes[778]. Les relations personnelles, désormais influencées par les relations économiques, rompaient ainsi avec la tradition africaine qui voudrait plutôt que les relations personnelles soient dominées par les liens de parenté[779].

**393.**À la lumière des analyses précédentes, il apparait assez clairement que la protection de l'environnement n'a jamais été le principal but de la législation coloniale sur l'environnement. C'est donc à juste titre que Jonas Ibo GEHI a pu affirmer que « l'écologisme colonial répondait à un souci de perpétuation de l'œuvre d'exploitation des richesses naturelles de la Colonie. À ce titre, il était en étroite liaison avec les secteurs privilégiés dans la « mission de civilisation » »[780]. C'est dire ainsi que tous les actes de protection environnementale accomplis par le colonisateur à travers le régime forestier et la réglementation de la chasse n'étaient ni expressément ni directement recherchés. La conscience des conséquences négatives de son action sur l'environnement n'a jamais entamé la volonté du colonisateur dans sa quête de progrès. Selon Jacques POUCHEPADASS « la recherche du profit à court terme incite à négliger les conséquences à plus longue échéance »[781]. En matière de mines par exemple, les auteurs s'accordent pour dire que c'est la découverte des mines qui a nécessité l'adoption de décrets miniers[782]. Le rapport du ministre des Colonies, adressé au Président de la République, joint au projet de décret du 22 octobre 1924 portant réglementation de la recherche et de l'exploitation des gites de substances minérales en Afrique-Occidentale française, confirme cette thèse. Dès ses premières lignes ce rapport fait état de ce que le décret du 6 juillet 1899 a

---

[778] R. MERCIER, *op.cit.,* p.27.

[779] D. PAULME, « structures sociales traditionnelles en Afrique Noire », *In Cahiers d'études africaines,* vol. 1, n°1, 1960, P.16.

[780] J. I. GUEHI, *op.cit.,* p.100.

[781] J. POUCHEPADASS, « Colonisation et environnement », *In Revue française d'histoire d'outre-mer,* Tome 80, n°298, 1er trimestre 1993, p.13.

[782] R. VILLAMUR, L. RICHAUD, *Notre Colonie de Côte d'Ivoire, op.cit.,* p-p.294-295.

donné pendant longtemps satisfaction aux prospecteurs et exploitants miniers[783], montrant ainsi l'objectif assigné à ce texte. Justifiant l'adoption du décret minier du 22 octobre 1924 en remplacement de celui du 6 juillet 1899, le même rapport affirme sans équivoque que l'expérience de la Colonie de Madagascar en matière de recherche pétrolière a révélé la nécessité d'adopter dans les Colonies des mesures propres à faciliter les recherches et les exploitations, des ressources notamment minières, ainsi qu'à sauvegarder les droits et intérêts de la Colonie et de l'État[784].

**394.**Ces développements démontrent à suffisance que les dispositions à valeurs environnementales contenues dans la législation minière coloniale ne traduisaient aucunement un quelconque comportement écologique de la part du colonisateur. Il s'agissait surtout pour lui, comme a pu l'affirmer Jonas Ibo GUEHI, « d'un simple pragmatisme, car tous les actes d'« écologisme » posés par eux n'avaient pour but principal que de garantir la continuité de l'œuvre de colonisation et non de sauvegarder la nature en vue d'un quelconque équilibre écologique »[785]. Avec l'avènement des indépendances et la mutation des paradigmes politiques et économiques, l'exploitation des concessions minières sera nécessairement influencée. La question qui se pose est alors celle de savoir le sens de cette influence en termes de prise en compte des droits fonciers coutumiers.

---

[783] Bulletin officiel du ministère des Colonies, Rapport au Président de la République, n°418, 1924, pp.1657-1658. Télécharger en ligne sur www.gallica.bnf.fr

[784] Bulletin officiel du ministère des Colonies, Rapport au Président de la République, N°418, 1924, pp.1657-1658. Télécharger en ligne sur www.gallica.bnf.fr

[785] J. I. GUEHI, *Op.cit.,* p.84.

## TITRE II
## À PARTIR DE 1964, UNE PRISE EN COMPTE PROGRESSIVE

**395.** À l'instar de leurs pairs africains, les nouveaux dirigeants de la Côte d'Ivoire indépendante devaient « construire un "État-nation" dans lequel ces populations apprendraient à vivre ensemble et à partager les mêmes valeurs »[786]. Pour atteindre cet impératif, partout en Afrique et singulièrement en Côte d'Ivoire, les autorités vont « privilégier les impératifs de développement économique, d'unité nationale et d'intégrité territoriale au détriment des droits et libertés des citoyens »[787]. Dans la pratique, cela se traduit par mise en place d'un cadre juridique favorable au maintien de l'unité politique ainsi qu'à la réalisation du développement économique et social[788]. Dans l'ensemble, une constante se dégageait du cadre mis en place pour l'atteinte de ces deux objectifs, à savoir l'hostilité aux coutumes[789]. Dans le domaine économique, cette hostilité aux coutumes se traduit surtout par la négation du caractère de propriété aux droits coutumiers. En lieu et place de ces droits, c'est la mise en valeur qui est érigée en critère de la propreté en matière foncière. Les coutumes sont décrites comme étant un frein au développement économique et social. Cette attitude du législateur à l'égard des coutumes avait pour corollaire en matière minière d'occulter la protection de l'environnement dans lequel se déroulait l'exploitation des ressources minières. Il

---

786 A. B. FALL, « La charte africaine des droits de l'homme et des peuples : entre universalisme et régionalisme », *In Pouvoirs*, 2009/2, n° 129, p.81.

787 *Ibid.*

788 S. NENE BI, « La formation d'un droit foncier négocié dans le Sud forestier ivoirien », In *Cahier d'anthropologie du droit 2007-2008*, Paris, Karthala, 2008, p.351.

789 Une référence à la législation sur le mariage le démontre assez suffisamment. D'une part elle consacre le consentement individuel en lieu et place du consentement de la famille qui se traduit par la dot et d'autre part elle interdit le mariage polygamique au profit du mariage monogamique. Le rejet des coutumes dans le domaine du droit de la famille est justifié comme une garantie contre l'effritement du nouvel État du fait des velléités sécessionnistes. Voir sur la question L. COULYBALY, « Les nouveaux traits du droit ivoirien de la famille », In *RSD*, n°21, Dakar, NEA, 1977, p.175.

ne s'agissait point d'une singularité ivoirienne. Selon Michel DESHAIE, le droit environnemental à cette époque était centré sur l'exploitation des ressources de la biosphère[790]. Cependant, l'évolution des préoccupations du public quant à l'environnement, ainsi qu'aux impacts sociaux et environnementaux du développement va conduire à une prise de conscience progressive[791] qui se traduit par une intensification du mouvement législatif. Ainsi, à partir de l'indépendance, l'analyse des textes applicables à l'exploitation minière en Côte d'Ivoire révèle un cadre juridique en amélioration (chapitre I). Le foisonnement des textes à favoriser une orientation relative du régime d'exploitation vers la prise en compte des droits fonciers coutumiers (Chapitre II).

---

[790] M. DESHAIE, « Grands projets d'exploitation minière et stratégie des firmes pour se rendre environnementalement acceptables », *In l'espace politique* [En ligne], n°15, 2011-3, Consulté le 8 octobre 2019 à 17h 24 sur http://journal.openedition.org/espacepolitique/2113 ; DOI : 10.4000/espacepolitique.2113.

[791] C. LEVACHER, Les sociétés transnationales face au droit des peuples autochtones. Quels acteurs pour quels enjeux ?, GITPA, 2012, p.6.

## Chapitre I
## Un cadre de protection de l'environnement des concessions en amélioration

**396.**La nocivité environnementale de l'activité minière impose que celle-ci soit l'objet d'un encadrement rigoureux. La notion d'environnement au sens de la présente étude devant s'entendre *lato sensu*, c'est-à-dire aussi bien de l'environnement naturel que de l'environnement économique et social. Sur l'environnement naturel, la destruction des sols, des cultures, la pollution des eaux[792], etc. sont, entre autres, autant d'impacts négatifs de l'activité minière. Sur l'environnement économique et social, l'exploitation minière constitue un puissant facteur de recomposition socio-économique[793]. À ce titre, elle influence négativement les habitudes économiques et sociales des populations dans les localités où elle se déroule. L'ensemble des éléments sus évoqués ne constituant, toutefois, qu'une infime partie des effets de la mise en exploitation d'une concession minière sur l'environnement, la nécessité de son encadrement est indéniable. Depuis l'indépendance de la Côte d'Ivoire, l'encadrement de l'exploitation des concessions minières n'a pas connu une trajectoire constante. Fortement influencé par les contingences sociopolitiques et économiques, l'encadrement de la phase d'exploitation des concessions minières en Côte d'Ivoire peut s'analyser en deux périodes, la première période court de l'aube de l'indépendance jusqu'en 1995 à l'adoption du second Code minier de la Côte d'Ivoire indépendante. Quant à la seconde, elle s'étend de 1995 à nos jours. De manière générale, depuis l'accession de la Côte d'Ivoire à l'indépendance, ce cadre de protection est demeuré longtemps restreint (Section I), il tend désormais à s'améliorer (Section II).

---

792 *Les conséquences d'une exploitation minière non contrôlée sur l'agriculture congolaise. Étude de cas*, Conseil National des Organisations non Gouvernementales de Développement, République démocratique du Congo, 2015, p.22 et suiv.

793 Voir sur la question N. K. KOUASSI, « Exploitation minière, facteur de recompositions socio-économique dans la sous-préfecture de Hiré », *European Scientific Journal*, 2016, Edition vol.12, page 287 à page 304.

## *Section I. Un cadre de protection restreint à l'aube de l'indépendance*

**397.** Au lendemain de l'indépendance, l'on a assisté à une prolifération de textes dans les domaines économique et social. L'objectif était de doter assez rapidement le pays d'un cadre juridique qui reflète sa nouvelle situation politique. Cependant, le mouvement législatif de l'époque n'a pas pris en compte les préoccupations d'ordre environnemental et social des activités économiques. Ainsi dans le cadre de l'exploitation minière, la législation a privilégié l'activité minière au détriment de la protection environnementale. Cette limite de la législation valait pour ce qui concerne les conséquences de l'activité économique sur les personnes. Ce caractère restreint de la législation se justifiait doublement (Paragraphe I) certes, mais s'avérait inefficace (paragraphe II).

### Paragraphe I. Une restriction doublement fondée

**398.** L'héritage colonial (A) et les contraintes de la politique de développement économique de l'État nouvellement indépendant (B) ont profondément milité en faveur de la restriction du cadre de protection de l'environnement des concessions minières.

#### A- Un héritage colonial

**399.** Confrontées à l'urgence de doter l'État d'un arsenal juridique susceptible de lui permettre de se moderniser sans retomber dans la dépendance coloniale, et affirmer son identité culturelle sans s'enfermer dans la tradition de l'époque ancienne[794], les les nouvelles autorités vont, paradoxalement, s'appuyer sur l'héritage laissé par le colonisateur[795]. Ainsi, en ce qui concerne la législation économique, les autorités ivoiriennes n'ont pas systématiquement "africanisé" le droit antérieur : les bases juridiques de la vie économique sont donc restées dans bien des cas celles que le droit français avait

---

794 S. P. EKANZA, « Le double héritage de l'Afrique », *S.E.R./ « étude »*, 2006/5 tome 404, p.

795 E. LE ROY, *La réforme du droit de la terre dans certains pays d'Afrique francophone*, Rome, FAO, Etude législative n°44, 1987, p.66.

instaurées outre-mer [796]. Concrètement, notre analyse de la reconduction de la législation coloniale en matière économique va cibler principalement le régime foncier largement influencé par la politique agricole et accessoirement les régimes minier et forestier.

**400.**Comme dans la majorité des nouveaux États ouest-africains, les nouvelles réformes du régime foncier en Côte d'Ivoire s'intègrent dans un schéma plus vaste de développement agricole, de réforme domaniale et de réforme agraire [797]. « Fidèle à la politique foncière coloniale d'avant le décret de 1955, le nouveau pouvoir ivoirien continua d'envisager la question foncière, uniquement à travers le prisme de la propriété foncière consacrée par une immatriculation au livre foncier »[798]. À cet effet, ils reconduisent le système de la propriété foncière fondée sur l'immatricultaion. L'objectif était de parvenir *in fine* à la disparition des droits coutumiers. De plus, l'arsenal de texte adopté en la matière par les nouvelles autorités ne faisait aucunement cas des conditions d'utilisation du fonds de terre, notamment, en termes d'encadrement ou de restriction dans l'utilisation afin de prévenir ou de réparer d'éventuelles dégradations.

**401.**En matière d'exploitation minière également, Côte d'Ivoire s'est largement inspirée de l'œuvre du colonisateur. Comme ses pairs d'Afrique noire francophone, le pays se dote très tôt d'une législation minière spécifique[799]. Celle-ci reprenait pour l'essentiel l'ensemble des grands principes de la législation coloniale, à savoir : la domanialité implicite des ressources minières, l'autorisation préalable de l'administration à l'exercice de toute activité minière, la classification des ressources tréfoncières en mines et carrières, etc… En outre, en dehors des dispositions définissant les zones d'interdiction de l'activité

---

[796] « Fondements institutionnels du développement économique dans les États d'Afrique noire d'expression française », Chronique économique, *Penant,* n°691, 1962, p. p.313.

[797] P. G. POUGOUE, M. BACHELET « Les nouveaux régimes fonciers », encyclopédie juridique de l'Afrique, op.cit., p.247.

[798] A. AKA LAMARCHE, «L'accès à la terre en Côte d'Ivoire : diversité et variabilité des pluralismes », *La Revue des droits de l'homme* [En ligne], URL : http://journals.openedition. org/revdh/7150 ; DOI : 10.4000/revdh.7150.

[799] Loi n° 64-249 du 3 juillet 1964, portant Code minier.

d'exploitation minière[800], le Code minier de 1964, tout comme les textes coloniaux, ne comportait aucune disposition de nature à protéger les droits fonciers, notamment, en termes de prévention ou de réparation des dégâts résultant de l'exploitation.

**402.**Quant à la législation environnementale, elle restait dominée par la législation forestière. C'est dire qu'à l'image de la période coloniale, les premières décennies de la période poste coloniale n'ont pas vu émerger un dispositif environnemental particulier. En dehors du Code forestier, seules quelques dispositions sectorielles relatives au domaine public, à la chasse, aux domaines minier et pétrolier constituaient l'arsenal juridique environnemental.

**403.**Les choix législatifs des autorités de la Côte d'Ivoire nouvellement indépendante apparaissaient ainsi largement influencés par le dispositif environnemental colonial. Dans ce sens, Simon Pierre EKANZA pouvait affirmer que « l'expérience coloniale laisse à l'Afrique des traces importantes de modernisation »[801]. En revanche, il importe de souligner, au risque de se répéter, que cette influence n'est pas allée dans le sens de la protection de l'environnement naturel et social des projets miniers. La part de l'héritage colonial dans la restriction du cadre de protection environnementale de l'activité minière ainsi étudiée, il convient d'analyser celle de la politique de développement économique.

### B- Une contrainte de la politique de développement économique et social

**404.**« Évolution » et « unité », tels étaient les mots d'ordre de tous les partis africains au pouvoir au lendemain des indépendances[802]. Sous cet intitulé, il s'agit de montrer l'impact de ces deux concepts prônés par les nouvelles autorités ivoiriennes sur l'encadrement juridique de l'exploitation

---

[800] Article 36 de la loi n° 64-249 du 3 juillet 1964, portant Code minier.

[801] S. P. EKANZA, « Le double héritage de l'Afrique », S.E.R. / « Etude », 2006/5 tome 404, p.

[802] « Fondements institutionnels du développement économique dans les États d'Afrique noire d'expression française », Chronique économique, *Penant,* n°691, 1962, p.310.

minière. En Côte d'Ivoire et dans les nouvelles républiques d'Afrique noire « l'évolution est conçue comme une notion liée à celle de direction étatique »[803]. Pour l'ensemble de ces nouveaux États, il fallait rapidement parvenir au développement économique et social. L'importance de l'enjeu et l'ampleur des charges à mettre pour y parvenir étaient telles que la réalisation du développement économique ne pouvait être envisagée sans impulsion gouvernementale[804]. Sur la question, justement, l'un des moyens utilisés par les autorités africaines fut la politique législative. Elle a consisté dans l'adoption d'un ensemble de textes devant faciliter l'atteinte de l'objectif de développement dans un laps de temps relativement cours. Ainsi en Côte d'Ivoire, comme dans la majorité des États issus de l'ancien empire colonial français d'Afrique noire, une certaine priorité a été accordée à la législation agricole en raison du caractère dominant du secteur primaire dans l'économie et de l'absence d'industrie. Préoccupées par le souci de doter le secteur agricole de supports modernes, les réformes intervenues dans ce sens ne considéraient nullement les questions environnementales. Le maître mot de cette entreprise était bien entendu « la mise en valeur ». Notion au contenu imprécis qui, dans le contexte postcolonial, a servi à booster la compétition en vue de la mise en culture du territoire ivoirien. Ce choix, motivé par le souci d'attirer les investisseurs dans le domaine agricole a « favorisé les conditions du libre jeu économique, tout en encourageant chacun des membres de cet appareil de l'État à se transformer personnellement en planteur »[805]. Cependant sans véritable encadrement, cette politique de mise en valeur n'a pu produire l'effet escompté. Pire, elle a donnée lieu à un mouvement anarchique de mise en valeur avec des effets qui n'étaient pas toujours recherchées. Ainsi, la crainte de perdre leurs terres pour non-mise en valeur, à conduit les paysans ivoiriens à recourir au feu comme moyen de défrichement. L'ampleur des défrichements par feu de brousse a fait dire à Véronique

---

[803] *Ibid.*, p.311.

[804] *Ibid.*, p.312.

[805] E. LE ROY, *La réforme du droit de la terre dans certains pays d'Afrique francophone*, Rome, FAO, Étude législative n°44, 1987, p.69.

BRUZON que c'était le mode normal de mise en valeur du sol[806].

**405.**En ce qui concerne l'exploitation minière, deux observations peuvent être faites. *Primo*, la mise en veilleuse de l'exploitation des ressources minières, au profit des exploiations agricoles, n'a pas milité en faveur de la mise en place d'un cadre juridique efficace pour la protection de l'environnement des projets miniers. Le choix économique des autorités ivoiriennes a eu pour corollaire de reléguer au second plan les questions relatives à l'encadrement de l'activité d'exploitation minière. Le Code minier ivoirien de 1964 s'est contenté de reconduire le régime d'exploitation institué par le colonisateur. Privilégiant l'exploitant au détriment des détenteurs de droits fonciers, ce texte ne comportait que très peu de dispositions protectrices de l'environnement des projets miniers.

**406.***Secondo*, dans la continuité de la législation coloniale, les populations riveraines des rares zones de production n'ont pas eu droit à la parole. L'État ne leur reconnaissait que les droits résultant des mises en valeur. À cela s'ajoutait, l'inexistence à cette période de la responsabilité sociale des entreprises. En Côte d'Ivoire, mais également dans les États qui avaient décidé de mettre en valeur leurs ressources souterraines, les projets miniers fonctionnaient comme des enclaves. Ils étaient au service du développement économique dont l'indicateur était davantage la croissance économique que le bien-être des populations riveraines des projets[807]. Le débat sur le rôle économique de l'industrie minière était entre États. D'ailleurs, toute manifestation contre un projet aurait été perçue comme un acte subversif et réprimé comme tel[808].

---

[806] V. BRUZON, « Les pratiques du feu en Afrique subhumide : exemple des milieux de la Centrafrique et de la Côte d'Ivoire », p.150, Document numérique téléchargé en ligne le 10/09/2019 à 08h11mn sur http://horizon.documentation.ird.fr/exl-doc/pleins_textes/pleins_textes_6/colloques2/40837.pdf

[807] G. YAO, *L'industrie minière face aux évolutions sociétales…*, *Op.cit.*, p.73.

[808] G. YAO, *L'industrie minière face aux évolutions sociétales…*, *Op.cit.*, p.73.

**407.** La restriction du cadre juridique encadrant l'exploitation des ressources minières avait pour corollaire l'inefficacité du dispositif mis en place à cet effet.

### Paragraphe II. Un dispositif inefficace

**408.** L'inefficacité du dispositif juridique en matière d'exploitation minière procède outre du caractère hétéroclite du cadre juridique (A), de l'incohérence de certaines dispositions (B).

#### A- L'inconvenance du cadre juridique

**409.** L'inconvenance du cadre juridique de l'exploitation minière trouvait son explication à travers son caractère hétéroclite dans la mesure où les dispositions assez disparates ne sont pas toujours en adéquation avec les spécificités de l'exploitation minière. cet encadrement résultait principalement des dispositions de la loi n° 64-249 du 3 juillet 1964 portant Code minier et de son décret d'application. À ces textes, pouvaient s'ajouter, de manière incidente, des dispositions éparses contenues dans les législations relatives au domaine public, au régime forestier ou encore au régime foncier. Concernant le Code minier, il instituait en ses articles 36 et 38 des zones d'interdiction à l'exercice de toute activité minière. Au terme du premier article cité, « la prospection, la recherche et l'exploitation minière effectuées en surface à l'intérieur d'une zone de 50 mètres établie de part et d'autre ou à l'entoure des dépendances du domaine public artificiel, doivent être autorisées dans les conditions définies par décret. Peuvent être interdites ou restreintes dans les mêmes conditions, la prospection, la recherche et l'exploitation minière à l'intérieur des périmètres de dimensions quelconques établies pour la protection des travaux, ouvrages ou services d'intérêt public, ainsi qu'en tout lieu où l'intérêt général l'exige ». Quant au second, il institue en son alinéa 1 la même interdiction dans une zone de 50 mètres au moins de rayons autour de propriété close de mur ou d'un dispositif équivalent sans le consentement du propriétaire ou du possesseur. Le second alinéa du même article étend le bénéfice de cette disposition à la collectivité traditionnelle à l'égard des villages, groupe d'habitations, puits, édifices religieux, lieux de sépultures et lieux considérés comme sacrés. En dehors de ces zones d'interdiction ou de restriction à l'activité minière, la loi n° 64-249 du 3 juillet 1964, portant Code minier, ne contenait aucune autre disposition ayant vocation à protéger l'environnement dans lequel se déroulent les projets miniers.

**410.** À côté du Code minier, l'autre texte contenant des dispositions encadrant directement l'exploitation minière était le décret n° 65-96 du 26 mars 1965 déterminant les modalités d'application de la loi n° 64-249 du 3 juillet 1964 portant Code minier. Ce texte prévoyait quelques dispositions protectrices de l'environnement minier. C'est le cas des missions de surveillances de police pour la conservation des édifices et la sûreté du sol dont étaient investis les agents et les ingénieurs du ministère des Mines[809]. C'était également le cas de la compétence pour le ministre des Mines de prendre par arrêté les mesures nécessaires pour prévenir ou faire disparaître les causes de danger que les travaux de recherches ou d'exploitation de mines feraient courir à la sécurité publique, à la sécurité et l'hygiène du personnel, à la sécurité de la surface, à la conservation de la mine et des mines voisines, des sources et des voies publiques[810].

**411.** À l'analyse, ces dispositions issues du Code minier et son décret d'application, avaient certes, vocation à garantir la protection de l'environnement du projet minier en cours d'exploitation, toutefois il ne fait aucun doute qu'elles restaient très insuffisantes et tenaient très peu compte des spécificités de l'activité d'exploitation minière. Ainsi, à côté de la législation et de la réglementation minière, d'autres textes avaient pour vocation de s'appliquer à l'exploitation minière. C'est le cas du Code forestier[811] et du décret du 29 septembre 1928 portant réglementation du domaine public et des services d'utilité

[809] Article 119 du décret n°65-96 du 26 mars 1965 déterminant les modalités d'application de la loi n° 64-du 03 juillet 1964 portant Code minier.
[810] Article 123 décret n°65-96 du 26 mars 1965 déterminant les modalités d'application de la loi n° 64-du 03 juillet 1964 portant Code minier.
[811] Loi n° 65-425 du 20 décembre 1965 portant Code forestier.

publique[812]. En ce qui concerne le Code forestier, notons qu'il encadrait l'utilisation, l'exploitation et la gestion des forêts sur l'étendue du territoire. A cet effet, il avait inéluctablement vocation à s'appliquer à l'exploitation minière dans la mesure où l'exploitant minier, à l'occasion de son activité, est amené, le cas échéant, à l'abattage et/ou l'arrachage de produit forestier[813]. Obligé de se conformer à la législation forestière, le comportement de l'exploitant minier se trouvait nécessairement influencé par celle-là. Relativement au décret de 1928 sur le domaine public, son application à la phase d'exploitation s'inscrit surtout dans le cadre de protection des dépendances du domaine public. Cette protection du domaine visait à garantir le maintien des dépendances domaniales à leur affectation. Elle visait ensuite à garantir la conservation des dépendances dans un état matériel tel qu'elles puissent être utilisées dans les meilleures conditions conformément à leur affectation. Cette implication du décret sur la domanialité est d'ailleurs réaffirmée par le Code minier en son article 36.

**412.**Outre le caractère hétéroclite de l'encadrement juridique de la phase d'exploitation minière, celui-ci comportait des incohérences.

B- L'incohérence du cadre

**413.**Sur l'incohérence de certaines dispositions du cadre juridique régissant l'exploitation minière, il convient de noter qu'un manque d'harmonie peut être observé entre les dispositions de textes différents. C'est le cas notamment de la protection de certaines espèces telle que prévu par le Code forestier et les dispositions du Code minier relatives à l'exploitation. En effet, les articles 19 et 23 du Code minier reconnaissaient, au détenteur d'un permis d'exploitation et au concessionnaire, le droit exclusif d'exploitation dans les limites de son titre minier. Cette occupation comporte le cas échéant le droit de couper les bois nécessaires à ces travaux et d'utiliser les chutes d'eau libres, le tout à l'intérieur du périmètre minier sous

---

812 Décret colonial du 29 septembre 1928 portant réglementation du domaine public et les servitudes d'utilité publique en A.O.F., JORF n °257 du 31 octobre 1928.

813 Article 19 et article 23.

réserve d'indemnisation ou du paiement des taxes ou redevances prévues par la réglementation en vigueur[814]. En revanche, le Code forestier interdisait, sauf autorisation spéciale, l'abattage, l'arrachage et la mutilation d'essences dites protégées[815]. Dans la mesure où aussi bien le Code minier que son décret d'application étaient muets sur l'autorisation dite « spéciale » prévue à l'article du Code forestier, l'on est à mesure de se demander si cette disposition était applicable au concessionnaire ou au détenteur du titre minier. De plus, si l'on convient avec Michel LAGARDE que « le but du droit forestier étant la conservation de la forêt, son efficacité se mesure à la limitation des atteintes portées à celle-ci »[816], par conséquent, la possibilité de contourner l'interdiction posée à l'article 23 du Code forestier au moyen d'une autorisation spéciale révèle en réalité les insuffisances de la législation forestière dans sa vocation à encadrer l'activité d'exploitation minière. Cette situation dénote par ailleurs, d'une politique forestière plus tournée vers l'exploitation du bois que vers une éventuelle protection du patrimoine forestier ivoirien, en dehors notamment de quelques dispositions ayant vocation à préserver l'environnement[817].

**414.**En somme, le cadre juridique de protection de l'environnement minier au lendemain de l'indépendance se révelait assez étroit. Non seulement ce cadre ignorait les modalités de participation des populations aux bénéfices de l'exploitation, mais il était surtout essentiellement composé de dispositions disparates qui se sont avérées très peu efficaces pour la protection de l'environnement dans lequel se déroulaient les projets miniers.

---

[814] Article 42 de la loi n° 64-249 du 3 juillet 1964, portant Code minier.

[815] Article 23 de la loi n°65-425 du 20 décembre 1965 portant Code forestier.

[816] M. LAGARDE, « Le régime forestier : un modèle de législation de protection de l'environnement », *In Revue Juridique de l'Environnement*, n°2, 1985, p.176.

[817] C'est notamment le cas pour les dispositions instituant les périmètres de protection, l'obligation de reboiser, etc…

*Section II. Un cadre de protection graduellement élargi*

**415.**La fin de la guerre froide et les évolutions sociétales au plan politique, stratégique, économique et financier, ainsi que les progrès techniques et scientifiques ont vu progressivement s'améliorer la prise en compte des coûts environnementaux et sociaux à l'occasion du déroulement des projets miniers[818]. En Côte d'Ivoire, ces évolutions ont, parallèlement, consacré pour les populations riveraines des projets miniers le droit d'exiger, de l'Etat et des exploitants miniers, le respect de leurs droits fondamentaux et plus particulièrement celui de donner leur avis préalable sur tout projet impliquant l'occupation de leurs terres[819]. Cette nouvelle situation se caractérise par l'élargissement du cadre juridique résultant aussi bien d'initiatives extra-étatiques (paragraphe I), que nationales (paragraphe II).

*Paragraphe 1. Les initiatives extra-étatiques*

**416.**La place des initiatives extra-étatiques, dans l'évolution de l'encadrement juridique du déroulement des projets minier et de la mise en exploitation en particulier, pourrait s'expliquer par l'effritement du monopole exercé par les États sur les relations internationales et l'émergence d'une catégorie d'acteurs dont le rôle et l'influence ne cesse de croitre sur la scène internationale[820]. De nature diverse, l'action de ces nouveaux acteurs combinée à l'effort des États a concouru au développement des règles régissant l'exploitation minière aussi bien au niveau international (A) qu'au niveau sous régional (B).

A- Au niveau international

**417.**Les initiatives extra-étatiques ayant conduit à l'élargissement du cadre juridique de protection de l'environnement des projets se sont traduites par un

[818] G. YAO, *op. cit.*, pp.75-77.
[819] Voir sur la question le Code minier
[820] J. CHEVALIER, L'état post-moderne, Paris, LGDJ/ Lextenso éditions, 2008, p. 41 et suiv.

foisonnement d'instrument juridique à portée variable[821]. Dans le cadre de cette étude, nous nous contenterons d'évoquer quelques-uns, à savoir d'une part les déclarations et conventions internationales (1) et d'autre part à travers l'émergence de principes posés par des organismes internationaux (2).

*1- Les déclarations et accords internationaux*

**418.** Il s'agit pour nous d'étudier sous cet intitulé les déclarations de Stockholm (a) et de Rio (b) ainsi que la convention internationale de Minamata (c).

a- Les déclarations sur l'environnement

**419.** Deux déclarations internationales sur l'environnement seront successivement présentées sous cet intitulé : la déclaration de Stockholm et la déclaration de Rio.

**420.** En 1972, s'est tenue à Stockholm la Conférence des Nations Unies sur l'environnement. Sanctionnée par une déclaration éponyme de la ville d'accueil, cette conférence est présentée comme le point de départ de la prise de conscience de la nécessité de protection de l'environnement[822]. La déclaration de Stockholm « a placé les questions écologiques au rang des préoccupations internationales et a marqué le début d'un dialogue entre pays industrialisés et pays en développement concernant le lien qui existe entre la croissance économique, la pollution de l'indivis mondial (l'air, l'eau, les océans) et le bien-être des peuples dans le monde entier »[823]. Comme telle, la déclaration apparaît comme le premier instrument international ayant vocation à préserver l'environnement de manière général. Elle consacre l'internationalisation des préoccupations relatives

[821] Pacte international relatif aux droits civils et politiques, New York, 16 décembre 1966 ; le pacte international relatif aux droits économiques, sociaux et culturels de 1966 ; Charte Africaine des Droits de l'Homme et des Peuples Nairobi, 1981 ;

[822] *Hiré : mine d'or ou mine de malheur plaidoyer pour le respect des Droits humains*, Rapport APDH, Côte d'Ivoire, 2015, p.

[823] Déclaration de rio sur l'environnement et le développement principes de gestion des forêts, Document consulté en ligne le 26/08/2019 à 18h18 sur https://www.un.org/french /events/rio92/rio-fp.htm

à la protection de l'environnement[824]. L'objet de cette étude n'étant pas d'exposer dans le détail les grands principes issus de cette déclaration, retenons que le texte définitif de la Déclaration sur l'environnement comporte un préambule en sept points. Outre l'affirmation de la nécessité et des modalités envisagées pour une protection efficace de l'environnement à l'échelle internationale, le préambule de la déclaration proclame la responsabilité des autorités locales et des gouvernements quant à la politique et à l'action à mener en matière d'environnement dans les limites de leur juridiction. Cette responsabilité doit être, bien entendu, complétée, par la nécessité de coopération sur le plan international[825]. Quid des principes qu'elle consacre ?

**421.** Alors que le principe 1 consacre le devoir de protéger et d'améliorer l'environnement, les principes, 2 à 7 affirment la nécessité de la gestion rationnelle des ressources naturelles ainsi que la responsabilisation de l'homme dans le cadre de cette gestion[826]. Les principes 8 à 25 quant à eux ont trait à la mise en œuvre de la protection de l'environnement[827].

**422.** À la suite de la Conférence de Stockholm, la Conférence de Rio tenue en 1992 a enregistré l'adoption de la « Déclaration de Rio ». Cette déclaration « a fait progresser le concept des droits et des responsabilités des pays dans le domaine de l'environnement »[828]. La Déclaration de Rio sur l'environnement et le développement témoigne de deux grandes préoccupations apparues pendant l'intervalle de 20 années séparant ces deux conférences : la détérioration de l'environnement, notamment de sa capacité à entretenir la vie, et l'interdépendance de plus en plus manifeste entre le progrès

---

[824] A. C. KISS, J. D. SICAULT, « La Conférence des Nations Unies sur l'environnement (Stockholm, 5/16 juin 1972) », In *Annuaire français de droit international*, volume 18, 1972 p.605.

[825] La déclaration de Stockholm, Conférence des Nation Unies sur l'environnement, Du 5 au 16 juin 1972, consulté en ligne le 11/09/2019 à 18h 03 mn https://www.diplomatie. gouv.fr/sites/odyssee-developpement-durable/files/1/Declaration_finale_conference_stockholm__1972.pdf.

[826] A. C. KISS, J. D. SICAULT, « La Conférence des Nations Unies sur… », *Op.cit.*, p.613.

[827] *Ibid.*

[828] Déclaration de rio sur l'environnement et le développement, Document numérique téléchargé le 11/09/2018 à 18h17 sur http://www.unesco.org/education/pdf/RIO_F.PDF.

économique à long terme et la nécessité d'une protection de l'environnement. Réaffirmant de nombreux principes déjà consacrés[829], tel que le droit à l'information sur les conséquences environnementales et sociales des activités extractives, la Déclaration de Rio consacre de nombreux autres principes en matière environnementale dont les plus importants dans le cadre de cette étude constituent assurément le principe 1 et le principe 13. Suivant le premier principe, chaque être humain a le droit à la vie productive en harmonie[830]. Selon certains auteurs, « la réalisation de ce droit est indispensable à la pleine jouissance d'une large gamme de droits de l'homme, tels que le droit au logement, le droit à la santé, le droit à l'alimentation, le droit à l'eau et à l'assainissement, ainsi que le droit à la vie ». Quant au principe 13, il postule que « les États doivent élaborer une législation nationale concernant la responsabilité de la pollution et d'autres dommages à l'environnement et l'indemnisation de leurs victimes. Ils doivent aussi coopérer diligemment et plus résolument pour développer davantage le droit international concernant la responsabilité et l'indemnisation en cas d'effets néfastes de dommages causés à l'environnement dans des zones situées au-delà des limites de leur juridiction par des activités menées dans les limites de leur juridiction, ou sous leur contrôle ». À l'analyse, ce second principe constitue, à n'en point douter, un élément déclencheur du foisonnement de normes sur le plan interne.

**423.**Au regard de ce qui précède, l'on peut affirmer que les Déclarations de Stockholm et de Rio n'ont certes pas un caractère contraignant à l'image de toutes les déclarations des Nations Unies, en revanche, force est de reconnaitre que leur impact dans le développement du droit de l'environnement en générale est sans équivoque. Les principes que ces déclarations posent ont en effet nécessairement influencé le développement du cadre normatif de l'exploitation et de la fin des projets miniers. Elles se présentent comme le fondement de toutes les initiatives postérieures visant la protection de l'environnement.

---

[829] Voir sur la question P. MANIRAKIZA « Protection des droits de l'homme à l'ère de l'industrie extractive en Afrique », Criminologie, Vol. 49, n°2, 2016, p.131.

[830] Déclaration de Rio sur l'environnement et le développement de 1992, principe 1.

b- Les conventions ou accords internationaux

**424.** Plusieurs conventions ou accords ont contribué à l'amélioration du cadre réglementaire de l'exploitation minière. Au nombre de ceux-ci figurent le pacte international relatif aux droits économiques, sociaux et culturels, la charte africaine des droits de l'homme, la convention de Minamata sur le mercure.

- Le Pacte international relatif aux droits économiques, sociaux et culturels

**425.** Adopté depuis 1966, c'est en 1974 que le Pacte international relatif aux droits économiques, sociaux et culturels entre en vigueur. Au terme de ce texte, « chacun des États, partie au présent Pacte s'engage à agir, tant par son effort propre que par l'assistance et la coopération internationales, notamment sur les plans économique et technique, au maximum de ses ressources disponibles, en vue d'assurer progressivement le plein exercice des droits reconnus dans le présent Pacte par tous les moyens appropriés, y compris en particulier l'adoption de mesures législatives»[831]. La Côte Ivoire a montré son adhésion aux principes affirmés dans ce Pacte à travers sa signature en date du 26 mars 1992.

- La Charte africaine des Droits de l'Homme et des Peuples

**426.** La charte africaine des droits de l'homme et des peuples a été adoptée le 27 juin 1981 à Nairobi (Kenya) lors de la 18e Conférence de l'Organisation de l'Unité Africaine. Elle est entrée en vigueur le 21 octobre 1986, après sa ratification par 25 États. La Charte africaine couvre, notamment, le droit au développement économique, social et culturel[832], le droit à un environnement sain[833] et le droit à la libre-disposition par les

---

[831] Article 2.1, Pacte international relatif aux droits économiques, sociaux et culturels de 1966.

[832] Article 22 Charte africaine des droits de l'Homme et des peuples 1981.

[833] Article 24 de la Charte africaine des droits de l'Homme et des peuples de 1981.

peuples de leurs richesses et de leurs ressources naturelles[834]. Selon Pierre François GONIDEC, l'établissement du lien entre les droits civils et politiques d'une part et les droits économiques, sociaux et culturels d'autre part, constitue l'une des originalités de cette Charte[835]. Pour l'auteur « dans le contexte africain, l'affirmation de droits économiques, sociaux et culturels prend une signification particulière qu'elle tire du passé précolonial et colonial, et du futur auquel aspire l'homme africain »[836].

➢ La convention de Minamata sur le mercure

**427.** La convention de Minamata sur le mercure a été adoptée depuis le 10 octobre 2013, mais c'est seulement le 17 aout 2017 qu'elle est entrée en vigueur à la suite du dépôt du cinquantième instrument de ratification[837]. La Côte d'Ivoire fait partie des pays signataires de la Convention de Minamata sur le mercure, mais ne l'a pas encore ratifié à ce jour. L'article 7 de cette convention s'intéresse particulièrement à l'exploitation artisanale des mines. Il demande à chaque partie de « prendre des mesures pour réduire et, si possible, pour éliminer l'utilisation de mercure et de composés du mercure dans le cadre de ces activités ». En dehors des déclarations et conventions internationales, plusieurs principes visant la protection de l'environnement des projets miniers sont à mettre à l'actif des acteurs de la société internationale.

---

[834] Article 21 de la Charte africaine des droits de l'Homme et des peuples de 1981.

[835] P. F. GONIDEC, « Un espoir pour l'homme et les peuples africain. La Charte africaine des droits de l'homme », *In Le mois en Afrique*, n°209-210, 18e année, juin- juillet 1983, p.31.

[836] *Ibid.*

[837] Information consulté en ligne le 26/08/2019 à 17h41 sur https://treaties.un.org/.

2- Les principes et mécanismes posés par les organismes internationaux

**428.**Il s'agira sous cet intitulé d'analyser successivement les principes de l'ICMM (a), de l'ITIE (b) et le processus de Kimberly(c).

a. Les Principes de l'*International Council on Mining and Metals* (ICMM)

**429.**L'ICMM est une organisation internationale œuvrant en faveur d'une industrie des mines et des métaux sûre, équitable et durable. Rassemblant 27 entreprises minières et métallurgiques et plus de 30 associations régionales et de commerce des matières premières, elle se veut un outil de renforcement de la performance environnementale et sociale[838]. À travers ses actions, l'ICMM sert de catalyseur au changement, en améliorant la contribution sociale de l'industrie minière. Ainsi, « au début des années 2000, les membres de l'ICMM se sont engagés sur le ''cadre ICMM de développement durable''. Le cadre comprend trois éléments et un ensemble de dix principes »[839], à savoir[840] :

- Mettre en œuvre et maintenir des systèmes sains de gouvernance d'entreprise et des pratiques commerciales éthiques ;
- Intégrer les considérations de développement durable dans le processus de prise de décision de l'entreprise ;
- Soutenir les droits humains fondamentaux et respecter les cultures, coutumes et valeurs dans les relations avec les employés et les populations qui sont touchées par nos activités ;

---

838 Information consulté en ligne le 12/09/2019 à 17h 27 sur https://www.icmm.com/fr/a-propos-de-l-icmm.

839 S. CHEVREL, N. CHARLES, P. CHRISTMANN, B. LAMOUILLE, F. BLANCHARD, J. –C. GUILLANEAU, P. KISTER, *Le concept de ''mine responsable'', patronage des initiatives mondiale*, Collection « La mine en France », Tome 9, p.10.

840 Information consulté en ligne le 12/09/2019 à 17h 27 sur https://www.icmm.com/fr/a-propos-de-l-icmm.

- Mettre en œuvre des stratégies de gestion des risques fondées sur des données valables et la rigueur scientifique ;
- Chercher à améliorer continuellement notre performance en santé et sécurité ;
- Chercher à améliorer continuellement notre performance environnementale ;
- Contribuer à la conservation de la biodiversité et à des approches intégrées d'aménagement du territoire ;
- Faciliter et encourager la conception responsable de produits, l'utilisation, la réutilisation, le recyclage et l'élimination de nos produits ;
- Contribuer au développement social, économique et institutionnel des communautés dans lesquelles nous exerçons nos activités ;
- Mettre en œuvre un engagement efficace et transparent, la communication et l'établissement des rapports aux parties prenantes vérifiés par des tiers indépendants.

**430.** Ces principes ainsi énumérés peuvent s'analyser comme des engagements que les entreprises membres de l'ICMM contractent vis-à-vis non des États qui les accueillent, mais également des communautés riveraines des endroits où se déroulent leurs projets respectifs. Initiées par les auteurs mêmes des atteintes aux droits, les principes se présentent comme de véritables garanties de respects des droits des populations à l'occasion des projets miniers. Comme tels, les principes de l'ICMM ne se distinguent pas fondamentalement de ceux de l'ITIE, au regard notamment des objectifs poursuivis.

b. Les principes de l'Initiative pour la Transparence dans les Industries Extractives (ITIE)

**431.** L'Initiative pour la Transparence dans les Industries Extractives a été présentée pour la première fois en octobre 2002 par Tony Blair, lors du Sommet mondial sur le développement durable à Johannesburg[841]. Le 17 juin 2003 marque sa date de

---

[841] H. LADO, C. VADOT, I. AMANI, *La Renégociation des Contrats Miniers en Afrique Cas du Niger et de la Guinée*, Étude menée pour le compte de CEGEIAF, 3 mai 2017, p.14.

fondation officielle avec l'adoption des 12 principes, présentés lors d'une conférence de Londres. La Côte d'Ivoire a adhéré à cette initiative en 2008, et a été déclarée « pays conforme » en mai 2013. Depuis l'adhésion au processus ITIE, la Côte d'Ivoire a publié neuf rapports. L'ITIE est une norme volontaire de transparence pour les industries de pétrole, de gaz et de mines. Ainsi, elle vise la transparence pour la bonne gouvernance des ressources minérales et repose sur la publication par les entreprises des montants versés à l'État et par l'État des sommes versées par les entreprises. Elle est un bon support pour les populations, la société civile et les collectivités décentralisées qui doivent l'utiliser judicieusement pour améliorer leur dialogue avec les pouvoirs publics[842].

**432.**Dans ses moyens d'action l'ITIE se demarque du processus de kimberley.

c. Le processus de Kimberly

**433.**Du nom, de la ville diamantifère d'Afrique du Sud dans laquelle il a été officiellement entamé, le Processus de Kimberly est né, du constat des effets dévastateurs des conflits alimentés par le trafic de Diamant. Il a l'objectif de « réduire de façon considérable le rôle des diamants de la guerre dans le financement des conflits armés en adoptant un système de certification des diamants bruts visant à exclure les diamants de la guerre du commerce légitime ». Pour y parvenir, les acteurs engagés dans le Processus entendent s'appuyer sur un mécanisme de certification international[843], à une transparence

---

[842] F. NDIAYE, M. BONIN « le droit minier », *In* M. BONNIN I LY., B. QUEFFELEC, et, M NGAIDO (Sous la Direction de), *Le droit de l'environnement marin et Côtier au Sénégal*, Dakar Sénégal, IRD, PRCM, 2016, p.266.

[843] « Le SCPK (Système de certificat du Processus de Kimberly) est un mécanisme de certification de l'origine, qui requiert de ses membres qu'ils certifient que les expéditions de diamants bruts qui quittent leurs frontières sont « libres de conflit ». Les participants au PK (comme on appelle officiellement les membres du PK) ne peuvent faire le commerce de diamants bruts qu'avec d'autres participants au PK. Le système est volontaire, en ce sens qu'aucun pays n'est tenu d'y adhérer, mais tout pays qui s'y joint effectivement prend l'engagement politique d'adopter des lois et règlements conformes aux normes minimales du PK. Il devient alors

accrue, à des dispositions relatives à des contrôles internes rigoureux dans les pays producteurs et commerçants, et à l'accroissement de la responsabilité sociale et de la bonne gouvernance des entreprises[844].

**434.**On le voit, la prise en compte de la fonction sociale de l'industrie minière est venue créer une plateforme mondiale d'instruments juridiques internationaux qui contribuent à la standardisation des normes environnementales opposables aux entreprises minières où qu'elles évoluent[845]. En dehors des différents éléments étudiés, on peut citer les principes directeurs de l'OCDE, le global compact, les Principes de l'Équateur, les normes ISO qui ont contribué également au renforcement du cadre de protection de l'environnement de réalisation des projets miniers. Par la pratique, ces instruments internationaux sont devenus des éléments de droits nationaux opposables aux entreprises minières. La Côte d'Ivoire n'est pas restée en marge de ces évolutions. À partir de 1995, l'arsenal juridique en matière de protection de l'environnement en général et la législation minière en particulier a commencé à s'aligner sur les standards internationaux.

### B- Les initiatives sous régionales

**435.**Au niveau sous régional, il convient de distinguer l'action de la Communauté Économique des États de l'Afrique de l'Ouest (CEDEAO) (2) de celle de l'Union Économique et monétaire Ouest Africain (UEMOA) (1).

---

contraignant pour les participants, en vertu de leur propre régime juridique national, bien qu'il n'existe aucun traité international juridiquement contraignant à cet effet » Cf. Coalition de la société civile du PK, *Un guide du Processus de Kimberly*, Partenariat Afrique Canada, Ottawa, 2015, p.4 ; voir également

[844] C. DEBUCQUOIS, « Le processus de Kimberley de certification des diamants bruts : un modèle pour le commerce des ressources naturelles ? », *CRIDHO Working Paper* 2011/3, p.5.

[845] G.YAO, *L'industrie minière face aux évolutions sociétales…*, *Op.cit.*, p.141.

*1- Au niveau de l'UEMOA*

**436.**Dans le cadre l'UEMOA, plusieurs textes ont été adoptés. Il s'agit notamment d'abord de l'acte dérivé n° 01/2000 du 14 décembre 2000 portant adoption de la politique minière commune de l'UEMOA. Ce texte fixe différents objectifs de la politique minière des États membres de l'UEMOA. Au nombre de ces objectifs, figure la préservation de l'environnement. À la suite de l'acte dérivé vient le Règlement n° 18/2003/CM/ UEMOA du 23 décembre 2003 portant Code minier communautaire de l'UEMOA. L'article 18 du Code communautaire fixe nombre d'obligations à la charge de l'exploitant. Ce dernier doit :

- réaliser des études d'impact sur l'environnement pour la phase d'exploitation ;
- respecter des règlements sur l'environnement ;
- mettre en place d'un plan de surveillance ainsi qu'un programme de réhabilitation de l'environnement.

**437.**Enfin, il y a l'Acte additionnel n° 01/2008/CCEG/UEMOA du 17 janvier 2008 portant adoption de la Politique Commune d'Amélioration de l'Environnement (PCAE) qui pose le principe d'une étude d'évaluation environnementale préalable à toute politique, tout investissement ou toute action susceptible d'avoir un impact sur l'environnement. Tous ces textes adoptés au niveau de l'UEMOA vont impacter le cadre national en matière d'exploitation minière. au niveau sous régional, en plus de l'UEMOA, la CEDEAO à participer à l'amélioration du cadre juridique de l'exploitation minière en Côte d'Ivoire.

*2- Au niveau de la CEDEAO*

**438.**Au niveau de la CEDEAO, le premier texte à citer est assurément la directive C/DIR3/05/09 sur l'harmonisation des principes directeurs et des politiques dans le secteur minier des États de la CEDEAO tenue à Abuja les 26 et 27 mai 2009 dont les objectifs étaient axés sur :

- Les responsabilités des compagnies minières et des États ;

- La promotion d'un développement durable basé sur l'équilibre entre les mesures incitatives et celles de la protection des ressources des États ;
- La transparence des politiques minières et l'intégration efficaces des communautés via un renforcement de leur capacité.

**439.** Cette directive est un texte juridique qui peut servir à étayer et à améliorer les textes nationaux des pays membres de la CEDEAO. En son article 3, alinéa 1$^{er}$, la directive rappelle que les ressources minérales d'un territoire sont la propriété de son État et doivent être gérée au profit des populations. Toutefois, elle ne donne aucune indication par rapport à ce processus de préservation des intérêts des populations et ne préconise aucun droit de regard des populations ni sur les profits ni sur les activités. Elle est donc moins explicite en ce qui concerne les avantages des populations d'autant plus que les recettes tirées des taxes ne bénéficient presque pas aux populations rurales.

**440.**Pour ce qui est de l'environnement, l'alinéa 4 stipule que « les États membres doivent classer certaines zones interdites aux activités d'exploitation minière si ces zones comportent des risques particuliers pour la préservation de sécurité y compris dans les zones à forte sensibilité environnementale sociale et culturelle » et l'article 6 qui fait référence aux obligations relatives à la protection de l'environnement insiste sur l'élaboration et la mise en œuvre des plans de réhabilitation et de fermeture des sites miniers à travers la mise en place d'un fond pour la réhabilitation environnementale. Il n'y a aucune directive sur la façon dont sera géré ce fonds ni sur les acteurs devant gérer ce fonds.

**441.**La Directive de la CEDEAO sur l'harmonisation des principes directeurs et des politiques dans le secteur minier, vise la mise en place d'un Code de conduite conjoint pour les activités minières et extractives en Afrique occidentale, axé sur une approche participative, le développement durable, la réduction de la pauvreté, la protection de l'environnement, la saine gouvernance et la défense des droits de la personne. De tels efforts visent à s'entourer de sociétés qui adoptent la responsabilité sociale d'entreprise[846]. Toutefois, leur efficacité reste à déterminer[847].

Paragraphe II. Le renforcement du cadre interne

**442.**Au plan interne, le renforcement du cadre juridique s'est traduit par l'adoption d'une législation spécifique à l'environnement (A), mais aussi par le raffermissement des législations sectorielles (B).

A- L'adoption d'une législation spécifique à l'environnement

**443.**En 1996, la Côte d'Ivoire se dote d'un texte spécifique à l'environnement : c'est la loi n° 96-766 du 3 octobre 1996 portant Code de l'Environnement. Ayant une vocation environnementale générale, ce texte constitue une innovation majeure du dispositif juridique environnementale ivoirien qui jusque-là était dominée par des textes sectoriels et des dispositions environnementales éparses. À travers ce texte, les autorités ivoiriennes posaient la base juridique de la politique environnementale en Côte d'Ivoire, se prémunissant par là même contre les risques d'incohérence et de disharmonie qu'implique l'hétérogénéité. Mais ce texte traduit surtout l'adhésion de la Côte d'Ivoire aux déclarations des Nations Unies sur l'environnement ci-dessus analysées. Adoptant une conception plutôt large de la notion d'environnement, il la définit comme l'ensemble des éléments physiques, chimiques, biologiques et des facteurs socio-économiques, moraux et intellectuels susceptibles d'avoir un effet direct ou indirect, immédiat ou à terme sur le développement du milieu, des êtres

---

[846] H. BESADA, P. MARTIN Les Codes miniers en Afrique : la montée d'une « quatrième » génération ?, Rapport de recherche de l'Institut Nord-Sud, Mai 2013, p.23.

[847] C. P. MALEFOU, *De la prise en compte de la biodiversité dans l'étude d'impact environnemental : étude de cas des demandes de concessions de mines et de carrières dans la région de Thiès (Sénégal)*, mémoire de DEA, Institut des Sciences de l'Environnement, Faculté des Sciences et Techniques UCAD, 2012-2013, p.33.

vivants et des activités humaines[848]. Cette définition prend en compte outre l'aspect naturel de la notion d'environnement, de l'aspect humain entendu au sens du cadre de vie ou des aménagements effectués par l'homme dans l'espace où il évolue ou est amené à évoluer. Réaffirmant les principes fondamentaux du droit de l'environnement qu'il érige en obligations pour tout porteur de projet susceptible d'avoir un impact sur l'environnement, le Code de l'environnement consacre une évolution notable dans l'encadrement de l'exploitation minière, une activité par nature dommageable pour l'environnement. La mise en œuvre de cette loi a donné lieu à l'adoption d'une multitude de textes tout aussi importants les uns que les autres dans le dessein de protection de l'environnement[849]. Ces différents textes ont contribué à l'élargissement du cadre de protection environnemental dans le domaine de l'exploitation minière.

**444.** Le Code de l'environnement est appuyé par des législations sectorielles.

---

[848] Article 1er de la loi n° 96-766 du 3 octobre 1996 portant Code de l'Environnement

[849] L'on peut citer par exemple :

- Décret n° 97-393 du 9 juillet 1997 portant création et organisation d'un établissement public à caractère administratif dénommé Agence Nationale de l'Environnement (ANDE) ;
- Arrêté n°445/MINEME/CAB du 24 mars 2004, portant intégration du Bureau d'Études d'Impact Environnemental (BEIE) à l'Agence Nationale De l'Environnement (ANDE) ;
- Décret n° 96-894 du 08 novembre 1996 déterminant les règles et procédures applicables aux études relatives à l'impact environnemental des projets de développement ;
- Arrêté n°00972 du 14 novembre 2007, relatif à l'application du décret n°96-894 du 8 novembre 1996 déterminant les règles et procédures applicables aux études relatives à l'impact environnemental des projets de développement Décret n° 2005-03 du 6 janvier 2005 portant Audit Environnemental ;
- Arrêté n°00973 du 14 novembre 2007 relatif à l'application du n° 2005 -03 du 6 janvier 2005 portant audit environnemental ;
- Décret n° 97-678 du 3 décembre 1997 portant sur la protection de l'environnement marin et lagunaire contre la pollution ;
- Décret n° 98-19 du 14 janvier 1998 portant création et organisation du Fonds National de l'Environnement, en abrégé «F.N.D.E» Décret n° 98-43 du 28 janvier 1998 relatif aux installations classées pour la protection de l'environnement.

## B- Le raffermissement des législations sectorielles

**445.** L'évolution au niveau des législations sectorielles va surtout concerner les domaines de l'eau et de la forêt (1), ainsi que l'adaptation des textes miniers aux changements intervenus en matière environnementale et de la responsabilité sociale des entreprises (2).

### *1- La réforme des domaines de l'eau et de la forêt*

**446.** L'analyse des réformes en matière forestière (a) va précéder celle de l'eau (b).

#### a- Les réformes forestières

**447.** Contrairement à la réglementation foncière ou minière, la réglementation forestière en Côte d'Ivoire est restée relativement stable. En effet, jusqu'en 2014, la loi n° 65-425 du 20 décembre 1965, portant Code forestier, est restée la pièce maitresse du dispositif législatif de gestion des forêts en Côte d'Ivoire. Cette stabilité de la réglementation forestière pourrait s'expliquer par la finalité assignée à la loi. Celle-ci était, en effet, plus au service de la mise en valeur des ressources ligneuses que de la protection de l'environnement forestier. Aussi, face à l'incapacité de ce texte à assurer une protection efficace du patrimoine forestier ivoirien, l'on a assisté à la dégradation accélérée du couvert forestier, du fait de la pratique d'une agriculture extensive, des feux de brousse incontrôlés, de l'exploitation forestière et minière anarchique et de l'urbanisation galopante[850]. Pour juguler le phénomène de déforestation, le pays a pris un certain nombre de dispositions législatives et réglementaires pour gérer durablement les forêts du domaine rural. Au nombre de celles-ci, l'on peut noter l'adoption et la promulgation de la loi n°2014-427 du 14 juillet 2014 portant Code forestier[851]. Ce nouveau Code forestier,

---

[850] Exposé des motifs avant-projet de la loi n°2019-675 du 23 portant Code Forestier.

[851] Exposé des motifs avant-projet de la loi n°2019-675 du 23 portant Code Forestier

contrairement au précédent qu'il abroge, a le mérite de reprendre à son compte les principes fondamentaux du droit de l'environnement à savoir : Principe de précaution, Principe de substitution, Principe de non-dégradation des ressources naturelles, Principe de coopération, Principe pollueur-payeur. Ainsi, le nouveau texte se veut un instrument de gestion durable des forêts et de la diversité biologique. Cependant, eu égard à l'accélération persistante de la dégradation des forêts et aux nouveaux enjeux de gestion durable de ces massifs dans le contexte actuel caractérisé par une économie essentiellement rurale, ce cadre légal présente déjà de nombreuses insuffisances. Il lui est reproché, de ne pas avoir suffisamment pris en compte la nécessité d'envisager la gestion forestière par une approche intégrant l'ensemble des activités rurales et la mise en place d'un cadre favorable, indispensables à la mise en œuvre de programmes ambitieux de préservation, de réhabilitation et d'extension des forêts. Pour remédier à ces insuffisances, le gouvernement ivoirien a adopté le 23 mai 2018 une politique de préservation, de réhabilitation et d'extension des forêts axée sur la conservation des reliques de forêts, la préservation de la biodiversité, l'entretien d'un climat favorable au développement des activités socio-économiques et agricoles et enfin, le respect des engagements internationaux du pays[852]. À la suite de la politique de préservation, de réhabilitation et d'extension des forêts, le pays a adopté plus récemment la loi n°2019-675 du 23 juillet portant Code forestier. Prenant en compte les critiques formulées à l'encontre du défunt Code, la loi forestière de 2019 innove à travers « la participation active des populations locales [...] à la gestion durable des ressources forestières pour l'amélioration de leurs conditions de vie, par la prise en compte, en matière forestière de leurs droits individuels et collectifs qui découlent des coutumes, de la loi portant Code foncier rural, la présente loi [le Code forestier de 2019]ainsi que par la vulgarisation de la politique »[853]. En plus de l'évolution de la législation forestière, l'on enregistre l'adoption d'une loi portant Code de l'eau.

---

[852] Politique nationale de Préservation, de réhabilitation et d'extension des forêts adopté le 23 juin 2018, p.7.

[853] Article 2, alinéa de la loi n°2019-675 du 23 juillet 2019 portant Code forestier.

### b- L'adoption d'un Code de l'eau

**448.** La loi n° 98-755 du 23 décembre 1998 portant Code de l'Eau constitue la base légale de la politique de l'eau de la Côte d'Ivoire. Au nombre des domaines régis par Code, notons à juste titre d'ailleurs qu'il définit le régime juridique des eaux, des aménagements et ouvrages hydrauliques ainsi que le régime de protection des eaux, des aménagements et ouvrages hydrauliques. Par ailleurs, il contient également des dispositions relatives à la gestion des eaux des aménagements et ouvrages hydroélectriques. Le Code prévoit enfin des dispositions concernant la police des eaux, les infractions et sanctions aux dispositions du Code. L'innovation majeure de texte reste assurément l'introduction de notions nouvelles dans la législation environnementale. Il consacre la notion de « domaine public hydraulique qui se compose à la fois des ressources en eau et des aménagements et ouvrages hydrauliques définis par la loi ». Par ailleurs à la suite des dispositions du Code minier de 1995 et de la ''fameuse'' loi de 98 relative au domaine foncier rural, le Code de l'eau fait un clin d'œil aux sociétés traditionnelles africaines à travers la prise en compte de la notion d'eaux sacrées liées aux traditions des populations riveraines pour respecter les principes édictés : l'intérêt général et les droits acquis[854].

**449.** Outre les évolutions observées dans le domaine forestier et le domaine de l'eau, le dispositif juridique encadrant directement l'exploitation minière va également connaître une nette évolution à travers notamment l'effort d'adaptation de la réglementation minière aux évolutions en matière environnementale et dans le domaine de la Responsabilité Sociétale des Entreprises (RSE).

---

[854] « Focus : Les ressources en eau en Côte d'Ivoire. L'eau sources de vie », *Eaux et forêts*, n°3, février 2018 p.10.

### 2- *L'adaptation des textes miniers aux évolutions en droit de l'environnement et en RSE*

**450.**Le foisonnement normatif observé sur le plan international n'a pas laissé le législateur ivoirien indifférent. Ainsi, à la faveur de la réforme du Code minier intervenu en 1995, le législateur ivoirien entreprend l'implémentation des principes et recommandations relatifs à une meilleure prise en compte des préoccupations environnementales et celles relatives à la bonne gouvernance dans les législations nationales. Ainsi, le Code minier de 1995, suivi en cela par celui de 2014, intègre les EIE, les études d'impact social, la participation publique, le principe pollueur payeur et le principe de l'indemnisation pour des préjudices subis par les populations locales[855]. À cela il faut noter que le Code minier de 2014 intègre le Système de certification du processus de Kimberley.

**451.**Les deux Codes miniers reconnaissent implicitement les droits fonciers coutumiers contrairement à celui de 1964. Cette reconnaissance transparaît à travers la notion d'« occupant légitime du sol ». Alors que le Code minier de 1995 se contentait d'utiliser la notion en opposition à celle de propriétaire du sol, sans toutefois la définir, le Code minier ivoirien de 2014 définit l'occupant légitime du sol comme « la personne physique ou morale qui a obtenu auprès de l'Administration, l'autorisation d'occuper une parcelle du sol ou celui qui, par usage depuis des générations, occupe une parcelle du sol »[856]. La terminologie utilisée ici est certes différente de celle de « droits coutumiers », la reconnaissance n'en est pas moins effective. Comme telle, cette reconnaissance va largement influencer la prise en compte des droits coutumiers à la phase d'exploitation des concessions minières. En rupture avec le Code minier de 1964 qui n'envisageait que les mises en valeur dans la réparation des préjudices résultant de l'exploitation, les Codes miniers de 1995 et de 2014 offrent la possibilité de prendre en compte les droits fonciers abstraction faite de leur nature. Les simples atteintes portées aux terrains nus sont à

---

[855] G. YAO, *L'industrie minière face aux évolutions sociétales…*, *Op.cit.*, pp.140-141.

[856] Article 1er de la loi n° 2014-138 du 24 mars 2014 portant Code minier.

indemniser, le cas échéant, sur la base de l'article 1382 du Code civil. Pour finir, les deux dernières lois minières de la Côte d'Ivoire instituent la Responsabilité Sociétale des Entreprises.

## Chapitre II
## Un régime d'exploitation et post-exploitation relativement orienté vers la prise en compte des droits coutumiers

**452.** L'évolution normative, en matière de protection environnementale et de RSE telle qu'étudiée sous le chapitre précédent, a profondément impacté le régime juridique de l'exploitation minière en Côte d'Ivoire. L'impact de cette évolution n'est certes pas uniforme à tout le régime juridique de l'exploitation, n'empêche, qu'il reste perceptible, aussi bien lorsque l'on se réfère à l'exploitation proprement dite qu'à son terme et aux implications qu'il sous-tend. Ainsi, depuis 1995, l'on observe une évolution notable de la prise en compte des questions environnementales et sociales dans la phase de déroulement, mais également d'achèvement des concessions minières. Du Code minier de 1995 à celui de 2014, appuyés respectivement de leur décret d'application et de l'ensemble de la législation en vigueur relative la protection de l'environnement et à la RSE, il y a eu un renforcement des obligations non seulement de l'État, mais surtout de l'exploitant ; et cela au profit des populations riveraines des sites miniers. Désormais, ces derniers sont invités à recueillir l'avis des populations affectées par la réalisation des concessions minières au nombre desquelles figurent en première position les détenteurs de droits fonciers coutumiers. La législation prévoit également désormais des mécanismes de participation de ces populations affectées aux bénéfices de l'exploitation. Ce tableau plutôt reluisant mérite toutefois d'être nuancé. En dépit des progrès assez significatifs observés, quelques obstacles subsistent à la prise en compte effective des droits fonciers coutumiers en phase d'exploitation (section I) et à la fermeture de la mine (II).

### *Section I. Une prise en compte imparfaite en amont de l'exploitation*

**453.** L'exploitation est définie par le Code minier de 1995, comme « l'opération qui consiste à extraire de gîtes naturels de substances minérales pour en disposer à des fins utilitaires et comprenant à la fois, les travaux préparatoires, l'exploitation proprement dite et éventuellement l'installation et l'utilisation des facilités destinées à l'écoulement de la production ». Sous l'empire des textes miniers coloniaux et du Code minier de 1964, l'exploitation minière telle que définie était caractérisée par ses implications multiformes négatives sur les droits fonciers coutumiers. Désormais, en dehors de l'inadéquation du contentieux de la réparation des dommages causés par l'exploitation aux droits coutumiers (Paragraphe II), les règles régissant les opérations d'extraction et de traitement du minerai en intégrant les considérations environnementales et sociales semblent considérer les droits coutumiers (Paragraphe I).

## Paragraphe I. Le renforcement de l'encadrement de l'exploitation

**454.** Le renforcement de l'encadrement de l'exploitation a consisté à l'introduction dans la législation minière, de règles visant la réduction des impacts de cette activité (A) et à garantir une participation plus accrue des populations aux bénéfices de l'exploitation (B).

### A- La minimisation des impacts de l'activité minière

**455.**La volonté du législateur de réduire au maximum les impacts multiformes de l'exploitation transparait dans la consécration dans les Codes miniers de 1995 et de 2014 de mesure préventive (1) et également par le renforcement du contrôle de l'exploitation (2).

#### *1- Des mesures préventives*

**456.**Les mesures préventives instituées visent non pas, à garantir le risque zéro au cours de l'exploitation, mais plutôt à identifier et à réduire au maximum les risques d'un projet donné. Il s'agit essentiellement de l'obligation pour le titulaire de réaliser une Étude d'Impact Environnemental et Social (a) et celle de se conformer aux normes environnementales dans la conduite de ses activités (b).

a- L'exigence d'une EIES

**457.** L'étude d'impact environnemental et social n'a pas toujours été telle qu'elle résulte du Code minier de 2014. Il convient donc avant d'aborder l'apport de l'institution de cette exigence à la nécessité de prise en compte des droits fonciers coutumiers à l'occasion de l'exploitation des concessions minières (β), d'exposer la trajectoire qu'a suivi EIES depuis sa consécration dans le Code minier de 1995 (α).

α. Historique de l'EIES dans la réglementation de l'exploitation minière

**458.** C'est le Code minier de 1995 qui introduit pour la première fois dans la réglementation minière l'obligation de réalisation d'une Étude d'Impact Environnemental en ces termes « tout titulaire d'un titre minier ou bénéficiaire d'une autorisation d'exploitation de carrière, avant d'entreprendre quelques travaux que ce soit sur le terrain dans le cadre du titre ou de l'autorisation, doit préparer et soumettre à l'approbation de l'administration des Mines et de l'Administration de l'environnement et de tout autre service prévus par la réglementation minière, une étude complète d'impact environnemental […] »[857]. Le Code minier de 1995 se démarquait ainsi de la réglementation minière antérieure. En effet, la réglementation minière adoptée au lendemain de l'indépendance, à l'instar des décrets miniers coloniaux, ne prévoyait nullement une telle obligation à la charge d'un exploitant. L'utilité d'une telle obligation ne s'était d'ailleurs pas faite ressentir à cette période. Le pays ayant opté pour une économie agricole, il n'avait pas à craindre les risques éventuels que pourrait comporter la mise en exploitation des ressources de son sous-sol. La situation ainsi décrite va perdurer jusqu'à la crise de l'économie basée sur l'agriculture. Le recours à l'exploitation minière pour donner un second souffle à l'économie ivoirienne ne pouvait nullement s'accommoder de

---

[857] Article 77 Code minier 1995.

considérations portant sur les coûts sociaux ou environnementaux de cette activité. Selon Gnamien YAO « le contexte macro-économique national d'alors, ne permettait pas de s'attarder sur les coûts sociaux et environnementaux de l'exploitation minière, tant que notre souci était de promouvoir la recherche minière, c'est-à-dire la collecte de données géologiques et minières ». Ainsi, l'on comprend assez aisément la consécration tardive d'une telle obligation à la charge de l'exploitant.

**459.**Bien que tardive, l'exigence d'une Étude d'Impact Environnemental ainsi consacrée appelle cependant deux observations. La première est qu'en visant expressément « tout titulaire d'un titre minier ou bénéficiaire d'une autorisation d'exploitation de carrière », l'article 77 du Code minier excluait du champ des activités nécessitant la réalisation préalable d'une Étude d'Impact Environnemental, les activités d'exploitation minière artisanale[858] et d'exploitation minière semi-industrielle[859]. En raison des méthodes et procédés qu'elles mettent en œuvre, ces activités comportent certes moins de risques que celles visées expressément par le l'article 77 susmentionné, il n'en demeure pas moins qu'elles en comportent. Les efforts du législateur visant à identifier et à prévenir les risques liés à toute activité d'exploitation minière s'en trouvaient, ainsi, considérablement limités.

**460.**La seconde est relative à la définition de l'Étude d'Impact Environnemental. Le Code minier de 1995 la prévoyait, certes, comme une obligation à la charge du permissionnaire, cependant il était muet sur la réalité qu'elle recouvre. Il fallut attendre la loi n° 96-766 du 3 octobre 1996 portant Code de l'Environnement pour avoir une première définition de la notion d'Étude d'Impact Environnemental dans l'ordonnancement juridique

---

[858] « Toute exploitation dont les activités consistent à extraire et concentrer des substances minérales et à récupérer les produits marchands en utilisant des méthodes et procédés manuels et traditionnels » ; Article 1er de la loi n°95-553 du 17 juillet 1995 portant Code minier.

[859] « Toute exploitation dont les activités consistent à extraire et concentrer les substances minérales et à en récupérer les produits marchands par des méthodes et procédés simples et peu mécanisés » ; Article 1er de la loi n°95-553 du 17 juillet 1995 portant Code minier.

ivoirien, mais également pour décliné son contenu. L'article 1er de ce texte, définit l'ÉIE comme « un rapport d'évaluation de l'impact probable d'une activité envisagée sur l'environnement ». À la suite du Code l'environnement, le Règlement n°18/2003/CM/UEMOA du 23 décembre 2003 portant Code minier communautaire de l'UEMOA est venu renforcer cette définition de l'ÉIE. Au terme de l'article 1er du texte communautaire ÉIE est « une étude qui est destinée à exposer systématiquement les conséquences négatives ou positives d'un projet, d'un programme ou d'une activité, à court, moyen et long termes, sur les milieux naturel et humain ». La définition fournie par Code minier communautaire opère un dépassement de celle qu'offre le Code de l'environnement. En plus de la substitution de la notion de « milieu naturel et humain » à celle d'« environnement », qui la rend plus explicite, la définition proposée par le législateur communautaire a le mérite d'intégrer l'aspect temporel à la notion. Ce qui la rend plus complète.

**461.**De plus, contrairement à ce que prévoyait l'article 77 du Code minier de 1995, le Code de l'environnement fait de l'EIE un préalable à tous projets susceptibles d'avoir un impact sur l'environnement, ainsi que pour tout programme, plans et politiques pouvant affecter l'environnement[860]. Le Code de l'environnement vient ainsi conférer le caractère d'obligation générale à l'EIE. C'est dire que, les limites de l'EIE telle que posée par le Code minier de 1995 ont été comblées par le Code de l'environnement. Par conséquent, l'on pourrait être tenté d'affirmer que sur la base du Code de l'environnement tout exploitant minier, abstraction faite du fondement de son droit d'exploitation, pouvait se voir opposer l'obligation de réaliser une EIE, cependant il n'en était rien. En effet, s'il est de principe en droit que les dispositions spéciales dérogent aux dispositions générales[861], il n'en est pas de même pour l'hypothèse contraire. Les dispositions générales ne sauraient déroger aux dispositions

---

[860] Article 39 de loi n° 96-766 du 3 octobre 1996 portant Code de l'Environnement.

[861] Traduction de l'adage latin *specialia generalibus derogant* ; Voir sur la question G. CORNU, *Op.cit.*, p.1094.

spéciales[862]. En l'espèce l'article 39 du Code de l'environnement a une vocation générale. Il vise tout projet, programme, politique susceptible de porter atteinte à l'environnement. À l'opposé, l'article 77 à une vocation spéciale, dans la mesure où il ne s'intéresse qu'à des situations limitativement prévues. En conséquence, le Code de l'environnement ne réglait guère le problème de l'exclusion de l'exploitation semi-industrielle et de l'exploitation artisanale des activités nécessitant la réalisation préalable d'une EIE.

**462.** À partir de 2014, l'on assiste à une extension du domaine de cette EIE. La loi n°2014-138 du 24 mars 2014 portant Code minier en lui adjoint un volet social, en prévoit désormais une Étude d'Impact Environnemental et Social (EIES) et non plus seulement une simple Étude d'Impact Environnemental (EIE) telle que prévue par le Code minier de 1995 et le Code de l'environnement. À cet effet, l'article premier du Code minier de 2014 définit EIES comme une « étude à caractère analytique et prospectif portant sur l'identification et l'évaluation des incidences d'un projet sur l'environnement, les milieux naturels et humains, en vue d'en exposer les conséquences négatives ou positives à court, moyen et long terme, et de proposer des mesures d'atténuation ou de suppression des impacts négatifs ». Désormais tout demandeur d'un permis d'exploitation ou d'une autorisation d'exploitation industrielle ou semi-industrielle, avant d'entreprendre quelques travaux d'exploitation que ce soit, est tenu de mener et de soumettre à l'approbation de l'Administration des Mines, de l'Administration de l'Environnement et de tous autres services prévus par la réglementation minière, l'Étude d'Impact Environnemental et Social (EIES)[863]. Le nouveau Code minier résout ainsi définitivement les difficultés et autres insuffisances que posait le Code minier de 1995 en matière d'étude d'impact.

*β. L'apport de l'EIES à la prise en compte des droits fonciers coutumiers dans l'exploitation minière*

---

[862] Traduction de l'adage latin *generalia specialibus non derogant* ; Voir sur la question G. CORNU, *Op.cit.*, p.1088.

[863] Article 141 alinéa 1er du Code minier 2014.

**463.** Pour mieux cerner l'apport de l'EIES à une meilleure en compte des droits fonciers coutumiers dans l'exploitation minière, il importe de trouver le contenu d'une EIES. À cet effet, ni le Code minier de 1995, encore moins celui ne nous renseigne sur l'intégralité des éléments devant composer une EIES. Par conséquent, pour se faire une idée des éléments qui doivent figurer dans une EIES, référons-nous au Code de l'environnement. Ce texte énumère en son article 40 les éléments indispensables d'une EIES. Celle-ci comporte au minimum :

- une description de l'activité proposée ;
- une description de l'environnement susceptible d'être affecté y compris les renseignements spécifiques nécessaires pour identifier ou évaluer les effets de l'activité proposée sur l'environnement ;
- une liste des produits utilisés le cas échéant ;
- une description des solutions alternatives, le cas échéant ;
- une évaluation des effets probables ou potentiels de l'activité proposée et des autres solutions possibles sur l'environnement, y compris les effets directs, indirects, cumulatifs à court, à moyen et long termes ;
- l'identification et la description des mesures visaient, à atténuer les effets de l'activité proposée et les autres solutions possibles, sur l'environnement, et une évaluation de ces mesures ;
- une indication des lacunes en matière de connaissance et des incertitudes rencontrées dans la mise au point de l'information nécessaire ;
- une indication sur les risques pour l'environnement d'un État voisin dus à l'activité proposée ou aux autres solutions possibles ;
- un résumé de l'information fournie au titre des rubriques précédentes ;
- la définition des modalités de contrôle et de suivi réguliers d'indicateurs environnementaux avant (état initial), pendant le chantier, durant l'exploitation de l'ouvrage ou de l'aménagement et le cas échéant, après la fin de l'exploitation (remise en état ou réaménagement des lieux) ;

- une estimation financière des mesures préconisées pour prévenir, réduire ou compenser les effets négatifs du projet sur l'environnement et des mesures de suivi et contrôle réguliers d'indicateurs environnementaux pertinents.

**464.** À l'analyse de ces éléments, il est clair que l'ÉIES, n'a pas vocation à protéger directement les atteintes aux droits fonciers coutumiers, toutefois, force est de constater que si elle est bien menée, elle pourrait sérieusement contribuer indirectement à prévenir, réduire voire de réparer les atteintes auxdits droits pour chaque projet d'exploitation minière. En effet, outre l'évaluation des éventuels risques et l'identification des potentielles victimes des projets miniers, l'EIES permettrait de contraindre l'exploitant à fournir les moyens de réduction des risques identifier, mais surtout les garanties de réparation de ces risques au cas où ils interviendraient.

**465.** En plus de réaliser une EIES, l'exploitant est obligé de se conformer aux normes de protection environnementales.

b- La soumission des exploitants à l'obligation de respect des normes environnementales

**466.** Afin de réduire au maximum les risques liés à son activité, le titulaire du titre minier ou le bénéficiaire d'une autorisation est tenu de se conformer au cours de son activité au respect des normes environnementales en vigueur. L'obligation ainsi posée résulte de l'article 76 du Code minier de 1995 qui disposait que « les activités régies par le Code minier doivent être conduites de manière à assurer la protection de la qualité de l'environnement, la réhabilitation des sites exploités et la conservation du patrimoine forestier selon les conditions et modalités établies par la réglementation minière ». Il s'agit aussi bien du respect des normes environnementales posées par le Code de l'environnement que par les différentes législations sectorielles. À cet effet, l'article 79 du même texte précise que « outre les dispositions du Code Minier, les titulaires de titres miniers et les bénéficiaires d'autorisation sont également soumis aux dispositions législatives et réglementaires particulières régissant notamment, la préservation de l'environnement, l'urbanisme, les établissements classés dangereux, insalubres ou incommodes et la protection du patrimoine forestier ». Intégralement reprise par le dernier Code minier ivoirien en date du 24 mars 2014[864], l'obligation pour le titulaire d'un titre ou le bénéficiaire d'une autorisation d'exploitation de respecter le cadre législatif et réglementaire de protection environnementale participe de l'implémentation des évolutions normatives en matière environnementale par la législation minière. Elle s'analyse plus particulièrement en la prise en compte des principes fondamentaux de protection de l'environnement à savoir le principe de précaution, le principe de substitution, le principe de la préservation de la diversité biologique, le principe de la non dégradation des ressources naturelles, etc.. Ces principes imposent à tout exploitant minier la prise en compte des préoccupations environnementales dans la conduite de son activité. L'exploitation minière étant par nature dommageable pour l'environnement, l'exploitant est tenu de prendre toutes les mesures, non pas pour garantir le risque zéro d'atteinte à l'environnement, mais pour réduire au maximum ces risques. Avec l'obligation de réalisation d'une EIES, l'obligation de respecter les normes environnementales participe des mécanismes de protection en amont de l'environnement des projets minier, institués par le législateur minier. Toutefois ces différentes obligations instituées à la charge de l'exploitant et visant la protection de l'environnement ne pourront réellement produire les effets escomptés que si et seulement si leur respect par les exploitants est assuré au moyen de mécanisme de contrôle efficace.

### *2- Un contrôle en théorie renforcé*

**467.** Contrairement à ses prédécesseurs, le législateur minier de 1995 suivi en cela par celui de 2014, institue deux niveaux de contrôle de l'exploitation minière, à savoir un contrôle exercé par l'exploitant lui-même (a) et un contrôle conduit par les services de l'administration (b).

---

[864] Cf. article 140 et article 143 de la loi n°2014-138 du 24 Mars 2014 portant Code minier.

a. Les acteurs du contrôle

**468.**Les acteurs du contrôle de l'activité minière tels qu'ils se présentent aujourd'hui résultent du Code minier de 1995. Au terme de l'article 77 de ce texte, « en vue de préserver la santé et le bien-être des populations riveraines des sites miniers des contrôles périodiques seront effectuée d'une part par le titulaire du permis d'exploitation ou de l'autorisation, à ses frais dans le cadre de son programme de gestion de l'environnement, tel qu'approuvé par l'Administration minière ; d'autre part l'administration et le cas échéant par un organisme international spécialisé en la matière désigné par l'administration le tout à la charge de cette administration ». À travers cette disposition, le législateur ivoirien institue deux niveaux de contrôle. Non seulement, il crée l'obligation pour le l'exploitant de procéder lui-même au contrôle de son activité, mais aussi il maintient et réaménage le droit de contrôle exercée par l'administration sur l'activité des titulaires de titres et bénéficiaires d'autorisation.

**469.**Relativement au contrôle exercé par l'exploitant lui-même, il s'agit du contrôle exercé dans le cadre son Plan de Gestion Environnemental et Social tel qu'approuvé par les structures administratives compétentes. C'est dire ainsi que l'exploitant doit disposer de ressources humaines suffisamment qualifiées pour conduire les opérations de contrôle interne. Toutefois, en l'absence d'une interdiction légale expresse, il n'est pas à exclure que dans le cadre du contrôle qui est lui dévolu, le titulaire du titre ou le bénéficiaire se réfère à une structure qui lui est externe.

**470.**Quant au contrôle conduit par l'administration, il consiste soit dans le contrôle exercé par les ingénieurs et agents assermentés de l'Administration soit dans le contrôle mené par la police minière. Le Contrôle des Ingénieurs et agents assermentés de l'Administration des Mines est défini par l'article 93 du Code minier de 1995. Au terme de cette disposition, les Ingénieurs et agents assermentés de l'administration des Mines sont chargés, sous l'autorité du ministre Chargé des Mines de veiller à l'application du Code Minier, ainsi que de la surveillance administrative et technique des activités visées par le Code Minier. Leur compétence s'étend sur tous les travaux de recherches, les exploitations minières et leurs dépendances. Ils sont chargés en outre :

- d'exercer une surveillance de police pour la conservation des édifices et la sûreté du sol. Ils observent la manière dont l'exploitation est faite, soit pour éclairer les exploitants sur ses inconvénients ou son amélioration, soit pour avertir l'autorité compétente des vices, abus ou dangers constatés.
- de procéder à l'élaboration, à la conservation et à la diffusion de la documentation concernant notamment les substances minérales et les ressources minérales. Ils ont à cet effet le pouvoir de procéder à tout moment à toute opération de vérification d'indice ou de gisements.
- de concourir au contrôle de l'application des dispositions de la législation et de la réglementation du travail relatives à la sécurité des travailleurs dans les entreprises visées par le Code Minier. Ils disposent à cet effet des pouvoirs dévolus aux Inspecteurs du Travail et des Lois Sociales par le Code de Travail.

**471.**Quant au contrôle exercé par la police des minières, il est apparu pour la première fois dans la législation minière à l'article 94 du Code minier de 1995. Au terme de cette disposition, la police minière est chargée de la protection et de la surveillance des périmètres, portant sur les des substances minérales rentrant dans la catégorie des substances dont la détention, le traitement, le transport, le commerce et la transformation ainsi que toutes les transactions y afférentes sont soumises, selon leur importance pour l'intérêt national, à autorisation préalable du ministre chargé des Mines et à des règles particulières[865]. À travers la police des mines, le législateur de 1995, opérait ainsi une innovation. En effet, si les textes miniers antérieurs, notamment le décret d'application du Code minier de 1964, prévoyaient des gardes miniers, ces derniers n'étaient que des employés au service des exploitants d'or et de diamants. C'est dire que leurs actions étaient guidées par les intérêts de l'exploitant et non par celui de l'État encore moins des détenteurs de droits fonciers coutumiers. Toutefois, bien qu'étant prévue depuis 1995, le décret portant création et

[865] Article 65 du Code minier de 1995.

fonctionnement de cette police des mines n'a jamais été adopté jusqu'à l'adoption du Code minier de 2014. Le nouveau texte ne reprend plus les dispositions relatives à la police des mines. Cependant il a été créé une brigade dédiée à la répression de l'orpaillage clandestin et de l'ensemble des infractions du Code minier. Selon le ministre des Mines la brigade aura à sa disposition tous les moyens nécessaires pour se montrer à la hauteur de sa mission en l'occurrence des drones et des moyens de surveillance satellitaire pour mieux veiller et contrôler l'ensemble des sites miniers et démanteler de façon plus régulière et plus efficace les sites d'orpaillage clandestins[866].

**472.** Au vu de ce qui précède, il apparait que la législation minière posée par le Code de 1995 reconnaissait des pouvoirs importants aux ingénieurs et agents assermentés de l'administration des mines à l'occasion du contrôle de l'activité des titulaires de titres et de permis d'exploitation. La réforme du Code minier intervenu en 2014 a confirmé ces pouvoirs au profit de l'administration des mines. Ce qui *a priori*, augure de meilleures perspectives pour la protection de l'environnement des projets miniers et partant pour les détenteurs de droits fonciers quels qu'ils soient. Cependant dans la pratique, à l'instar de ce qui a cours dans de nombreux pays en développement le problème principal du contrôle de l'exploitation minière réside dans la capacité de l'administration[867]. Le manque de ressources techniques et institutionnelles[868] ainsi que l'insuffisance voire l'absence de compétences[869] pour assurer un contrôle efficace du respect de la réglementation ou pour effectuer des analyses d'eau et d'échantillons de sol rendent très souvent

---

[866] S. VIDZRAKU, « Côte d'Ivoire : une brigade spéciale pour lutter contre l'orpaillage clandestin », article de presse consulté en ligne le 12/09/2012 à12h34, https://afrique.latribune. fr/economie/strategies/2018-11-19/cote-d-ivoire-une-brigade-speciale-pour-lutter-contre-l-orpai llage-clandestin-797890.html.

[867] H. BESADA, P. MARTIN *Les Codes miniers en Afrique : la montée d'une « quatrième » génération ?* Rapport de recherche de l'Institut Nord-Sud, Mai 2013, p.23.

[868] *Ibid.*, p.19.

[869] F. DIA, « Le mot de la Directrice », *In La RSE pour un développement minier durable en Afrique de l'ouest, Liaison énergie francophonie,* n°99, 1er trimestre 2015, p.4.

l'administration « tributaire de l'autocontrôle des grandes sociétés minières »[870]. C'est dire ainsi que dans la pratique, la portée du contrôle de l'exploitation demeure très limitée.

b. La portée limitée du contrôle

**473.**Au terme de l'article 36, alinéa 2 Code de l'environnement « tout projet fait l'objet d'un contrôle et d'un suivi pour vérifier la pertinence des prévisions et adopter les mesures correctives nécessaires ». C'est dire ainsi que dans le cadre de l'activité d'exploitation minière, tous les contrôles institués par les Codes miniers successif devaient en principe aboutir à l'évaluation de la pertinence des prévisions effectuées l'exploitant et approuvées par les administrations en charge respectivement des mines et de l'environnement, puis à adopter les mesures correctives le cas échéant. En pratique, le contrôle effectué par l'administration s'avère limité. Ces limites transparaissent assez aisément à l'article 141 en son alinéa 5. Au terme de cette disposition, « en cas de pollution hors normes constatée, les frais de contrôle de vérification ultérieure et les amendes y afférentes seront imputés aux titulaires du permis ou de l'autorisation selon les modalités précisées par la réglementation minière ». De ce qui précède, l'on note que le législateur minier fait allusion à la notion de « pollution hors normes » sans la définir si bien qu'il est à craindre dans la pratique une certaine plasticité de la notion suivant les circonstances et les auteurs du contrôle. Par ailleurs, il semble, à la lecture de l'article 141 alinéa 5 que l'entreprise minière n'encourt que des amendes et la charge des frais de contrôle de vérification ultérieurs sous réserve de poursuites par d'éventuelles victimes de la pollution. Comme telle l'on pourrait affirmer que face aux importants moyens dont disposent généralement les entreprises minières en particulier dans le cadre d'une exploitation industrielle, il est évident que la menace de sanctions d'amende ou du paiement des frais de contrôle ultérieurs ne saurait efficacement les dissuader en matière de pollution.

**474.**On le voit, les Codes miniers à partir de 1995 innovent en matière de contrôle de l'activité d'exploitation. Le renforcement

---

[870] H. BESADA, P. MARTIN *Les Codes miniers en Afrique…, Op.cit.*, p.19.

des niveaux de contrôle apparait assurément comme une garantie pour la minimisation de l'impact de l'exploitation sur l'environnement et notamment en matière de dégradation des sols et de contamination des eaux ainsi que de la nappe phréatique. Même s'il est important de souligner la faible portée de ces Contrôles au regard de l'insuffisance des moyens dont disposent les administrations publiques et le manque.

**475.**Au renforcement théorique du contrôle, il convient d'ajouter au titre du renforcement de l'encadrement de l'exploitation, la participation des détenteurs de droits fonciers coutumiers aux bénéfices de l'exploitation à travers notamment celles des communautés affectées.

### B- La participation des communautés affectées aux bénéfices de l'exploitation

**476.** Le Code prévoit le soutien aux communautés riveraines des sites d'exploitation minière à travers l'élaboration d'un plan de développement local pour la mise en œuvre des projets socio-économiques à leur profit par un fonds de développement local minier (1). Le plan de développement est mis en œuvre par un Comité de Développement Local Minier (CDLM) comprenant les communautés riveraines et les autorités administratives, territoriales et locales, avec l'appui de la société d'exploitation (2).

#### *1- Le financement des projets de développement socio-économiques au profit des communautés locales*

**477.**La modalité de participation des communautés affectées aux bénéfices de l'exploitation trouve sa manifestation la plus prégnante dans l'obligation pour l'exploitant de financer les projets de développement socio-économique. Les composantes de la Responsabilité Sociale des Entreprises[871] se présentent différemment selon que l'on est en présence du bénéficiaire d'une autorisation d'exploitation ou du titulaire d'un permis

---

[871] S. GEENEN, F. I. MUKOTANYI, « « Les grands poissons mangent les petits » : Multiples aspects d'un conflit autour d'une concession minière au Sud-Kivu », *In Politique africaine,* 2013/3 n° 131, Edition KARTHALA, p.132.

d'exploitation. Le Code minier semble en effet plus rigoureux à l'endroit du second que du premier. Conformément à l'article 124 du Code minier du 24 mars 2014, deux principales obligations, visant à rendre effective la participation des communautés affectées aux bénéfices de l'exploitation, pèsent sur le titulaire d'un permis d'exploitation. La première consiste dans l'obligation pour ce dernier d'élaborer un plan de développement communautaire en concertation avec les communautés riveraines et les autorités administratives territoriales et locales. « Le plan de développement communautaire […] couvre notamment les domaines d'intervention suivants :

- le développement d'infrastructures et d'équipements de base ;
- le développement des services sociaux de base et du cadre de vie ;
- la promotion de l'emploi ;
- le développement de l'économie locale ;
- le développement du capital humain »[872].

**478.**La seconde porte sur l'obligation de financer ce plan de développement à travers la constitution d'un fonds de développement social alimenté annuellement par lui. Dénommé « fonds de développement Local », ce fonds est destiné exclusivement à réalisation des projets de développement socio-économiques pour les communautés locales, arrêtés dans le plan de développement communautaire. Les montants affectés à ce fonds sont en franchise de l'impôt sur les bénéfices industriels et commerciaux. Pour s'assurer de l'utilisation adéquate et rationnelle des fonds, le Code impose qu'ils soient logés dans une banque de premier rang en Côte d'Ivoire. Et les opérations sur ce fonds sont conditionnées par la signature conjointe d'un responsable de la société d'exploitation et du Président du Comité de Développement Local Minier[873].

---

[872] Article 128 du décret n° 2014-397 du 25 juin 2014 déterminant les modalités d'application de la loi n°2014-138 du 24 mars 2014 portant Code minier.

[873] Article 132 du décret n° 2014-397 du 25 juin 2014 déterminant les modalités d'application de la loi n°2014-138 du 24 mars 2014 portant Code minier.

**479.** Quant aux bénéficiaires d'autorisation d'exploitation artisanale et minière semi-industrielle, et les bénéficiaires d'autorisation d'exploitation industrielle de substance de carrière, sont tenus par l'article 126 du même Code, de contribuer aux financements des activités socio-économiques de leur localité d'implantation. L'article 126 précité réserve la précision des modalités de cette contribution à un décret qui jusque-là est encore attendu.

**480.** A l'analyse, l'on note une évolution notable de la législation minière dans le sens d'une meilleure participation des communautés affectées et partant des éventuels détenteurs de droits fonciers, furent-ils coutumiers, aux bénéfices de l'exploitation minière. Attribuant les mérites de cette évolution à la banque mondiale, Louis MARÉCHAL la fait remonter au début des années 2000. C'est en effet à cette période que la banque « a entamé son évolution doctrinale liée au constat des insuffisances des réformes en termes de contribution du secteur extractif au développement, et motivé par les demandes des pays et la pression de la société civile »[874]. À la suite de MARÉCHAL, Gnamien YAO observait que les États africains sont désormais invités par « les institutions internationales à partager les revenus miniers avec les populations affectées par les projets miniers à travers une politique de décentralisation et d'autonomisation »[875]. L'objectif est de mettre les projets miniers au service des stratégies nationales de lutte contre la pauvreté. Le Code minier ivoirien de 2014 s'inscrit allègrement dans cette vision à travers la décentralisation de la fonction développementaliste de l'État au profit des communautés. Concrètement, il s'agit de permettre à ces dernières de disposer directement d'une partie des revenus miniers versés par l'entreprise minière et de décider de l'utilisation qu'il faut en faire[876]. Le cadre défini pour cette participation reste assurément, les Comités de Développement Local Minier qu'il convient d'analyser à présent.

---

[874] L. MARÉCHAL, « Le secteur minier est-il porteur de développement en Afrique », *In Politique étrangère* 2013/2 Été, p.88.

[875] G. YAO, *L'industrie minière face aux évolutions sociétales…*, *Op.cit.*, p.140.

[876] G. YAO, *L'industrie minière face aux évolutions sociétales…*, *Op.cit.*, p.140.

### 2- *La création des Comités de Développement Local Minier*

**481.** Les Comités de Développement Local Minier (CDLM) constituent une innovation du Code minier de 2014. Ils sont prévus à l'article 125 alinéa 1er de ce texte en ces termes : « l'Administration minière met en place, pour chaque exploitation minière, un comité de développement local minier chargé de la mise en œuvre des projets de développement économique et social pour les communautés locales. Les modalités de création, les attributions et le fonctionnement des comités de développement locaux miniers sont déterminés par décret ». Sur le fondement de ce texte les CDLM d'Agbaou et de Hiré ont été créés respectivement le 27 novembre 2014 et 22 décembre 2015[877]. À travers les CDLM, le législateur minier de 2014 consacre expressément la participation des communautés riveraines des projets miniers aux bénéfices de l'activité minière. Cette participation des communautés en générale et des détenteurs de droits fonciers coutumiers en particulier, transparait dans la composition et les attributions assignées aux CDLM.

**482.** Concernant justement les attributions, il ressort de l'article 125 alinéa 1er ci-dessus cité que les CDLM sont chargés de la mise en œuvre des projets de développement économique et social pour les communautés locales. Quant au décret d'application Code minier, il étend la compétence des Comités à l'approbation des projets de développement identifiés sur la base des besoins formulés par les localités affectées[878]. Pour la réalisation de ces attributions, des mesures d'assistance technique et de renforcement des capacités des comités de développement locaux miniers permettant une utilisation efficace des fonds sont mises en œuvre par le titulaire du permis

---

[877] G. A. YAPI, « Côte d'Ivoire : litiges dans les mines - y-a-t-il vraiment un recours pour soulager les communautés impactées ? », Article de presse consulté en ligne le 02/08/2019 à 10h55mn sur https://fr.allafrica.com/stories/201808100660.html

[878] Article 130 du décret n° 2014-397 du 25 juin 2014 déterminant les modalités d'application de la loi n°2014-138 du 24 mars 2014 portant Code minier.

d'exploitation »[879]. Il apparaît ainsi clairement que le champ d'action des CDLM ne dépasse guère la réalisation des projets de développement au bénéfice des communautés affectées par l'exploitation. En d'autres termes, les CDLM servent uniquement d'interface entre les communautés affectées et les exploitants pour la gestion des fonds alloués par les seconds dans le cadre de la mise en œuvre des projets de développement en faveur des premiers. Au-delà, ils n'ont aucune autre prérogative. C'est dire que contrairement aux croyances des populations dans les localités affectées par les projets miniers[880], les CDLM n'ont pas dans leurs attributions la défense de leurs intérêts contre les exploitants.

**483.** Sur la composition des CDLM, il ressort de l'article 131 du décret n° 2014-397 du 25 juin 2014 déterminant les modalités d'application de la loi n°2014-138 du 24 mars 2014 portant Code minier, qu'un Comité de Développement Local Minier se compose :

- du Préfet de Département ;
- du Président du Conseil Régional ;
- du Sous-Préfet, les députés et les maires des localités affectées ;
- des représentants des localités affectées ;
- de l'Administration des Mines ;
- du représentant de la société d'exploitation.

**484.** Le Préfet de Département, le Président du Conseil Régional et L'Administration des Mines assurent respectivement la Présidence, la vice-présidence et le Secrétariat du Comité[881]. Le législateur ne mentionne pas expressément la présence des détenteurs de droits fonciers coutumiers au sein des CDLM. Si la mention « représentants des localités affectées » dans la disposition laisse croire à une composition des Comités assez représentatifs des intérêts des personnes et/ou communautés

---

[879] Article 125 alinéa 2 de la loi n°2014-138 du 24 mars 2014 portant Code minier.

[880] Voir sur la question G. A. YAPI, « Côte d'Ivoire : litiges dans les mines - y-a-t-il vraiment un recours pour soulager les communautés impactées ? », Article de presse consulté en ligne le 02/08/2019 à 10h55mn sur https://fr.allafrica.com/stories/201808100660.html

[881] Article 131 décret n° 2014-397 du 25 juin 2014 déterminant les modalités d'application de la loi n°2014-138 du 24 mars 2014 portant Code minier.

affectées, la réalité est toute autre. En pratique de nombreuses personnes, détentrices de droits fonciers coutumiers ou non, ne sont pas représentées dans les instances décisionnelles telles que les CDLM. C'est le constat que fait Guy-Assane YAPI. Rapportant les propos YAO Kodjo, chef de village de Gogobro, pour qui : «il n y a aucun chef de village qui siège dans le bureau exécutif du CDLM de Hiré », et de BANDAMA Adjoua Marceline, la fille de Bandamakro qui dit que « nous n'avons pas de représentante pour défendre les intérêts de nos sœurs », conclu à la faiblesse dans la structuration des CDLM[882]. Toute chose qui constitue, au demeurant, constitue une entrave à l'atteinte des objectifs des CDLM.

### Paragraphe II. L'inadéquation du contentieux de la réparation des dégâts miniers

**485.** Le contentieux de la réparation des préjudices résultant de l'activité minière est resté relativement constant de la période coloniale à nos jours. En dépit des évolutions qui ont marqué non seulement le droit de la responsabilité civile, mais aussi dans le domaine de la responsabilité sociale des entreprises, le régime de responsabilité du fait de l'exploitation minière n'a point subi de mutation. Les Codes miniers successifs de 1995 et de 2014 n'ont pas rompu la longévité du principe de la responsabilité de commun pour les dommages miniers (A) ainsi que l'impertinence de la réparation qui pourrait en résulter (B).

#### A- Un régime de responsabilité fondé sur le droit commun

**486.** Le régime de responsabilité en matière minière semble résister aux évolutions normatives enregistrées tant au niveau international qu'au plan interne en matière de droit de l'environnement et/ou de la responsabilité sociétale des entreprises (RSE). La responsabilité encourue par l'exploitant minier reste toujours la responsabilité de droit commun. Face à des moyens et techniques d'exploitation qui ne cessent de se

[882] G. A. YAPI, « Côte d'Ivoire : litiges dans les mines y-a-t-il vraiment un recours pour soulager les communautés impactées ? », Article de presse consulté en ligne le 02/08/2019 à 10h55mn sur https://fr.allafrica.com /stories/201808100660.html

sophistiquer, la responsabilité de droit commun, qui est une responsabilité subjective, apparait à bien d'égard non seulement inadaptée (1), mais surtout inopérante (2).

### *1- Un régime inadapté*

**487.**L'inadaptation du régime de droit commun à la l'activité minière résulte en plus de l'inadéquation des conditions de sa mise en œuvre (a), de l'inconvenance de la charge de la preuve (b).

#### a- Des conditions de mise en œuvre encore inadaptées

**488.**Implicitement affirmée sous l'empire du Code de 1995, la responsabilité civile de l'exploitant minier au cours de ses activités a fait l'objet d'une consécration expresse à la faveur du Code minier de 2014. Au terme de l'article 148 du nouveau Code, « tout titulaire d'un permis d'exploitation minière ou bénéficiaire d'une autorisation d'exploitation de carrières industrielles conserve une responsabilité civile pour les dommages et accidents qui pourraient être provoqués par les anciennes installations sur une période de cinq (5) ans après la fermeture de la mine ». L'on note donc une évolution de la législation minière en référence aux textes antérieurs. Toutefois, cette évolution se trouve quelque peu contrastée par les conditions de mise en œuvre de la responsabilité du concessionnaire. Ces conditions s'avèrent, en effet, inadaptées par rapport aux spécificités de l'activité minière. Cette inadaptation peut s'apprécier non seulement en considération des conditions traditionnelles de l'établissement de la responsabilité civile, mais également en prenant en compte la charge de la preuve.

**489.**Sur les conditions de mise en œuvre, il convient de noter qu'à l'instar des textes précédents, le Code minier de 1995 et puis celui de 2014, sont restés muets sur la procédure de mise en œuvre de la responsabilité civile de l'exploitant du fait de son activité. Face au silence des textes miniers de 1995 et celui de 2014, c'est le droit commun de la responsabilité civile qui s'applique. En la matière, les conditions résultent de l'article 1382 du Code civil qui dispose que « tout fait quelconque de l'homme qui cause à autrui un dommage un préjudice oblige celui par la faute duquel il est arrivé à le réparer ». Il en résulte que, pour que soit retenue la responsabilité de l'exploitant du fait de son activité, il faut que soit réunies trois conditions à savoir, une faute, un préjudice et un lien de causalité entre la faute et le préjudice. Par conséquent, les Codes miniers de 1995 et de 2014 ne diffèrent pas des textes miniers qui les ont précédés. En effet, sous l'empire des décrets miniers coloniaux, mais aussi du Code de 1964, le silence du législateur a vu triompher le droit commun de la responsabilité civile en la matière. Sur la pollution environnementale, et plus particulièrement dans l'affaire dite des déchets toxiques, les Juges du Tribunal de Première Instance d'Abidjan Plateau réaffirmant ce principe, avaient débouté les parties demanderesses au motif qu' « (…) aucun des demandeurs à l'action n'a eu à entreprendre une analyse sanguine par prélèvement de substances, de nature à établir l'existence dans leurs corps respectifs, des produits toxiques retrouvés dans la nature, suite au déversement des déchets toxiques dans la ville d'Abidjan ; Dans ces conditions, il n'existe en l'espèce, aucune preuve certaine, d'un préjudice subi, pas plus qu'un lien de causalité adéquat avec le déversement desdits déchets ; Un élément du triptyque sus énoncé faisant défaut, les responsabilités tant de l'Etat de Côte d'Ivoire et ses démembrements, que des différentes sociétés attraites devant la juridiction de céans, ne peuvent être valablement retenues »[883]. On le voit juge ivoirien ne tient aucunement compte des spécificités de la matière environnementale pour l'établissement

---

883 TPI Abidjan- Plateau, Jugement n° 424 du 14 juillet 2016, Affaire 1/ Victimes des déchets toxiques, 2/ ABALE Didier et autres, 3/ La Fédération Nationale pour la Défense des Droits des Victimes des Déchets Toxiques de Côte-d'Ivoire dite FNDDVDT-CI, 4/ OUATTARA Amoro, 5/ Le Mouvement International de défense des Droits Universels de l'Homme et du travail dit MIDUHT , 6/ Les ayants droit de Feue TIEHI Adèle 7/ Les ayants droit de Feue TIEHI Odile, 8/ Le Collectif des Intoxiqués Hospitalisés des Déchets Toxiques dit CIHDT C/ 1/ LA SOCIETE TRAFIGURA BEHEER BV 2/ La société TRAFIGURA LTD/GALENA ASSET MANAGEMENT, 3/ Le capitaine commandant du navire Probo Koala, en la personne de SERGI Cherton, 4/ LA SOCIETE PUMA ENERGY COTE- D'IVOIRE, 5/ L'Etat de Côte d'Ivoire, 6/ La Société TRAFIGURA BR BV, publié sur https://biblio-cndj.ci/.

de la responsabilité civile. Aussi bien en milieu urbain qu'en milieu rural, il s'appuie sur les conditions traditionnelles de la responsabilité civile. Pour ce qui concerne les zones rurales en particulier, les populations ne dispose pas toujours des moyens techniques et matériels pour apporter la preuve des dommages par eux subis a fortiori pour établir un quelconque lien de causalité entre ce dommage et le comportement fautif. Dans ces conditions, ces derniers se trouvent généralement lésés sans toujours disposer de moyens pour faire valeur leurs droits.

**490.**Ce faisant, la législation ivoirienne en matière de responsabilité résultant des activités reste en marge du mouvement de mutation des règles régissant la responsabilité civile de manière[884]. Dans de nombreux pays, notamment en France, le droit de la responsabilité, en général, a consacré le principe de la responsabilité objective[885]. Selon Philippe PIERRE, la responsabilité objective s'entend de toute responsabilité qui ne subordonne pas l'indemnisation à l'appréciation du comportement personnel du responsable[886]. Contrairement à la responsabilité dite subjective, la responsabilité objective ou « responsabilité de plein de droit »[887] est donc une responsabilité qui existe en dehors de toute faute. Elle est dite présumée. Appliquée à l'activité d'exploitation minière, la responsabilité objective signifierait que les victimes de l'activité minière n'auraient plus à rapporter la faute de l'exploitant pour le préjudice qu'ils auraient subi. La preuve de ce préjudice suffirait à établir la responsabilité de l'exploitation à charge pour lui d'en rapporter la preuve contraire.

**491.**En plus de l'inadéquation des conditions de mise en œuvre, la procédure s'érige également en obstacle à la mise en œuvre de la responsabilité de l'exploitant.

---

[884] R. E MUNITA MARAMBIO, *La responsabilité civile liée aux activités scientifiques et technologiques. Approche de droit compare*, Thèse pour obtenir le grade de Doctorat, Université de Grenoble Alpes, 2017, p.71.

[885] *Ibid.*, p.71.

[886] P. PIERRE, « La place de la responsabilité objective notion et rôle de la faute en droit français », *Revue Juridique de l'Ouest*, n° 4, 2010, p.403.

[887] C. HUGLO, « Le régime juridique de la remise en état dans le domaine des mines : des progrès sont-ils possibles », *In Anales des mines*, juillet 1998, p77.

### b- Une procédure complexifiée

**492.** Au terme de l'article 5 du Code de procédure civile commerciale et administrative qui fait office de droit commun de la procédure, « les TPI et leur section détachés connaissent de toutes les affaires civiles, commerciales administratives et fiscales pour lesquelles la compétence n'est pas expressément attribuée à une autre juridiction en raison de la nature de l'affaire ». À l'analyse des Codes miniers de 1995 et de 2014 ainsi que leur texte d'application, la mise en œuvre de la responsabilité de l'exploitant minier à l'occasion de son activité n'ayant pas été expressément attribuée à une juridiction particulière, celle-ci se fait devant les TPI ou leur section détachée. Toutefois, à la faveur de la réforme minière intervenue en 2014, la procédure ainsi décrite a connu une modification. Le décret d'application du Code minier de 2014 institue en effet une Commission Interministérielle des Mines. Il s'agit d'un organe consultatif mis en place par l'État qui dispose entre autres attributions de la compétence d'arbitrage des litiges entre l'occupant du sol et le titulaire du titre minier[888]. Il est fait obligation aux parties de soumettre le litige à l'arbitrage préalable de la Commission Interministérielle des Mines (CIM) avant la saisine de la juridiction compétente. En l'absence réponse de la CIM dans un délai, la partie concernée s'adresse par courrier au ministre chargé des Mines. La réponse de ce dernier suit le délai moyen de quatre mois. Le tribunal ne peut être saisi qu'après l'épuisement de toutes les étapes sus décrites[889]. La procédure telle que décrite vise à privilégier la voie de la négociation entre les parties afin que soient préservés les rapports de cordialités et d'ententes entre ces derniers. Cependant dans la pratique cette procédure est plus préjudiciable aux intérêts des communautés, notamment les détenteurs de droits coutumiers. Le caractère préjudiciable

---

[888] Article 158 du décret n° 2014-397 du 25 juin 2014 déterminant les modalités d'application de la loi n°2014-138 du 24 mars 2014 portant Code minier.

[889] G. A. YAPI, « Côte d'Ivoire : litiges dans les mines - y-a-t-il vraiment un recours pour soulager les communautés impactées ? », Article de presse consulté en ligne le 02/08/2019 à 10h55mn sur https://fr.allafrica.com/stories/201808100660.html

transparait au niveau de la saisine de la Commission. Si l'institution de la CIM remonte au décret d'application du Code minier, il importe de souligner que sa mise en place officielle date le 27 février 2018[890]. C'est dire que de 2015 à 2018 la CIM n'était point effective, pourtant les populations étaient rediriger vers cet organe lorsqu'elles saisissaient les CDLM. En témoignent les propos de monsieur Hubert Yao, un fils de Koutouclou Konankro affirmant « lorsqu'on va au CDLM, on nous demande de saisir la CIM. Mais, on ne sait vraiment pas où il se trouve ses membres et connaissons pas son mode de fonctionnement. On fait alors des va-et-vient entre Hiré et Abidjan. Ce comité nous parait fictif et n'existe que de nom »[891]. Depuis le 27 février 2018, La CIM existe bel et bien sans toutefois que cette effectivité résolve la question de son accessibilité. L'article 6 de l'arrêté n°116 prévoit simplement que « la CIM se réunit aussi souvent que nécessaire sur convocation de son président ». Le décret ne fait aucune précision sur la périodicité des rencontres. L'arbitrage des litiges mentionnés à l'alinéa 2 de l'article 128 du Code minier est de la compétence de la Commission Interministérielle des Mines (CIM). Il se déroule en session spéciale de la CIM, en présence de toutes les parties prenantes. La décision de la CIM est soumise à la validation du ministre chargé des Mines[892].

**493.**Par ailleurs, la composition de la commission rend difficile l'accomplissement de la mission d'arbitrage à elle dévolue. Composée exclusivement de haut fonctionnaire, la commission ne comprend pas de représentants des communautés encore moins de la mine. Ce faisant, la « CIM semble alors biaisée dès le départ »[893]. Guy-Assane YAPI rapporte dans ce sens que les « et les communautés d'Agbaou et de Hiré sont unanimes sur le fait qu'aucun de leurs griefs n'a trouvé de dénouement heureux auprès de cette instance »[894].

---

[890] Arrêté n°116 du 27 février 2018, fixant les modalités de fonctionnement de la CIM.

[891] Propos recueillis par G. A. YAPI, « Côte d'Ivoire : litiges dans les mines… », *Op.cit.*

[892] Article 135 du décret d'application du Code minier de 2014.

[893] G. A. YAPI, « Côte d'Ivoire : litiges dans les mines… », *Op.cit.*

[894] *Ibid.*

**494.** Ces différentes difficultés ont vu émerger des pratiques informelles de règlement des litiges opposant occupant du sol et titulaire de titre minier. Pour la mine d'or d'Agbaou par exemple les différents acteurs sont convenus de mise en place d'une plateforme d'échanges pour régler les différends »[895]. Ces pratiques semblent mieux satisfaire les communautés que la procédure administrative instituée par la réglementation minière. L'inadaptation du régime aux spécificités de l'activité minière avait pour corollaire son inefficacité.

*2- Un régime inopérant*

**495.** Le régime de responsabilité tel qu'il se présente dans la réglementation minière posée par les Codes miniers de 1995 et 2014 se révèle inopérant non seulement en raison de sa souplesse à l'égard de l'exploitant, mais également de l'exonération de l'État. Sur la souplesse du régime à l'égard de l'exploitant, il convient de noter qu'en imputant la charge de la preuve au demandeur, le régime de la responsabilité de droit commun, dit régime de responsabilité subjective, oblige les détenteurs de droits fonciers à rapporter, le cas échéant la preuve de faute commise par l'exploitant et le dommage que cette faute leur a causé. C'est dire que l'exploitant bénéficie ainsi de ce que l'on pourrait qualifier de « présomption de non-responsabilité » qui ne pourra être levée seulement si le demandeur, détenteurs coutumiers, arrive à rapporter la preuve des éléments sus évoqués. Ainsi le régime est plutôt avantageux pour l'exploitant et contraignant pour les détenteurs de droits fonciers. Cette situation est aggravée par l'insuffisance des moyens financiers dont disposent les populations dans les zones rurales.

**496.** Souple à l'égard des permissionnaires et bénéficiaires d'autorisation, le régime de la responsabilité du fait de l'activité minière exclus l'hypothèse de la responsabilité de l'État. Ce qui peut sembler curieux pour les raisons qui suivent. L'État est le propriétaire de toutes les ressources contenues dans son sous-sol. En vertu de ce pouvoir, il est seul habilité, à travers ses différents organes, à octroyer des droits miniers aux particuliers. Il est donc à l'origine de l'établissement de tout projet minier.

---

[895] G. A. YAPI, « Côte d'Ivoire : litiges dans les mines… », *Op.cit.*

Par ailleurs, en référence à la déclaration de Rio sur l'environnement, les États doivent élaborer une législation nationale concernant la responsabilité de la pollution et d'autres dommages à l'environnement et l'indemnisation de leurs victimes[896]. En Côte d'Ivoire cela s'est traduit par l'adoption d'une législation spécifique à l'environnement et l'implémentation par le Code minier de disposition relative à la protection environnementale. L'ensemble de cet arsenal réaffirmant les principes fondamentaux du droit de l'environnement, fait obligation à l'État de s'assurer du respect des règles de protection environnementale. Ainsi, le Code de l'environnement dispose tout projet fait l'objet d'un contrôle par les structures administratives compétentes de l'État pour vérifier la pertinence des prévisions et des mesures correctives nécessaires[897]. De plus, au terme du Code minier dispose que L'État garantit le respect, la protection et la mise en œuvre des droits humains et des droits des communautés locales affectées par l'exploitation minière. L'État veille à la mise en œuvre de la responsabilité sociétale des entreprises minières. Cependant en Côte d'Ivoire comme dans la plupart des États d'Afrique noire, les carences des administrations en charge de la protection de l'environnement rendent difficile, le contrôle des projets miniers en pratique[898]. Aussi, en cas de survenance du risque liée à l'activité minière, les communautés affectées, devraient pouvoir non seulement engager la responsabilité de l'exploitant, mais aussi celle de l'État, dans la mesure où ce dernier avait l'obligation de s'assurer du respect par l'exploitant des normes environnementales. Une telle responsabilité permettrait de garantir de la réparation des dommages en cas de disparition ou de défaillance du responsable.

---

[896] Principe 13 de la déclaration de Rio sur l'environnement juin 1992.

[897] Article 39 de la loi n°96-766 du 3 octobre 1996 portant Code de l'environnement.

[898] B. CAMPBELL, « L'exploitation minière en Afrique : enjeux de responsabilité et d'imputabilité. Réflexion à partir d'initiative canadienne récentes en matière de réglementation et de responsabilité des entreprises dans le secteur extractif », *Communication à la Conférence sur l'exploitation minière et le développement en Afrique*, 9-13 juin 2008, Conakry, p6. Version numérique télécharger le 16/09/2019 sur http://www.ieim.uqam.ca/IMG/pdf/BCampbell_-_Enjeux_de_resp_et__d_imputabilite.pdf.

**497.**Inadéquat et inopérant, le régime de responsabilité de droit commun est assorti d'un régime de réparation semble pertinent.

B- Un régime de réparation impertinent

**498.**Le régime de réparation des préjudices résultant de l'activité minière ne se démarque pas de celui qui prévalait sous la colonisation. Il conserve la même impertinence en ce qu'il continue d'ignorer les spécificités des droits fonciers coutumiers, donnant ainsi lieu à une réparation limitée des préjudices réellement subis par les titulaires de droits. En matière de réparation, les réformes minières entamées en 1995 et poursuivies en 2014 s'éloignent peu des textes miniers antérieurs. Tout comme ces derniers, le régime de réparation qu'ils instituent privilégie le préjudice matériel au détriment de tout autre préjudice. En effet, de l'analyse des Codes de 1995 et 2014 ainsi que leur décret d'application, il apparait clairement l'institution de barème d'indemnisation des préjudices résultant de l'activité minière. Sur la question, c'est le décret d'application du Code minier de 2014 qui est plus explicite. Il dispose en son article 134 que « L'indemnité au profit de l'occupant ou de l'occupant légitime du sol dont les terres sont devenues impropres à la culture est déterminée par la formule suivante : D = 15 x R + P x S ; avec :

- D = dédommagement en francs CFA ;
- R = revenu annuel de la parcelle ;
- P = prix moyen d'acquisition ou d'usufruit d'un hectare ;
- S = superficie en hectares.

Les valeurs des variables sont définies par le ministère chargé de l'Agriculture »[899]. En application de cette disposition, le juge ivoirien ordonne généralement une expertise agricole conduite par les services compétents du ministère de l'Agriculture[900]. En prenant ainsi pour base de calcul de l'indemnisation, le revenu annuel de la parcelle, ces textes, tout comme le décret

---

[899]Décret n° 2014-397 du 25 juin 2014 déterminant les modalités d'application de la loi n°2014-138 du 24 mars 2014 portant Code minier.

[900] TPI Abidjan-plateau, jugement n° 2365 du 29 décembre 201, les ayants droits de feu DADIER et ADEGUE Benoît et autres c/ Société minière équigold (LGL) Côte d'Ivoire, Disponible sur https://biblio-cndj.ci/

d'application du Code minier de 1995, privilégient le préjudice matériel au détriment des autres formes de préjudices. En outre, même du point de vue matériel ils excluent du champ de l'indemnisation des éventuels dommages portant sur des Jachères[901]. Pour les autres hypothèses, les victimes se réfèrent en principe au droit commun de la responsabilité civile. Les décrets miniers sont complétés par des arrêtés du ministère de l'agriculture relatif à l'indemnisation des cultures détruites[902]. Les bases de calcul définies par ces arrêtés suivent également la logique des décrets miniers. Aussi, privilégient-ils le préjudice matériel.

La réparation telle qu'elle découle des différents textes ci-dessus cités semble carrément occulter l'aspect communautaire qui caractérise les sociétés africaines. Lorsqu'on se réfère aux systèmes fonciers traditionnels et le mode de production qui lui est rattaché, il est clair que toute évaluation faite en méconnaissance de cet aspect serait limitée donc nécessairement efficace. Imparfaite en amont de l'exploitation la prise en compte des droits fonciers coutumiers à la fin de l'exploitation semble également connaitre des quelques hésitations en dépit des évolutions sus noter.

## *Section II. Une réglementation de l'après-mine en théorie bénéfique aux droits coutumiers*

**499.** La cessation de l'activité minière n'induit pas systématiquement la disparition intégrale et définitive des risques et nuisances susceptibles d'affecter les terrains de surface situés dans l'emprise des anciennes exploitations. Quel

---

[901] « État de terre labourable qu'on laisse volontairement ne reposer en ne l'ensemençant pas » ; Dictionnaire HACHETTE, *Op.cit.*, p.850.

[902] Depuis 1995, trois arrêtés se sont succédés en la matière. Il s'agit :

- Arrêté interministériel n°28MINAGRA/MEF du 12 Mars 1996 portant fixation du barème d'indemnisation des cultures détruites.
- Arrêté interministériel n°247/MINAGRI/MPMEF/MPMB du 17 juin 2014 portant fixation du barème d'indemnisation des cultures détruites.
- Arrêté interministériel n°453 MINADER/MIS/MIRAH/MEF/ MCLU/MMG/MEER/MEPEER/SEPMBPE du 1er Août 2018 portant fixation du barème d'indemnisation des cultures détruites ou projet de destruction des cultures et autres Investissements en milieu rural et abattage d'animaux et d'élevage.

que soit le type d'exploitation, la période suivant l'exploitation, traditionnellement appelée « après-mine », donne lieu à de nombreux désordres qui peuvent apparaitre parfois dès l'arrêt des travaux, parfois beaucoup plus tardivement[903]. Si le premier Code minier sur la réglementation de l'après-mine semble avoir suivi les décrets miniers coloniaux, à partir de 1995 l'on observe une évolution remarquable de la législation minière, à travers notamment la consécration expresse de l'obligation de réhabilitation des sites miniers à la fermeture de la mine (paragraphe I). Cette situation, a priori, profitable à l'ensemble des détenteurs de droits fonciers, y compris les droits coutumiers, dans l'environnement de la mine, est cependant altérée par l'incertitude autour du régime de restitution des terres à la fermeture de la mine (paragraphe II).

### Paragraphe I. La consécration de l'obligation réhabilitation des sites

**500.**L'une des caractéristiques de la législation minière est la quasi-constance de l'obligation de réhabilitation des sites miniers en fin d'exploitation à partir de 1995. Les deux Codes miniers qui se sont succédés depuis cette année aménagent clairement cette obligation (A), mais surtout en garantissent le respect par l'établissement de moyens de réhabilitation (B).

#### A- L'aménagement de l'obligation de réhabilitation

**501.**À partir du Code minier de 1995, le législateur ivoirien aménage clairement l'obligation de réhabilitation du site minier à la fin de son activité. L'analyse de la consistance de cette l'obligation de réhabilitation (1) ainsi que celle des acteurs qui doivent en supporter la charge (2) permettent de s'en convaincre.

---

903 C. DIDIER, « La politique française de prévention des risques liés à l'après-mine », *Réalités industrielles, Annales des mines*, Ed. ESKA, 2007, p.86, INERIS-00961916.

### *1- La consistance de l'obligation*

**502.** La réhabilitation du site minier est apparue pour la première fois dans le dispositif législatif et réglementaire post colonial avec le Code minier de 1995. La notion apparaît huit (8) fois dans le Code minier de 1995 notamment en ses articles 27, 28 *in fine*, 29, 63, 76, 77, 85 al.1, 85 al.2. La répétition de ce mot traduit, on ne peut plus aisément, l'insistance, mais surtout l'importance que le législateur a bien voulu lui accorder dans son œuvre. Ce texte ne définissait pas clairement ce qu'il convient de saisir par la notion de réhabilitation, si bien qu'il était difficile de cerner à quoi renvoie son caractère obligatoire. Tantôt utilisé avec l'expression « du site », tantôt employé avec « de l'environnement » le mot réhabilitation intervient dans différentes situations. Alors que l'article 27 du Code en fait une condition pour l'acceptation par l'administration des mines, de la renonciation du titulaire d'un titre, à tout ou partie de son titre minier, l'article 28 énumère au nombre des causes de retrait ou de restriction des sites miniers attribués, le non-respect de l'obligation de réhabilitation des sites. L'obligation de réhabilitation ainsi utilisée fonctionne comme un moyen de pression pour l'administration des mines à l'encontre du titulaire de titre minier.

**503.** Abstraction faite de la cause de la fin, l'obligation de réhabilitation ainsi décrite garde la même intensité que la rétrocession des terres se fasse en faveur de l'État[904] ou en faveur des propriétaires[905]. Les destinataires ne sauraient en principe s'en dérober. L'article 76 oblige expressément le titulaire du titre minier au respect de l'obligation de réhabilitation des sites exploités, alors que les articles 77 et 85 du même texte ont trait à la mise en œuvre de cette obligation. Les dernières cités prévoient à la charge de l'exploitant les moyens destinés à faire respecter de cette obligation. Des développements ultérieurs étant consacrés à ces moyens, nous ferons l'économie des détails y afférents.

---

[904] Article 29, alinéa 3 du Code minier de 1995.

[905] Notamment en ce qui concerne les carrières. *Cf.* Article 63 Code minier de 1995.

**504.** À ce stade de notre analyse, il est donc indéniable que c'est le Code minier de 1995 qui marque la consécration l'obligation de réhabilitation, sans véritablement dire à quoi renvoie la notion. Il a fallu donc attendre la réforme de la loi minière, avec notamment l'entrée en vigueur du Code minier de 2014 pour commencer à voir les précisions liées au contenu de la notion de réhabilitation. Ainsi, en son article 1er consacré à la définition des notions fondamentales, le nouveau texte appréhende la réhabilitation comme « l'ensemble des activités visant à ramener un site d'exploitation dans un état proche de celui d'origine ». Suivant les types d'exploitation il s'agira par exemple :

- pour les abords des puits de mines et les entrées de galeries de les nettoyer les et de les végétaliser de manière à les intégrer de manière optimale au site restauré ;
- pour les ouvrages de dépôts de surface et les exploitations à ciel ouvert, à de démanteler les éventuelles infrastructures minières puis à remodeler les pentes ; à recouvrir le cas échéant, les ouvrages d'une couche de sols (terre végétale) ; ou encore à végétaliser les pentes ;
- pour d'autres infrastructures enfin, de déconstruire les structures minières n'ayant pas d'intérêt à être conservées en cas de reconversion, d'évacuer les déblais ainsi générés et de réhabiliter les zones dégagées en réaménageant les premiers mètres de sol et éventuellement en végétalisant le site[906].

**505.** Reprenant à son compte les dispositions du Code précédent faisant de la réhabilitation un moyen de pression à la disposition de l'administration des mines[907] ou encore celles relatives à son intensité[908], le Code minier de 2014 opère en plus un dépassement. En effet, il décline clairement l'étendue de l'obligation de réhabilitation. La réhabilitation est prévue dans le Plan de Gestion Environnementale et Sociale. Elle s'exécute dans le cadre d'un plan de fermeture et de réhabilitation qui fera l'objet de développements ultérieurs. La consistance de l'obligation ainsi analysée, il convient de s'interroger sur celui qui en supporte la charge.

---

906 F. POULARD, P. GOMBERT, C. DIDIER, S. CHEVREL, G. BELLENFANT, F. COTTARD, *Fermeture, reconversion et gestion de l'après mine,* Collection « La mine en France », Tome 7, 2017, p.27.

907 Article 43, alinéa 2 k du Code minier de 2014.

908 Article 44, article 94 du Code minier de 2014.

### *2- La charge de l'obligation*

**506.**La réhabilitation des sites miniers à la fermeture de la mine incombe en principe au titulaire du titre minier ou au bénéficiaire de l'autorisation d'exploitation. Toutefois exceptionnellement l'État pourra se substituer à ce dernier pour réhabiliter une mine. L'obligation de réhabilitation du site en fin d'exploitation telle que consacrée par les Codes miniers successifs de 1995 et de 2014 incombe à l'exploitant. En d'autres termes, elle est à la charge du titulaire du titre minier ou du bénéficiaire d'une autorisation d'exploitation. L'analyse combinée des articles 77 et 78 du Code minier de 1995 confirme cette affirmation. Alors que le premier fait du plan de réhabilitation une composante du programme de gestion de l'environnement, l'article 78 du même texte dispose que « les titulaires d'un titre minier ou bénéficiaires d'une autorisation d'exploitation de carrières sont tenus d'exécuter le programme de gestion de l'environnement approuvé par l'Administration des Mines et l'Administration de l'Environnement et d'en assurer les coûts ». Cette disposition est intégralement reprise par le Code minier de 2014 en son article 142. En dehors de cette disposition formulée de manière générale, l'obligation de réhabilitation est expressément consacrée à la charge de l'exploitant pour ce qui est des autorisations d'exploitation à l'exclusion des permis. Suivant le Code minier de 1995, c'est l'article 47 alinéa 2 qui dispose que le bénéficiaire d'une autorisation d'exploitation artisanale ou semi-industrielle « est tenu de remettre en état les terrains de culture et l'irrigation normale des cultures endommagées par ses travaux ».

**507.**Contrairement au Code de 1995, la loi minière de 2014 impute la charge de l'obligation de réhabilitation au bénéficiaire d'une autorisation à travers deux dispositions. Il s'agit de l'article 57 pour le bénéficiaire de l'autorisation d'exploitation semi-industrielle et de l'article 70 pour le bénéficiaire de l'autorisation d'exploitation artisanal. L'ensemble de ces dispositions suffisent à démontrer que la charge de la réhabilitation incombe de l'exploitant et non à l'État ou des éventuels propriétaires fonciers. Quid des moyens de réhabilitation ?

### B- Les moyens de réhabilitation

**508.**Pour garantir la réhabilitation des sites miniers à la fermeture de la mine, impose à l'exploitant d'élaborer un plan de fermeture de la mine (1), et la constitution d'un compte séquestre (2).

#### *1- Le plan de fermeture et de réhabilitation*

**509.**« Le processus de fermeture d'une mine est la conversion d'une mine en exploitation à une mine fermée, de manière ordonnée, sûre et respectueuse de l'environnement. Les écosystèmes des zones perturbées par les activités de la mine doivent être fermés et restaurés voire remis dans un état correspondant à un environnement sain qui se prête à l'activité humaine»[909]. Jusqu'en 1995, cette phase, nécessitant la mise en œuvre de techniques de traitement visant à maîtriser, minimiser, voire supprimer la gravité des phénomènes redoutés, n'était pas véritablement encadrer par la réglementation minière en Côte d'Ivoire. Les textes miniers sont en effet pour la plupart restés muets sur la fermeture de la mine. C'est à partir de la loi n°95-553 du 18 juillet 1995 portant Code minier que la réglementation minière va commencer à encadrer la fin de la mine. Cela s'est traduit par l'introduction dans la réglementation minière de l'obligation pour l'exploitant de produire un plan de réhabilitation. L'article 77 du Code minier de 1995 disposait que, « tout titulaire d'un titre minier (…), avant d'entreprendre quelques travaux que ce soit sur le terrain dans le cadre du titre ou de l'autorisation, doit préparer et soumettre à l'approbation de l'Administration des Mines et de l'Administration de l'Environnement, (…) un programme de gestion de l'environnement comprenant un plan de réhabilitation des sites et leurs coûts prévisionnels». C'est dire ainsi que le législateur minier de 1995 ne consacrait pas expressément l'obligation pour l'exploitant d'établir un plan de fermeture. Celle-ci était déduite

[909]F. POULARD, P. GOMBERT, C. DIDIER, S. CHEVREL, G. BELLENFANT, F. COTTARD, *Fermeture, reconversion et gestion de l'après mine,* Collection « La mine en France », Tome 7, 2017, p.19.

de l'obligation pour ce dernier de produire un plan de gestion environnementale devant comprendre un plan de réhabilitation.

**510.** À la faveur de la réforme intervenue en 2014, l'obligation de réalisation d'un plan de fermeture et de réhabilitation va connaitre une évolution. Non seulement cette obligation va faire l'objet d'une consécration expresse, mais son régime juridique sera mieux déterminé que sous l'empire du Code précédent. Suivant la loi n° 2014-138 du 24 mars 2014 portant Code minier, le plan de fermeture de la mine est, régi par les articles 145, 146 et 147. Conformément à ces dispositions, tout demandeur d'un permis d'exploitation ou d'une autorisation d'exploitation de carrières industrielles est tenu de fournir, en même temps que l'Etude d'Impact Environnemental et Social, un plan de fermeture et de réhabilitation de la mine. Soumis à l'approbation des Administrations chargées respectivement des Mines et de l'Environnement, le plan de fermeture et de réhabilitation est établi en fonction du site et du type d'exploitation. Il doit prendre en compte les aspects suivants:

- le nettoyage du site d'exploitation ;
- le démontage et l'enlèvement des installations minières ;
- le traitement et la réhabilitation du site ;
- la surveillance post-réhabilitation du site ;
- les possibilités de reconversion du site ;
- la remise à disposition officielle du site aux autorités compétentes.

**511.** Le plan de fermeture et de réhabilitation vise à préparer les populations locales à la cessation des activités minières et à mettre en place les mesures de reclassement ou de reconversion (des personnes et du site) permettant d'atténuer les effets sociaux et environnementaux[910]. Il doit indiquer les méthodes de démantèlement et de récupération de toutes les composantes des installations minières, y compris les installations et équipements qui sont précisés dans le décret d'application. Le plan de fermeture et de réhabilitation doit prévoir la réalisation de travaux de réhabilitation progressifs en cours d'exploitation et

---

[910] Ministère de l'industrie et des mines, « La politique industrielle et minière pour l'émergence de la Côte d'Ivoire », *Dossier de presse*, Centre d'Information et de Communication Gouvernementale, 10 juillet 2014, p.7.

pas seulement à la cessation de l'exploitation. Il doit également prévoir le suivi environnemental post-fermeture.

**512.**Lorsque des changements dans les activités minières justifient une modification du plan de fermeture, le détenteur du titre minier ou le bénéficiaire d'autorisation d'exploitation de carrière industrielle est tenu de le soumettre à une révision. Outre le plan de fermeture et de réhabilitation le titulaire du titre ou le bénéficiaire d'une autorisation d'exploitation est tenu de constituer un compte séquestre de réhabilitation qui s'analyse comme une garantie supplémentaire des détenteurs de droits fonciers de retrouver leurs terres dans un état qui se prête à l'exercice de nouvelles activités.

*2- Le compte séquestre de réhabilitation*

**513.**La réhabilitation des sites d'exploitation à fermeture de la mine est une obligation à la charge du titulaire du permis d'exploitation ou du bénéficiaire d'une autorisation d'exploitation semi-industrielle ou artisanale depuis 1995. Les conséquences de l'exploitation minière sur l'environnement dans lequel elle se déroule sont énormes. L'État ou les populations ne disposent pas toujours des moyens suffisants pour réhabilitation des sites. Aussi, pour éviter que les détenteurs de droits fonciers, coutumiers ou non, soient dans l'impossibilité de recouvrer leurs terres à la fin de l'exploitation ; et aussi que l'État ne supporte injustement les coûts de la réhabilitation des sites miniers, le Code minier du 17 juillet 1995 institue l'obligation pour l'exploitant de constituer dès le début de son exploitation un « compte de réhabilitation »[911]. Il sera suivi en cela par le Code minier de 24 mars 2014, qui tout en conservant cette obligation à la charge du titulaire du titre minier ou du bénéficiaire d'une autorisation d'exploitation, opère une légère modification dans la dénomination du compte désormais appelé « compte-séquestre de réhabilitation »[912]. Destiné à la réhabilitation de l'environnement en fin d'exploitation le régime juridique du compte de réhabilitation a connu une légère évolution depuis

---

[911] Article 85 Code minier 1995.

[912] Article 144 du Code Minier 2014.

son institution. L'analyse des dispositions des Codes miniers de 1995 et celui de 2014 ainsi que leur décret d'application respectif révèle certes quelques dispositions inchangées, mais il convient de noter que plusieurs modifications sont intervenues. Au nombre des éléments constants des règles régissant le compte de réhabilitation ou compte séquestre, l'on peut citer :

- l'alimentation du compte par le titulaire du titre ou du bénéficiaire d'une autorisation ;
- l'annuité des versements effectués sur le compte par le titulaire du titre minier ou de l'autorisation d'exploitation suivant un barème établi par l'administration compétente en prenant en compte en compte les risques liés à la fermeture de la mine et les frais du suivi environnemental post-fermeture.

**514.**En dépit de ces quelques éléments renvoyant à une relative stabilité dans le régime juridique du « compte de réhabilitation », encore appelé « compte séquestre de réhabilitation », des changements notables sont observés au niveau de la domiciliation, de la nature des sommes versées, et de la gestion du compte.

**515.**En ce qui concerne la domiciliation, anciennement domicilié à la Caisse Autonome d'Amortissement (CAA)[913], le compte séquestre peut depuis l'adoption du Code minier de 2014 être domicilié dans un établissement financier de premier rang en Côte d'Ivoire.

**516.** Sur la gestion du compte, le Code minier de 1995 et son décret d'application réglementaient dans les détails soulignons l'utilisation et/ ou le fonctionnement du compte de réhabilitation à la différence du Code de 2014. Ainsi relativement aux premiers cités, ils disposaient que les fonds étaient exclusivement destinés aux travaux réhabilitation du site d'exploitation. Toutefois, dans l'hypothèse où les sommes versées par l'exploitant s'avéraient insuffisantes pour faire face aux charges de réhabilitation le décret d'application du Code minier de 1995 mettait les travaux complémentaires à la charge de l'exploitant[914]. Concernant les règles de gestion du compte proprement dit, elles devaient respecter les conditions d'un

---

[913] Article 85 Code minier de 1995.

[914] Article Décret d'application du Code minier 1995.

contrat-type approuvé par arrêté du ministre chargé des mines, notamment en ce qui concerne la libération de fonds avant le terme du permis d'exploitation concerné et la propriété du compte en cas de liquidation de la société d'exploitante. En cas de réhabilitation définitive intervenue sur une partie du gisement avant l'expiration du permis et après acceptation de ces travaux de réhabilitation par l'administration des mines et de l'environnement, l'opérateur pouvait demander et obtenir la déduction des coûts afférents sur son compte de réhabilitation. Si le niveau des connaissances ne permettait pas une évaluation exacte des coûts de réhabilitation, l'annuité était déterminée par arrêté du ministre en charge des Mines. Dans ce cas, l'assiette de cette annuité était constituée par le chiffre d'affaires brut. Son taux compris entre 0, 3% à 1 % devait être fixé par arrêté du ministre chargé des mines[915]. Les montants ainsi payés venaient en déduction du total du budget de réhabilitation et le solde était payé en annuité sur la durée de vie restant à courir. Avec le Code minier 2014, les règles de gestion du compte de réhabilitation, prévues par la réglementation minière de 1995, vont connaître une évolution. Désormais, les contributions versées par l'exploitant prennent la forme de transfert de ressources financières et de caution à première demande. Elles sont comptabilisées comme charges dans le cadre de la détermination de l'assiette de l'impôt sur les bénéfices industriels et commerciaux. De plus, tout mouvement sur le compte est soumis au principe de la double signature d'un représentant de l'opérateur et d'un représentant de l'Administration des Mines. Ce principe connait toutefois une exception prévue à l'article 153 du décret d'application du Code minier. Au terme de cette disposition, en cas de défaillance de l'opérateur dans ses obligations relatives à la réhabilitation environnementale et à la fermeture de la mine, l'État peut, après une mise en demeure de trois mois restée sans suite, avoir recours au fonds pour la réalisation des obligations de la société d'exploitation. Dans ce cas, l'Administration des Mines peut être autorisée par une décision de justice à utiliser les ressources

[915] Cette règle cesse de s'appliquer si l'évaluation financière de réhabilitation vient à être connue de manière précise.

du fonds sous sa seule signature pour la réhabilitation de l'environnement.

**517.** L'innovation majeure de la réforme de 2014 par rapport à la réglementation antérieure reste la mise en place du comité de suivi de l'utilisation des ressources du compte séquestre. Ce comité comprend :

- un représentant du ministre chargé des Mines ;
- un représentant du ministre chargé des Finances ;
- un représentant du ministre chargé du Budget ;
- un représentant du ministre chargé de l'Environnement ;
- un représentant du titulaire du permis d'exploitation ou du bénéficiaire d'autorisation d'exploitation industrielle ou semi-industrielle.

**518.** Le représentant du ministre chargé des Mines en assure la présidence. Les membres du comité de suivi de l'utilisation des ressources du compte séquestre (CSCS) sont chargés de veiller à l'ouverture effective du compte séquestre, à la désignation régulière des personnes habilitées à le mouvementer, à son alimentation et à la conformité des sommes versées par les sociétés d'exploitation avec celles établies par la réglementation en vigueur[916]. Ainsi, le compte séquestre permet d'anticiper la défaillance de l'exploitant en mobilisant en amont les ressources qui serviront la réhabilitation du site d'exploitation. En effet, en plus d'être sujette au risque permanent de fluctuation des cours mondiaux des ressources minières[917], l'entreprise minière, à l'instar de toute société commerciale, n'est pas à l'abri de difficultés de gestion. Ce faisant, le compte séquestre fonctionne comme une garantie constituée par l'exploitation destinée à rassurer aussi bien l'État que les éventuels détenteurs de droits fonciers sur le site d'exploitation. Pour les derniers cités, la constitution du fonds séquestre et son alimentation régulière par l'exploitation apporte l'assurance de recouvrer rapidement leurs

---

[916] S. SIDIBE, « Côte d'Ivoire: Exploitation minière et protection de l'environnement - Le comité de suivi du compte séquestre prend fonction », Article consulté en ligne le 02/09/2019 à 09h16mn *sur* https://fr.allafrica.com/stories/201905070656.html

[917] J. P. MARCOUX, « Droits de la personne et activités minières en Afrique », *In Après-Demain* Revue de la Ligue des droits de l'Homme, n° 452-453, mars-avril 2003, p.3.

terres dans un état qui se prête à l'exercice de nouvelles activités. Toute chose qui est de nature à favoriser leur reconversion à la fermeture de la mine. Pour l'État, le compte séquestre est un outil efficace lui permettant de se prémunir contre toute défaillance de la part de l'exploitant en fin d'exploitant.

**519.**Les évolutions ainsi observées en matière de réhabilitation du site en fin d'exploitation sont profondement nuancées par l'incertitude qui entoure la retrocession des terres.

### Paragraphe II. Une obligation incertaine de rétrocession des terres

**520.**Le Code minier consacre l'obligation pour l'attributaire de droit d'exploitation minière, de restituer les terres par lui occupées à la fin de son activité (A). Toutefois, la mise en œuvre de cette obligation pourrait s'avérer problématique face à la non-détermination des modalités de la restitution (B).

#### A- Une obligation consacrée par le Code minier de 2014

**521.**La restitution des terres en fin d'exploitation n'est pas expressément affirmée par le Code minier, celle-ci peut toutefois être déduite de l'article 145 de ce texte, au terme duquel « tout demandeur d'un permis d'exploitation ou d'une autorisation d'exploitation de carrières industrielles est tenu de fournir, en même temps que l'Étude d'Impact Environnemental et Social, un plan de fermeture et de réhabilitation de la mine ». Soumis à l'approbation des Administrations chargées respectivement des Mines et de l'Environnement, ce plan de fermeture doit prendre en compte les aspects suivants :

- le nettoyage du site d'exploitation ;
- le démontage et l'enlèvement des installations minières ;
- le traitement et la réhabilitation du site ;
- la surveillance post-réhabilitation du site ;
- les possibilités de reconversion du site ;
- la remise à disposition officielle du site aux autorités compétentes.

Ainsi, le Code minier de 2014 prévoit implicitement l'obligation pour le titulaire d'un permis d'exploitation minière ou d'une autorisation d'exploitation industrielle de carrière, de restituer aux « autorités compétentes » les terres par lui occupées. Le législateur minier de 2014 se démarque ainsi de ses prédécesseurs qui, jusque-là, étaient restés muets sur le sort des terres à la fermeture de la mine. L'obligation ainsi consacrée pourrait difficilement être mise en œuvre, dans la mesure où ni le Code minier de 2014 ni son décret d'application ne déterminent précisément les modalités de mise en œuvre de cette obligation.

### B- Une obligation aux contours imprécis

**522.**Outre le caractère équivoque de la notion d'autorités compétentes, en l'état actuel de la législation sur le foncier rural, la restitution des terres prévue par l'article 145 du Code minier pourrait s'avérer problématique à l'instar de ce qui se passe dans certains pays africains[918]. Sur la notion d'autorité compétente, il convient de souligner que face au silence du Code minier et son décret d'application sur le sens qu'elle recouvre, celle-ci pourrait s'entendre différemment suivant la personne qui l'interprète. Comme tel, l'on pourrait y voir tantôt une allusion aux autorités administratives (administration territoriale, de l'administration des mines, ou encore l'administration en charge du foncier rural), tantôt une allusion aux autorités traditionnelles (chef de village, chef de terres, chef de famille). Le caractère équivoque de la notion d' « autorité compétente » pourrait à la longue conduire à la multiplication des conflits entre les différents acteurs dans la mesure où plusieurs personnes pourraient revendiquer en fin d'exploitation les terres occupées par le permissionnaire. La détermination exacte de l' « autorité compétente » s'avère par conséquent primordiale pour donner plus de lisibilité au régime post exploitation des terres.

---

[918] R. AKONO MINLO, « Réflexions sur les droits de l'exploitant de mines en droit camerounais » », *Revue de l'ERSUMA,* Droit des affaires - Pratique Professionnelle, N° 4 - Septembre 2014, Etudes, consulté en ligne le 17/09/2019 à 00h45 sur http://revue.ersuma.org/no-4-septembre-2014/etudes/article/reflexions-sur-les-droits-de-l

**523.**Par ailleurs, en se référant à la législation ivoirienne relative au domaine foncier rural, il apparait implicitement que le moment de la mise à disposition des terres aux autorités compétente, telle que prévue par le Code minier, pourrait influencer la qualité du bénéficiaire. En effet, l'article 1er de la loi n°2013-655 du 13 septembre 2013 accorde un délai supplémentaire de 10 ans à toutes les personnes estimant détenir des droits coutumiers sur les terres du domaine coutumier pour la constatation de leurs droits[919]. C'est dire ainsi qu'au terme de cette période, qui est prévue s'achever en septembre 2023, les terres du domaine coutumier, sur lesquelles des droits coutumiers exercés de façon paisible et continue n'auront pas été constatés, seront considérées comme sans maître. Comme telles, ces terres seront la propriété de l'État, et gérées suivant les dispositions de l'article 21 de la loi n°98-750 relative au domaine foncier rural[920]. De ce qui précède, et en prenant en compte le fait que ni les législations foncière et minière, ni la pratique en matière d'occupation des terres minière par l'exploitant[921], n'imposent nullement la formalisation préalable des droits coutumiers détenus sur les terres minières à occupées, deux situations peuvent se présenter.

**524.**Lorsque la fin du projet minier intervient au cours de la période accordée aux populations pour faire constater leurs droits fonciers sur les terres du domaine foncier coutumier, la rétrocession doit être faite, en principe, aux communautés et/ou personnes qui ont mis leurs terres à la disposition de l'exploitant. En revanche, si le projet prend fin après 2023, il importe de distinguer selon que les droits détenus sur les terres ont été formalisés dans l'intervalle de l'occupation ou non. Dans la première hypothèse, la rétrocession doit se faire au profit des

---

919 Loi n°2013-655 du 13 septembre 2013 relative au délai accordé pour la constatation des droits coutumiers sur les terres du domaines coutumiers et portant modification de l'article 6 de la loi n°98-750 du 23 décembre 1998 relative au domaine foncier rural, telle que modifiée par la loi n°2004-412 du 14 Aout 2004.

920 Article 6 alinéa 1er de la loi n°98-750 relative au domaine foncier rural.

921 Voir sur la question : le protocole d'accord entre la société coopérative Espoir Mining (Scoops ESMI) et les propriétaires terriens visés par le projet et le village d'Abouakakro représenté par son chef ; le protocole d'accord entre la société coopérative gold ivoire et la communauté villageoise de Bebou.

titulaires de certificat foncier ou de titre foncier. Dans la seconde hypothèse, conformément à la législation sur le domaine foncier rural la mise à disposition des terres par l'exploitant doit se faire au profit de l'État. Cette situation pourrait à terme se révéler préjudiciable pour les détenteurs de droits fonciers coutumier qui, par méfiance ou par défiance, restent plutôt réticents au processus de formalisation de leurs droits coutumiers tel que posé par la loi n°98-750 du 23 décembre 1998 relative au domaine foncier rural, telle que modifiée par la loi n°2004-412 du 14 août 2004 et la loi n° 2013 655 du 13 septembre 2013.

## CONCLUSION PARTIELLE DEUXIÈME PARTIE

**525.** Tout comme à la phase d'établissement des concessions minières, la phase d'exploitation des concessions emporte des conséquences tout aussi négatives à l'égard des droits fonciers en général et des droits fonciers coutumiers en particulier. La pollution des sols, la destruction de cultures et de sites ou patrimoine sacré ou religieux, la recomposition socio-économique de l'environnement dans lequel elle déroule, etc., ne sont qu'une infime partie de l'impact négatif que l'exploitation minière est susceptible d'avoir sur les droits fonciers coutumiers.

**526.** Face à ces nombreux risques, l'exploitation minière nécessite un encadrement rigoureux afin de préserver les droits des communautés riveraines de l'environnement dans lequel elles se déroulent. Loin d'empêcher l'exploitation, cet encadrement doit en principe concilier autant que faire se peut les enjeux de l'exploitation et la préservation des intérêts environnant cette exploitation.

**527.** L'histoire du droit minier en Afrique de l'Ouest révèle qu'avant la colonisation, les Africains disposaient de méthodes et de techniques assez originales d'exploitation conciliant ces deux aspects[922]. Rudimentaires et peu rentables en matière de production, ces méthodes et techniques avaient le mérite de préserver l'environnement aussi bien naturel qu'humain. L'avènement de colonisation a eu pour conséquence le délaissement des savoirs traditionnels indigènes et l'introduction dans l'ensemble des territoires, de techniques et de méthodes industrielles. Cette situation favorisée, par le dessein colonial qui était surtout l'exploitation à outrance des ressources a fortement influencé l'exploitation minière dans ses rapports aux droits fonciers en général et aux droits fonciers coutumiers en

[922] G. NIANGORAN BOUAH, « L'idéologie de l'or chez les akans de la Côte d'Ivoire et du Ghana », In *journal des africanistes*, 1978, Tome 48, fascicule 1, l'or dans les sociétés akans, p. ; voir également sur la question GASTON J., « L'exploitation de l'or chez les indigènes », *In Bulletins et Mémoires de la Société d'anthropologie de Paris,* VI° Série, Tome 4 fascicules 3-4, 1913, p. ; C. H. PERROT, « Or, richesse et pouvoir chez les Anyi-Ndenye aux XVIIIe et XIXe siècles » In Journal des africanistes, 1978, Tome 48, fascicule 1, L'or dans les sociétés Akan, page 101 à page 126.

particulier. Les questions environnementales et les préoccupations socio-économiques, soulevées par l'exploitation à l'égard des détenteurs de droits fonciers coutumiers, n'étaient pas le souci de l'État encore moins celui du concessionnaire[923]. L'absence dans les rapports périodiques du service des Mines et de l'inspection générale des mines, d'une rubrique dédiée à ces questions en est une preuve accablante. Dans ces conditions, l'exploitation des concessions occultait logiquement les droits fonciers coutumiers.

**528.**Les deux premières décennies de la Côte d'Ivoire indépendante ne vont rien changer à cette situation. Les nouvelles autorités étaient trop préoccupées par les idées développementalistes pour s'attarder les coûts environnementaux et sociaux de la mise en exploitation des concessions. Comptant surtout sur l'agriculture pour réaliser le progrès, le législateur ivoirien de cette époque s'inspire très largement du modèle législatif colonial. Il finit cependant par faire volteface lorsqu'à la suite de la crise économique que connait le pays la nécessité de diversifier les bases de l'économie se pose. L'industrie minière venue au secours du secteur agricole attire plus l'attention des gouvernants. Sur l'influence de nombreuses initiatives internationale, les coûts sociaux et environnements des projets sont placés au centre de la politique nationale en matière de développement économique. Cependant, à l'instar de ses pairs d'Afrique noire, la faiblesse intrinsèque de l'État l'empêche d'assurer la mise en œuvre de ses évolutions[924].

---

[923] La relative jeunesse des préoccupations environnementales, permet de nuancer cette position.

[924] B. CAMPBELL, « L'exploitation minière en Afrique : enjeux de responsabilité et d'imputabilité. Réflexion à partir d'initiative canadienne récentes en matière de réglementation et de responsabilité des entreprises dans le secteur extractif », Communication à la Conférence sur l'exploitation minière et le développement en Afrique, 9-13 juin 2008, Conakry, p., Version numérique télécharger le 16/09/2019 sur http://www.ieim.uqam.ca/IMG/pdf/BCampbell-Enjeux_de_resp_et_d_imputabilite_.pdf.

# CONCLUSION GÉNÉRALE

**529.** Au terme de cette étude, il serait prétentieux de penser avoir épuisé ce sujet assez passionnant. Notre analyse a porté sur le sujet « Concessions minières et droits fonciers coutumiers en Côte d'Ivoire : de 1899 à 2019 ». À travers ce sujet, il a s'agit pour nous, d'étudier dans une perspective évolutive la prise en compte des droits fonciers coutumiers à l'occasion de la réalisation des concessions minières. Au moment de clore cette étude, l'on peut affirmer, assez aisément d'ailleurs, que la trajectoire des rapports fonciers miniers dans le cadre des concessions minières n'est pas restée constante. Elle a subi l'influence des contingences politiques, économiques et sociales qui ont traversé le temps. Par ailleurs, à la question de savoir si les concessions minières prennent en compte les droits fonciers coutumiers, une réponse négative s'impose. Et cela, sans considération d'une quelconque époque, encore moins d'une phase déterminée de la réalisation des concessions minières. Toutefois, en raison des spécificités de l'activité minière, les arguments en soutien de cette réponse négative suivront d'une part la phase d'établissement de la concession et d'autre part celle de l'exploitation. Sur l'établissement des concessions minières, le premier argument réside dans la consécration du principe de la séparation du régime foncier et du régime minier. L'introduction de ce principe dans les rapports fonciers miniers par le colonisateur et sa confirmation par les autorités ivoiriennes est la manifestation la plus caractéristique de la négation des droits fonciers coutumiers. Ce principe va servir de fondement pour toutes les autres hypothèses dans lesquelles la négation des droits coutumiers peut être observée dans le cadre de la réalisation des concessions minières. Faisant de l'État le propriétaire exclusif des ressources minières, le régime de séparation nie tout droit aux indigènes sur les ressources minières, ne lui reconnaissant que des droits résiduels d'exploitation. Ainsi, les droits fonciers coutumiers n'exerçaient aucune influence sur la procédure d'acquisition de droits miniers, quelle que soit leur nature. La procédure était menée de bout en bout par les services et organes de l'administration coloniale. Les seules hypothèses pour lesquelles les droits coutumiers ont pu influencer l'établissement de la concession concernent l'étape de l'occupation de la surface du périmètre minier par le concessionnaire. En la matière, le rôle des droits fonciers a d'abord été facultatif[925], ensuite inutile[926], et enfin indispensable.

**530.** L'accession à l'indépendance n'a, semble-t-il, eu aucun impact sur la négation observée des droits coutumiers pendant l'établissement des concessions. Les enjeux de développement et d'unité nationale vont servir de catalyseurs aux revendications identitaires ou ethniques. Ainsi, perçus comme un frein à la réalisation des objectifs de développement, les droits coutumiers seront âprement combattus par les nouvelles autorités. Les conséquences sur la prise en compte de ces droits à l'établissement des concessions minières sont pires que sous le régime colonial. Non seulement le régime de la domanialité des ressources minières est reconduit, mais désormais les droits coutumiers n'influencent nullement le processus d'établissement des concessions. Seule la mise en valeur, érigée en critère de la propriété foncière, est prise en compte pendant l'occupation des terres par l'exploitant. Cette négation systématique des droits fonciers va toutefois connaitre une évolution à la faveur notamment de la crise que traverse le pays. Cette évolution fait suite à la valorisation de l'activité minière dans un contexte de mondialisation et d'expansion de la démocratie. En rupture avec le Code minier de 1964, le Code minier de 1995 puis celui de 2014 hissent les droits fonciers coutumiers au même rang que la propriété. Ces deux textes consacrent l'obligation de requérir l'avis des éventuels détenteurs de droits fonciers préalablement à l'occupation de leurs terres. Même s'il convient de souligner que l'écart entre le dispositif juridique et la pratique demeure très grand.

---

[925] Les décrets miniers coloniaux permettant au concessionnaire (titulaire d'un permis d'exploitation ou bénéficiaire d'une concession) de passer outre par l'obtention d'une autorisation de l'administrateur colonial.

[926] Sous l'empire du Code minier de 1964, aucune référence aux droits coutumiers n'était faite pour l'occupation de la surface des périmètres miniers, sauf dans les cas où les parcelles objets de ces droits avaient fait l'objet d'une mise en valeur. Voir sur la question l'article 113, alinéa b du décret n°65-96, déterminant les modalités d'application de la loi n° 64-249 du 3 juillet 1964 portant Code minier.

**531.**Tout comme à la phase d'établissement des concessions minières, la phase d'exploitation des concessions emporte des conséquences aussi négatives à l'égard des droits fonciers en général et des droits fonciers coutumiers en particulier. La pollution des sols, la destruction, de cultures, de sites et patrimoines sacrés ou religieux, la recomposition socioéconomique de l'environnement dans lequel elle déroule, etc., ne sont qu'une infime partie de l'impact négatif que l'exploitation minière est susceptible d'avoir sur les droits fonciers coutumiers. Anciennement préservés par des méthodes et de techniques assez originales d'exploitation mises en œuvre par les sociétés africaines[927], les droits fonciers sont à la faveur de l'introduction de l'exploitation de type industriel l'objet de tous types d'atteintes. L'avènement de colonisation a eu pour conséquence le délaissement des savoirs traditionnels indigènes et l'introduction dans l'ensemble des territoires, de techniques et de méthodes industrielles. Cette situation favorisée, par le dessein colonial qui était surtout l'exploitation à outrance des ressources a fortement influencé l'exploitation minière dans ses rapports aux droits fonciers en général et aux droits fonciers coutumiers en particulier. Les questions environnementales et les préoccupations socioéconomiques soulevées par l'exploitation minière à l'égard des détenteurs de droits fonciers coutumiers, ne souciaient nullement l'État, encore moins le concessionnaire. L'absence dans les rapports périodiques du service des Mines et de l'inspection générale des mines, d'une rubrique dédiée à ces questions en est une preuve accablante. Dans ces conditions, l'exploitation des concessions occultait logiquement les droits fonciers coutumiers.

**532.**Les deux premières décennies de la Côte d'Ivoire indépendante ne vont rien changer à cette situation. Les nouvelles autorités étaient trop préoccupées par les idées développementalistes pour s'attarder sur les coûts environnementaux et sociaux de la mise en exploitation des concessions. Comptant surtout sur l'agriculture pour réaliser le progrès, le législateur ivoirien de cette époque s'inspire très

927 C. H. PERROT, « Or, richesse et pouvoir chez les Anyi-Ndenye aux XVIIIe et XIXe siècles » *In Journal des africanistes*, 1978, Tome 48, fascicule 1, L'or dans les sociétés Akan, page 101 à page 126.

largement du modèle législatif colonial. Il finit cependant par faire volteface lorsqu'à la suite de la crise économique que connait le pays la nécessité de diversifier les bases de l'économie se pose. L'industrie minière venue au secours du secteur agricole attire plus l'attention des gouvernants. Sous l'influence de nombreuses initiatives internationales, les coûts sociaux et environnements des projets sont placés au centre de la politique nationale en matière de développement économique. Cependant, à l'instar de ses pairs d'Afrique noire, la faiblesse intrinsèque de l'État l'empêche d'assurer la mise en œuvre de ses évolutions.

**533.**La prise en compte des droits fonciers coutumiers reste donc au regard de ce qui précède une chimère dans le cadre de la réalisation des concessions minières. Cet état de fait n'est pas toujours sans conséquence sur la réalisation des projets miniers. Les travaux du ministre Gnamien YAO en donnent l'illustration parfaite. Aussi importe-t-il, à l'heure où l'État entend faire de l'exploitation minière l'un des piliers de l'économie ivoirienne, de prendre toute la mesure des enjeux de la prise en compte de ces droits fonciers coutumiers dans le cadre des concessions minières. Outre le fait d'aligner le régime minier sur les innovations de loi de n°98-750 relative au régime foncier, une telle initiative pourrait en effet s'avérer très efficace contre le phénomène grandissant de l'orpaillage clandestin qui tend aujourd'hui à s'inviter dans le débat politique.

# SOURCES ET BIBLIOGRAPHIE

## I- SOURCES D'ARCHIVES


Répertoires d'archives

SEA J., répertoire des archives de l'histoire coloniale de la Côte d'Ivoire : 1838-1960, Abidjan, frat-mat Éditions, 2004.

N'DIAYE A. G., répertoire d'archives, sous série 2G, rapports périodiques première tranche, 1895-1940, Dakar.

N'DIAYE A. G., répertoire sous série 2G, rapports périodiques deuxième tranche : 1941-1960, Dakar 2001.

Série d'archives

ANS, 2G5-23, Côte d'Ivoire, Services des Travaux Publics et des Mines, Rapport d'ensemble pour l'année 1905 (Document non paginé).

ANS, 2G7-13, Gouvernement général de l'AOF, Côte d'Ivoire, Rapport d'ensemble situation générale de la Côte d'Ivoire en 1907, 163 pages.

ANS, 2 G8-4, Côte d'Ivoire service des Mines, Rapport 1er trimestre 1908.

ANS, 2 G8-4 Côte d'Ivoire, Service des Mines, Rapport sur les concessions minières 1er trimestre, 1908.

ANS, 2G8-4, Côte d'Ivoire, Service des Mines Rapport 2e trimestre 1908, (Document non paginé).

ANS, 2G8-4, Côte d'Ivoire, Service des Mines Rapport 3e trimestre 1908, (Document non paginé).

ANS, 2G8-4, Côte d'Ivoire, Service des Mines, Rapport annuel 1908.

ANS, 2G9-3, Côte d'Ivoire, Service des Mines, Rapport sur l'exécution des travaux effectués pendant le premier trimestre 1909.

ANS, 2G9-3 Côte d'Ivoire, Service des Mines, Rapport du 2ème trimestre 1909.

ANS, 2G9-3 Côte d'Ivoire, Service des Mines, Rapport du 3ème trimestre 1909.

ANS, 2G9-3, Côte d'Ivoire, Service des Mines, Rapport du 4e trimestre 1909, (Document non paginé).

ANS, 2G9-3, Côte d'Ivoire, Services des Travaux Publics et des Mines, Rapport du 4e trimestre 1909, Copie correspondance chef du service des travaux publics à Monsieur le Gouverneur.

ANS, 2G10-7, Côte d'Ivoire, Service des Mines, Rapport du 1er trimestre 1910.

ANS, 2G10-7, Côte d'Ivoire, Service des Mines, Rapport du 2ème trimestre 1910.

ANS, 2G10-7, Côte d'Ivoire, Service des Mines, Rapport du 3ème trimestre 1910.

ANS, 2G10-7, Côte d'Ivoire, Service des Mines, Rapport du 4ème trimestre 1910

ANS, 2G10-7, Côte d'Ivoire, Service des Mines, Rapport annuel 1910.

ANS, 2G11-3, Côte d'Ivoire, Service des Mines, Rapport 1er trimestre 1911.ANS, 2G11-3, Côte d'Ivoire, Service des Mines, Rapport 2ème trimestre 1911.

ANS, 2G11-3, Côte d'Ivoire, Service des Mines, Rapport 3ème trimestre 1911.

ANS, 2G11-3, Côte d'Ivoire, Services des travaux publics et des mines, Correspondance annexée au du Rapport du 3e trimestre 1911.

ANS, 2G11-3, Côte d'Ivoire, Service des Mines, Rapport 4ème trimestre 1911.

ANS, 2G11-3, Côte d'Ivoire, Services des mines, Rapport annuel 1911.

ANS, 2G12-4, Côte d'Ivoire, Mines, Rapport 1er trimestre 1912.

ANS, 2G12-4, Côte d'Ivoire, Mines, Rapport 2ème trimestre 1912.

ANS, 2G12-4, Côte d'Ivoire, Mines, Rapport 3ème trimestre 1912.

ANS, 2G12-4, Côte d'Ivoire, Mines, Rapport 4ème trimestre 1912.

ANS, 2G12-4, Côte d'Ivoire, Mines, Rapport annuel 1912.

ANS, 2G14-26, AOF, Travaux publics, rapport annuel d'ensemble 1914 (I).

ANS, 2G14-26, AOF, Mine, Rapport annuel d'ensemble 1914 (II).

ANS, 2G18-12, Côte d'Ivoire, Service des Mines, Rapport annuel d'ensemble 1918.

ANS, 2G24-69 AOF rapport d'ensemble inspection générale des Travaux Publics, 1924.

ANS, 2G28-16, AOF, Inspection générale des Travaux Publics, Service des Mines, Rapport annuel 1928.

ANS, 2G29-19 Gouvernement général de l'AOF, Inspection générale des travaux publics, section des Mines, rapport de fin d'année 1929, 54 pages.

ANS, 2G33-58, Colonie de Côte d'Ivoire, Service des Travaux Public, Section Mines, rapport annuel sur le fonctionnement de la section des Mines, année 1933, 27 pages.

ANS, 2G34-14, AOF, Service des Mines, Rapport annuel 1934, 42 pages.

ANS, 2G37-20, M. P. SEYER, Rapport technique sur l'activité minérale en AOF, en 1937, Gouvernement Général de l'AOF, 20 pages.

ANS, 2G40-11, Inspection générale des Travaux publics, Service des Mines, Rapport technique sur l'activité minière de l'Afrique Occidentale Française en 1940.

ANS, 2G41-4, Inspection générale des Travaux publics, Service des Mines, Rapport technique sur l'activité minière de l'Afrique Occidentale Française en 1941.

ANS, 2G45-108, AOF, Direction générale des travaux publics, Direction des mines, rapport annuel sur l'activité minière, 1945.

ANS, 2G45-120, Côte d'Ivoire, Travaux publics, rapport d'ensemble sur le fonctionnement et l'activité des services pour la période de septembre 1944 à août 1945.

ANS, 2G46-10, Côte d'Ivoire, Travaux publics, rapport d'ensemble sur le fonctionnement et l'activité des services pour la période de septembre 1945 à août 1946.

ANS, 2G47-63, Gouvernement fédéral de l'AOF, Direction fédérale des mines et de la géologie, Rapport sur la réalisation des plans dans le domaine de la géologie, des prospections et de la production minière, 37 pages.

ANS, 2G47-104, Côte d'Ivoire, Travaux publics, Section des mines, rapport sur le fonctionnement 4ème trimestre 1947.

ANS, 2G49-1, Gouvernement général de l'AOF, Direction générale des travaux publics, Direction des Mines, Rapport technique sur l'activité minière en AOF 1949. 2G51-2, Gouvernement général de l'AOF, Direction générale des travaux publics, Direction des Mines, Rapport technique sur l'activité minière en AOF 1951.

ANS, 2G52-70, Rapport du Conseil Général présenté à la session budgétaire 1952 de l'assemblée territoriale de la Côte d'Ivoire par le Gouverneur BAILLY, Abidjan, Imprimerie du Gouvernement, 1952.

ANS, 2G53-70, Rapport du Conseil Général présenté à la session budgétaire 1953 de l'assemblée territoriale de la Côte d'Ivoire par le Gouverneur BAILLY, Abidjan, Imprimerie du Gouvernement, 1953.

ANS, 2G57-32, Rapport sur l'activité générale du Conseil de gouvernement et sur la marche des services publics territoriaux pour l'année 1957 présenté à l'assemblée territoriale par M. le Vice-Président du conseil de gouvernement, Abidjan, Imprimerie du Gouvernement, 1952.

ANS, 3R44 V. 169, Programme des études de l'école Forestière.

Bulletin officiel du ministère des Colonies, Rapport au Président de la République, N°418, 1924, pp.1657-1658. Télécharger en ligne sur www.gallica.bnf.fr.

## **II-** BIBLIOGRAPHIE

### 1- Dictionnaires et lexiques

CABANE F., *Lexique d'écologie, d'environnement et d'aménagement*, Version 24, IFREMER, 2012, 342 pages.

CORNU G., *Vocabulaire juridique*, Paris, PUF, 2011, 1095 pages

Dictionnaire HACHETTE, Paris, Éditions Hachettes, 2013,

Dictionnaire le GRAND ROBERT de la langue française version électronique disponible sur CD-ROM.

Dictionnaire *Quillet de la langue française,* K-P, Paris, Édition Quillet, 1975.

Dictionnaire de français LAROUSSE, consulté en ligne le 01/04/2019 à 09 h 58 mn sur https://www.larousse.fr/dictionnaires/francais/barème/8019

GUINCHARD S., DEBARD T., (Sous la direction de), *Lexique des termes juridiques*, Paris, Dalloz, 2014.

ROLAND H., *lexique juridique expression latines*, Paris, Litec Lexisnexis, 2006.

REY A., REY-DEBOVE J. (Sous la Dir.), *Le petit Robert de la langue française*, Paris, Edition le Robert, 2020, 2838 pages.

2- Ouvrages

➢ Ouvrages généraux

AUBREVILLE A. et al., *Contribution à l'étude des réserves naturelles et des parcs nationaux*, Paris, Éditions Paul Lechevalier, 1937, 267 pages.

AKA S. F., *Introduction à l'étude du droit,* Collection mémo-droit, 2005, 285 pages.

BROT J. (Coord.), *Agricultures, ruralités et développement,* Les cahiers de l'association tiers-monde, N°33, 2018, XXXIIIe journées sur le développement, 188 pages

CHEVALIER J., *L'état post-moderne*, Paris, LGDJ/ Lextenso éditions, 2008, 266 pages.

CIPARISSE G. (Sous la Dir.), *Thesaurus multilingue du foncier,* version Française, Organisation des Nation Unies pour l'Alimentation et l'Agriculture, Rome, 1999, 216 pages.

COULIBALY S., *Le paysan senoufo*, Abidjan-Dakar, NEA, 1978, 263 pages.

DAGRI DIABATE H. (Sous la Dir.), *Mémorial de la Côte d'Ivoire*, Tome1, Abidjan, Edition Ami, 1987.

DARESTE P., *Traité de droit colonial*, Tome I, Paris, Bibliothèque Alexandre Franconie, 1931, 704 pages.

DARESTE P., *Traité de droit colonial*, Tome II, Paris, Bibliothèque Alexandre Franconie 1932, 880 pages.

DEGNI SEGUI R., *Introduction à l'étude du Droit*, Abidjan, EDUCI, 2009, 283 pages.

DEGNI SEGUI R., *Les droits de l'homme en Afrique noire francophone : Théorie et Réalité*, Abidjan, CEDA, 2001,343 pages.

DIALLO M., *La comptabilité publique des Etats Africains francophones, histoire,* Dakar, Nouvelles Editions Africaines du Sénégal, 2015, 153 pages.

GIRAULT A, *Principes de colonisation et de législation coloniale*, Tome I, Paris, Librairie de la Société du Recueil Gal des Lois & des Arrêts, 1904, 789 pages.

GIRAULT A, *Principes de colonisation et de législation coloniale*, Tome II, Paris, Librairie de la Société du Recueil Gal des Lois & des Arrêts, 1904, 775 pages.

HABETS A., *Cours d'exploitation des mines*, Tome I, Paris, Bureaux de la revue des mines, etc., 1902, 590 pages.

HOUPHOUËT-BOIGNY, *Anthologie des discours1946-1978*, Abidjan, CEDA, 1978, vol. 1, 2297 pages.

KI ZERBO J., *Histoire de l'Afrique noire, d'hier à demain*, Paris, Hatier, 1978.

KIPRE P., *Côte-d'Ivoire : La formation d'un peuple*, Fontenay-sous-Bois, SIDES-IMA, 2005, 582 pages.

KOBO P. C., *Droit administratif des biens : les domaines des personnes publiques, l'expropriation*, Abidjan, ABC, 2004, 276 pages.

KOUASSIGAN G. A. (Sous la Dir), *Encyclopédie juridique de l'Afrique*, Tome cinquième, Abidjan, Dakar, Lomé, N.E.A, 1982, 493 pages

KOUASSIGAN G. A., *L'homme et la terre : droits fonciers coutumiers et droit de propriété en Afrique occidentale,* Paris, Édition BERGER LEVRAULT /ORTORM, 1966, 283 pages.

LE BRIS E., LE ROY E. et LEIMDORFER F., *Enjeu foncier en Afrique Noire*, Paris, ORSTOM/Karthala, 1982, 425 pages.

LE BRIS E., LE ROY E., MATHIEU P., *L'appropriation de la terre en Afrique noire*, Paris, Karthala, 1991, 309 pages.

LE ROY E., *La réforme du droit de la terre dans certains pays d'Afrique francophone,* Rome, FAO, Étude législative n°44, 1987, 108 pages.

LEGRE O. H., *Histoire des institutions et droit colonial*, Edition lumière de DEASSA, 2010, 296 pages.

MALENGREAU G., *Les droits fonciers coutumiers chez les indigènes du Congo,* Essai d'interprétation juridique, I.R.C.B. Bruxelles, Section des Sciences morales et politiques, dans 8° tome XV, fac. 2, 260 pages.

NAUDIER F., *Des mines et des carrières en droit romain*, Paris, L. LAROSE, Libraire-éditeur, 1877, 443 pages.

NÉNÉ BI S., *Histoire du droit et des institutions méditerranéennes et africaines. Des origines au début du XVIIIe siècle*, Abidjan, Les Éditions ABC, 2018, 563 pages.

NÉNÉ BI B. S. et al, *Le droit foncier ivoirien*, Abidjan, CNDJ, 2016, 379 pages.

NÉNÉ BI S., *Les institutions coloniales de l'Afrique-Occidentale Française*, Abidjan, Les Éditions ABC, 2015, 288 pages.

OGO SECK P., *Le ''Tound'' au Sénégal : entre pratique culturelle et droit foncier moderne*, Édition Librairie juridique Africaine, 35 pages.

PATAULT A. M., *Introduction historique au droit des biens*, Paris, PUF, 1989, 336 pages.

TARBOURIECH E., *Essai sur la propriété*, Paris V. GIARD et E BRIERE Libraire-éditeur, 1904, 356 pages.

TERRE F., SIMLER P., *Droit civil, les biens,* Paris, Dalloz, 1998, 880 pages.

VILLAMUR R., RICHAUD L., *Notre Colonie de la Côte d'Ivoire*, Paris, Augustin Challamel, 1903, 218 pages.

WADE A., *Un destin pour l'Afrique*, Neuilly-sur-Seine, Éditions Michel Lafon, 2005, 263 pages.

➢ Ouvrages Spécialisés

BAMBI KABASHI A., *Le droit minier congolais à l'épreuve des droits foncier et forestier*, Paris, Le harmattan, 2012, 248 pages.

BIOT L. H., *De la propriété des mines et de ses rapports avec la propriété superficiaire*, Paris, Marescqu Ainé Libraire Éditeur, 1875, 310 pages.

CHEVREL S., CHARLES N., CHRISTMANN P., LAMOUILLE B., BLANCHARD F., GUILLANEAU J.-C., KISTER P. *Le concept de ''mine responsable'', patronage des initiatives mondiale,* Collection « La mine en France », Tome 9, 101 pages.

DITTE H., *De la propriété des mines*, Paris, F. PICHON imprimeur-libraire, 1875, 255 pages.

GUILLON D., LIGER A., *Législation et réglementation minière*, Collection « La mine en France ». Tome 2, 2017, 18 pages.

LEY A., *Le régime domanial et foncier et le développement économique de la Côte d'Ivoire*, Paris, LGDJ, 1972, 746 pages ;

MICHELLET E., CLEMENT J., *La Côte d'Ivoire, organisation administrative, financière, judiciaire, régime minier, domanial, forestier et foncier*, Paris, Augustin CHALLAMEL, Éditeur,1906, 355 pages.

REY P., Résumé du Traité de *la propriété des mines et de ses conséquences, d'après les principes de la loi du 21 avril*

*1810*, Tome second, Paris, Victor DALMONT, Libraire-éditeur, 1857, 226 pages.

➢ Ouvrages de méthodologie

GRAWITZ M., *Méthodes des sciences sociales*, Paris, Dalloz, 1993.

N'DA P., Méthodologie de la recherche, Abidjan, EDUCI, 2002, 144 pages

N'DA P., Méthodologie et guide pratique du mémoire de recherche et de la thèse de Doctorat, Paris, Harmattan, 2007, 240 pages.

3- Articles

➢ Articles Scientifiques

« Fondements institutionnels du développement économique dans les États d'Afrique noire d'expression française », Chronique économique, *Penant,* n°691, 1962, page 309 à page 321.

AKA A., « Analyse de la nouvelle loi de 1998 au regard de la réalité foncière et de la crise sociopolitique en Côte d'Ivoire », *In Retour au foncier*, Bulletin de liaison du LAJP, n° 26 septembre 2001, Paris, LAJP, 2001, page 130 à page 143

AKA LAMARCHE A., « L'accès à la terre en Côte d'Ivoire : diversité et variabilité des pluralismes », *In La Revue des droits de l'homme*, 16/2019, Centre de recherches et d'études sur les droits fondamentaux, page 1 à page 25.

AKINDES F. « Les racines de la crise militaro politique en Côte d'Ivoire », *Série de monographie du CODESRIA*, ISBN : 2-86978-135-0, 51 pages.

AKONO MINLO R., « Réflexions sur les droits de l'exploitant de mines en droit camerounais », *Revue de l'ERSUMA, Droit des affaires - Pratique Professionnelle*, n° 4 - Septembre 2014, Etudes, consulté en ligne le 17/09/2019 à 00h45 sur http://revue.ersuma.org/no-4-septembre-2014/etudes/article/reflexions-sur-les-droits-de-l

ALLIOT M., « La coutume dans les droits originellement africains », *Bulletin de liaison du LAJP*, n° 7-8, 1985, page 79 à page 100.

ALISSOUTIN R. L., « La négation du savoir local dans les politiques de l'eau en Afrique », Document non paginé,

Téléchargé en ligne sur http://www.inter-reseaux.org/IMG/pdf/allissoutin_eau.pdf le 10/09/2018 à n16h38

AUBREVILLE A., « La protection de la flore en Afrique-Occidentale Française », *in Contribution à l'étude des réserves naturelles et des parcs nationaux*, Paris, Éditions Paul Lechevalier, 1937, page 221 à page 227

BABO A., DROZ Y., « Conflits fonciers. De l'ethnie à la nation. Rapports inter-ethniques et « ivoirité » dans le sud-ouest de la Côte-d'Ivoire », *Cahiers d'études africaines*, 2008/4, n° 192, page 741 à page 764.

BABO A., « Conflits fonciers, ethnicité politique et guerre en Côte d'Ivoire », *Alternatives sud*, Vol. 17-2010 / 95, pages à page 118.

BABO A., « Les usages politiques de la nationalité et ses risques pour la société ivoirienne », *ICIP Reserch* n°3, *Condition pour la consolidation de la paix en* Côte d'Ivoire, *Institut Català Internacional per la Pau*, 2014, page 89 à page 108.

BACHELET M., « Les titulaires des droits fonciers coutumiers » *In*, *Encyclopédie juridique d'Afrique*, Tome cinquième, Droit des biens, Abidjan, Dakar, Lomé, N.E.A, 1982, page 59 à page 70.

BADJI M., « Dire le droit en AOF aux 19e et 20e siècles : entre idéal de justice et stratégie coloniale », *In RSD*, n°11, Presses de l'Université Toulouse 1 Capitole, 2013, page 11 à page 49.

BALANDIER G., « Structures sociales traditionnelles et changement économique », *In Cahiers d'études africaines*, vol. 1, n°1, 1960, page 1 à page 14.

BEAUCHEMIN C., « Les migrations et l'effritement du modèle ivoirien : chronique d'une guerre annoncée ? », *Critique internationale*, 2005/3 n° 28, page 19 à page 42.

BENINGA M. B., « Répartition terrestre des végétaux : cas de quelques plantes utile et guerre des hommes pour s'en approprier », *In Dieu, la terre, la guerre, Actes du colloque international conjoint*, Abidjan, Les Presses de la FATEAC, 2016.

BLEVIS L., « Juristes et légistes au service de l'État colonial : de la mise en forme technique du statut des algériens a sa difficile légitimation », *CURRAP, Sur la portée sociale du droit. Usage et légitimité du régime juridique*, PUF, 2005, page 309 à page 324.

BLONDEL M., « Le régime minier des Colonies », *Congrès des chambres de commerce et des chambres d'agriculture de la France d'ouvre d'Outre-Mer : du 15 au 19 septembre 1931*, Paris, Secrétariat général de l'exposition coloniale internationale, 1931, 16 pages.

BONNECASE V., « L'État, les étrangers et la Côte d'Ivoire sous la Colonisation : la construction d'une autochtonie à échelle variable », *In* TOLAN J., EL ANNABI H., LEBDAI B et *alii* (dir.), *Enjeux identitaire en mutation*, Paris, Peter Lang, 2014, page 61 à page 96.

BONY S., « comprendre l'esprit de la loi n°98-750 du 23 décembre 1998 portant Code foncier rural en Côte d'Ivoire », 37 pages, Version numérique https://hal.archives-ouvertes.fr/hal-01116550/document.

BOUQUET C., « Le poids des étrangers en Côte d'Ivoire / *The importance of foreigners In Ivory Coast* », *In*, *Annales de Géographie*, Tome 112, n°630, 2003, Page 115 à page 145.

BRETON J. M., « Le domaine de l'Etat », *In*, *Encyclopédie juridique de l'Afrique*, Abidjan, Dakar, Lomé, N.E.A, 1982, page 201 à page 240.

BRIDIER B. « La répartition des terres entre unités d'exploitation Quelques classifications de la recherche-développement », *In, L'appropriation de la terre en Afrique noire*, Paris, Karthala, 1991, page 58 à page 61.

BROU A. K., « L'exploitation coloniale dans la mise en place du réseau routier et ferroviaire de la Colonie de Côte d'Ivoire de 1893 à 1960 », page 1 à page 14, Version numérique téléchargé le 17/09/2019 sur https:// halshs.archives-ouvertes.fr/halshs-01222836/document .

BRUZON V., « Les pratiques du feu en Afrique subhumide : exemple des milieux de la Centrafrique et de la Côte d'Ivoire », pages 147 à 162, Document numérique téléchargé en ligne le 10/09/2019 à 08h11mn sur http://horizon.documentation.ird.fr/exldoc/pleins_textes/pleins_textes_6/colloques2/40837.pdf

BUSQUET M. B., « Des stratégies intégrées durables : savoirs écologiques traditionnels et gestion adaptative des espaces et des ressources », *in VertigO – la revue électronique en sciences de l'environnement* [En ligne], Volume 7 Numéro 2, septembre 2006, mis en ligne le 08 septembre 2006, consulté le 20 septembre 2019. URL :http://journals.openedition.org/vertigo/2279 ; DOI : 10.4000/vertigo.2279.

CABANIS T. Y., BLAZY A., « Droit colonial-droit des pays indépendants : continuité, discontinuité », *In, La discontinuité en droit*, Presse de l'université de Toulouse 1 Capitole, page 63 à page 89.

CAMARA B., « Les conventions et les contrats coloniaux en Afrique occidentale française : le cas de la concession rurale de Diré au soudan français (1919-1939) », *Les nouvelles Annales de l'UCAD*, CREDILA, Dakar, Sénégal, n°2, 2011, 38 pages.

CAMPBELL B., « L'exploitation minière en Afrique : enjeux de responsabilité et d'imputabilité. Réflexion à partir d'initiative canadienne récentes en matière de réglementation et de responsabilité des entreprises dans le secteur extractif », *Communication à la Conférence sur l'exploitation minière et le développement en Afrique*, 9-13 juin 2008, Conakry, Version numérique télécharger le 16/09/2019 sur http://www.ieim.uqam.ca/IMG/pdf/BCampbellEnjeux_de_resp_et_d_imputabilite-.pdf.

CARBONNEL J. P., « Les bases coutumières et contemporaines des droits de découverte, d'invention et d'exploitation artisanale des mines. Exemple de l'orpaillage au Burkina Faso et au Mali », *Appropriation foncière en Afrique*, manuel d'analyse, de décision et de gestion foncière, page 122 à page 120.

CHAUVEAU J. P., « La loi de 1998 sur les droits fonciers dans l'histoire des politiques foncières en Côte d'Ivoire. Une économie politique des transferts de droits entre ''autochtones'' et ''étrangers'' en zone forestière », *In*, EBERHARD C. (dir.) *Law, land use and the environment afro-indian dialogues*, Pondichéry : IFP, 2008, page 155 à page 189.

CHAUVEAU J. P., « La question foncière en Côte d'Ivoire et le coup d'État ou comment remettre à zéro le compteur de l'histoire », *In*, *Politique africaine*, 2000, n°78 Spéciale Côte d'Ivoire, question foncière et reconstruction nationale en Côte d'Ivoire les enjeux d'un silencieux coup d'État, page 1 à page

CHAUVEAU J. P., LAVIGNE DELVILLE P., « Quelles politiques foncières intermédiaires en Afrique rurale francophone ? », *Comment réduire pauvreté et inégalité : pour une méthodologie des politiques publiques,* Paris (FRA), IRD, Karthala, 2002, p. 211-239

CHAUVEAU J.P., « L'économie de plantation villageoise caféière et cacaoyère en Côte d'Ivoire : les leçons de l'histoire », *Les Cahiers de la Recherche-Développement* n°8, 1985, page 46 à page 49.

CHAUVEAU J.-P., « Question foncière et construction nationale en Côte d'Ivoire, les enjeux silencieux d'un coup d'État », *Politique africaine,* n° 78, juin 2000, page 94 à page 125.

CHAUVEAU J. P., DOZON J. P., « Colonisation, économie de plantation, société civile en Côte d'Ivoire », Cahier de l'ORSTOM, sér. Sci. Hum., vol. XXI, n°1, 1986, page 63 à page 80.

CHAUVEAU J. P., JACOB J -P. et LE MEUR P.-Y., « L'organisation de la mobilité dans les sociétés rurales du sud », *In, Autrepart*, n° 30, 2004, page 3 à page 23.

CHAUVEAU J. P., « Une lecture sociologique de la loi ivoirienne de 1998 sur le domaine foncier », *Document de travail de l'Unité de Recherche 095*, N° 6, Septembre 2002, 45 pages.

CHAUVEAU J. P. « La réforme foncière de 1998 en Côte d'Ivoire à la lumière de l'histoire des dispositifs de sécurisation des droits coutumiers. Une économie politique de la question des transferts de droits entre autochtones et "étrangers" » en Côte d'Ivoire forestière », *Colloque international "Les frontières de la question foncière – At the frontier of land issues"*, Montpellier, 2006, 31 pages.

CHICOT P. -Y., « Droit positif et sacré : l'exemple du droit de propriété inspiré de la déclaration des Droit de l'homme et du citoyen », *Les annales de droit*, pp.51-52, Document électronique télécharger en ligne le 04/04/2019 à 16 h 23 mn sur http://journals.openedition.org/add/709.

COLIN J.-P., RUF F. « Une économie de plantation en devenir. L'essor des contrats de planter-partager comme innovation institutionnelle dans les rapports entre autochtones et étrangers en Côte d'Ivoire », *Revue Tiers Monde*, 2011/3, n°207, page 169 à page 187.

COULYBALY L., « Les nouveaux traits du droit ivoirien de la famille », *In RSD*, n°21, Dakar, NEA, 1977, page 175 à page 190.

DEBUCQUOIS C., « Le processus de Kimberley de certification des diamants bruts : un modèle pour le commerce des ressources naturelles ? », *CRIDHO Working Paper* 2011/3, page 175 à page 190.

DESHAIE M., « Grands projets d'exploitation minière et stratégie des firmes pour se rendre environnementalement acceptables », *In, l'espace politique* [En ligne], n°15, 2011-3, Consulté le 8 octobre 2019 à 17h 24 sur http://journal.openedition.org/espacepolitique/2113 ; DOI : 10.4000/espacepolitique.2113.

DESJEUX D., « L'augmentation des projets de développement agricole en Afrique noire et à Madagascar. Projets de développement et développement des grandes organisations », *In, Le Mois en Afrique*, n°249-250, 22e année, octobre-Novembre, 1986, page 46 à page 70.

DIA F., « Le mot de la Directrice », *In, la RSE pour un développement minier durable en Afrique de l'ouest, Liaison énergie francophonie* n°99, 1er trimestre 2015, page 4.

DIDIER C. « La politique française de prévention des risques liés à l'après-mine. Réalités industrielles », *In, Annales des mines*, Ed. ESKA, 2007, page 86 page 97.

DOZON J. P., « La Côte d'Ivoire entre démocratie, nationalisme et ethnonationalisme », *Politique africaine*, n° 78, 2000, page 45 à page 62.

EKANZA S. P., « Le double héritage de l'Afrique », *In Études* 2006/5, Tome 404, page 604 à page 616.

FALL A. B., « La charte africaine des droits de l'homme et des peuples : entre universalisme et régionalisme », *In, Pouvoirs*, 2009/2, n° 129, page 77 à page 100.

FOFANA A., « L'accès à la propriété foncière en droit malien : état des lieux et perspectives », *In, Mélanges en l'honneur de Michel BOUVIER*, Dakar, L'Harmattan-Sénégal, 2019, page 515 à page 538.

FOIRRY J. P., « L'évolution conjoncturelle de la Côte d'Ivoire en 1960 à 1985 : quelques facteurs explicatifs de la crise actuelle », *In*, *Le mois en Afrique*, n° 243-244, 21e année, avril-mai, 1986, page 70 à page 80.

FOYER J., « Les destinées du droit en Afrique », *In, Penant,* n°690, 1962, pages 1 à 6.

FRAMIGACCI J., « L'ordre économique colonial et exploitation économique de l'indigène, petit colons et forgerons Betsileo (1900-1923) », *In, Archipel*, volume 11, 1976, page 177 à page 222.

GALE G. J. P., « Les droits coutumiers à l'épreuve des réformes foncières en Côte d'Ivoire », *In, actualités juridiques*, n°77/2013, CIDD, page 97 à page 107.

GASTON J., « L'exploitation de l'or chez les indigènes », *In Bulletins et Mémoires de la Société d'anthropologie de Paris*, VI° Série, Tome 4 fascicules 3-4, 1913, page 372 à page 375.

GEENEN S., MUKOTANYI F. I., « '' Les grands poissons mangent les petits'' : Multiples aspects d'un conflit autour d'une concession minière au Sud-Kivu », *In, Politique africaine*, 2013/3 n° 131, Edition KARTHALA, pages 121 à 141.

GOH D., « l'exploitation artisanale de l'or en Côte d'Ivoire : la persistance d'une activité illégale », *European Scientific Journal*, vol.2, N°3, Edition 2016, page 18 à page 36.

GONIDEC P. F., « Un espoir pour l'homme et les peuples africain. La Charte africaine des droits de l'homme », *In*, *Le mois en Afrique*, n°209-210, 18e année, juin- juillet 1983, page 22 à page 40.

GRANDMAISON O. L. C, « L'exception et la règle : sur le droit colonial français », *Diogène*, 2005/4, n°212, pages 42 à page 64.

GUEHI J. I., « La politique coloniale de protection de la nature en Côte-d'Ivoire (1900-1958) », *In*, *Revue française d'histoire d'outre-mer,* tome 80, n° 298, 1er trimestre 1993, page 83 à page 104.

HUGLO C., « Le régime juridique de la remise en état dans le domaine des mines : des progrès sont-ils possibles », *In Anale des mines*, Juillet 1998, page 73 à page 80.

KISS A. C., SICAULT J. D., « La Conférence des Nations Unies sur l'environnement (Stockholm, 5/16 juin 1972) », *In, Annuaire français de droit international*, Volume 18, 1972 pages 603 à 628.

KI-ZERBO J., « Un continent en quête de son passé » *In*, *Le courrier de l'UNESCO, l'Afrique et son histoire,* aout-septembre 1979, 32è année, page 7 à page 8.

KOFFIGOH K., « La réforme agro foncière au Togo », *In* LE BRIS E., LE ROY E. et LEIMDORFER F., *Enjeux fonciers en Afrique Noire*, Paris, ORSTOM/Karthala, 1982, page 240 à page 252.

KONE M., « Quelle loi pour résoudre les problèmes liés au foncier en Côte d'Ivoire », *Grain de sel*, n°36, septembre-novembre 2006, 4 pages.

KOUAME K. J., « Criminalité violente liée au foncier à l'intérieur de la forêt classée de Goin Debe (RCI) », *Revue Africaine de Criminologie*, N°21-2017, page 8 à page 22.

KOUASSI N. K., « Exploitation minière, facteur de recompositions socio-économique dans la sous-préfecture de Hiré », *European Scientific Journal*, June 2016 Edition vol.12, page 287 à page 304.

KOUASSIGAN G., « Culture, famille et développement » *In R.S.D.*, N°21, Dakar, N.É.A., 1977, page 101 à 140.

KOUASSIGAN G. A, « Propriété foncière et développement tendances générales et option négro africaine », *In*, *Le village piégé : urbanisation et agro-industrie sucrière en CI*, Paris, PUF, Cahier de l'institut universitaire d'étude du développement, Genève, 1978, page 255 à page 307.

KOUASSIGAN G. A., « la nature juridique des droit fonciers coutumiers », *In*, *Encyclopédie juridique de l'Afrique*, Tome cinquième, Abidjan, Dakar, Lomé, N.E.A, 1982, page 49 à page 58.

KOUASSIGAN G. A., « Objet et évolution des droits fonciers coutumiers », *In*, *Encyclopédie juridique de l'Afrique*, Tome cinquième, Abidjan, Dakar, Lomé, N.E.A, 1982, page 29 à page 37.

LAGARDE M., « Le régime forestier : un modèle de législation de protection de l'environnement », *In*, *Revue Juridique de l'Environnement*, n°2, 1985. Page 175 à page 187.

LE ROY E., « Caractères des droits fonciers coutumiers », *Encyclopédie juridique de l'Afrique*, Tome cinquième, Droit des biens, Abidjan, Dakar, Lomé, N.E.A, 1982, page 39 à page 47.

LE ROY E., « Le régime minier entre le monopole de l'État et le privilège de l'inventeur : la législation et le monopole de l'État », *In*, *Appropriation foncière en Afrique*, manuel d'analyse de décision et de gestion foncière, page 117 à page 121.

LE ROY E., « Les objectifs de la colonisation française ou belge », In, *Encyclopédie juridique de l'Afrique*, Tome 5, Droit des biens, Abidjan, Dakar, Lomé, N.E.A, 1982, page 85 à page 95.

LE ROY E., « Les modes d'acquisition et les preuves des droits fonciers coutumiers », *Encyclopédie juridique de l'Afrique*, Tome cinquième, Droit des biens, Abidjan, Dakar, Lomé, N.E.A, 1982, page 71 à page 80.

LEVACHER C., Les sociétés transnationales face au droit des peuples autochtones. Quels acteurs pour quels enjeux ?, GITPA, 2012, 37 pages.

LEY A., « Le régime foncier en Côte d'Ivoire », *RID*, 1971, n°3, page 29 à page 33.

LEY A., « La logique foncière de l'état depuis la colonisation : 2- l'expérience ivoirienne » *Enjeux fonciers en Afrique Noire*, Paris, ORSTOM/Karthala, 1982, page 135 à page 141.

LEY A., « Le régime domanial et foncier et le développement économique de la Côte d'Ivoire », *Revue française d'histoire d'outre-mer*, Année 1981.

LUNEL P., BRAUN P., FLANDIN-BLETY P., TEXIER P., « Pour une histoire du droit de l'environnement », *In Revue Juridique de l'Environnement,* n°1, 1986, page 41 à page 46.

M'BENGUE A. B., « La réforme foncière et agraire au Sénégal », *In Penant* n°707, 1965, page 297 à page 303.

MAILLARD J., « Propriétaires contre concessionnaires dans les mines de charbon du Layon au XVIIIe siècle », *In*, *Annales de Bretagne et des pays de l'Ouest*, Tome 104, numéro 3, 1997, Mines, carrières et sociétés dans l'histoire de l'Ouest de la France, Textes réunis par Jean-Luc Marais, page 49 à page 57.

MANIRAKIZA P., « Protection des droits de l'homme à l'ère de l'industrie extractive en Afrique », *Criminologie*, Vol. 49, n°2, 2016, page 115 à page 140.

MAQUET J., « Droit coutumier traditionnel et colonial en Afrique centrale. Bibliographie commentée », *In Journal de la Société des Africanistes*, 1965, Tome 35, fascicule 2, page 411 page 418.

MARCOUX J. P., « Droits de la personne et activités minières en Afrique », *In Après-Demain, Revue de la Ligue des droits de l'Homme*, n° 452-453, mars-avril 2003, page 25 à page 29.

MARÉCHAL L., « Le secteur minier est-il porteur de développement en Afrique », *In Politique étrangère* 2013/2 Été, page 85 à page 98.

MATTEUS P., « Les techniques et les conditions d'exploitation des mines aurifères », *In Annales des mines-réalité industrielle*, n°4, Novembre 2018, page 10 à page 19.

MERCIER R., « Les fondements essentiels d'une politique du travail obligatoire », *In Penant* 1934, vol. XLIII, page 21 à page 28.

MERLE M., « Les relations extérieures de la Côte d'Ivoire », *Revue française de sciences politiques,* 9e année, n°3, 1959, page 686 à page 706.

MERLET P., « Pluralisme juridique et gestion de la terre et des ressources naturelles », *Réflexion présentée et discutée lors d'une réunion de réflexion interne de l'équipe d'AGTER*, Nogent sur Marne, le 2 décembre 2010, 6 pages.

Mouvement mondial des forêts tropicales « Les mines plus qu'un bienfait, une malédiction » in *Bulletin n° 71 du WRM,* Juin 2003, p. 20. Article consulté en ligne le 21/12/2018 à10h 24mn sur https://wrm.org.uy/fr/les-articles-du-bulletin-wrm/notre-opinion/lindustrie-miniere-est-un-probleme-et-doit-etre-traitee-en-consequence/.

Mouvement mondial des forêts tropicales, « L'industrie minière est un problème et doit être traité en conséquence », *Bulletin n°71*, Article consulté en ligne le 21/12/2018 à10h 24mn sur https://wrm.org.uy/fr/les-articles-du-bulletin-wrm/notre-opinion/lindustrie-miniere-est-un-probleme-et-doit-etre-traitee-en-consequence/ .

Mouvement Mondial des Forêts Tropicales, « Pour comprendre l'activité minière commençons par le début » *Bulletin 71*, publié le 30/06/2003, consulté en ligne le 06/02/2019 à 11h 03mn https://wrm.org.uy/fr/les-articles-du-bulletin-wrm/section1/p our-comprendre-lactivite-miniere-commencons-par-le-debut/ .

Mouvement Mondiale des Forêts Tropicales, « Les impacts de l'industrie minière sur l'environnement et sur la société » *Bulletin 71*, Publié le 30/06/2003, Article consulté en ligne le 06/02/2019 à 11h03mn https://wrm.org.uy/fr/les-articles-du-bulletin-wrm/section1/les-impacts-de-lindustrie-miniere-sur-lenvironnement-et-sur-la-societe/.

N'GANG F. F. et *al.*, *Les entraves à la mise en œuvre de la loi de 1998 relative au domaine foncier rural en Côte d'Ivoire : analyses et réflexions prospectives,* INADES-formation, octobre 2015, 48 pages.

NAIM-GESBERT É., « Maturité du droit de l'environnement », *Revue juridique de l'environnement* 2010/2 (Volume 35), page 231 à page 240.

NDIAYE F., BONIN M., « le droit minier », *In* M. BONNIN, I LY., B. QUEFFELEC, et, M NGAIDO (Sous la Direction de), *Le droit de l'environnement marin et Côtier au Sénégal*, Dakar Sénégal, IRD, PRCM, 2016, page 261 à page 277.

NÉNÉ BI S., « La dimension foncière du processus de pacification : Situation sur le terrain et nouvelles configurations », *ICIP Reserch n°3, Condition pour la consolidation de la paix en Côte d'Ivoire*, *Institut Català Internacional per la Pau*, 2014, page 63 à page 85.

NÉNÉ BI S., « La formation d'un droit foncier négocié dans le Sud forestier ivoirien », *In, Cahier d'anthropologie du droit 2007-2008*, Paris, Karthala, 2008, page 347 à page 374.

NIANGORAN-BOUAH G., « L'idéologie de l'or chez les akans de la Côte d'Ivoire et du Ghana », *In journal des africanistes*, 1978, Tome 48, fascicule 1, L'or dans les sociétés akans, pages 127 à 140.

ONGOLO S., KOUASSI K. S., CHERIF S. et BROU T. Y, « Les politiques de "mise en valeur" des terres : bureaucraties, dynamiques agraires et durabilité en Afrique tropicale », *In Les Cahiers de l'Association Tiers-Monde* n°33, 2018, page 53 à page 64.

OUEDRAOGO H. M. G., « De la connaissance à la reconnaissance des droits fonciers africains endogènes », É*tudes rurales* [en ligne], 187/2011, URL : http://journals.openedition.org/etudesrurales/9388 ; DOI : 10.4000/ etu-desrurales.938, consulté le 14/01/2020 à 9h48.

OWONA J., « L'expropriation pour cause d'utilité publique », In, Encyclopédie juridique de l'Afrique, Tome 5, Droit des biens, Abidjan, Dakar, Lomé, N.E.A, 1982, page 271 à page 293.

PAULME D., « Structures sociales traditionnelles en Afrique Noire », *In, Cahiers d'études africaines,* vol. 1, n°1, 1960, page 15 à page 27.

PERROT C. H., « Or, richesse et pouvoir chez les Anyi-Ndenye aux XVIIIe et XIXe siècles » *In Journal des africanistes*, 1978, Tome 48, fascicule 1, L'or dans les sociétés Akan, page 101 à page 126.

PIERRE P., « La place de la responsabilité objective notion et rôle de la faute en droit français », *Revue Juridique de l'Ouest*, n° 4, 2010, page 403 à page 423.

POUCHEPADASS J., « Colonisation et environnement », In, *Revue française d'histoire d'outre-mer,* tome 80, n°298, 1er trimestre 1993, page 5 à pages 22.

POUGOUE P. G., BACHELET M., *« Les nouveau régimes fonciers », In, Encyclopédie juridique d'Afrique,* Tome 5, Droit des biens, Abidjan, Dakar, Lomé, N.E.A, 1982, page 241 à page 268.

RICHTA R., « Révolution scientifique et technique et transformations sociales », *In, L'Homme et la société*, n°3, 1967, page 83 à page103.

SAADA E., « Penser le fait colonial à travers le droit en 1900 », *Mil neuf cent. Revue d'histoire intellectuelle* 2009/1 (n° 27), page 103 à page 116.

SAMARY P., « Situation générale à la Guyane Française Document et projet (suite et fin) », *In, La vie coloniale : Revue de la Colonisation du Commerce et de l'Industrie,* n°103, 10e année, 1er avril 1911, page 75 à page 76.

TANO A. M., « Conflits fonciers et stratégies de sécurisation foncière au sud-ouest ivoirien », *Bulletin de l'Association de géographes français*, 89è année, 2012-3, Terres et tensions en Afrique, Pages 486 à pages 498.

TANO Y., « La précarité des systèmes fonciers en Côte d'Ivoire », *Pouvoirs publiques et développement en Afrique*, Toulouse, SEDUSS, 1992, page 149 à page 165.

TORRE-SCHAUB M., « le préjudice moral », téléchargé en ligne le 06/09/2018 à 14h30 sur https://serdeaut.univ-paris1.fr/fileadmin/ cerdeau/Marta_TorreSchaub_ Préjudice _moral.pdf .

TOURNIS V., RABINOVITCH M., « Principe de législation minière », *In*, *Géologue* n°152, page 14 à page 24.

VALLAT C., « L'immigration Baoulé en pays Bakwé : étude d'un front pionnier », *In, Cahier de l'O.R.S.T.O.M.*, Ser. Sci. Hum., Vol XVI n° 1-2, 1979, page 103 à page 110.

VERDIER R., « Problèmes fonciers nigériens », *Penant*, n°703-704, 1964, pages 588 à 593.

VERDIER R., « la logique foncière de l'Etat depuis la colonisation : Le Choix d'une problématique juridique », *In*, Enjeux Foncier en Afrique, AISJ, Maisonneuve et Larose, Paris, 1971, page 133 à page 134.

VEZINA N., « Préjudice matériel, corporel et moral : variations sur la classification tripartite du préjudice dans le nouveau droit de la responsabilité », *In, Revue de Droit de l'Université de Sherbrooke*, n°24, 1993, page 161 à page 180.

WEISS P., « Les matières premières minérales », *In, encyclopédie juridique de l'Afrique*, Tome cinquième, Droit des biens, Abidjan, Dakar, Lomé, N.E.A, 1982, page 341 à page 374.

WEISS P., « Les matières premières minérales », *In*, *Encyclopédie juridique de l'Afrique*, Tome cinquième, Abidjan, Dakar, Lomé, N.E.A, 1982, p.343

YÉO D. F., « La parole du chef dans le champ politique en Côte d'Ivoire », Communication au colloque international sur « la parole du chef » du 03 au 06 décembre 2018, Université Alassane Ouattara (Bouaké, Côte d'Ivoire).

YOBO J., NASSA D. D. A., « L'exploitation minière, facteur de récession de l'activité agricole à HIRÉ WATTA en Côte d'Ivoire », *In Revue de Géographie Tropicale et d'Environnement*, n°1, 2018, page 287 à page 304.

ZANOU B., NYANKAWINDEMERA A., « Migration et répartition spatiale de la population en Côte d'Ivoire », *Communication au XXIVe congrès général de la population (18-24 Août 2 001),* Séance n°69 : les données du recensement au XXIe siècle.

➢ Article de presse

DELAFIN A., « L'or d'Afrique : une richesse liée à l'histoire du continent », MFI HEBDO : Economie Développement, 2005,

Article de presse consulté en ligne sur http://www1.rfi.fr/fichiers/MFI/EconomieDeveloppement/1614.asp

MINISTÈRE DE L'INDUSTRIE ET DES MINES, « La politique industrielle et minière pour l'émergence de la Côte d'Ivoire », *Dossier de presse*, Centre d'Information et de Communication Gouvernementale, 10 juillet 2014, p.7.

MINISTERE DE L'INDUSTRIE ET DES MINES, Potentiel minier de la Côte d'Ivoire, consulté en ligne sur www.industrie.gouv.ci le 06/02/2018 à 12h 59.

MINISTÈRE DES EAUX ET FORÊTS, « Focus : Les ressources en eau en Côte d'Ivoire. L'eau sources de vie », *Eaux et forêts*, n°3, février 2018, 37 pages.

N'GUESSAN R., « Paysans sans terres », *Fraternité matin*, n° 9212 du jeudi 29 juin 1995, p13.

TOURE M., « Impact de l'exploitation industrielle de l'or, taux d'indemnisation : les paysans se rebiffent », *Fraternité Matin*, n°9212 du jeudi 29 juin 1995, pp12-13 ;

VIDZRAKU S., « Côte d'Ivoire : une brigade spéciale pour lutter contre l'orpaillage clandestin », Article de presse consulté en ligne le 12/09/2012 à12h34, https://afrique.latribune.fr/economie/strategies/2018-11-19/cote-d-ivoire-une-brigade-speciale-pour-lutter-contre-l-orpaillage-clandestin-797890.html .

YAO G., « Contestation des projets miniers en Côte d'Ivoire : vers la reconnaissance du droit au développement humain durable des populations et collectivités locales », Consulté sur http://news.abidjan.net/h/504867.html le 27juillet 2017 à 15h47mn.

YALA D., « Orpaillage Clandestin : Ouattara craque et donne raison à Bédié », Article de presse Consulté en ligne le 15/09/2019 à 09h53 sur www.ivoirebusiness.net.

YVES MOREL S. J., « Les richesses minières en Afrique de l'ouest : un mariage à risque pour la démocratie », *Débats courriers d'Afrique de l'Ouest* n°69, novembre 2009, page 3 à page 8.

4- Thèses et mémoires

➢ Thèses

AGUIE H., *L'exploitation aurifère à Kokumbo et ses répercussions dans la région de Toumodi de 1850 à 1958,* Thèse de Doctorat en Histoire, Université Alassane Ouattara, 2018, 406 pages.

AKA LAMARCHE A., *Nouvelles approches du droit foncier et de l'organisation territoriale ivoirienne dans une perspective de sortie de crise*, Thèse de Doctorat, Université de Paris I Panthéon-Sorbonne, 2005, 466 pages.

AKIAPO K., *Le régime de la propriété foncière rurale en Côte d'Ivoire*, Thèse unique de doctorat, Université de Cocody-Abidjan, 2013, 388 pages.

BARRIERE O., *Gestion des ressources naturelles renouvelables et Conservation des écosystèmes au sahel : Le foncier-environnement*, Thèse de Doctorat en Droit, Université de Paris I, 1996, pages.

BONI S., *Le droit de propriété foncière rurale en Côte d'Ivoire de 1893 à 1998,* Thèse de doctorat, Université Félix Houphouët Boigny d'Abidjan-Cocody, 2015, 314 pages.

DEGNI SEGUI (R.), *Succession d'État en Côte d'Ivoire, Thèse doctorat d'État,* Aix en Province, 1979, 536 pages.

EID C. -Y., *Le droit et les politiques de l'environnement dans les pays du bassin méditerranéen : approche de droit environnemental comparé*, Thèse de Doctorat, Université Paris Descartes, Paris V, 2007, 296 pages.

GUASCO I., *De la propriété du sous-sol et des mines en droit romain et en droit français*, Thèse de doctorat faculté de droit de Dijon, 1867, 191 pages.

KRAGBE A. G., *Les politiques de gestion de l'environnement à l'aune du droit traditionnel Africain : cas des peuples des régions forestières de la Côte d'Ivoire,* Thèse de Doctorat en sciences de l'environnement, Abidjan, Université d'Abobo-Adjamé, UFR des Sciences et gestion de l'environnement, 2011, 414 pages.

MAZALTO M., *Gouvernance du secteur minier et enjeux de développement en république démocratique du Congo*, Thèse doctorat en sociologie, Université du Québec à Montréal, Février 2010, 529 pages.

MUNITA MARAMBIO R.E, *La responsabilité civile liée aux activités scientifiques et technologiques. Approche de droit compare*, Thèse pour obtenir le grade de Doctorat, Université de Grenoble Alpes, 2017, 669 pages.

NÉNÉ BI B. S., *La terre et les institutions traditionnelles africaines : le cas des Gouro de Côte d'Ivoire*, Thèse de Doctorat, Université d'Abidjan-cocody, 2005, 730 pages.

SAKAI L., La souveraineté permanente sur les ressources naturelles et la protection internationale des Droits de l'Homme, Thèse de Doctorat en Droit, Université Paris 1-Panthéon-Sorbonne, Université de Sao Paulo, 2014, 686 pages.

SARR S. A., *La domanialité des biens de l'Administration publique à l'épreuve des régimes fonciers traditionnels : ''le cas du Mali'*, Thèse de doctorat en droit, Université de Grenoble, 2012, Document non paginé, https://tel.archives-ouvertes.fr/tel-00866401.

SENGENSSE M. P. O., *De la propriété des mines en droit romain et en droit français*, Thèse pour le Doctorat en droit, Faculté de droit de Toulouse, 1867, 258 pages.

SIMÉON J., *Le Droit minier dans les possessions françaises*, Thèse de Doctorat en droit, Université de Paris, Faculté de Droit, 1929, 387 pages.

YAO G., *L'industrie minière face aux évolutions sociétale : quels impacts des attentes des populations et des collectivités locales sur le développement des projets miniers*, Thèse de Doctorat, Ecole Nationale Supérieure des Mines de Paris, 2014, 176 pages.

➢ Mémoires

LEBLANC J., les déplacements de population dus à des projets miniers en Afrique de l'ouest : mal nécessaire pour le développement ?, Mémoire présenté comme exigence partielle de la maîtrise en science politique, 2007, 154 pages.

MALEFOU C. P., *De la prise en compte de la biodiversité dans l'étude d'impact environnemental : étude de cas des demandes de concessions de mines et de carrières dans la région de Thiès (Sénégal)*, Mémoire de DEA, Institut des Sciences de l'Environnement, Faculté des Sciences et Techniques UCAD, 2012-2013, 77 pages.

5- Cours

AKA-LAMARCHE A. Droit foncier, cours de 3è année droit public, Université Alassane Ouattara, Bouaké, 2012-2013.

GBAGUIDI A. N, Méthodologie de la recherche scientifique, cours de 5è année (Master 2 recherche privé, droit public), Université Alassane Ouattara, 2014-2015.

NÉNÉ BI B. S., Histoire des idées politique cours de 4è année droit public, Université Alassane Ouattara, Bouaké, 2013-2014.

6- Rapports d'études, missions, monographies

ALDEN WILY L., Vers une remise à plat ? Bilan critique du droit foncier rural et forestier en Côte d'Ivoire, FERN, Mai 2015, 83 pages.

BESADA H., MARTIN P., Les Codes miniers en Afrique : la montée d'une « quatrième » génération ?, Rapport de recherche de l'Institut Nord-Sud, Mai 2013, 31pages.

COGNEAU D., MESPLÉ-SOMPS S., L'économie ivoirienne la fin du mirage?, Document de travail DIAL / Unité de Recherche CIPRÉ, Décembre 2002, 98 pages.

COGNEAU D., MESPLÉ-SOMPS S., La Côte d'Ivoire peut-elle devenir un pays émergent, Centre de Développement OCDE, Programme d'étude "Afrique émergente" Étude Côte d'Ivoire, 1999, 118 pages.

DURAND E., *Sur la législation minière aux États Unis*, Paris, Imprimerie de Mme V$^{e}$ Bouchard-Huzard, 1883, 6 pages.

GOSSEMENT A., Droit minier et droit de l'environnement, Éléments de réflexion pour une réforme relative à l'évaluation environnementale, à l'information et à la participation du public, Rapport remis à Madame N. KOSCIUSKO-MORIZET, Ministre de l'Écologie, du Développement durable, des Transports et du Logement, 12 octobre 2012, 372 pages.

Hiré : mine d'or ou mine de malheur plaidoyer pour le respect des Droit humain, Rapport APDH, Côte d'Ivoire, 2015, 56 pages.

ICMM, Guide de bonnes pratiques. Les peuples autochtones et exploitation minière, Londres Royaume-Uni, Guidance 2010-3.

JOHNSON S, Guide de bonnes pratiques : exploitation minière et biodiversité, Rapport publié par l'ICMM, Londres, Royaume-Uni, 2006, 154 pages.

KEIT A, et al. A., Communautés locales et manne aurifère : les oubliés de la législation minière malienne, IIED, Londres, 2008, p.11 ; L'espoir, N°13 septembre-novembre 2014, Edition bilingue, 43pages.

KOBO P.-C., FIAN A., Étude relative à l'implication de la définition du domaine foncier sur les autres domaines fonciers et au statut de l'arbre, Direction Générale du Développement Rural-Direction du Foncier Rural et du Cadastre Rural/ FONDS Européen de Développement, 2009, 57pages.

KONE F. R., « Pouvoirs coutumiers et orpaillage illicite en Côte d'Ivoire » *In*, Les analyse de l'ASA, 2017, page 1 à page 7.

LADO H., VADOT C., AMANI I., La Renégociation des Contrats Miniers en Afrique Cas du Niger et de la Guinée, Étude menée pour le compte de CEGEIAF, 3 mai 2017, 64 pages.

LANDROT N., DUFFOUR S., (Sous la coord.), Gestion durable de la faune et des ressources cynégétiques, Rapport pour les États généraux de la forêt, de la faune et des ressources en eau, Ernest & Young Advisory, 2015, 100 pages.

Les ressources minérales et le développement de l'Afrique, Rapport du groupe d'étude international sur les régimes miniers de l'Afrique, Commission Économique pour l'Afrique (NU), 233 pages.

POULARD F., DAUPLEY X., DIDIER C., POKRYSKA Z., D'HUGUES P., CHARLES N., DUPUY J.-J., SAVE M., Exploitation minière et traitement des minerais, Collection « La mine en France », Tome 6, 2017, 77 pages.

POULARD F., GOMBERT P., DIDIER C., CHEVREL S., BELLENFANT G., COTTARD F., Fermeture, reconversion et gestion de l'après mine, Collection « La mine en France », Tome 7, 2017, 67 pages.

TETRA TECH, Droits de Propriété et Développement du Diamant Artisanal II (DDPA II) : diagnostic terre et conflits dans les communautés d'exploitation artisanale du diamant de Séguéla et Tortiya, Etude menée pour le compte de l'Union Européenne et l'USAID, 2014, 53 pages.

UICN/PACO, Évolution du secteur minier en Afrique de l'Ouest. Quel impact sur le secteur de la conservation ? Ouagadougou, BF : UICN/PACO, 2011, 77 pages.

7- Instruments juridiques internationaux

➢ Déclarations internationales

Déclaration universelle des Droits de l'Homme de 1948.

Déclaration de Stockholm sur l'environnement de 1972.

Déclaration de Rio sur l'environnement et le développement de 1992.

➢ Résolutions et conventions internationales

Résolution 523 (VI) du 12 février 1952.

Convention de Minamata sur le mercure signé le 10 octobre 2003

➢ Textes communautaires

Acte dérivé n° 01/2000 du 14 décembre 2000 portant adoption de la politique minière commune de l'UEMOA.

Règlement n° 18/2003/CM/ UEMOA du 23 décembre 2003 portant Code minier communautaire de l'UEMOA.

Acte additionnel n° 01/2008/CCEG/UEMOA du 17 janvier 2008 portant adoption de la Politique Commune d'Amélioration de l'Environnement (PCAE).

Directive C/DIR3/05/09 du 27 mai 2009 sur l'harmonisation des principes directeurs et des politiques dans le secteur minier des États de la CEDEAO.

8- TEXTES LEGISLATIFS ET REGELEMENTAIRES

➢ Textes législatifs

Lois constitutionnelles

Loi n° 60-356 du 3 novembre 1960, portant Constitution de la Côte d'Ivoire, JORCI n° 58 du 04 novembre 1960, page 1271.

Loi n° 2000-513 du 1er Août 2000, portant Constitution de la Côte d'Ivoire, JORCI n°30 du 3 août 2000, page 529.

Loi n° 2016-886 du 8 novembre 2016, portant Constitution de la République de Côte d'Ivoire, JORCI n°16 NS du 09 novembre 2016, page 129.

Lois ordinaires

Loi n° 64-249 du 3 juillet 1964, portant Code minier, JORCI n° 40 du 23 juillet 1964, p. 946.

Loi n°65-425 du 20 décembre 1965, portant Code forestier, JORCI n° 03 du 06 janvier 1966, page 38.

Loi n°70-489 du 3 août 1970 portant Code pétrolier, JORCI du 12 août 1970.

Loi n° 71-338 du 12 juillet 1971, relative à l'exploitation rationnelle des terrains ruraux détenus en pleine propriété, JORCI n° 34 du 05 août 1971, page. 1102.

Loi n° 88-651 du 07 juillet 1988, portant protection de la santé publique et de l'environnement contre les effets des déchets industriels toxiques et nucléaires et des substances nocives, JORCI n° 27 du 07 juillet 1988, page 258.

Loi n° 95-553 du 18 Juillet 1995, portant Code minier, JORCI n° 34 du 24 août 1995, page 651.

Loi n° 98-750, relative au domaine foncier rural, JORCI n° 02 du 14 janvier 1999, page 23.

Loi n° 2013-655 du 13 septembre 2013, relative au délai accordé pour la constatation des droits coutumiers sur les terres du domaines coutumiers et portant modification de l'article 6 de la loi n°98-750 du 23 décembre 1998 relative au domaine foncier rural, JORCI n° 41 EC du 14 octobre 2013 à la page 598.

Loi n° 2014-138 du 24 mars 2014, portant Code minier, JORCI n° 03 NS du 2 avril 2014, page 48.

Loi n° 2014-427 du 14 juillet 2014 portant Code forestier.

Loi n°2019-675 du 23 juillet 2019 Code forestier, JORCI n° 18 NS, du mercredi 2 octobre 2019, page 313.

Loi n° 2019-868 du 14 octobre 2019 modifiant la loi n°98-750 du 23 décembre 1998 relative au domaine foncier rural, telle que modifiée par les lois n°2004-412 du 14 août 2004 et n°2013-655 du 13 septembre 2013.

➢ Textes réglementaires

Décrets

Décret du 06 juillet 1899, réglementant la recherche et l'exploitation des mines dans les Colonies ou pays du protectorat de l'Afrique continentale, autres que l'Algérie et la Tunisie ;

Décret du 20 juillet 1900, relatif au régime de la propriété foncière à la Côte d'Ivoire.

Décret du 20 juillet 1900, relatif au régime forestier à la Côte d'Ivoire.

Décret du 04 août 1901, portant réglementation sur la recherche et l'exploitation de l'or et des métaux précieux dans les Colonies et pays de protectorat de l'Afrique autres que l'Algérie et la Tunisie.

Décret du 10 novembre 1903, portant réorganisation du service de la justice dans les Colonies relevant du gouvernement général de l'Afrique occidentale.

Décret du 23 octobre 1904, portant organisation du domaine en Afrique Occidentale française.

Décret du 18 juin 1912, organisant le régime forestier de la Côte d'Ivoire, JOCI 1912, page 457.

Décret du 22 octobre 1924, portant réglementation de la recherche et de l'exploitation des gîtes de substances minérales en Afrique occidentale française.

Décret du 8 octobre 1925, instituant un mode de constatation des droits fonciers indigènes en Afrique-Occidentale Française, J.O.R.F du 14 octobre 1925, page 868.

Décret du 31 juillet 1927, portant modification du régime minier en Afrique Occidentale Française, JORCI n° 1199 du 10 septembre 1927 page 633 à page 634 ;

Décret colonial du 29 septembre 1928 portant réglementation du domaine public et les servitudes d'utilité publique en A.O.F., JORF n °257 du 31 octobre 1928.

Décret du 15 novembre 1935, portant réglementation des terres domaniales en A.O.F

Décret du 04 Juillet 1935, organisant le régime forestier de l'Afrique-Occidentale Française, JORF du 07 juillet 1935, page 7289.

Décret du 31 mai 1938, portant publication de la convention de Londres (8 novembre 1933) sur la protection de la flore et de la faune Afrique, JORF du 03 juin 1938, page 62 à page 63 ;

Décret n° 54-1110 du 13 novembre 1954, portant réforme du régime des substances minérales dans les Territoires d'Outre-mer, au Togo et au Cameroun.

Décret n° 54-471 du 27 avril 1954, relatif à la protection de la nature dans les territoires d'Outre-mer d'Afrique, JORF du 04 mai 1954, page 4240 ;

Décret n° 55-533 du 10 mai 1955, fixant les conditions d'application de la loi n°53-663 du 1er août 1953 relative à la constatation des infractions à la réglementation minière et à la protection des exploitations minières productrices de substances minérales précieuses dans les territoires d'outre-mer, au Togo et au Cameroun, publié par *Penant*, 1955, page 124 à page 125.

Décret-loi n° 55-580 du 20 mai 1955, portant réorganisation foncière et domaniale en Afrique-Occidentale Française et Afrique Équatoriale Française, publié par *Penant*, 1955, page 147 à page 153.

Décret n° 55-582 du 20 mai 1955, relatif à la protection des forêts dans les territoires d'Afrique relevant du ministère de la France d'Outre-mer, JORF du 21 mai 1955, page 5084.

Décret n° 55-638 du 20 mai 1955, complétant le décret n°54-1110 du 13 novembre 1954 portant réforme des substances minérales dans les territoires d'outre-mer, publié par *Penant*, 1955, page191 à page 193.

Décret n° 57-242 du 24 février 1957, modifiant et complétant le décret 54-1110 du 13 novembre 1954 portant réforme du régime des substances minérales dans les Territoires d'Outre-mer, au Togo et au Cameroun.

Décret n° 61-163 du 18 avril 1961, portant annulation du permis minier n° 2 appartenant à la coopérative africaine de recherches d'exploitation diamantifères, JORCI n° 31 du 01 juin 1961, p. 790.

Décret n° 64-207 du 23 mai 1964, portant règlementation de la détention et du commerce de l'or et des matières d'or, JORCI n° 32 du 04 juin 1964, page 724.

Décret n° 65-96 du 26 mars 1965, déterminant les modalités d'application de la loi du 3 juillet 1964, JORCI n° 18 du 15 avril 1965, page 380.

Décret n° 69-80 du 08 mars 1969, portant règlementation de la détention et du commerce de l'or et des matières d'or, JORCI n° 14 du 20 mars 1969, page 386

Décret n°84-1061 du 13 septembre, 1984 portant régime de l'exploitation artisanale et semi-industrielle de l'or et du diamant JORCI n° 40 du 27 09 septembre1984, page 544.

Décret n° 91-662 du 9 octobre 1991, portant création d'un établissement public à caractère administrative (EPA), dénommé « Centre Ivoirien Antipollution » (CIAPOL) et déterminant ses attributions, son organisation et son fonctionnement, JORCI n° 47 du 21 novembre1991, page 885.

Décret n°96-634 du 9 août 1996, déterminant les modalités d'application de la loi n° 95-553 du 18 juillet 1995 portant Code minier JORCI n° 49 du 05 décembre 1996, page 1122.

Décret n° 96-894 du 08 novembre 1996, déterminant les règles et procédures applicables aux études relatives à l'impact environnemental des projets de développement. JORCI n° 46 du 14 novembre 1996, page 1062.

Décret n° 97-678 du 3 décembre 1997, portant sur la protection de l'environnement marin et lagunaire contre la pollution, JORCI n° 06 du 05 février 1998, page 150.

Décret n° 97-393 du 9 juillet 1997, portant création et organisation d'un établissement public à caractère administratif dénommé Agence Nationale de l'Environnement (ANDE), JORCI n° 30 du 24 juillet 1997, page 787.

Décret n° 98-19 du 14 janvier 1998, portant création et organisation du Fonds National de l'Environnement, en abrégé « F.N.D.E » Décret n° 98-43 du 28 janvier 1998 relatif aux installations classées pour la protection de l'environnement, JORCI n° 11 du 12 mars 1998, page 267.

Décret n° 99-593 du 13 octobre 1999, portant organisation et attributions des Comités de Gestion Foncière Rurale (CGFR), JORCI n°43 du 28 octobre 1999, page 867 à page 868.

Décret n° 99-594 du 13 Octobre 1999, fixant les modalités d'application au Domaine Foncier Rural coutumier de la loi n° 98-750 du 23 décembre 1998, JORCI n° 43 du 28 octobre 1999, page 868.

Décret n° 2003-143 du 30/05/2003, portant additif au décret 96-634 du 9 aout 1996 déterminant les modalités d'application de la loi n° 95-553 du 18 juillet 1995 portant Code minier relatives à l'importation et à l'exportation des diamants bruts en vue de la mise en œuvre du processus de Kimberley, JORCI n° 25 du 19 juin 2003, page 387

Décret n° 2005-03 du 6 janvier 2005, portant Audit Environnemental, JORCI n° 2006-15 du 13 avril 2006, page 238.

Décret n°2007-05 du 17 janvier 2007, portant attribution d'un permis d'exploitation minière à la société EQUIGOLD Côte d'Ivoire SA à Bonikro sous-préfecture de Hiré, département de Divo, publié au JORCI n°2007-06 du 08 février 2007, à la page n°92.

Décret n°2012-808 du 08 août 2012, portant attributions d'un permis d'exploitation minière à la société occidentale GOLD (Côte d'Ivoire) SARL dans le département de Tengréla, publié au JORCI n°04 EC du 03 août 2012, à la page n°68.

Décret n°2013-825 du 02 décembre 2013, portant attributions d'un permis d'exploitation minière à la société ROCKSTONE GOLD SA à Aféma dans le département d'Aboisso, publié au JORCI n°07 du 13 février 2014, à la page n°142.

Décret n°2013-854 du 19 décembre 2013, portant attributions d'un permis d'exploitation minière à la société LGL RESOURCES COTE D'IVOIRE SA à Dougbafla dans le département d'Oumé, publié au JORCI n°06 du 6 février 2014, à la page n°129.

Décret n°2013-885 du 19 décembre 2013, portant attributions d'un permis d'exploitation minière à la société LGL RESOURCES COTE D'IVOIRE SA dans la sous-préfecture de Hiré, publié au JORCI n°06 du 6 février 2014, à la page n°130.

Décret n° 2014-397 du 25 juin 2014, déterminant les modalités d'application de la loi n°2014-138 du 24 mars 2014 portant Code minier, JORCI n° 37 du 14 août 2014, page 844.

Décret n°2019-263 du 27 mars 2019 portant définition de la procédure de délimitation des territoires des villages.

Décret n°2019-264 du 27 mars 2019 portant organisation et attribution des comités sous-préfectoraux de gestion foncière rurale et des comités villageois de gestion foncière rurale.

Décret n°2019-265 du 27 mars 2019 fixant la procédure de consolidation des droits des concessionnaires provisoires de terres du Domaine Foncier Rural.

Décret n°2019-266 du 27 mars 2019 fixant les modalités d'application du Domaine Foncier Rural Coutumier de la loi n°98-750 du 23 décembre 1998.

Décret n°2016-590 du 03 août 2016 portant création, attributions, organisation et fonctionnement de l'Agence Foncière Rurale, dénommée AFOR.

Arrêtés

Arrêté local n°2164 AG du 9 juillet 1936, réglementant l'aliénation des terrains domaniaux.

Arrêté n°327 TPM du 21 août 1951.

Arrêté interministériel n°28MINAGRA/MEF du 12 Mars 1996 portant fixation du barème d'indemnisation des cultures détruites.

Arrêté n° 044/MINEME/IG du 24 mars 2004 portant intégration du Service de l'Inspection des Installations Classées (SIIC), au Centre Ivoirien Anti-Pollution (CIAPOL).

Arrêté interministériel n°247/MINAGRI/MPMEF/MPMB du 17 juin 2014 portant fixation du barème d'indemnisation des cultures détruites.

Arrêté interministériel n°453 MINADER/MIS/MIRAH/MEF/MCLU/MMG/MEER-/MEPEER/SEPMBPE du 1er Août 2018 portant fixation du barème d'indemnisation des cultures détruites ou projet de destruction des cultures et autres Investissements en milieu rural et abattage d'animaux et d'élevage.

Arrêté n° 205 /MINEME/IG/ du 19 octobre 2005 portant mise en place, composition et mission de la cellule d'élaboration du plan programme de la dépollution, de l'aménagement et d'exploitation de l'espace lagunaire.

Arrêté n° 206 /MINEME/IG/ du 19 octobre 2005, portant nomination des membres de la cellule d'élaboration du plan programme de la dépollution, de l'aménagement et d'exploitation de l'espace lagunaire.

Arrêté n°00972 du 14 novembre 2007, relatif à l'application du décret n°96-894 du 8 novembre 1996 déterminant les règles et procédures applicables aux études relatives à l'impact environnemental des projets de développement. JORCI n° 14 du 02 avril 2009, p. 204.

Arrêté n°00973 du 14 novembre 2007, relatif à l'application du n° 2005 -03 du 6 janvier 2005 portant audit environnemental.

Arrêté n°445/MINEME/CAB du 24 mars 2004, portant intégration du Bureau d'Études d'Impact Environnemental (BEIE) à l'Agence Nationale De l'Environnement (ANDE)

Circulaire

Circulaire du 1er avril 1902, relative à l'application du décret du 6 juillet 1899 portant réglementation sur la recherche ou l'exploitation des mines de l'Afrique occidentale.

257 TP Circulaire du 28 août 1928, au sujet des règles d'organisation du service des Mines en AOF.

9- DECISION DE JUSTICE

Cour d'Appel Abidjan, n°46 du 25 janvier 1980, EDC 1987, n°1, p.140.

Cour d'Appel de Daloa, Deuxième chambre civile et commerciale, Arrêt n° 206, du 30/05/2001, Disponible sur https://biblio-cndj.ci/.

TPI Abidjan-plateau, Jugement civil n° 2365 du 29 décembre 2011, les ayants droits de feu DADIER et ADEGUE Benoît et autres c/ Société minière EQUIGOLD (LGL) Côte d'Ivoire, Disponible sur https://biblio-cndj.ci/.

TPI Bouaké, jugement n°470 du 10 mars 2000, Disponible sur https://biblio-cndj.ci/.

TPI Abidjan- Plateau, Jugement n° 424 du 14 juillet 2016, Affaire 1/ Victimes des déchets toxiques, 2/ ABALE Didier et autres, 3/ La Fédération Nationale pour la Défense des Droits des Victimes des Déchets Toxiques de Côte-d'Ivoire dite FNDDVDT-CI, 4/ OUATTARA Amoro, 5/ Le Mouvement International de défense des Droits Universels de l'Homme et du travail dit MIDUHT , 6/ Les ayants droit de Feue TIEHI Adèle 7/ Les ayants droit de Feue TIEHI Odile, 8/ LE Collectif DES Intoxiques Hospitalises DES Déchets Toxiques dit CIHDT C/ 1/ La société TRAFIGURA BEHEER BV 2/ La société TRAFIGURA LTD/GALENA ASSET MANA-GEMENT, 3/ Le capitaine commandant du navire Probo Koala, en la personne de SERGI Cherton, 4/ LA SOCIETE PUMA ENERGY COTE- D'IVOIRE, 5/ L'Etat de Côte d'Ivoire, 6/ La Société TRAFIGURA BR BV, Disponible sur https://biblio-cndj.ci/.

Section du Tribunal de Divo, Jugement civil n°250 du 28/12/2017, Ayants droits de feu KOUAKOU Koumassi C/ Société NEWCREST HIRÉ CÔTE D'IVOIRE SA.

# TABLE DES MATIERES

## Structures éditoriales du groupe L'Harmattan

**L'Harmattan Italie**
Via degli Artisti, 15
10124 Torino
harmattan.italia@gmail.com

**L'Harmattan Hongrie**
Kossuth l. u. 14-16.
1053 Budapest
harmattan@harmattan.hu

---

**L'Harmattan Sénégal**
10 VDN en face Mermoz
BP 45034 Dakar-Fann
senharmattan@gmail.com

**L'Harmattan Cameroun**
TSINGA/FECAFOOT
BP 11486 Yaoundé
inkoukam@gmail.com

**L'Harmattan Burkina Faso**
Achille Somé – tengnule@hotmail.fr

**L'Harmattan Guinée**
Almamya, rue KA 028 OKB Agency
BP 3470 Conakry
harmattanguinee@yahoo.fr

**L'Harmattan RDC**
185, avenue Nyangwe
Commune de Lingwala – Kinshasa
matangilamusadila@yahoo.fr

**L'Harmattan Congo**
67, boulevard Denis-Sassou-N'Guesso
BP 2874 Brazzaville
harmattan.congo@yahoo.fr

**L'Harmattan Mali**
ACI 2000 - Immeuble Mgr Jean Marie Cisse
Bureau 10
BP 145 Bamako-Mali
mali@harmattan.fr

**L'Harmattan Togo**
Djidjole – Lomé
Maison Amela
face EPP BATOME
ddamela@aol.com

**L'Harmattan Côte d'Ivoire**
Résidence Karl – Cité des Arts
Abidjan-Cocody
03 BP 1588 Abidjan
espace_harmattan.ci@hotmail.fr

---

## Nos librairies en France

**Librairie internationale**
16, rue des Écoles
75005 Paris
librairie.internationale@harmattan.fr
01 40 46 79 11
www.librairieharmattan.com

**Librairie des savoirs**
21, rue des Écoles
75005 Paris
librairie.sh@harmattan.fr
01 46 34 13 71
www.librairieharmattansh.com

**Librairie Le Lucernaire**
53, rue Notre-Dame-des-Champs
75006 Paris
librairie@lucernaire.fr
01 42 22 67 13

www.ingramcontent.com/pod-product-compliance
Lightning Source LLC
LaVergne TN
LVHW021148061026
849535LV00002B/394
* 9 7 8 2 3 4 3 2 2 9 0 5 8 *